大東亜戦争前の帝国軍人カクアリキ

陸軍正規将校・わが祖父の回想録

岩本高周

元就出版社

前書

本書は、自家に残す為、私が纏めた祖父の回想録を中心としている。

では何故これを公にしようと思い立ったかというと、戦後我が国を支配した「平和」と言う最重要理念が、「軍隊」＝諸悪の根源という構図を土台としていたからであり、しかもその「軍隊」というのも、あまりに辛い経験だったからであろう、大東亜戦争後期のそれを主に発想の基盤にしていたからである。しかし、一国の制度や社会あるいは世界の流れをこのように片寄り且つ短絡した発想で考える限り、物事を正しく掌握し深く考察し将来を図ることなど難しかろうと危惧する。

近代日本が、国運を賭して戦った大戦争は何かといえば、辛くも勝利した日清・日露戦争と完全なる敗北に終わった大東亜戦争ということになるが、その大東亜戦争に出陣学徒として参加した作家司馬遼太郎は、「何時から日本は、こんな馬鹿げた国になったのだろう。」という疑問を持つに至り、戦後その答えの一つとして、政治も軍もまだ正常なバランス感覚を保っていた時代明治を取り上げて名著「坂の上の雲」を著した。

司馬氏の指摘を待つまでもなく、大東亜戦争は国力をはるかに超えた戦争であったが故に、特にその末期には苦し紛れの精神主義や軍の誤った作戦指揮が顕在化した。一方、この戦には膨大な数の兵や幹部候補生出身の将校等が参加した事から語り部が多く、現在書店に行けば、大東亜戦争に対する告発本や所謂《いわゆる》「戦闘史」などを沢山見ることが出来る。しかしこの様な状態は真に歴史を考える者にとって必ずしも良いことではないと思う。即ち、情報量が旧軍消滅の前四年間である大東亜戦争（特に対米戦）に片寄ってしまい、しかも我々戦後世代はそのことに気付かぬまま、明治建軍以来その消滅までの七〇年に及ぶ軍隊の全般や社会等に関するイメージを、頭の中だけで安易且つ勝手に創作しまう虞《おそれ》が多分にあるからである。

私が本書を公にする理由は、そのようにイメージ先行で作られた戦後の固定観念があまりに定着したが故に、実際にはほとんど精査されなかった帝国陸軍の教育・生活の全容を明らかにし、また祖父の生きた明治から昭和にかけての時代の空気というものを、元陸軍正規将校の肉声をもって伝えたいと考えたからにほかならない。そして、それは「坂の上の雲」（日露戦争）の頃からから日支事変前半までの、後に比べれば比較的平和で軍に関する記録も然程《さほど》多くない時代を、資料的に埋めることにもつながると思ったからである。

但しこれは本書が歴史学・戦闘史的に重要な意味を持つことを約束するものではない。本書は、その大部分を祖父の口述に拠っているが、口述による情報は、あくまで個人の体験に基づく事からその範囲は狭いものにならざるを得ない弱点があるからである。しかしながら、その代わりに部外者が研究し著した研究書などでは感得することの出来ない「人間」「社会」そのものを肉声をもって直接顕わす事ができる利点もある。勝小吉の「夢酔独言」、田中光顕の「維新風雲回顧録」、福沢諭吉の「福翁自伝」等、これらの自伝は単に有名人のものだからという理由だけで現在まで残っているわけではなく、そこに人の息吹き、時代の息吹きが活写されていることが、その歴史的評価につながっているに違いない。そのようなことは、案外歴史を考える上で重要なことと私は信じているし、今が戦前を考える最後の時期に差し掛かっていると感じてもいる。

いずれにせよ、本書が単に我が家に留まるだけでなく、些《いささ》かでも歴史と人間と社会を考える人々の役に立つものになるとすれば、筆者として喜びこれに過ぎるものはない。

最後に私事にわたるが、出版という行為は、その方面に全くの素人だった私にとって、時間的にも精神的にも大変な苦労であった。今これが上梓されるに当たって、ともすれ挫折しそうな私を励まし続けてくれた多くの友人に先ず衷心より感謝致したい。

そして、本出版については、光人社牛嶋義勝氏からご紹介いただいた元就出版社取締役社長の浜正史氏に一切を快くお引受けいただいた。誠に言い尽くせぬほどの幸甚であり、身に余る光栄であるといって過言でない。

これらの人々に、先ず文頭をもって深く謝辞を申し上げる次第である。

平成二〇年四月

岩本高周

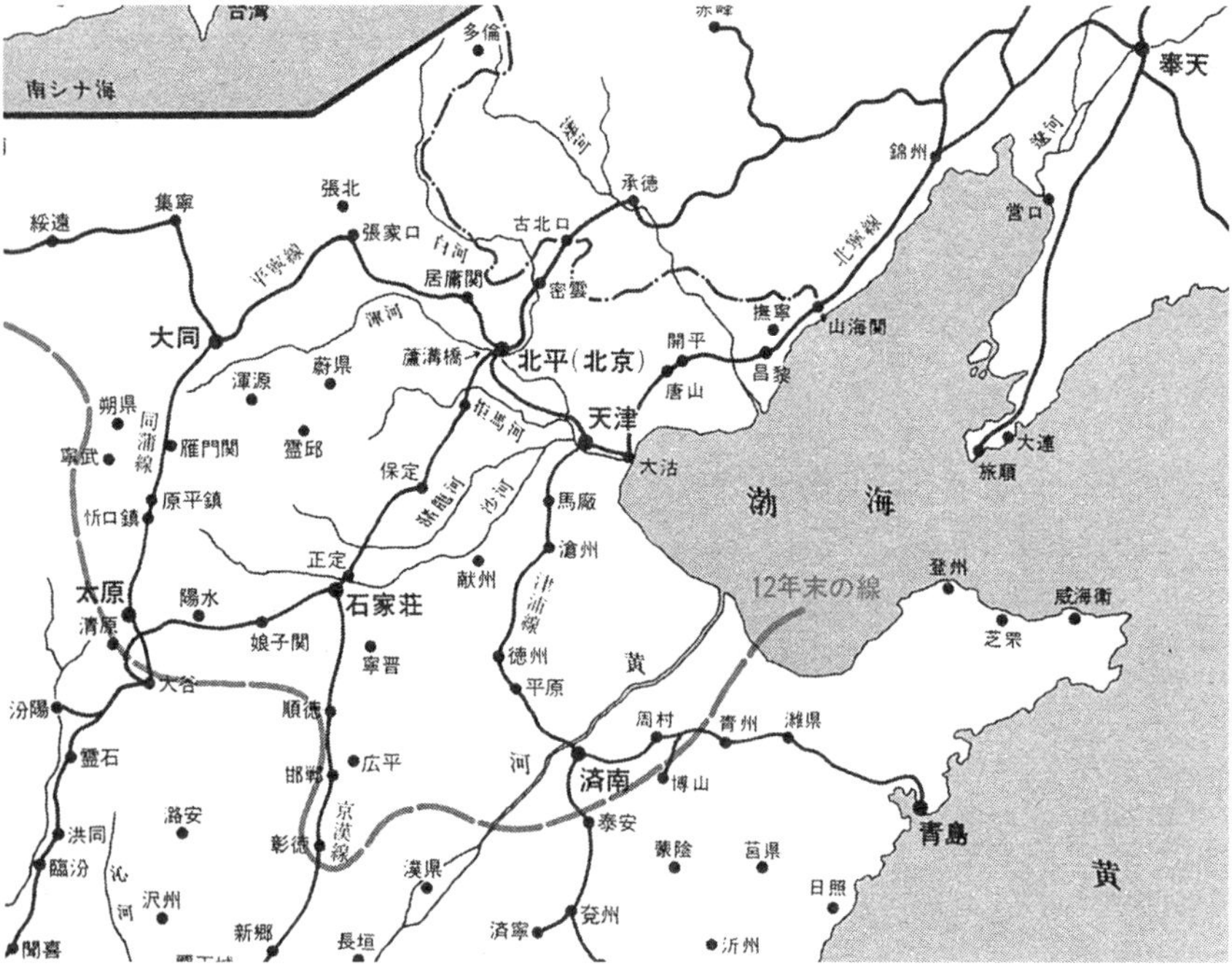
南シナ海
多倫
赤峰
奉天
錦州
遼河
灤河
承徳
張北
集寧
綏遠
張家口
古北口
白河
平綏線
居庸関
密雲
北寧線
営口
撫寧
山海関
大同
灤河
蘆溝橋
北平（北京）
開平
昌黎
唐山
渾源
蔚県
朔県
同蒲線
天津
拒馬河
大連
旅順
寧武
雁門関
霊邱
大沽
保定
猪龍河
沙河
馬廠
渤
海
忻口鎮
原平鎮
滄州
正定
献州
12年末の線
登州
威海衛
太原
陽水
石家荘
津浦線
芝罘
清原
娘子関
寧晋
徳州
黄
大谷
平原
汾陽
順徳
周村
青州
濰県
霊石
広平
河
邯鄲
済南
博山
洪同
路安
京漢線
泰安
青島
臨汾
彰徳
漢県
蒙陰
莒県
沁河
沢州
日照
黄
兗州
新郷
長垣
済寧
沂州

大東亜戦争前の帝国軍人カクアリキ——目次

祖父からの遺産

（一）

古い話で随分《ずいぶん》記憶が薄れてしまったけれど、もう二十年以上も前だっただろうか、或る新聞社で〝親子三代の記〟を募集した事があって、その締切り後の講評に「代が降るに従って、質・量共に話が乏しくなるのが、多くの応募作品に共通する特徴である。」とあった。

もし私の家で三代記を書いたとしても同様の結果になるに違いないと思ったことからその講評を覚えているのだが、しかし、人生経験の浅かった当時は無論の事、齢五十を越えた今日においてもなお同じ域内に自分自身を見出さなければならないとなると、明治・大正・昭和のそれぞれに生を受けた人間達の、例えば話の質・量における世代間の差異（幸不幸・善し悪しなどは別として、結局人生の充実度の格差と言って良い）は、一体何によってもたらされたものだろうかと思う。

無論、人生における充実度の差異というものは、一義的にはその人の置かれた環境や立場や地位など極めて個人的な問題に起因するには違いない。けれども、顕著な差異が世代という集団間にも見られるのだとすれば、それは矢張りそれぞれが生きた時代の差ということになるであろう。そして、そうであれば、戦後生まれの私達としては、矢張り真先に戦争体験にその原因を求めたくなる。国家という極めて重い存在によって人の生活や生死までも左右されていく経験を我々は持たないし、逆に否応もなく感じるであろう民族意識やそこから生ずる或る種の興奮もまた我々に無縁だったからである。そしてそこに原因を求める限り特段異論も出ないので、それはそれで正鵠《せいこく》を得ているようにも思うのだが、しかし今少し考えを進め且つ敢えて言うならば、一般に戦争というものが或る種人生の密度を上げ得るものなのかどうか。もし戦争にそういう触媒作用があるとしたら、文学にせよ哲学にせよおよそ人間の精神活動の大なる成果は戦を通じてこそ成し遂げられる筈だが、事実は必ずしもそうなっていない。尤《もっと》も、生活自体に大きな変動をもたらす国民国家間の近代戦争は、平時よりも多くのエピソードを個々人の心に残すことは確かである。しかし変動と言うのならば、戦後生まれの我々も、長い日本の歴史の中で比肩するものの無い程の爆発的経済拡張とこれに伴う社会環境の激変、十八世紀産業革命に匹敵すると云われる経済・技術社会の世界的な変革の中に生きてきた筈である。私達が生きた戦後の五十年は、おそらく後世からは太平洋戦争そのものよりも大きな作用を社会に与えた時代と評されるに違いないのだが、にもかかわらず、少なくとも私は、大人として堪えうる程の手応えを人生の中に得て居ないし、また子供達に語り聞かせるべきとりたてての経験を未だに持ちあわせていない気がする。まあ、いつの時代にせよ、労働の主体となっている時期の人間は仕事に追われるから、そんな事を考えている暇も感じている余裕も無いのさ、という見方もあるだろう。また、経済状態の良い中で、しかも日本型経営手法の爛熟期に勤め人として世に出た者など、さして自主的に生きて来た訳ではないから、それなりの感性しか育たなかったのだろうと言う人もいるかもしれない。或いはまた、そもそも時代を感得するのは歴史の集約を必要とするので、我々は世代としてまだその時期に到っていないのだ、という考えも成り立ち得る。しかしながら、祖父、父達との比較はともあれ、半世紀以上も世に顔を出している人間として、自身の人生のこの手応えの無さは一体どうした事かといぶかしく感じる。

私には、こういう感慨をもたらしたところの本当の理由が那辺《なへん》にあるのか解らない。ただ考えるに、人間の充足度というものは、生活の中で起こる様々な事象を人生の点景として受け取る感性を基本とすると共に、人が社会的な生き物である以上、戦争云々という様な表層現象よりも、もっと根源的な社会や人間関係のあり方を土台としているに違いないと思うのだ。そうであるならば、自らの来し方に思いを巡らせば、少なくとも私が生きた時代の病理……人生の手応えを阻害する社会的理由……がほの見えて来る筈であるし、自分が自分として此処にこの様に存在する理由も、いささかなりとも解って来るに相違ない。

そういう視点から世の中を見直してみると、少なくとも私達の時代について一つ気付く事は、あらゆる場面で真摯《しんし》な人間関係が漸減《ぜんげん》し、それに伴って人が人から受け取る精神的な意味での滋養分の様なものの量と質が共に低下している事で、その遠い結果としておそらく顕《あらわ》れた利那的で厚みのない人間達や空々漠々たる社会が、人の生きる充足感を根本的に阻害しているのではないかとも思う。

そういう意味で、例えば地域社会と云うような日本人社会が長年依って立って来た人文的インフラが昭和四十年代の高度成長期以降急速に崩壊した事は、矢張り大きく作用している要素の一つであるだろう。私が子供の頃にそれとはっきり分かる形で存在していた慈愛に満ちた年寄りや陰険な老人、口喧しく子供など屁とも思わぬ小父さんや世話焼きの小母さん、礼儀正しく溌剌《はつらつ》とした若者や町の厄介者など様々な人間達は、今では皆家の中に引っ込んでしまったのか町内で見かけることがなくなった。子供の社会も同様で、小学生からヨチヨチ歩きの幼児まで一体となって路地を走り回り、夕方まで止まなかった彼らの喚声《かんせい》も聞こえなくなって既に久しい。そうした結果、それまで身の回りに溢《あふ》れていた人間に関するあらゆるタイプの生情報に直接触れる機会が失われた。その代わりとして、また丁度情報技術が発展した時期でもあったので、人々はテレビや雑誌から大量の加工情報を摂取するようになった訳だが、しかしこれらは人間が本来持っている野太さや因果を含んだ一貫性まで表現出来るものではなく、結局人の血肉をつくるにはあまりにも断片的で浮薄なものだった。一方、高度成長によって皆の経済レベルが揃ってくると、各家庭の経済・文化状況がばらばらな中で上手に住み分けまた些事《さじ》に拘《かかわ》らず交流するという経験が逆に無くなり、それを可能ならしめた知恵と自己抑制と気概も失われた。残ったのは軽薄と増長と粉飾された嫉妬だけだったのは悲しい事である。

親戚関係にしても然りで、そもそも少子傾向の中で親戚の数が減っている上に、付き合い方も昔に比べて格段に浅くなっているのは我が家だけの特殊な事情ではないだろう。しかし、親戚というのは最も内情の分かっている他家であるから、伝わって来る話は因果関係がしっかり把握出来、人の創り方や生き方を考えていく上で実に良質の情報源であった。私自身を省みても、若い頃から認識し未だに応用出来るような人間の類型……歴史を観るにせよ現代社会を考えるにせよ人間理解の手掛かりとなるような類型……の幾つかは、確かに伯父達をはじめとする親戚それぞれの人格やそれをつくった背景、生き方の選択やその結果等を見つめ考え続けることで手に入れたものなのである。私達は親戚付き合いの煩雑さから免《まぬが》れたとたんに、人間を考える上で重要にして有効な手段を一つ失ったのかもしれない。

家庭はどうか。「家庭」とは、〝夫婦・親子などが、一緒に生活する小さな集まり〟（広辞苑）とあって、形態を指す言葉であるらしい。最小の社会構成単位である。けれども私が此処で言いたいのは、社会に発生する物事に対し常に目を向け、見識をもってこれらを咀嚼《そしやく》し、独自の価値基準を練磨して直接子弟の教育に当たるというその機能についてだから、この場合にはむしろ「家」と言い直した方が良かろうと思う。私が考えるところでは、「家」とは遠い祖先から未来の子孫までの人々が時空を超えて有機的に結び付いた一つのチームのようなもので、構成個々人の生活と安全とを最終的に保証する形而下的基盤であるのと同時に、伝統と誇りの継承・蓄積を通じて、個性の涵養《かんよう》と人格の陶冶《とうや》と美意識の醸成に関与する形而上の主体なのだ。要するに「家」は、〝人間を育てる土壌〟そのものだと思うのだが、しかしその「家」にしても、すべてが個に分解していく現代にあって力を減じている。作家司馬遼太郎は、昭和四十二年に発表した『明治百年』の中で早くもこう述べている。

『……戦前の「家」がなくなり、べつな概念ができあがった。田舎から東京、大阪に出て来て給料の四万円もとるようになれば、そのあたりの女の子と結婚し、団地に住み、子供を産む。それでもう家である。戦前の家がもっていた重厚な伝統と美意識などはなく、いかにも手がるで、薄っぺらくて、いかにもインスタントである。そのインスタント家庭のあつまりがこんにちの日本の社会であり、日本国そのものであり、われわれがこの社会やこの国をふりかえるとき、インスタントの気安さをありがたがりつつもわれながら薄っぺらく、わびしく、さむざむしく、有難味がなさそうに思えるのはそれであろう。これが現実である。私はなにも過去を讃美し、あの重苦しい旧民法的「家」を礼讃し、あの身の毛のよだつような部分を持つ家族制度の復活をたくらもうとしているのではない。ただ、過去の人間は深い穴ぐらから出てきたことをいっている。その穴ぐらに歴史と伝統と秩序と精神美があり、そこから出てくる人間の骨髄にはそれがしみこんでいる。それはその秩序美に随順しようと、その秩序美に血みどろになって反逆しようと、反逆するに値するだけの実容量があり、いまの家や社会にはそれがない。浅っぽい穴ぐらからわれわれが出てくるがために、たとえば政治家になればあのように恥がなく、選挙民になれば恥じらいもなく政治家にたかる。しかも日本人でありながら日本人であることを軽蔑してしかこの社会に生きられない。どうすればよいか、ということをいっているのではない。これが明治百年の現実である、といっている。……』。

結局のところ、「家」は日本において人間を育てる最重要のシステムであったし、残念ながらこれからもこれに代わるものは出て来ないに違いない。少なくとも、戦後我々が手にした高度に成長した経済にせよ、米国流の改変をうけて異常なまでに高まった進学熱によって身に付けた（一般的に言えば）高い教育にせよ、或いは情報化社会によって簡単に入手出来るようになった様々な情報にせよ、およそ〝人〟を育てる事に関して主体的な役割を果たすものではなかった。例えてみれば、これらは化学肥料のようなもので、しっかり作り上げられた土壌に適量用いることが肝要だったのだ。ところが実際はこれに頼りすぎた。と言うよりも寧《むし》ろ積極的に主体に置いた。だから、化学肥料と農薬に依存した末最も重要な地力というものを回復不能なまでに損なった農業と同じ形態で、実態的な「家」もその力を落とすことになったし、その結果として、無個性で病害虫に弱く栄養分も少ない農作物が現れたのとこれまた同様に、良識や精神美・行動美に乏しくしかもそれを自覚しない人間が群がり出て来たに違いない。人はそう簡単に人格・見識を築けるものではない。財は一代で成すことができる。学歴・地位も自身の力で手に入れられる。単なる物知りなどにはすぐなれる。しかし、〝人間〟そのものが一代や二代で立派に仕上がると考える人が居るとすれば、それは単に人間に対する思考の底が浅いだけでなく、社会・文化・歴史に対する冒瀆《ぼうとく》でもあるだろう。昔の人間より後世の我々の方が整った思想・制度を持っており、居ながらにして優っていると思うのは、少なくとも人間そのものやその構成する社会に関しての大いなる誤謬《ごびゅう》であり、自惚《うぬぼ》れであり、その事自体人間や社会という複雑なものに対する洞察の軽忽《けいこつ》さにおいて既に文化的に劣っている事の左証でもある。人間や社会は進歩主義者が信じるように歴史上を一直線に進化して行くものではない。

　そうであるならば、矢張り先達たちの人生を自家の歴史中に蓄積し、斟酌《しんしゃく》・深耕し、その豊饒《ほうじょう》な地味で次世代の育成に当たる事から始めねばなるまい。迂遠《うえん》なようでもそれしかない。

　と言って、何か特別な事が出来る訳でもなかろう。私達が出来るのは家庭を大切にし会話を密にする位のものである。ただ、自分が子供であった昔の記憶を手繰りつつ家族の団欒《だんらん》について考えてみれば、それは単に楽しいだけではなく、幾つかの効用を持っていた事に気付く。その一つは、育成のために内海に庇護されている子供にとって、親達の得た人生体験の交々《こもごも》を聞く事は人間社会を垣間見る最良のチャンスであって、それらを通じて自家とそれを取り囲む人間の営みを生き生きと実感的に知って行くものだ、という事である。また一つには、自身に語りかけられた事や大人同士の会話を聞く事を通じて、物事の善悪・真偽・美醜・高低といった人が生きていく上で拠《よ》って立つべき価値の基準を最も受け入れ易い自然な形で身に付け、また人生の持つ喜びや悲しみや可笑《おか》しみ等を感知する目を養うのではないか、という事である。近頃その欠如が問題となっている所謂《いわゆる》アイデンティティ‥自己が存立すべき風土の構築は、結局において、人間社会というものを実感出来る血の通った歴史知識とそれを消化吸収する為の価値基準とによって達成される事に思い致せば、自らを矮小化し無機的な知識を与える事に終始している学校教育などにこれを期待するのは土台無理な話だから、家族の語り合いは今後益々その重要性を増すに違いないのである。

ところが頭でこれだけの事を解していても、各世代が独立別居し、同じ家の中で暮らす親子ですら一人一人が別々のテレビを観ているような現代の家庭にあっては、苦闘せざるを得ないのが現実である。今では家族の語り合いも昔の数分の一程に落ち込んでいるのではないか。私はこの様な状態を残念に思う。そしてそうであればある程、祖父を中心に丸い卓袱台《ちゃぶだい》を囲んだ楽しい食事、近所に毎日のように起こった小さな事件、近しい人達の成功と失敗を通じて得た生き方に関する一言、今から思えば全てが漫画「サザエさん」の磯野家にそっくりの親子三世代にわたる和気藹々《あいあい》たる団欒……私が充分に受けしかし子供には与えることが出来ないでいる曾《かつ》てと同じ様な家族の語り合い……が懐かしく脳裏に蘇《よみがえ》るばかりである。そして、そのように何時までも記憶に残る楽しい家庭を築き上げ、家族の在り様を我々に身をもって示した祖父に、限り無い敬愛と憧憬を覚えるのである。

（二）

私の育った時代の病理とは、人間関係を失ったことばかりでなく、随分と片寄った理知的ならざるものの考え方が、世の中全体に蔓延《まんえん》していた事にもあるだろう。特に「平和」というものについては、戦後社会の背骨を成す最重要概念であったにも拘らず、観念論ばかりが盛んで具体的な方法論となると驚くほど粗末なのが不思議だった。およそ「平和」という言葉は、私が育つ間には嫌になるほど聞かされたものだが、ではそれを求める方策はというと、自国の防衛力を一方的に減じていけば自ずと達成できるというようなものであり、現実を一切無視した奇妙な精神主義と言って良かった。また米国を中心とする自由主義国の軍事力に反対はするけれど、共産主義国のそれには一切反対しないという考えも盛んで、イデオロギーに酩酊《めいてい》できない体質の私などにはとても納得できない話だった。こんな中学生ですら納得させられないような事を、当時の大人が、特に若手を中心に熱心に支持していたのは、結局、戦中の逆方向に走ればそれなりの満足感が得られたためかもしれないが、戦中の経験の無い私にしてみれば、リアリティーと理性の欠如において戦中も戦後も大差無いように思えて仕方なかった。いずれにせよ、子供の私などから見ても彼らは裸の王様であり、そういう人間から空論ばかり聞かされても一向に腹はふとらなかった。私が時代に充足感を持てなかった理由の一つにそういう世の中の流れがあったのは確かである。

それでは私が育った時代はどのような国家観・社会観を有していたか、思い出すままに少し書き綴ってみたい。尤《もっと》もこれは学問的意味合いではない。例えば、戦後知識人と称される人達が唱えた諸説について、私はおよそ興味がなく勉強もしていない。しかし、多かれ少なかれそれらから影響を受けて成り立っていたであろう一般社会人の言動の方は、幼い頃から否応なく接していた訳であるし、寧《むし》ろ社会の風潮を考える意味で興味があるのである。

私が小学校五・六年生の時の担任S先生は当時三十歳程で若くもあり、授業も熱のこもったものだったが、何よりも私達をよく遊ばせてくれる事で大変人気があった。S先生は小児マヒの後遺症で少し足が悪かったけれど、それでも運動能力に優れていて、先生方が結成した野球チームではエースをつとめていた程だから、自ずと子供のスポーツや遊びにも理解があった。だから、始業のチャイムが鳴った後でも我がクラスだけ遊んでいることを許されるなどしばしばで、それが私達のクラスへの愛着と他へ対する子供らしい優越感の源にもなっていた。そのS先生が、ある授業中にこう言われた。「中華人民共和国では、ここ数年の内にお金がなくなる。」。はたしてクラスはどよめいて、それはどういう事かという質問がとんだ。「生活に必要なもの、自分の欲しいものは、何でも無料で手に入るということだ。」「それじゃあ、どんなに沢山持って来ても良いんですか。」「何時でも自由に手に入るんだから、そんなに欲張っても仕様がない。だから自然に必要な分量だけ取るようになる。兎も角中国は貧乏人も金持ちも居ない理想的な国で、お金で物を買う事自体もうすぐ無くなるんだ。」。この話は私にはよく理解できなかった。しかし充分に衝撃的ではあったので、家に帰るや父親に報告し、意見を聞いてみた。父は一寸《ちよつと》驚いた顔をした後、「いやァ、そんな風にはならないだろうよ。しかしナニか。先生は組合運動かなにかやっているのかね。」と言った。確かにS先生は日教組の熱心な組合員で、デモだったかストだったかのため授業が自習になったことも一度ならずあった。そういう事からすれば、おそらく組合運動を通じて、革命成立から十年程度しか経ていない若い共産主義国のプロパガンダが、目も眩む程の輝かしさで先生の頭に染み込んだに違いなかった（実際の中国では、丁度この頃、大躍進政策の決定的な失敗で、僅か三年間で二千万人もの餓死者が出ていたという。だから先生は、結果的に、彼が非難して止まなかった大本営発表よりも更に酷い嘘を我々に教えてしまったことになる）。しかしそれにしても、父母達が首肯できず小学生でさえいぶかしく思うような話を何故先生は信じ込んでしまったのだろう。これを例えば世代論で考えてみても、ある程度説明できそうである。昭和四年か五年生まれの先生は、戦時下の所謂《いわゆる》軍国主義教育の中で否応もなく育ち、その後、最も鋭敏で不安定な思春期に敗戦によってそれまでの価値観から一気に放擲《ほうてき》された世代の中心に属する。だからこの世代は、戦時の精神主義・観念主義による教育環境下にあって事実の掌握や事物の比較というリアリズムの根本にふれる機会が少なかった上に、敗戦による社会的混乱と自信の喪失と価値観の崩壊、連合国がとった日本弱体化政策の影響などをまともに受けた訳で、歴史・文化に対する誇りや民族的アイデンティティの良い形での継承・受容がそもそも難しかった。そこへ今度は、社会主義・共産主義の他国に憧憬を寄せ、自国については悪し様に言って否定し得意になるという所謂進歩的文化人が出現した。彼らは、現実には徹頭徹尾目をつぶり、同時代の課題を直視せず、来るべき理想社会に関して強弁をくり返すばかりで、空虚な饒舌《じょうぜつ》に終始することが多かった。従ってそれらは、リアリズムと大人の見識をもってさえすれば比較的明確に否定できる程度のものであった筈だ。しかしそれにも拘らず、S先生の世代が熱心且つ大衆的にそれを支持した背景には、彼らを取り巻いてきた以上のような特殊な状況があったと考えて良いのではないか。しかし、そういう彼らが支持の第一世代となった事で、例えばその後の政治的革新勢力などの性格と限界が運命づけられ、結局彼らが社会を引く頃にはその力を極端に落とすことになったのだと思う。S先生が授業中に話されたことで、もう一つ思い出すことがある。

それは社会科の時間に、「太平洋戦争が起こりそうになった時、皆で反対すれば良かった。国民皆で反対の運動を起こして戦争を止めさせれば良かったんだ。それをしなかったということは、そうしなかった皆にも責任があるんじゃあないか。」と言われた事である。この理屈は、その後他でも聞いたことがあり又何かの本でも読んだ記憶があるから相当に敷衍《ふえん》したものだったのだろうが、何となく戦争とは不可抗力のものと思っていた当時の私には、民衆の力で戦争を回避するという発想自体が充分に新鮮で衝撃的であった。そこで、これも両親に報告して意見を聞いたところ、「そりゃあ無理だ。国民は判断するに足る情報を持っていないし、戦争自体は国民から見れば突然始まる。防諜《ぼうちょう》上のことがあるからね。そして一度戦争が始まったら、後は力を尽くして戦うしかないものだ。」「あの時は、連合国側が経済封鎖をして、ひどく日本を圧迫したのよ。それはもう戦争によらなければ解決できない程だったんだから。」「米国と開戦した時には内心これは大変だとは思ったけれど、それでも友達なんかとは『まあ、これで事がはっきりして、かえって良かったな』なんて言い合っていた。日米間の確執が続いていたし、日本全体が今ほど戦争を恐れていなかったからね。」という事であった。それを聞いても、まだ私には先生の意見の方が魅力的に思えたものだが、長じて考えれば矢張り先生の言う事には無理がある。先ず第一に、当然のことながら、日本は戦前から現在に至るまで直接民主主義の国ではない。従って、開戦か否かを決定する権限が直接的に個々の国民にある訳ではなく、またその責任も国民が具体的に負うものではない。次に大衆運動のようなものを考えてみても、それこそ父が言うように、開戦に関わるような高度な政治情報が国民に与えられる事など、情報流通の盛んな現代においてすら又いずれの国においても無い事だから、国民の側には判断の基礎条件が欠けている。寧ろ戦雲垂れこめる中では、敵対国同士が掛け合う政治的・経済的プレッシャーについての情報が横溢して、国民レベルで敵愾心《てきがいしん》が高まるのが普通である。更に、一度戦端が開かれた後は……特に国運を賭するような戦においては……全力をあげて協力するのが矢張り国民の務めというものであろう。因《ちなみ》に、戦前は兵役につくのが憲法に明記された国民の義務でもあったのだ。そういう諸々の事から考えてみれば、もし先生が言うように戦争反対の運動が起こせたとして、又人々が自由にこれに参加できたとしても、反対派が大勢を占めるには到底至らなかったに相違無い。実際に世界を見ても、戦争が国民の反対運動によって回避された例など皆無に等しい。私の知る限りにおいて唯一それに近いのは、ベトナム戦争における米国内での反戦運動だが、この運動の隆盛とある程度の成功にしても、元々アメリカはフランスの植民地であったベトナムに深刻な利害をもっていなかったという背景を考慮しなければなるまい。これらの事からして先生の論というのは、本人の思いを別とすれば、結局結果を得た後に歴史を見下ろしてする床屋政談の類いと言っても格別酷評には当たらないだろう。私は思うのだが、先生の言うような現実に起きも起こせもしなかった行動を無理に想定してまでの悔恨、若《も》しくは一億総懺悔的な態度は、〝結果に責任を負うべき者達〟のその責任を歴史的に希釈化してしまう事に通じるのではないか。日本における開戦の或いは敗戦の責任は、明らかに政治家及び一部軍人が負うべきであり、彼らの国際感覚の欠如・不見識と状況判断の誤り、自己保身と自己肥大、組織の共同体化とその硬直、戦略眼を欠いた対症療法と国家・国民に対する背信等の全ての結果を引き受け、職業・財産・生命までをなげうって公に殉じた国民が負うべきものではないのだ。日本国民は国のミスリードにも拘らずけなげにその義務を果した。世界の何処を見ても、交戦国においてさえ、日本国民の行動とその奮闘を非難する声など有りはしないのに、一人日本国民だけが、如何なる意図の下に自らを落としめる事に力を注いでいるのであろうか。日本国民はもっと誇りと自信を持ち、将来に向かって健全で凛々《りり》しく快活な子弟を育てるよう努力した方が良い。そう今の私は思っている。

(当然のことではあるが、此処で私が言う「開戦の責任」とは、東京裁判で追求されたようなものを指すのではない。そもそも「戦争」とは話合いで解決がつかない場合に国家に許される外交の一手段であって、主権国家に等しく認められたスタンダードな権利だからである。東京裁判で「A級戦犯」とされた政治家や軍人たちは、国内法にも国際法にも一切違反していなかった。もし、東京裁判が創作したような「平和に対する罪」「人道に対する罪」というものがあるとするならば、ルーズベルトもチャーチルも蔣介石も等しく罪人であり、何よりも植民地支配を推し進め、「奴隷的虐使、人種的理由に基づく迫害、非人道的行為」をもっぱらにしていた欧米諸国こそが先ず罪に問われなければならない筈だ。だから、私が此処で言う開戦の責任とはそのようなものでなく、勝ち目の無い戦に、さしたる見通しの無いままに、国家と国民を賭事《かけごと》の様にほうり込んだその行為をこそ指す)

S先生の話はこれ位にして、もう一つ話を続ける。

私が高校一年の時に家庭教師として指導してくれたIさんは、東大の理工系学生で、受験向けの勉強などは特別せずに現役合格したという本物の秀才だけあって、東大生に有りがちな自惚《うぬぼれ》など微塵も感じさせない好青年だった。しかしこの先生をもってしても私の成績は上がることなく、結局嫌気のさしたIさんは比較的短期間で辞めてしまったのだが、それもその筈で、私が楽しみにしていたのは勉強でもなんでもなくて休憩時間に吹きかける議論だったのだ。で、私が覚えている或る日の会話にこんなものがあった。「先生は、憲法絶対、非武装中立を言われるけれど、外国から侵攻して来たら一体どう対処する積もりなんですか。」「国際世論に訴える。」「国際世論と言ったって、そんなもの頼りになるのかな。」「今の世の中は、相互の依存関係が強いから、国際的に孤立したらどんな国でもやっていけない。皆それが解っているので、他国に押し入るなんて出来ないんだ。」「普通はそうでしょう。けれど、もしリスクを押しても侵攻するという意思が生じた場合はどうです。そういう都合の悪い想定は一切しない、他人に頼るばかりで何ら対抗手段を持たないというのでは、植民地にでもされかねませんよ。」「そうした時には、民衆蜂起してゲリラで戦えば良いじゃあないか」。（戦争とは単なる殺戮《さつりく》ではない。戦時国際法によって規制されているものなのである。軍服などを着用せず武器を隠し持つなどする所謂ゲリラは、その戦時国際法の恩恵に浴することができない。従って、そのような戦い方をすれば、占領側から殲滅《せんめつ》や無用の報復を受けても仕方がなく、国民レベルで被害が広がるのである。永世中立と国民皆兵で知られるスイスで、「民間防衛」という冊子を全国民に配布し、ゲリラ戦を行わないよう国民を啓蒙しているのは、それが為である。Iさんは、はたしてそういう軍事常識を持った上で勇ましい発言したのだろうか。当時の私は、無論その様なことまでは知らなかったのだが……）

Iさんと私のこの様な相違する見方・考え方は、それから三十年以上経た今日でも、基本的には少しも変わる事なく日本の社会の中に存在する。その間、ソ連によるポーランド侵攻、アフガニスタン侵攻、アメリカによるスエズ侵攻、イラクのクエート侵攻等強力な武力を背景とした大国の一方的侵攻作戦、インド・パキスタン戦争、イラン・イラク戦争、フォークランド紛争等の二国間戦争、中東戦争、湾岸戦争のような多国間戦争等が次々と発生し、結局国際社会は厳しい国益のせめぎあいの場で、現代においてもそこでは存外容易に軍事力が発動される事が誰にでも解るほどの明確さで示されているにも拘らず、Ｉさんのような考え方は不導体の如く外部の状況に一切反応せずにそのままの形で存在しているのである。これは日本の憲法がそういう形になっているからであろう。

戦後の半世紀は、その中で育ち過ごした私のような人間から見ても、一貫して随分おかしな時代であったと重ねて思うが、その根元は矢張りこの憲法にあるに違いない。例えば、Ｉさんが考えの基礎にしたであろう憲法の前文には、「日本国民は……平和を愛する諸国民の公正と信義に信頼して、我々の安全と生存を保持しようと決意した。」とあるが、実に奇妙な思想と言わねばなるまい。およそ国たるものがその「安全と生存を保持」するには、先ずその国の国民自らがその任に当たらねばならないというのが国際社会の常識だが、日本はこれをせずはなから「諸国民」に委ねているのだから、誠に無責任な話である。そんな「決意」を勝手にしたところで、「諸国民」がそういう国の安全保障などわざわざしてくれる筈もないのが現実である。また、この前文の定義によれば、「諸国民」とは、「平和を愛する」ものであって、自らの「生存」まで委ねられるほどの「公正と信義」の持ち主ということになっているが、それは願望であったとしても真実ではない。このような認識が前提となって、「陸海空軍その他の戦力は、これを保持しない。」(第九条)といっているのだから、その危うさは言うも疎《おろ》かなことである。それでは何故このような憲法が成立したのかといえば、それは当時の日本を取り巻いていた環境の峻厳《しゅんげん》さによる。日本の徹底した弱体化と非軍事化を占領政策の基本としていた連合国軍総司令部(ＧＨＱ)は、その手で起草した憲法草案(所謂マッカーサー草案)をのみその例外とする訳もなく、一方、加害者・侵略者と指弾され国際社会から完全に追放されていた敗戦国日本としては、ひたすら前非を悔い、陳謝・恭順の姿勢を示す必要があって、その草案をそのまま呑むしかなかったのである。だから日本国憲法は、厳密な法的文書というよりも寧ろ政治的文書を多く含んだ詫び証文としての性格が強い。〃もはや身に寸鉄を帯びません。以後は皆様方に全ておまかせします〟という証文である。ここで誤解を避けるために急ぎ言っておかねばならないが、私はGHQがこのような草案を起草し押しつけた事を、今更格別問題視している訳ではない。米国の歴史が持つ徹底した侵略性に想い致せば、彼らが勝者として敗者にこの程度の仕置きを加えるのは、ごく普通のことと思うからだ（外国軍隊の占領中に、被占領国の法改正をしてはいけないことは国際法の認めるところであり、「陸戦ノ法規慣例ニ関スル条約」にも違反している。米国は無論これらを全く無視した訳だが……）。普通でないのは、この憲法をして、平和を追求するための最良且つ唯一具体的な方策と理屈の後付けをし、「世界に冠たる平和憲法」というような言い方で支持した日本国民の感性の方であろう。こうした憲法に対する支持と称賛は、多くの場合悲惨な戦闘経験や苦しい戦災体験を基盤としたものであって、それはそれとして勿論良く分かるのだが、しかし、政治・経済・外交の齟齬《そご》に端を発し歴史や文化までひっくるめて国家間でせめぎあう「戦争」という巨大・複雑な活動を、単に「戦闘や戦災の悲惨」という現象のみで把握し理解するのはどうか。「もう戦争はこりごりだ」とか「戦争だけはしてはいけない」というのは、洋の東西、勝者敗者にかかわらず戦争を体験した多くの者からよく聞く言葉であるけれど、だからといって武装放棄の憲法を不磨の大典の如く戴《いただ》いて、結局国家性までも放棄したのは日本だけである。いくら牽強附会《けんきょうふかい》の徒であっても、まさか優秀な日本であればこそ覚醒大悟し得たのであって、他国はみな頑迷愚鈍なのだなどと言い張ることも出来まい。矢張り日本では、戦争というもの、あるいは国際社会における近代国家のあり方というものに対する考察や智見が基本的に浅かったのであろうか。あるいはそのような事を考えるまでもなく、憲法支持の根本は実は迎合にあったのかもしれない。ここで言う迎合とは、単なる機嫌とりの意味ではなく、他者の意向、特に上意を無条件に迎え入れてそこから自分の思考と論理をスタートさせるということである。現代でも職場などでよく見られるこのパターンは、占領軍司令官を神の如く崇《あが》めて恬《てん》として恥じなかったような日本の土俗に根差しているのだろうが、それは措《お》くとしても、一度このパターンに陥れば、多くの場合、思考の解答が一つに集束するようになるのが問題である。「戦争は嫌ですね。」「日本には平和憲法がありますね。」という事を上限とした空間から物事を見、思考を始めれば、必ずIさんと同様の結論を得るに違いないのである。魚と包丁だけを皆に与えておいて、「これでどんな料理でも好きなように作って下さい。」と言っても、出来上がるのは刺身以外ない訳だが、同様の状態を思想空間で実現する事を専門家はマインド・コントロールと呼ぶのだそうである。私は、Iさんをはじめとする我々世代が特別のマインド・コントロールをうけていたとは実感しないけれど、しかし、〝民主主義日本〟とはいっても憲法は絶対の存在として批判などは実質的に〝タブー〟だったのだから、思考が閉塞した言語・思想空間の中だけで旋回するようになされたのも当然である。中立法（国際法）上の義務の履行を保証するためには軍事力が必要となるにも拘らずこれを全く念頭に置かない不可思議な非武装中立論、ソ連などを見るまでもなく甚大な人的被害を被ることが明らかで帝国陸軍でさえ避けた国内戦を積極的に行おうとしている専守防衛論、出動する隊員のことよりもPKOから充分な武器と明確な指揮命令系統を取り上げ封じる事に力を注いだ国会議論、等々とてもまともとは言い難い知性と感性が閉ざされた思想空間の中でだけ正常としてまかり通った。此処に日本の平和主義というものの実体が顕れている。我々は、〝侵略主義日本〟に生きていた日本人よりも、〝平和主義日本〟に生きている戦後の人間の方が数等倍優れていると思っているかもしれないが、我々が偉くなった積もりで誇り、謳歌したこの戦後五十年は、後世から見れば、戦前戦中よりも更に醜い没理性・非普遍性の時代と映るのではないかとまで私は思う。

憲法を批判する事が私の本意ではないからこの辺りで止める。ただ、私達は平素憲法など気にすることもなく過ごしているけれど、明治憲法が結局戦前の日本人をつくったように、現行憲法も戦後の人間を確かにつくって来た事を、また、安逸を第一として他国が与えた枠組みに包み込まれたまま生きて行くのは、植民地か保護国の民の姿であろう事を言いたい。そして、現代日本と日本人に見られる、当事者意識と主体性の欠落や理念の不存在は、右の事を土台としているようにも思うし、ひょっとすると、それらから来る〝本気〟の欠如が、明治・大正・昭和生まれを分ける人生の充実度格差に本質的に繋《つな》がっているのではないかという気がするのである。

私は観念論を聞くことは生理的に嫌いだったが、一方老人から昔の話を聞くことは大好きだった。そこには軽薄で空虚な観念論などには無い本物の人間の生活があり、集約された知恵があったからで、それらの事々を聞くといつの間にか心が充足して実に楽しかった。要するに私は作られた歴史ではなく本物の歴史が好きなのだった。

人が人間や社会について考えて行く場合に、歴史は学ぶべき必須のものであろう。歴史は単に過去を知る為にあるのではなく、寧ろ現在や未来を正しく思考する為に必要なものである。そうであればこそ、過去は正しく掌握されなければならないが、その為には、時代の空気のような社会形成の基礎部分が間違えなく感得されなければならない。もし、そういう時代性の掌握がないままに歴史を裁断するとすれば、それは誤認や誤判断を招き非常に危険な事になるからである。まさに「歴史は、それを考えるよりも以前に、遠い世の空気をできるだけ正確に感じることが大切」（司馬遼太郎）なのだと思う。ところが、ある時代に満ちていた空気、ある立場の常識など、その時あまりに普通に存在していたものは逆に記録に残されることが少ないので、これらは一般に最も早く時の流れに埋没してしまう運命にある。だから歴史を考える時には、一般的な知識のほかに、その時代を生き、またはそれを伝承している人達から実際の物語を聞く必要が生じる訳である。口述による伝承は、たとえ狭い範囲ではあっても、これらを長期に亘って生々しく伝えて行く。だから、これを聞く事は、自分の持っている歴史知識に命を吹き込む作業でもあるのだ。実際、活字や映像だけで自分の中に築き上げていた或るイメージが一つの話を聞いた途端に崩壊したり、ばらばらであった観念が一瞬に凝固して像を結ぶことはあるものである。

私が三十を過ぎた頃だったろうか、祖父が「昔、家の者が小姓頭という役目に就いて居って。」と急に話を切り出して、「そのお勤めの間じゅうは、額のところに胼胝（タコ）が出来ておったそうだよ。平伏することが多かったんだなァ。額が擦《こす》れてこんな硬貨程のタコが出来とったそうだ。」と一口に語った事があった。ただそれだけの話だったが、その時私は凛とした江戸（時代）の空気を突然に吸ったような気がした。藩主に仕える秘書官としての多忙さは勿論の事、殿中での厳しい礼法のうちに練り上げられた肉体やその精神までもが、一瞬のうちに理解できたような気がしたのである。尤も、昔の礼儀作法は現在から見れば随分厳しいものだったという知識は有るには有った。嘉永生まれで昭和十一年まで生きていた曾祖父の家に行くと、既に社会的地位のあった祖父ですら、何時も廊下に真四角に座ってそこから室内の曾祖父と会話していたという事を父からよく聞かされていたからである。しかしそれは一つの逸話として独立して頭に残っていたに過ぎなかった。所が、額の胼胝という極めて肉体的な話を聞いた途端に、江戸時代は決して遠い存在ではなく、目の前に居る祖父から一直線に繋がっているという事を電流の走るような思いで実感したのである。考えてみれば、江戸の作法は私が生まれるほんの十数年前まで（曾祖父が生きていた頃まで）確かに継承されていたのだ。そうであるならば、老人から話を聞きさえすれば、百年・二百年前の生活感覚といえども存外容易に感知・掌握できるのではないか。その時そう強く思った。

記憶が大分薄らいだが、こんな事もあった。高校一年の時だったか、仲の良い同級生にT君が居て、夏休みに彼の親戚が居る飛驒の高山へ旅行しようという事になった。今ほどの旅行ブームは起こっていなかった当時でも、高山やその奥の白河郷はテレビで紹介され始めていたから飛驒路自体憧れの場所だったのだが、私にとってこの旅行にはもう一つ楽しみがあった。それは彼のお祖父さんに会う事で、と言うのも、そのお爺さんは日露戦争の天王山であった奉天大会戦の生き残りだったからである。

胡乱《うろん》にも私は……同年輩の祖父が自分に居るにもかかわらず……既に歴史の彼方にある日露戦争に直接参加した兵士がこの世にまだ存在しているという実感を持っていなかった。だからその話を聞いた時には非常な驚きを感じると共に、是非この勇者に会って話を聞いてみたいと思ったのである。ただ、T君は大して興味も無さそうだった。大体彼は呑気な方で、或る時学校に来るなり気分が悪いと大騒ぎするので聞いてみると、前夜ベトナム戦争のニュースで、政府軍兵士がゲリラの生首をぶら下げているのを見たと言うのである。そして「戦争って残酷なんだなァ。僕はテレビの〝コンバット〟（当時流行った戦争ドラマ）みたいにカッコ良いもんだと思ってたよ。」と呻《うめ》いた。彼の余りの子供っぽさに驚いた私は、「戦場は敵愾心《てきがいしん》がぶつかる殺し合いの場だから、何んでも起こり得る。戦記物を少し読んだだけでも、その位は解りそうなものじゃあないか。」と言ったのだが、尤もそう言った私にしても、日露戦争となると、銃剣をきらめかせながら突撃する勇敢な日本兵という絵画のようなイメージしか持たなかったのだから、余りにも知識が斑《まだら》で、実際は何も解っていないに等しかった。

さて、T君のお祖父さんの話である。お爺さんは、筋肉質の私の祖父などに比べると随分細い痩せ型の人で、身体も幾分弱っているように見えた。そして「戦争というのは大変恐ろしいもので、戦闘が始まってからも怖くて怖くて仕方がなかった。そこで自分は戦友の背中に隠れるように隠れるように、唯々後ろに付いて行動していた。鉄砲なども ちゃんと敵を狙って撃った記憶はない。唯闇雲に撃っていたに過ぎない。それ程戦争というのは恐ろしいものだ。」という事を訥々《とつとつ》淡々と高山弁で語り、「気が付いたら生き残っていた。奉天の会戦後、自分の小隊で生きていたのは私を含めて七人だけだ。」と締め括った。私は話を聞き終えて暫《しば》し茫然とした。お爺さんは当初私が期待したような、要するに講釈に出て来るような勇士ではなかった。その意味で若い私は少しがっかりしたけれど、砲声と硝煙と血糊の臭いすら漂うような戦場の話は、呑気な高校生をして卒然と襟を正させるだけの重みを当然に含んでいたのである。またその時、おかしな話だが、私は頭の片隅で別の事も考えていた。

それは私の祖母が言っていた「どういう訳か、弾丸は怖い怖いと思っている人に当たるんだよ。」という事で、それは矢張り嘘だったなと思った。尤も、考えてみれば、おそらくそれは祖母のオリジナルの考えではなく、当時からそのようなことが……戦死者の名誉を傷つけるという意味は全く無く、少し暗い諧謔《かいぎゃく》の意味合いで……言われていたに相違ない。栄誉の勇士、名誉の戦死、そしてそれらを促しつつも否定しかねない諧謔、そういうものが、さして深い考えもなく渾然と存在し成立するのが社会であるならば、祖母の言葉もまた当時の空気を反映しているものとして、記憶に留める価値はあるだろう。今思い返すと、T君のお祖父さんは、何事も包み隠さず話すその姿勢において、明治のリアリズムを淡々と体現しているその見識において、まことに立派な一人の勇者であったと思う。いずれにしても、小一時間あまりの訪問の間に、私の抱いていた日露戦争に関するあまいイメージは粉々に吹き飛び、国家を存立させる為に明治人が耐えて払った犠牲とその根底にある木強な精神に直に触れた思いで粛然《しゅくぜん》と家を辞した。

もう一つ。二・二六事件の盗聴音盤が『厳戒指令〝交信ヲ傍受セヨ〟』のタイトルでNHKから放映されたのは昭和五十四年である。ただこの番組はその後何度も再放送されたので、見た人も多いと思う。知られるように二・二六事件は、所謂青年将校が国家改造を目途に決起し政府首脳や重臣を襲撃した事件であるが、この番組は、反乱軍が占拠した首相官邸や料亭幸楽などに対し戒厳司令部が行った電話盗聴の音声記録を、NHKが修復、公表したものだった。従って視聴者は、音盤中に凍結されていた昭和十一年二月二十六日までタイムスリップして、書物や伝聞やドラマの中でしか知り得なかった安藤（輝三）大尉や栗原（安秀）中尉などの肉声をその状況の中で聞くという、まことに奇蹟のような経験が出来た訳である。私は番組を見て新鮮な驚きを感じざるを得なかった。何に驚いたのかというと特別の事ではない。安藤大尉をはじめとする青年将校達が実に穏やかに礼儀正しく普通に話をしていたというただそれだけの事に驚いたのである。私の心の中には、ドラマ等によって作られたステレオタイプの青年将校像……常に激高し、甲高い声を張り上げ、まなじりを決した壮士風の青年将校像……がいつの間にか浸透していたらしい。私は演劇における演出や時代考証に疑問を持たない方ではなかった。と言うのも、私の父は、特に自分が過ごした時代を背景としたドラマなどには中々うるさい人間で、「ああこれは嘘だ。この頃は未だそんなに物不足じゃあなかった。」とか「こんなおかしな軍人居る訳ない。」とか比較的細かい事まで指摘していたし、「当時を知る人間が未だ沢山生きているんだから、ちょっと聞きさえすれば、こんなバカな間違えなど無くなるのにな。」とその製作態度を批判していたからである。そういう事をよく聞かされていたので私は余程注意していた積もりだが、それでも実際を知らない人間として、くり返されるフィクションからイメージを構築し、次にはそれを土台に物事を考えるようについなってしまう。また少し落ち着いて考えれば、二・二六事件は私が生まれる僅か十数年前に起こったのだから、人の有り様など左程変わっている筈のない事などすぐ気付きそうなものだが、帝国陸軍というだけで随分古い話に思われて、いとも簡単にステレオタイプにとらわれてしまう。だからこそ、普通の人間が普通に話をしているという至極当たり前の事実に接した時、逆に驚愕するような事になるのであろう。私は二・二六事件に特別関心がある訳ではないが、青年将校達の事に臨んでの話ぶりや態度をよく知ることは、彼らの人格及び能力、それらをもっての計画の完成度や軍根幹への浸透力など、非公開軍事法廷で闇に消え去った事件の背景を考える上で、思いの外重要な推考のポイントになるのではないかと思うのである。と同時に、ステレオタイプが存外簡単に人の心に入り込む怖さを、この番組を通じて実感したのであった。

まことに、歴史は過ぎ去った世の空気をできるだけ正確に感じることが先ず大切なのだ。

私はこの様にして、観念論にうんざりしたり、古老の話を喜んで聞きなどしながら時代を生きてきた。勿論、時代に押し流されながら生きてきた訳であり、その意味での空虚感は免れなかったが、ただ一つ言えることは、私は我々の時代を特徴付けた〝思考の囲い込み〟に取り込まれることだけは少なかったように思う。さして知識が広い訳でも考えが深い訳でもない私が、何故時代に取り込まれなかったかについては自身でも良く分からなかったけれど、しかし、現在ではその理由を次の様に考えている。繰り返しになるが、我々の時代で最も重要な思考というものは、先ず「昔は軍人が傲慢で、国内では威張るし、中国などでは乱暴するしで、ひどいものだった。」という事から始まり、次に「それが到頭太平洋戦争を起こして、我々は大きな犠牲を払い、諸外国にも大変な迷惑をかけた。もう戦争だけはしてはいけない。」となり、最後に「世界に誇る平和憲法を護り、平和の先駆けとしてあらゆる軍備に反対しよう。」という結論に至る事だった。そして、これらの事々は疑義をはさむ余地のない真実であり否定の出来ない絶対的真理と受け止められた所から、思考はそこから外に一歩も出ることが出来なくなり、教育から思想、政治から外交に至るまで囲い込まれる結果となったのである。しかしこういうレトリックは、私にとっては最初から成り立たなかった。何故ならば、私の祖父は元帝国陸軍の将校で、しかも、蛇蝎《だかつ》のような世間の軍人イメージとはおよそ異なって、(どんなに身内贔屓《びいき》を排してみても)衆に優れた立派な人物であったからである。要するに私は、祖父の存在によって、最初から囲いの外側に足場を持っていたのであり、その事によって時代の考えに取り込まれることから免れたのであろう。これが私が思い当たる理由である。

祖父は、人格・教養・見識に均衡のとれた紳士だった。同時に人間としての気迫というものを何処かに感じさせる人で、黒沢明の映画『七人の侍』で志村喬が演じた島田官兵衛と云う武士にも一寸似た祖父の、温厚な中にキリリと背筋の通ったその姿は、幼い頃から私の誇りでもあった。祖父を見ている限り、世間の悪しき軍人のイメージなど一体何処から来たものだろうと思った。また祖父は、己に厳しい克己的な人物であったが、家族や他人に対しては愛情豊かに接する人で、請われれば私達に幾らでも昔の話をしてくれた。その事が、私達が人間社会を知って行く上でどれ程役に立ったか分からないし、私が他人の話を聞く事を好むようになった原因でもあったろう。兎も角、その充実した人生は、倦むこと無く力一杯生きた人間だけが持つものであって、残念ながら父も私もとても及ぶところでなく、亡くなってもう二十年以上も経つのに、その存在は未だに私の生きる目標・指針となっているのである。

(三)

日本の昭和史は単なる歴史でなく、現在只今の時事問題であるとの指摘がある。確かに今日の日本を考えていく為には最小限戦後を知らねばならず、戦後を知るためには戦争を考察せざるを得ない。これらは現在に直接的な関連を未だ持ち合わせているのである。そういう意味で我々は、嫌でも戦争について考えを巡らさなければならないのだが、更に私の場合、祖父をより深く理解する為に、何より軍隊というものを知る必要があった。

太平洋戦争(日本の命名は大東亜戦争)は、その規模と犠牲の大きさにおいて、敗戦に終わったその結果において、以後の社会に与えた影響の重大性において、日本史上に比類無き戦争であった。であればこそ、これに対する社会学的な考察が十二分になされ、そこから得た真の知見や反省が以後の社会形成に充分に生かされなければならなかった筈である。しかし、現実にはそれらはなおざりにされたと言って良い。無論戦後暫《しばら》くは占領軍の思想・言論統制によって日本独自の研究などなし得ず、その間に言論界や教育界が自虐的視点で思考停止してしまい、また一般国民は経済復興に急であったこと等がその原因として挙げられようが、少し巨視的に見れば、結局〝時勢〟を正義としこれに乗り遅れることを極端に恐れる後進的事大主義によって、旧なる形態は精査もされずに〝大うちこわし〟に壊し捨て去られて止んだと言うのが本当のところであろう。そして、その理論的空白のバツの悪さは単純で都合のよいステレオタイプを創りあげることで糊塗《こと》し満足した観がある。

そうしたやり方で打ち壊された最大のものは、戦争の責任を負い最も忌まわしき存在とされた帝国陸海軍の組織とそれに関連する文物・物品である。無論、ポツダム宣言が〝日本國軍隊の無条件降伏〟（日本国の無条件降伏ではないことは銘記されなければならない）と〝日本國軍隊の完全武装解除〟並びに〝日本國の戦争遂行能力の破砕〟を謳っていた以上、これを受諾した日本が帝国陸海軍を解体したのは当然のことである。しかし現実は、ポツダム宣言を一方的に「日本国の無条件降伏」の如く歪曲したアメリカと、敗戦と占領の持つ意味を曲解し又は曲解させられた日本人自身の手によって、より破壊的な方向へ進んだ。身近な実例を挙げれば、戦前には、靖国神社内に「国防館」「遊就館」、東郷神社近くに「海軍館」という軍事博物館があったが、進駐軍の命により日本人自身の手によってそれらは消滅してしまったそうだ（その後「遊就館」については、新たな形で再開）。諸外国においては、主要都市には必ず軍事博物館があり、国家予算によってその民族の軍事史の参考品が維持されているということであるが、これらは戦勝戦敗にかかわらない。ナチスドイツがフランスを占領した際にパリにある陸軍博物館を破壊したかというとそんなことはなく、ナポレオン戦争で鹵獲《ろかく》されたドイツ軍旗をドイツの軍事博物館に移送しただけであり、またナチスが破れた後はその軍旗が再びパリに帰還したのだという。要するに、良かれ悪しかれ戦争を重ねてきた人類にとって軍事史は歴史の極めて重要な一面であり、そういう認識があったればこそ、悪名高きナチスドイツでさえ他国の歴史的財産を棄損し、後の歴史観から先の歴史的事実を改変するが如き蛮行は敢えてしなかったと言うべきであろう。いずれにせよ、日本においては軍事に関する文物・物品が徹底的に破棄された為に、旧軍を広範囲且つ系統的に考証・研究することは他国の軍隊を研究するよりも寧ろ難しく、数等倍の困難に遭遇するのだそうである。

そうは言っても、現在では、書店に行けば日本軍に関する出版物は氾濫している。戦争は民族の大運動であり、特に太平洋戦争では多くの国民が兵士となって軍隊を経験したからに違いない。尤も、これら出版物は、戦史・戦記の所謂戦闘史が主であって、日本軍の仕組みそのものを十二分に解明した書物などは案外見当たらない。また、軍人の日常生活やその人間性、軍を支えた国民のメンタリティーや社会状況などを等身大でフラットに描いた書物も存外少ないように思う。軍人の横暴や戦争の無謀を告発した書物は多いけれど、それでは、国民は圧政に日々喘ぎ、厭戦《えんせん》気分が国内に横溢していたのかというと、そうではない。私的制裁が酷く、当時から〝人の嫌がる〟と形容された軍隊にしても、それでは皆から愛想をつかされ名誉と支持を失っていたのかというと、決してそうではない。私の母の義理の兄は田舎の農家の出だが、兵隊生活を実に懐かしげに語る人で、「しかもワシャあ、現役で行ったんですけェのォ。」と言う時には少し胸を張るようにした。要するに伯父は身体強健な若者として、後備兵や補充兵の応召ではなく現役兵として徴集された事を誇りとしていた訳だが、それは何も伯父が変わった人間だからというのではなく、また軍国主義に凝り固まっていた訳でもなく、寧ろ彼の属する地域社会に共通する自然な感覚であったからに相違ない。そればかりでなく、伯父は「軍隊は何でも連帯責任じゃけェそれがええ。今の若いもんはそれがないから駄目なんよ。」と、他人の責任を故無く被ることなど真っ平な現代人の私などとても頷《うなず》けない事も言うのだが、それが軍隊という組織に必要なものであったにせよ、その本質は、実は当時の農村に普遍的にあった共同体意識を抜きには考えられないものではないのか。実際、全てに係る連帯責任にせよ内務班における私的制裁にせよ、或いは階級組織でありながら実質的には階級ではなく経験年数で構成された兵の序列にせよ、およそ旧軍を特徴づけた諸々の事は、軍の意図とは関係なく兵達の手によって成ったものであって、言葉を換えれば、当時国民の八割を占めた農民が創ったものともいえるからである。そうであるならば、旧軍の酷さについて考えるにしても、その底流をなす当時の農民のメンタリティーと文化が前提として十二分に理解されていなければならない筈だが、しかし現実は、そういう最も広範に存在した基礎部分がうまく伝わっておらず、問題点にのみスポットライトが当たるので、軍といえば真っ暗な地獄の如き世界がイメージとして浮かび上がるように思うのだが、どうであろう。全国各地に戦友会が出来、曾ての兵士達が旧交を温め結束力を示している事からしても、戦後生まれの我々が抱いている旧軍のイメージが包括的意味合いでは幾分片寄っているようにも思うのである。

それでも、下士官・兵、また特に太平洋戦争において海軍予備士官制度や陸軍幹部候補生制度で急速・大量に育成された下級将校の世界は、それが出陣学徒や様々な職種の人員で構成されていた事などから語り部も多く、まだしも書物などで紹介されている。一方、士官学校出の正規将校、所謂職業軍人の世界では、有名将軍の功績を主体とした伝記等が有るばかりで、その生活実態などほとんど知られていないのではないか。その理由の一つは、彼らの圧倒的な数の少なさにあるに違いない。徴兵・召集によって兵士となった者は、日支事変が勃発した昭和十二年以降太平洋戦争終結までの八年間だけでも一千万人近く居るであろうに対し、正規将校は、数の多い陸軍ですら、明治建軍以来その消滅までの全期間約七十年で僅か五万人程度なのだから、案外に国民から遠い存在で、父のように軍人の家庭に生まれでもしない限りその実態は良く解らなかった筈なのである。二つ目の理由は、兵と将校との厳然たる区別にあったと思われる。兵と将校とは、身分上区別されることはもとより、生活上も明確に分かれている。例えば、兵は内務班を形成して兵室で寝起きするのに対して、将校は自宅からの通勤である。またその属する文化形態も違っていて、兵は私的制裁に代表されるような土俗に根ざした独自の社会に生きていたのに対して、将校は一応世界標準の中で生活していた。だから、兵役によって多くの国民が軍隊を経験したといっても、兵の軍隊生活を通じて職業軍人の生活が見えて来る訳でもなく、それが世間に伝わることの少なかった理由の一つでもあったろう。理由の三つ目は、それ正規将校自身、自らを語らなかったことにある。人生の一時期だけ軍隊を経験する兵と異なり、それを職業とする将校は、現に存在し継続しているその職務や日常を敢えて語る必要など感じなかったであろうし、また、敗戦に終わった戦争の後には曾ての将校のあり方など話すこと自体無意味と思ったからに違いない。

この様にして、帝国陸海軍の基幹部分は世に伝わることが少なかった。それは現在のみならず、戦中・戦後を通じて常にそうであった。そうした空白に、満洲事変以降日本が関係した事件・事変・戦争は、侵略目的をもって指導者達がした共同謀議に基づくものであって、戦前・戦中の日本の行為・行動は全て悪であるという極東国際軍事裁判所判決に代表される歴史認識（所謂《いわゆる》東京裁判史観）が嵌《かん》入《にゅう》され、軍隊や軍人に対する悪しきステレオタイプが出来上がった様に思われる。戦後占領軍が実施した作戦に「ウォー・ギルト・インフォメーション・プログラム（戦争犯罪周知宣伝計画）」というのがあって、東京裁判そのものがこのプログラムの一環であった。もう少し言えば、講和条約締結前で厳密に言えば戦争状態にあった当時、占領軍の一過性の軍事行動として同裁判があり、その裁判をもコントロールするものとして同宣伝計画があった訳だが、いずれにせよ欧米の文化・社会に疎かった日本人が戦時プロパガンダによってこれを鬼畜の如く思い込んだのと全く同様に、帝国陸海軍の実情を知らない国民が今度は占領プロパガンダによって自国の歴史に自信が持てなくなり、軍と軍人を蛇蝎《だかつ》の如く嫌うようになった。つくづく日本人は情報・宣伝戦に弱いと思うけれど、そういうステレオタイプを持つことによって益々軍事知識から遠ざかった結果、現代日本人は軍隊が持つ意味性まで分からなくなっているのではないか。

軍隊というのは、単に自国を防衛する実力集団に止どまるものではない。欧米をはじめとする国際社会で、軍隊とは、国家の意思を代表する存在なのである。卑近な例で言えば、外国から元首が来ると赤坂の迎賓館で閲兵式があり自衛隊の儀仗兵が捧げ銃をするけれど、これは「貴方の滞在中、この武器の一切を捧げてお守りします」という軍隊をもってする国家の意思表示方なのだ。だから、いくら警備の実権が警察にあっても、或いは日本に軍隊はない筈だよといっても、それでは機動隊がこの任に当たったりすれば、その非常識が世界の物笑いになるばかりでなく、当該元首の面目を国際的に失わせる結果になりかねないのである。このような事はしかし大した話ではない。問題なのは、経済力の伸展に伴って国際貢献力をも問われている日本が、既に単なる経済的寄与のみでなくより政治的な行動が求められるようになった中で、行動の選択をする際のものの考え方であろう。ここに来て漸《ようや》く、今までの経済支援に代わって所謂〝人的貢献〟なるものが注目され始めた訳だが、人的貢献と言う言葉の広範さから、例えばPKOに関する初の国会議論にしても、自衛隊の派遣とボランティア派遣とがほぼ同じ軽重でしかも二者択一の問題として論ぜられていたように記憶する。しかし、これらは本来同一のレベルで論ぜられるべき筋の話ではない。ボランティアというのは何百人派遣しようが結局それは篤志家の個人的意思の集合という以上の意味を持たないのに対し、軍人というのはたとえ一人であってもそれは国家の意思を代表するからである。〝人的貢献〟は〝顔の見える貢献〟とも言われているけれど、顔が見えるとは、日本人が単にそこで働くという事ではなく、国家としての意思が明確に表示されている事をこそ指すに違いない。そうであるならば、外国からは軍隊と認識されており従って否応もなく国家の意思を表す自衛隊に対し、国家の方もこれをバックアップしなければならないのは当然の事であろう。しかし現実は、自衛隊の派遣に際して、その意図も能力も無いのに〝海外派兵〟などという虚構の概念を担ぎ出して国内向けの論理遊びをし、その果てに有効な武器や指揮命令系統を取りあげて危険地域に派遣するという暴挙を実際に敢行したのであった。昔兵士の命は一銭五厘と言われたが、平素〝人の命は地球より重い〟などと臆面もなく言いつのっている連中が、国を代表して難地に赴く者を一銭五厘以下に貶《おと》しめた訳で、恣意的であるだけにより悪質で言語道断の所業であった。誠にPKOへの対応は、戦後日本がどれ程背骨曲がりの国家であったかを象徴する出来事の一つとして、長く記憶にとどめるべき問題と思う。

軍隊は無法者の集団ではない。軍隊というものには世界共通のルールがあり、それに則《のっと》った国際常識がある。自衛隊は軍隊とは別の警察組織から発達した変則的軍事組織であるが、軍隊が単なる実力集団ではなくグローバルスタンダードなものである事を考えると、世界に孤立しては生きられない我が国として、自衛隊がいびつな軍隊のままで良いものかどうか。それは措《お》くとしても、何よりも先ず日本国民の持つ軍事・軍隊に関する知識レベルを、金融や貿易に係わる常識と同程度にまで高める必要があるだろう。そして、もし過去の歴史が軍事に正面から向かい合う事をためらわせると言うのならば、その己が持っている歴史認識なるものを精査することから始めなければなるまい。少なくともステレオタイプに依っているような脆弱で軽薄な認識は排除しなければならない。空理空論に走るばかりで現実を見据えることが出来ないような精神から脱却するには、迂遠《うえん》なようでもそれしか方法がない筈である。

（四）

私の祖父今中武義（イマナカタケヨシ）は、広島市出身の帝国陸軍正規将校であった。明治十九年生まれの祖父は、広島地方幼年学校第四期、陸軍士官学校第十八期生であったが、この期は成績が良く、太平洋戦争開戦劈頭《へきとう》マレーに進攻しシンガポール要塞を落として勇名を馳せた山下奉文、終戦時陸軍大臣として難局の処理にあたり自刃した阿南惟幾の外、岡部直三郎、山脇正隆、藤江恵輔の五大将を輩出し、しかも藤江恵輔以外は皆広島幼年学校出身という花形のクラスであった。そういう意味では、太平洋戦争を牽引した一グループとも形容出来るけれど、しかし実際は祖父を含めてその大層が戦前既に退職していたから、寧ろ日露戦争後から太平洋戦争前までの日本が比較的穏やかであった時代を軍人として生きた年次と言った方が現実に近い。従って、大量動員で装備が不足し、精神主義に走り、規律が緩んだ末期の軍隊とはまた別の、スタンダードな日本軍の中で務めを果たした世代でもあった。

旧軍人、特に正規将校達は結束力が強いと言われている。祖父も仲間を大切にする人で、私が幼い頃には我が家で同期生会を開いた事も再々あったし、家族の団欒でもよく同期生のことが話題にのぼった。別けても、幼年学校時代から祖父と親交のあった阿南惟幾大将は別格で、祖父は「阿南は」と言い家族は「阿南さんが」と言って懐かしむ事頻《しき》りだったから、私などもいつの間にか見知った人のように錯覚したものだった。その阿南さんに関して、こんな事があった。

昭和四十二年、終戦時の政府の動きや軍の混乱とその収拾を描いた東宝映画『日本のいちばん長い日』が公開された。そして、この映画は阿南大将が苦悩する陸軍大臣として中心的に描かれていたからだろう、何処からか招待状が届いて、祖父母は大喜びで揃って映画を見に行った。ドラマとはいえ、久しぶりで旧友に会うような嬉しさが祖父母には有ったに相違なく、きっと上機嫌で帰って来るに違いないと思われた。ところが実際は、非常に不機嫌にプリプリしながら帰って来たのである。私は意外に思って映画の感想など聞いてみたところ、「あんな阿南がおるものか。」と苦虫を嚙みつぶしている。「成程阿南は終戦に反対したし、非常に芯の強い人間でもあった。しかしだからといって、彼は他人に剛強な感じを与える人間では決してなかったのだ。あんな阿南が何処におるか。」映画の中の阿南陸相は一人戦争継続を主張する役どころの為だろう三船敏郎が剛直に演じており、一方終戦派の米内光政海軍大臣は山村聡が温厚に演じていたのだった。祖父によれば、阿南大将は温容玉の如く何時如何なる時も会った人間を駘蕩《たいとう》たる気分にするような人格者であり、これに対して米内大将は人となりはよく分からないがへの字口で強硬な感じの人だったから、寧ろ陸相と海相の役者を逆にして山村聡が阿南を演じた方がまだしも双方のイメージに近いという事だった。「あれでは後世に誤った印象が伝わる。阿南が可哀相だ。」というのが友人として祖父の持つ憂慮であり不快感であった。『日本のいちばん長い日』は、決して出来の悪い映画ではなかったし、歴史を歪めて伝えるような映画でもなかったと思う。しかし、いくらフィクションであると断っても、実在の人物を実名で登場させる場合には、その人物の人格や性癖等少なくとも表に現れた特徴は極力忠実に再現する努力が求められるだろう。人間は蓄積された文化の具現であり、内面と外面は分かち難く結びついていることを思うと、これを全く別のものに表現した場合その人物の思想や思考まで異なって見えて、結局歴史の解釈を誤る可能性すら生ずるからである。映画は歴史を直接写すものではないが、遠い時代の雰囲気を再現してみせるという意味で歴史の語り部であり、しかも映像が持つ絶大なイメージ構成力を考えると、祖父の憂慮も無理からぬことであった。尤もこれは、阿南大将個人の描き方というミクロの問題ではあるが……。

祖父は、軍人としてより大きな歴史舞台に立ったことがある。日支事変（日中戦争）に連隊長として出征し南京攻略戦に参加したのがそれで、南京攻略は、その当時は日本軍が敵国の首都を攻め落とした史上初の快挙として赫々たるその戦果を称賛され、また戦後は一転して大量虐殺があったと内外に喧伝《けんでん》された事によって人々の記憶に未だに残る歴史的出来事になっている。従って、私としては一度祖父から南京の話を聞かなければいけないと思っていた。ただ、私の関心は南京大虐殺と云われる事件の真相にあったから、その事を尊敬する祖父に聞くのは何ともいえず気詰まりであった。私が長い逡巡の末漸く南京のことを聞いたのは、だから二十代も半ばになってからだったと思う。私は内心のためらいを押さえつつ「南京大虐殺のことを聞きたいのですが。」と切り出した。そうしたところ祖父は「ああ。それは。」と気軽に応じてくれたのだが、その話は……①南京入城後当面の目標を失った日本軍に軍紀・風紀の弛緩が生じ、強姦事件などの不祥事が起きた。それが南京事件と云われるものの本質であり実態である。②自分の連隊は入城後極めて多忙で、それが為に兵隊が不祥事を起こすようなゆとりもなく、自分にとっても兵隊にとっても幸いだった。……というもので、特別勉強した訳ではないけれど新聞報道などによって数十万人が阿鼻叫喚のうちに惨殺されたというイメージを創りあげていた私にとって、あまりにも内容の異なる話だった。私は自分のイメージと祖父の話の隔たりを、祖父が嘘をついている為と理解した。そして、軍人であり官僚である祖父が事実を隠蔽《いんぺい》する以上、一生それを貫く覚悟に違いないと考えて、この鬱陶《うっとう》しくも気詰まりな問題から早々に撤退した。尤も、この問題を詰めようにも、不勉強な当時の私には、それだけの知識も論理力も無かった筈である。

私が南京大虐殺について曲がりなりに勉強を始めたのは、それから十年以上も後のことだった。そして、始めてみると、今まで大した理由も無くしかしある程度の確信を持って抱いていた私のイメージはたちまち崩れだした。中華人民共和国政府が現在でも三十万人屠殺を主張して止まないこの事件に対する疑義は、今では多くの出版物で取り上げられているから此の場で詳しく開陳する積もりはないが、その概略を一応記せば次のようになる。

先ず、南京事件は、日本軍の南京占領から八年も経った東京裁判において突然言い出された事件であることである。その間に支那の国民党政府は国際連盟に日本の軍事行動に関する様々な提訴をし、支那支援決議案の採択や日本軍の空爆と山東戦線における毒瓦斯《ガス》使用に対する非難提案の可決など、数々の成果を得ている。ところが、最も大きく重要な問題である筈の首都南京における大量虐殺事件については、非難提案すらなく議題にも上っていない。それもその筈で、国民党政府の軍事部長(国防相)が南京戦直後の臨時全国代表者大会(国会)で行った報告でも、南京陥落の模様が伝えられているにも拘らず日本軍の虐殺行為など報告されていないのである。また、当時はまだ政権奪取を果たしていなかった中国共産党の記録にも、南京事件は全く出てこない。更に、支那に多くの権益を持つ英・米・仏は、六百人の死者が出たとして南京爆撃に対する抗議を日本政府に送りつけたが、虐殺に関しては何らの抗議も提出していないのである。これらを要すれば、支那にとっても、また支那を取り巻く諸外国にとっても、南京事件は東京裁判以前には存在すらしなかったのである。

それでは、南京事件を初めて提起した極東国際軍事裁判（所謂東京裁判）とは、如何なるものであったかと言うと、その名の中に「国際」とあっても「国際法」に立脚したものではなく、また「裁判」といっても厳正な「司法裁判」とは全く別ものなのである。昭和二十一年、マッカーサーは一般命令第一号として「極東国際軍事裁判所設置に関する連合軍最高司令官特別宣言」を発布して裁判所設置の根拠とし、同時に同裁判所が行う裁判に適用する「極東国際軍事裁判所条例」を制定・公布した。しかし、いくら裁判所などと僭称《せんしょう》したところで同裁判所の実体は占領軍の一機関に過ぎなかったし、そもそもポツダム宣言に違反し実定国際法を蹂躙《じゅうりん》して「平和に対する罪」「人道に対する罪」などという曾て無い犯罪概念を捏造《ねつぞう》し、別けても事後立法をもって個人の刑事責任を追及する権限など同裁判所に無い筈のものだった。無論この事は、東京裁判の冒頭から問題となったが、ウエッブ裁判長はことごとくその意見を却下し、「その理由は将来闡明《せんめい》する」とした（勿論その後説明など無かった）。要するに、肝心の管轄権（裁判をする権限）について合理的な回答が出来なかった訳で、「極東国際軍事裁判所」とは、そういう所であった。また「極東国際軍事裁判所条例」にしても、厳密には「法」ですらなく「行政命令」の一種に過ぎないが、その内容たるや、国際的に何らの定義も存在しない侵攻戦争の罪を謳い、個々の国家の主権発露たる開戦そのものを問い、これら国家の行為に関し個人の刑事責任を追求する等々、広く文明国によって認められた国際法の考え方を完全に冒瀆《ぼうとく》するものであった。そして、更に実際の裁判に当たっては、①裁判を敗戦国の言い分を宣伝する場としてはならない、②戦勝国の戦争責任は追及されてはならない等々、ニュルンベルグ裁判で用いられた基本方針がそのまま踏襲された。これを通常の刑事事件に当て嵌《は》めて言えば、被告側の弁論は一切認めず、且つ原告が被告に加えた暴力行為は一切問題にしないという事だから、実にべら棒な裁判（？）であった。

無論この様に理不尽な裁判に対する批判は、当時から、しかも内部からもあったのである。中でも、インドを代表し唯一の国際法学者として東京裁判に臨んだパル判事は、「文明」の名において恣意的に敗戦国を裁いたこの裁判が、裁判というに値せず、寧ろ儀式化された復讐であるとして、その欺瞞性とその底に潜む意図を徹底的に明らかにし、全員無罪を主張したことで有名であるが（尤も、パール判事の意見書は法廷における朗読を許されず、その後しばらくは出版も許されなかった）、その外にも、フランス・オランダ・フィリピン・オーストラリアといった必ずしも日本に好意的でない国の判事達が東京裁判に異議を唱えた。それればかりではない。裁判から僅か二年後、ウェーキ島でトルーマン大統領と会見したマッカーサーは「東京裁判は誤りだった。」と告白、その翌年の合衆国上院軍事外交合同委員会でも、「日本が戦争に突入した動機は、大部分が自衛の必要に迫られてのことだった。」と証言して、東京裁判の最重要テーマであった日本の侵略性を否定したのであった。また、日本糾弾の急先鋒だったキーナン首席検事は、裁判から五年後、「東京裁判はいくつかの重大な誤判を含むのみならず、全体として復讐の感情に駆られた公正ならざる裁判だった。」とし、ウエッブ裁判長もまた帰国後同趣旨の事を言ったという。即《すなわ》ち、東京裁判の欺瞞性は、これを裁いた側からも告白されていたのであった。

この不正と欺瞞に満ちた裁判で、それでは南京事件は如何に裁かれたのであろうか。結論から言えば、一般判決において「日本軍が占領してから、南京とその周辺で殺害された一般人と捕虜の総数は二十万以上であった。」とされた。しかしこれは本当のことであろうか。東京裁判の検察側立証を読んでみても、疑念がわきあがるばかりである。先ず南京在住欧米人の証言は一般に証明力に乏しい伝聞証言ばかりで、例えば、日本軍の行動監視のため南京市内の自由通行を保証されていた関係から重要証言とされているマギー神父の場合にも、自身で殺害を見たのはわずか一件、しかもそれは日本軍歩哨の誰何《すいか》を振り切って逃亡した支那人が射殺されたというものであった。しかしこれは、支那の官憲がことごとく逃げ去り、治安の回復・維持という喫緊の課題を背負い込んだ日本軍の当然の処置であり、また世界的に見ても、歩哨はその命に従わない者を殺すか捕縛しなくてはいけないのが決まりだから、虐殺でもなんでもないのである。またマギー神父は、虐殺等の現場写真と活動写真を撮ったと証言しながら一枚として証拠提出せず、この点に関して虚言の可能性すら強い。結局、マギー証言にしても、他と同様に証拠能力の低さばかりが目立つのである。次に支那人の証言を見ると、虐殺現場から巧みに逃れた唯一の生証人と称する者によってなされたものが多いのが特徴である。無論もし大量虐殺があったとすればそういう人物が居ても不思議はないのだが、ただこの様な証言は、その内容事実を知っているのが証人唯一人だから、虚偽の事実を交え或いは全てが虚言であったとしても分明でなく、その意味で証明力に乏しいと言わざるを得ない。前述のパル判事は、支那人供述に関し「彼等に何かを暗示し、彼等の思考作用を一定の線に沿って働かせ、ちょっと驚かし、ちょっと惑わしてみよ。何事でも起こり得るのである。」と述べ、検察側の支那人に対する働きかけを示唆している。ここで急ぎ言っておかなければならないが、おかしなことに「極東国際軍事裁判所条例」中には証言の真実性を担保する「偽証罪」の規定がなく、どのような証言をしたところで罪に問われる虞《おそれ》は無かったのである。東京裁判が何故偽証罪を準備しなかったのか、その意図はどの辺りにあったのか、興味深いところではある。

しかし、南京事件に関して言えば、区々たる証言の真偽にとらわれなくとも、客観的事実を見て行けば自ずとそのおかしさが分かる。

先ず、南京では、一般判決で二十万以上、検察論告で三十万、一般的には三十～四十万人が殺されたと喧伝されているのだが、南京戦当時の南京の人口は二十万（南京国際安全区委員会）から十五万（米ライフ紙）しか居らず、支那の歴史と思想の中にこそある屠城（城を落とした後、城中の戦闘員・非戦闘員を問わず全てを殺してしまうというもの）のような殺戮《さつりく》をたとえ日本軍が行ったとしても、その総数がはるかに合わない。また、このような敵国の首都の総員をことごとく屠《ほふ》るような事を実行しようとすれば、それに向けて大規模な準備と十分な指揮命令がどうしても必要となる筈であるけれど、南京戦に際して日本軍はそのような準備も余力も無かったばかりでなく、軍司令官松井石根は南京戦の作戦命令と伴《とも》に「皇軍が外国の首都に入城するのは有史以来の盛事にして、永く竹帛《ちくはく》に垂るべき事績たると世界の斉《ひと》しく注目しある大事件なるに鑑《かんが》み、正々堂々将来の模範たるべき心組を以て各部隊の乱入、友軍の相撃、不法行為等絶対になからしむべし。」「部隊の軍規風紀を特に厳粛にし、苟も名誉を棄損するが如き行為の絶無を期するを要す。」「略奪行為をなし、また不注意と雖《いえど》も火を失する者は厳罰に処すべし。」等部隊引締めの訓令を発しているのである。これを見ても、例えば三百機のB29と焼夷弾一六六五トンの準備するとともに、先ず外周を爆撃し人が避難出来ないようにしておいてから中心部を攻撃するという周到な攻撃計画を企画・立案し、東京大空襲を敢行して八万人の民間人を無差別殺戮した米軍とは、或いは又原子爆弾の完成を待って広島で十二万人長崎で七万人を無差別屠殺した米軍とは、更には兵の士気を維持する為都市を落とすごとに略奪・強姦を命令で許可する方針を採ったソ連軍などとは、大いに趣《おもむき》が異なるのである。そういう事からであろうか、さすがの東京裁判でも南京事件に計画性を認めることは出来ず、結局松井大将に対して、部下の不法行為を知りながら有効に制止できなかった不作為の責任をもって絞首刑を宣告したのであった。しかし、再び翻《ひるがえ》ってみて、何らの計画も準備もなく、ただ命令に違反した一部不埒者の自儘だけで一国の首都を人的に壊滅したという東京裁判の論理は、誰の目から見ても不条理なものと映るに違いない。

また、鎌倉市と同程度の広さの南京で、東京大空襲と広島・長崎の犠牲者を合わせた程の死者が出たら一体どうなるのだろうか。とても処理出来るものでなく、屍《かばね》累々、死臭は街に満ち満ちる筈である。ところが、日本軍の南京入城に伴って南京入りした外国人五名を含む百名以上のジャーナリスト、その後南京を訪れた林芙美子、石川達三、大宅荘一等錚々《そうそう》たる作家達の誰一人として、そのような光景を見ておらず報告もしていないのである。報道管制がなされたと思う人がいるかもしれないが、太平洋戦争当時と違って日支事変のこの頃は未だそのようなことはなかったし、当然戦後になってから彼等がそういう証言を始めたいう事もない。また、死体を揚子江に流して始末したという説もあるが、下流には国際都市の上海があるのだから、大量の遺体を流せばたちまち露見して問題は更に大きくなる筈である。これらの事からみれば、そして例えば、英・米・独人で構成されおよそ親日的とは言い難い南京国際安全区委員会の委員長が、日本軍の攻撃方や占領政策を美挙として感謝状を送った事実や、また日本軍の入城後に避難民の帰還等で南京の人口が急速に増加した事実等、虐殺などあれば絶対に起こり得ない事象の数々をみても、矢張り巷間言われるような大虐殺など無く治安も一般に良好だったとするのが妥当であろう。結局、南京事件の真実というのは、軍規・風紀に緩みが生じた日本軍の中の一部不心得者が不法行為をはたらいた（これは東京裁判で日本側も認め遺憾としているが、これとて軍律厳しい日本軍の基準に照らしての話で、世界的に見て特別凶悪であった訳ではない）という事に尽きるのではないか。そして犠牲者数は、安全区委員会幹事スミス博士の昭和十三年調査報告書にある、軍事行動によるもの八百五十人、兵士の暴行によるもの二千四百人、計三千二百五十人というのが実態に最も近いのではないかと思う（この報告書は、調査時期や調査方法から真実を最も反映していると思われるものだが、犠牲者数が大虐殺というストーリーにそぐわなかった為か、検察側はスミス氏にその調査書が発行された旨証言させただけで、調査書そのものは証拠として提出していない）。そして、この犠牲者数にしても、首都を非武装化して戦場の外に置くという一般的な方策を採らず逆に主戦場に選び、あまつさえ死守を命じた司令部が兵を纏《まと》める事なく独断撤退し、敗兵は便衣（ゲリラ）となって一般市民の中に潜伏するといった状況を作り出した支那側の重なる失策が無ければ、相当に少なくなった筈である。何故ならば、占領後日本軍は便衣を掃討したが、これも兵士の暴行の中にカウントされた可能性が強いからである。言っておくが、敗兵の殲滅《せんめつ》やゲリラの掃討は戦時国際法上合法であり、また捕虜（国際法上正規に認められた捕虜である事が必要）であるかどうか不明なものや戦闘員の資格を有しないで戦闘するものを殺害排除したとしても合法であって、暴行とか虐殺とは言わないのである（米軍などは太平洋の島嶼《とうしょ》戦で捕虜をとらない方針を採り、日本軍民の殲滅を図ったことがリンドバーグの日記などで知られているが、同じ理由で残念ながらこれを「虐殺」とは呼べない可能性が強い。戦の厳しさ・理不尽さと言うべきなのかもしれない）。しかし、このような中で不幸にも故無く殺害された一般人が多く居たこともまた事実であろう。南京のような大都市で敗兵やゲリラが一般市民に紛れ込んだ場合には、敵愾心や恐怖心をもつ兵士の過剰反応によって一般人に被害が及ぶことが或る程度避けられないからである。そうであれば、これは大虐殺などというものではなく、少なくとも一般の戦争犯罪と位置づけられるべきものであり、特に南京の場合には、そのような状況を作った支那側にも罪の過半が求められてしかるべきであろう。

　いずれにせよ、しかし東京裁判においてこれらの事は一切考慮されず、弁護側が提出した証拠は大部分が却下された。即ち、東京裁判の判決は、検察側提出証拠と検察側最終論告に全面的に依存し、犠牲者数も昭和二十一年になってから東京裁判用に支那で作られた「南京地方法院検察処敵人罪行調査報告」を基礎としたものになった。所謂南京大虐殺とは、このように占領軍によって思うがままに作り出された事件と言ってよく、ここに、日本人の精神を武装解除するために（言葉を変えれば自立する誇りを徹頭徹尾粉砕するために）、日本が犯罪国家として裁かれることについて日本人に納得させるよう徹底した宣伝を行うという「ウォー・ギルト・インフォメーション・プログラム」の中心的イメージ、凶悪非道の日本軍というイメージの創出が成ったのであった。

　この南京事件を中心とした日本軍のイメージは、戦後の日本人に大きな驚きと衝撃を与えたが、やがて半信半疑ながらも受け入れるところとなった。戦時中の政府報道や旧軍に対する不信、敗戦による自信の喪失などがその根底にあったに違いないし、占領軍によってかつて経験したことのないほどの徹底した報道管制・検閲体制が敷かれているのを日本人が自覚していなかった事などから考えれば、当時としては無理からぬところも有ったのかもしれない。しかし、その影響は、時代が下るにつれ寧ろ拡大した感がある。私より三歳年下で職場の関係で長く付き合っているK氏など、日本軍のことを随分悪くいう人で、余りにバランスを欠く話が多いから、「それじゃあまるで日本の軍隊が世界で一番悪かったように聞こえるが。」と言ったところ、「ええ、明らかにそうでしょう。」などと確信を持って言い放つので呆れたことがある。言っておくが、彼はこういう話題が好きなのだが、そうかといってさして勉強した訳でも、平素から考えを巡らしている訳でもないのである。それが頭からの決め込みで、「僕の正義心が許さない。」などと中・高生のように言う。尤もK氏は、ソ連崩壊後の経済混乱を見た時も、「ソ連人は行列を作ることが好きなので。」などと親ソ的人間が昔から使い古している噴飯ものの修辞を平然と繰り返していた位だから、自分の目でものを見、自分の頭で考える能力と習慣が無い人物かもしれない。所が面白いことに、彼は京大工学部出身の、一般的に言えば優秀な人間なのである。ここで話が一寸外れるが、国立大学出というのは随分と自信を持った種族である。特に東大の文科系出身者など鼻が天井を向いていて、およそ人の話など聞きそうにない感じの者が多いけれど、しかしよく観察してみると、彼らは案外に他人の良い所を採ったりすることに敏で、物事の本質を見抜くことにも長けている。悪く言えばずる賢く良く言えば矢張り優秀、流石《さすが》と思わせる者もまた多いのである。それに対して、理工系は態度物腰が柔らかく一見いかにもフレキシブルに見えるのだが、実は知識・思考の範囲が狭く、外部からの情報をフラットに取り込む度量にも欠け、しかも物事の枝葉に捉われて本質に対する洞察力を欠き、自己の見解（多くの場合、自らが認めた権威に帰依してそれを自己の見解に置き換えるのだが）に固執する頭の固い人間が多い。これは、結局自惚れで目が覆われ、生きた学問というものが本人が思うほどには身に付いていない事に原因があるように思う。オウム真理教の事件が起きた際、オウム信者の中に優良大学の理工系出身者が多くいたことに世間は一様に驚いてみせたが、私が驚かなかったのは、ああ例のタイプかと合点した事による。話を戻す。勉強といえば学校の勉強をしてきただけのようなK氏が、自国の歴史を悪し様に言う事に熱心なのは、学生運動で左翼思想に染まったのが第一の原因であろうが、より具体的には、日本だけが悪いことをしてきた、日本の歴史は汚辱の歴史であるとする所謂東京裁判史観を、秀才よろしくそのまま吸収してきた事によるだろう。実際、東京裁判史観は、「一犬虚に吠ゆれば万犬実を伝う。」という言葉そのままに我が国を覆い尽くし、しかもその本質が虚構であるだけに我々を空虚で浅薄な思考空間に呪縛し続けてきたように思う。例えば、日教組に占拠された小中学校においては、国旗の掲揚・国歌の斉唱を拒絶したところが多かったが、これがなんのことはない、「平和教育」だったのだそうである。また戦前の日本の全てを魔女扱いするマスコミは、政治家が少しでもこれを肯定しようものなら鬼の首でも取ったようにアジア諸国に御注進におよび、何とか相手から遺憾の意を引き出して、「アジアが不快感」などと大々的に報じ、憂国の士を気取って見せる。こういうのをマッチ・ポンプと云って軽薄にして最低の行為なのだが、本人は社会の公器として社会正義を具現した積もりなのだろう。更に政治家は、徹頭徹尾謝罪することを外交の基本路線と心得ている。例えば、平成六年永野法務大臣が「南京大虐殺はデッチ上げだ。」と語ったと報じられるや、時の羽田内閣は世界に平身低頭した。この時は中国の方がまだしも道理をわきまえていて、「未来に向けて我々は進もう。」と応えたという。同年、村山富市首相が謝罪を目的に東南アジアを歴訪した際にも、マレーシアのマハティール首相から「日本が、五十年も前に起きた戦争を謝り続けることは理解できない。」と言われて、首相は返す言葉を失ったそうだ。およそ、過去の問題について決着がついているからこそ正式の国交があるのであり、将来のことを話し合うためにこそ外交関係があるのだという単純にして当然の認識の上に肝心の政治家が立てず、独り他人からは見えない亡霊と舞踏している様な狂態を演じるのは、病膏肓《こうこう》に入っている左証だろう。教育から政治まで斯くの如き中にあって、「日本は散々悪いことをしてきたのだから、世界に詫びなければならない。」と繰り返すK氏のような人間が我々の身近に出現しても少しも不思議でない。私が「世界史レベルで考えても、日本は半世紀も謝り続けなければならないような悪事を働いてはいない。そのようなことをするのは妥当でないよ。」と具体例を挙げつつ言っても、決して耳をかさず、「世界との比較はどうでもいいのであって、兎も角謝るべきだ。」と、どうあっても謝罪したがる。それでは、それは少なくとも彼自身が日本人として人一倍の苦悩と反省の時間を持った結果なのかというと、全くそんな事はない。「僕は何も悪いことをしていない。」というのがその長閑《のどか》な理由なのだが、しからば彼はこの現代において一体誰に向かって謝れ々々と言っているのであろうか。我が国の歴史の流れをひたすら非難し、弾劾し、それが自らの〝正義心〟とやらに快い満足感を与えるという彼のような人物は、結局のところ、我々日本国民の全てを限り無く見下し蔑《さげす》んでいるのに相違ない。そして彼自身の意図はどうであれ、その言動は、我が国の次代を担う子供たちの自尊心と民族の誇りを砕き、国益を将来に向けて基礎から損ない、文化をメルトダウンさせる様に作用する。まさにK氏の様な人物は、「ウォー・ギルト・インフォメーション・プログラム」の精華であり、戦後五十年を過ぎてなお生まれ続ける輝かしい（そして実際はひどく陋劣愚昧《ろうれつぐまい》で醜悪極まりない）申し子と言っても過言でないだろう。

　私達は、太平洋戦争が軍事的敗北に終わったことよりも、真の敗北というべき状態が寧ろ戦後の占領政策の中からもたらされ、且つ日本人自身の手によって拡大されてきた事をこそ記憶に留めなければなるまい。また、戦争であれだけの犠牲を払いながら、戦後の社会には、およそ歴史から本当の有効成分を抽出して将来のために役立てなければならないという社会的な追求力と理性がなく、その代わりとして、国家権力を単に否定したり軍人に対するステレオタイプをひたすら強化することで自らを別者と思うような安易で且つ間違った方向に進んだ。その結果、国家・民族の安全を保障する重要事たる軍事についてはこれを思考中から排除する一方、本来最も反省し排除しなければならない視野狭窄《きょうさく》と独善と思考の硬直性の方は「平和主義」の看板の下に立派に生き残ることになったのである。そうした事に日本人はそろそろ気付いて良い頃ではないか。話が逸れた。

私は、南京事件がこのように占領軍の創作によるものであることをもっと早く知るべきであった。そうすれば、そそくさと話を切り上げることもなく、落ち着いて祖父から南京の話を聞けたであろうし、そうすることで、南京事件の真実に関する新たな情報が幾らでも手に入れられたに相違なかったからである。そのようなことを考えると、占領軍の宣伝プログラムというのは、単に自らの史観を宣伝流布するばかりでなく、それに反する事実を封殺する力が寧ろ大きく、しかもその影響は実に長い期間続いて来たのだなぁと今更のように思う。そして、知らず知らずの内にもその呪縛にとらわれ萎縮していた自分自身が今となっては腑甲斐なく、また手を伸ばせば得られた筈の数々の事実が不勉強のために永久に失われた事が無念でならない。

(五)

私にとっての祖父は、幼い頃は、武功輝くあこがれの将軍といったものだったと思う。納戸には、沢山の勲章やその略章、羽根飾りの付く黒い第一種帽やきらめく指揮刀、将校用水筒や図嚢《ずのう》など男の子である私の宝物の数々があって、あこがれを嫌が上にも掻き立てた。胸に略章を付けてもらい、馬に見立てた踏み台に座布団の鞍を置いて打ち跨《また》がり、指揮刀を一閃すれば眼前には勇壮な戦場が出現する、そういう一人遊びを私は随分楽しんだ。だから幼い頃の祖父とは、そういう想像空間の延長線上にあったと言って良いかもしれない。今でも一般には、軍人に所謂武人のイメージを重ね合わせる向きが多いように思う。戦場を往来して命を危険にさらす、そういった事から軍人イコール武人というイメージが出てくるのだろう。武人とは、戦場で命を賭して働いていく中から独特の死生観を持つに至った者を指すのかもしれないが、しかしそうであるならば、大人になった私の目から見て、祖父が必ずしも武人そのものであったとは言い切れない。確かに、明治十九年生まれの祖父には士族としての矜恃が有り、それが日常の立居振る舞いに独特の風韻をもたらしていたには違いないけれど、それでは、祖父の軍人生活や日々の感性が、そういう意味合いでの武人のそれで貫かれていたのかといえば、そうではない。では、既に歴史の中にある旧職業軍人の生活や感性とはどういうもので、その理解のために、どういうイメージを当て嵌めて考えれば大きく間違うことがないかといえば、現代において最も近いのは中央官庁の役人であり官僚であろうと私は思う。それ程、私が祖父から聞いた軍人生活は現代の官僚に通じるところが多かった。文官と云い武官と云っても共に役人であり、また官僚機構は戦前から戦後へほとんど手を付けられないまま移行したのだから、それも当然と言えば当然のことかもしれない。尤《もっと》も、現代の官僚の生活やメンタリティーも、必ずしも一般によく知られている訳ではない。だから、これだけでは他人に対する説明になっていないけれど、ただ、霞が関に勤める役人として現代の所謂官僚を見てきた私としては、軍服という外見上の特徴に幻惑されず、帝国陸海軍や戦前の社会に予断を持たず、フラットに物事を見さえすれば、旧職業軍人の生活や感性は、現代から見ても決して特殊なものでも奇矯《ききょう》なものでもないと誰しも気付くであろうことを言いたい。旧軍人と現代の官僚とが類似することの善し悪しは、また別の話である。

祖父は背丈こそ小さいが壮健な人だった。剣道をやっていた私でも、腕相撲は高校生（祖父は既に七十代半ばだったと思うが）になるまで勝てなかった。歩行力も極めて強くて、八十代後半になっても、「お前にはまだ負けないな。」などと笑いながら言っていたものである。祖父の驚異的な体力は、勿論《もちろん》長い軍隊生活を通じて身に付いたものに違いない。士官学校の生活を書いた本などを読んでみると、将校生徒は無理のない合理的なプログラムの下でじっくりと基礎体力を錬成されたらしい。そうした若い頃からの蓄積とその後の規則正しく意志的な生活によって、長くその体力を維持し得たものと思う。また祖父は、頭脳も非常に明晰《めいせき》で、口舌は常に明瞭《めいりょう》であった。祖父は普段よく指先を細かく動かしていた。私が何をしているのか不思議に思って尋ねると、漢字を忘れないように思いつくままに宙に書いているということで、そういう努力を常に惜しまない人だった。私が大学生になって第二外国語にフランス語を選択していると知った時には、突然流暢なフランス語で話しかけてきて私を驚かせた。祖父が幼年学校・士官学校で仏語を学んだということを知ってはいたけれども、それまで一度として祖父のフランス語など聞いたこともなく、話題にすら上らなかったので、その見事なフランス語を聞いた時は本当に驚いた。しかし、考えてみれば、フランス語を話したこと自体よりも、授けられた学問を半世紀以上も一人反芻《はんすう》し、何時でも使えるように準備し続けたであろうその努力の継続力の方が、常にその場しのぎの勉強しかしてこなかった私のような者から見て、驚異に値することであった。ただこの様なことは、なにも祖父に限った話ではないのかもしれない。テレビを見ていると、歴史の証言者として旧軍人が出てくることがあるが、彼らは概《おおむ》ね一般人よりも良好な記憶力と体力を維持しているように見受けられるからである。

祖父はまた人生を力一杯生きる人でもあった。祖父の陣中日記の中に、部下に対する訓示として「凡《すべ》てに積極的たれ。」という一節を発見したことがあったが、この如何にも訓示向きの言葉にしても、祖父の生き方を知っている私からみれば、少しも変わることのない祖父の生きる姿勢を過去の一点に見出した思いがして心が動いた。祖父は仕事を待ち受ける人ではなかった。仕事とは大小に拘らず自ら創出するものと考えていた。だから、ぼんやりと日を過ごす祖父を私は見たことがなかった。また祖父は、第一線を退いた後も社会とかかわり社会の中で己の力を役立てることに熱心で、請われてなった民生委員や福祉の活動も、実に長い年月心を注いで続けた。祖父の世代で祖父程の教育を受けた者は世代人口の二%に満たない筈であり、祖父はそれに見合う名誉や地位を社会から与えられたけれど、一方人生を通じてそれらを十二分に社会に還元したように思うのである。

そうはいっても、祖父が完全無欠の人間であった訳では無論ない。祖父は、基本的に組織の人間で、生え抜きのキャリアとして組織という言わば内海での働きによって取り立てられた人物だから、例えば商売における営業活動のように、生き馬の目を抜く様な、時には悪意をも含む外海を、一人で上手く泳ぎきれる人ではなかった。また、明治生まれで官僚でもある祖父は、学業成績や学歴という社会的権威に信を置くところが篤く、長い人生経験の中でその例外をいくらも見てきているにも拘らず、これらに優った者を先ず信頼し有難がるところがあった。だから、そういう意味合いでは不羈の精神にあふれていた訳ではない。しかしそのような事を併せ考えても、全体的に見れば祖父は極めてバランスがとれ、且つ気力の充実した立派な人物であったと思う。少なくとも、私の人間関係と人生経験の中では、残念なことに、祖父を上回る人物に未だに逢う事が出来ないで居るのだから。

祖父が亡くなって、いつの間にか二十年以上が経った。

祖父は資産というものは左程残さなかったが、その代わりいつまでも変わらない敬愛の念と沢山の思い出を残した。それが私が祖父から得た唯一の遺産であると言って良い。しかし、それだけでも私は祖父が羨ましくてならない。一体、父にしても私にしても如何程のものを残せるというのか。勿論私達の力の無さが第一の理由としてあるにはある。けれど、およそこの現代日本は、何処を見ても、何事かを伝え残して行くには不向きに出来上がっている。例えば資産のような本来蓄積しやすい筈の有形物をとってみても、重い税金と均等な相続等によって、三代もすれば雲散霧消することになっている。そういう所から、我々は一代もつかどうかの安普請の購入を一生の仕事とするような空しい努力を世代毎に繰り返さなければならなくなった。その結果、初代が土地を買い、二代目が家を建て、三代目で家具調度を揃えて代々伝えるというような遠くを見据えた粘り強い伝承と蓄積が、その考え方からも消え失せてしまったように思うのである。更に、人間にとって最も大切な経験や価値観や誇りの伝承と蓄積というような無形物をとってみると、世代毎に別居し独立して生計を営む生活スタイルは世代間の会話量を確実に減耗させ、文化の継承を決定的に減衰せしめている。我々は、後世に何物かを残し託すという人間にしか成しえない崇高な使命を既に手放し、しかも軽薄にも、そのことをもって文化・文明進展の成果であるかの如く了解しているかにすら見える。

日本は長い歴史と伝統を持つ国ではあるけれど、伝承を断たれれば文化的遺産は枯れ果てるしかなく、また歴史からの伏流水にさらされない社会制度や価値観など、たちまち硬直し疲弊し腐食していくしかない。そうした結果、無個性の、不見識な、ノッペラボウの、目先の競争にあくせくするだけの社会の中で、我々は、夢もなく、孤独に、薄っぺらく、不誠実に、ただその日その日を不機嫌に暮らし潰しているのではないか。我々は、もっと輝かしく、生き生きと覇気のある、そして伝統に裏づけられた本物の個性を慈しみ、知的・文化的な蓄積に富んだ、誠実・公正な人間関係を結べる、真に豊かな社会に生きる必要がある。そうでなければ、我々は人生の充実など手に入れられる筈がないのだから。

私は祖父を思い出す度に、そのようなことを思うのである。

平成十二年春

祖父の回想録

（昭和五十二年談）

一．日清戦の勝利と軍への憧れ（昔の廣島と父の事）

僕、武義（タケヨシ）は、明治十九年二月七日、廣島縣士族岩本久保六（クボロク）の第四子三男として、廣島縣廣島市上柳町三十五番屋敷で生まれた。現在でいえば太田川に架かる栄橋（サカエバシ）の直ぐ近く、幟町《のぼりちょう》中学校の南側に面した場所に当たる。

この上柳町《かみやなぎちょう》という所は、太田川を外堀としている廣島城の東端に位置しておって、元々武家が屋敷を構えていた地区であり、町の中には道路に沿って幅二間ばかりの溝があって、各々の家はその小さな流れに橋を架けて、橋を渡って自分の敷地に入るという風な造りになっていた。その溝も雨の降った後などは案外に奇麗な水が流れるから、鮒、メダカ等の小魚から鰻まで皆そこで育ちおったし、またそんな溝河に沿って僕らが小さい頃でも柳がずーっと植わっていて、柳町と云う名前の由来を示していた。それで、一方には溝の側に柳の並木があり、一方ではそれに沿って昔ながらの藁葺きの家がぽつりぽつりと点在している訳だから、上柳町というのはもう寂しい所だった。けれども何となく品が良くって、控訴院長の官舎なども出来るし、それから昔の武士の零落《おちぶ》れとか、軍人でも予備役になった様な者が主に住んでいるといった、静かで奇麗な佳い町だった。

その後廣島の土地や道路の様相がずっと変わってきたが、僕の小さい頃は上柳町辺も橋は無く、小山のように盛り上がって続く太田川の土手は一面の藪であった。だから、川を渡るとなると、その藪の中の道を通って登って行き、それから川岸に降りて今の栄橋《さかえばし》より少し下の方にあった渡し場に行って船で渡るというような状態だった。未だ渡しで人を運んでおったのだ。その渡しだが、これも昔の侍の端くれでオオマチと云う人が漕手を雇って経営していたもので、川の畔に小さな小屋を造って、そこでオオマチの家族が渡し賃を受け取っていた事を覚えている。その時の代金が確か弐厘だったと思うが、弐厘というのは高いというのが当時の評判だった。

栄橋が出来たのは僕が幼年学校生徒の頃だから大分後のことだ。これは県下でも有名、市内では勿論一番の土建屋だった熊谷栄次郎（クマガイエイジロウ）という人が、まず相当の実業家でもあるし、また種々な仕事をさせてもらう関係もあったのだろう、自費であの辺の土地を買い橋を造って市に献納したのだ。その事を顕彰し、栄次郎の〝栄〟を採って「栄橋」という名前が付けられた。

さて僕の実父、お前（筆者）から見れば曾祖父に当たる久保六という人は、嘉永五年（1852年）の生まれだが、二歳の時に御父さんを亡くし、その後は御母さんに育てられた。勿論その当時は家庭としても裕福ではないし、女手一つのことだから、非常な苦辛があったという事だ。その頃の苦労話は、僕らは小さい時分からよく聞かされたものだった。で、そのような状態を何とかしなければならないということで、父は独学で種々な勉強をしたらしいが、元来頭も良く非常に几帳面で他人には可愛いがられた人なので、廣島藩で大蔵大臣の様な仕事をしておった管（カン）という家に使われることになり、そこで主に財務に関する仕事の研鑽を積んだという話だ。

その内に時代が変わって明治の世となり、廣島に郵便局が出来た時、それまで学んで来た事を資本にして郵便局に職を得、そこでも非常に重宝がられて資財関係の頭にまでなった。それで郵便局の月給だけで勿論生活は出来たのだろうが、父はまた株等資産運用の非常に上手い人であったから、その方の収入で土地を次々と買って、終《しま》いの頃には千坪近い土地と幾つかの借家を持つに至った。だから土地を貸したり売買をすればその時にはある程度大きな利益が上がるし、それから普段は借家からの家賃が相当に入るので、段々僕らも大きくなって幼年学校に行く頃には、昔の侍としては寧ろ金持ちの部類に入るようになっていた。

兎も角久保六という人は、苦学をし一家を支えてそこまでになった人だから、非常に腕のある人物だったと思う。また明治維新があったからこそ、それまでの努力が実り才能が開花したのだとも思う。そしてその様な或る程度の成功も当然と思える程、非常に几帳面で、非常に勤勉で、非常にまた物を粗末にしない人だった。僕が東京に居る時などよく手紙をもらったが、広告みたいな紙の裏にずーっと手紙を書いて、それから封筒でも裏返して貼ってまた使うという風で、粗末なことは一切しなかった。しかしその根本の方針は、生活上の無駄は一切これを除くが、要る金であれば幾らでも思い切って出すというものだった。またその当時の人間のことだから、皇室第一主義、忠孝精神旺盛であって、廣島の町の為にもかなり尽くした人だった。だから、市長から何か賞状の様なものを幾つか貰っていて、

ライト兄弟より早く飛行機を作ったことで知られる二宮忠八（参照甲１）は、一時岩本の借家に居た。右より二宮忠八、三男義一、長男義敏、二男祖父武義（明治31年４月９日）。

僕もそれを見た記憶がある。それから昔世話になった管という家、これは藩の会計一般のことを司っておったのだから金は沢山入るし、矢張り商売に関係したような者が物を持って来るしで、旧藩時代は非常に贅沢な暮らしをしていたのだが、維新後は金が無いのに贅沢な習慣だけは残っておったから、段々不況になって来た。父はその事を大変心配して、何とか盛り立てねばならぬと大分苦労しておられた。

それはそれとして、家庭における父は矢張り非常に厳格な人だった。まあ昔は何処の家庭でも厳しいのだけども、親が座っている時に立って話掛けては当然いけないし、親の部屋に入るのにも入り口で正座をして了解を得てから入る等日常の立居振る舞いからしてかなり厳しく教えられとった。そういう事には極めて厳格だった。で、僕はどういうものか可愛がられてあまり殴られた事など覚えていないけれども、僕の兄などはしょっちゅう殴られたり、また昔は悪い事をすると蔵に入れると言って、よく仕置に蔵に押し込められていたのを覚えている。

曾祖父岩本久保六と妻よし。

この兄の義敏（ヨシハル）という人は本当は次男だけれども、長男が早世したので実質的長男だったのだが、どうにも父と意見が合わなくて、詰まり昔流に言えば中々父親の言うことを聞かなくて、始終ひどく叱られたり又それに対して反抗したりしていた。兎も角どういう訳か親子の気が合わず、それが僕には一番の苦労だった。それでどうにも具合が悪いものだから、僕が幼年学校に入ってからも兄の所へは時々手紙を出して、両親に孝行してくれという様な事を何回となく言って、何とか盛り立てようとしたけれども、矢張りしっくり行かなかった。でも兄は、真の人柄は大変良かったし、応召で日露戦争に看護卒として行った時には、よく難に耐え非常に勤勉に務めて立派な働きを示したという事で勲章まで貰った。それは金鵄勲章ではなかったけれど、金鵄勲章など中々貰えない時代だったから、旭（旭日章）の何等かを貰ったのだ。この兄は昭和三年に比較的若くして亡くなったが、親子関係ということでは到頭最後まで折り合いが付かず、それに起因して随分遅くに貰った家内ともうまくいかなかったから、人柄が良かった割には相剋の人生で幸せの薄かった人だと思う。

さてその当時、岩本の直ぐ筋向かいに、後に僕の養家となる今中という家があった。今中家の当主修造と父久保六とは、碁を介して付き合うようになり、その内兄弟以上に親しくなって、所謂肝胆相照らす仲、何事に付けお互い相談してやるという様であったらしい。それで今中には子供が居ないから僕を養子にという事になったのだろう、僕は小さい時から今中の跡を継ぐんだとちょいちょい耳にしていた。それで小さい時分から殆《ほとん》ど毎日のように今中に遊びに行っていたし、今中の御養父さんからも非常に可愛がられとった。それで僕自身子供心にも、それじゃあ矢張り今中の跡を継ぐのかなと、そういう様な気がしていた。

今中家というのは、僕が十三代目だが、代々後継者が亡くなったり子供が生まれなかったりで前の十二代が皆養子で、そうなると禄がずっと減る。養子になると禄が半分位に段々段々減って来る訳なのだ。だから維新の直前にはそう多い禄ではなかったのだけれども、それでも藩から貰った土地は減る訳ではないから、太田川に接した九百坪程の屋敷に住んで居ったのだ。所が維新になってからは、禄はもう貰えなくなるし、土地も大概半分を御上に返納したというような事があって、今中に残ったのは五百坪ばかりの土地だけだった。それでも今中の場合は、旧藩時代の家格は岩本よりはずっと良かったから、維新後に元の侍から軍隊の様なものを創ろうという事になった時、その当時の下士官に成れる資格は有ったのだそうだ。だけれども将校にはもう少し家格が上でなければ成れなかったので、矢張り下士官は嫌だし、到頭その権利を放棄し、何もしないで唯自分の家を守って生活しとったのだ。で、職業から来る収入が無くて何のように生活していたのかと言うと、昔は農家などに金の融通をしてその利子で生活するというのが元侍の家の生活の遣り方だったのだ。それが出来る家はまあ良い方なのだ。そこで今中も有金は利用してそのようにして居ったのだが、矢張り昔の侍根性で居るものだから、今の金貸しとは違って無理やりに金を取り立てるという様な事は出来ない。だから貸しても返してこないというのが段々出て来る訳で、僕が今中へ行ってからでも貸したまま取れずに反故《ほご》同然になった証文がちょいちょいよく有った。その他には岩本の父と相談して、株を遣ったり土地の売買をするなど何やらかにやらで生活をして居ったらしいが、元来父程の機敏さはないし、何と言うか気分的に呑気な処があって、到頭最後まで何の職にも就かずボンヤリ暮らしていたようだ。

それでまあ、しかし僕が幼年学校の二年の時だったか修造さんが亡くなって、昔は跡継ぎはどうしてもつくらなければならんという意識が強かったから、僕がその跡目を継ぐ事になったのだ。継いだ当時の今中家は、先に言った五百坪程の屋敷と蔵の中に多少のガラクタ・古文書類が残っていただけだから、岩本の父が陰に日向に援助してくれた。

二. 阿南惟幾との出逢い（幼年時代と廣島陸軍幼年学校）

小さい頃の自分自身に関する記憶は余り無いのだが、良い子だ良い子だと褒《ほ》められていたような事は何となく覚えていて、近所の人からも割合に可愛がられた方だと思う。その内学齢に達して、あの当時は大概満七歳から学校に行った様な気がするのだが、お前も通った幟町（ノボリチョウ）小学校に入った。幟町小学校は元々現在の場所に在って、その当時廣島に小学校が幾つ有ったかは良く知らないけれども、兎に角相当に遠い所からも皆あの小学校に通っていた。だから幟町小学校は、非常に古い歴史のある学校だと思う。

日清戦争（明治27～28年）が終わったのはその小学校の三年生の時だった訳だが、兎に角凱旋時には皆興奮して万歳々々と行列して廻ったのだから、特別な想い出として今でも覚えている。その万歳々々というのは、野津鎮台司令官（参考甲2）……当時はもう鎮台ではなく師団だったのだが僕らは長年親しんだ「鎮台司令官」という名前で呼んでいた……の所から各将校の家にまで及んだ。そして矢張り昼は皆軍隊に出勤しているから、どうしても夕方から夜にかけて押し掛けて行きおった。

野津さんの所、詰まり師団指令部の官舎というのは建物自体も立派だが広い庭があって、その庭へ小学校の先生が生徒を連れて行って御祝詞を述べると、野津さんが居られる時には必ず出て来られた。そして、皆に一々言葉を頂く訳ではないが、小学生には御煎餅《おせんべい》が配られ、先生方には一寸杯が出ておったような気がする。それから各将校の家庭には夜にずーっと廻って行きおったのだが、そうすると当時は礼儀として将校が正装して玄関先へ出る。そこで皆で万歳バンザーイと喚声を上げて、御煎餅を貰って帰る訳だ。殊に師団副官は岩本の借家に居って、そこも二百坪程あるかなり広い家だったが、初めの内は提灯《ちょうちん》行列もあったから、毎晩提灯持って押し掛けて行きおった。凱旋当時は本当にそれが毎晩だった。だから受ける方は野津さんにしても各将校にしても大変だったろうと思う。しかし此方は子供だから、矢張り将校になると良いなァと思いよったよ。

まあ、廣島というのは日本でも唯一の軍都であって、軍で以て成り立っていた様なものだから、軍人になりたくなるのも当然だ。そして僕らが士官学校に進む頃にはまた違ってきたけれど、まだ小さい時分というのは、大尉になればそれで相当に満足、一生満足出来たような時代だったのだ。兎に角少尉というのがちゃんとした家に入って勿論女中も置いて、それから中尉というと一寸威張って、もう大尉になれれば良いなという位だった。だから佐官にでもなれば、悪い事を言うようだけれども、二号さんを置いて生活するというのが普通の状態だったのだ。収入は給料だけだから余り金は無かった筈なのだが、それでもそれ位の余裕は有ったという事だろう。

そういう雰囲気の中で育ったものだから、僕は初めから軍人になろうと思っていたし、他に特段の希望は無かった。

それで、当時の学制はどうもはっきり記憶しないけれども、兎に角尋常小学校と云うのが四年、その上の尋常高等小学校が二年、但し尋常小学校四年を卒業すると、直ぐ中学校を受けることも出来るという制度だったと思う。僕の場合は高等小学校卒業時に中学を受けたのだが、その年は失敗し翌年中学校に入学した。そしてその同じ年に幼年学校の試験（資料乙1）も通ったものだから、中学校は一年の途中で辞めて幼年学校に入った。即ち当時幼年学校は九月入校だったから、中学には四月から九月までしか居なかったのだ。

僕達の頃の幼年学校制度は、旧鎮台所在地である仙台、東京、名古屋、大阪、廣島、熊本の六ヵ所に陸軍地方幼年学校が置かれ、そこで三年間学んだ後、これに接続する東京の陸軍中央幼年学校に二年間就学するというものだった。採用は各地方幼年学校でそれぞれ五十名、競争率は後にはずっと高くなったが僕らの時には七人に一人位だった。しかし幼年学校というのは、陸軍士官に成る為の必須の過程として設置されたものではない。普通の中学校を出てから士官学校に入る道もあるのだから、幼年学校というのは特定の者に中学程度の教育を施す為の学校と考えればよい。だから、親が大尉以下だったら費用が半額、親が戦死した士官ならばこれが免除されるという軍の学校らしい特典はあるけれども、士官学校とは違って相当な費用が掛かった（資料乙2）。しかし幼年学校に入れば所謂「将校生徒」（将来将校になる生徒だという意味で「将校生徒」という言葉を使ったものだが）であるし、将校生徒になれば余程間違えが無い限り将校に成れる。将校になって大尉にでもなれれば良いという位の時代だったから、幼年学校に入るということ自体大変な事だった。だから岩本の父も僕が合格した事については大変に満足してくれた。

裏書に明治33年４月１日、廣島縣士族　岩本武義とある。中学入学の記念写真と思われる。

こうして僕は明治三十三年九月一日、第四期生として廣島陸軍幼年学校に入校した。

これは後の話になるけれども、僕ら廣島陸軍幼年学校第四期生は士官学校の期でいえば第十八期であって、阿南惟幾・岡部直三郎・藤江恵輔・山下奉文・山脇正隆の五大将（参考甲3）を出したのだが、藤江恵輔以外は皆廣島陸軍幼年学校の同期生である。普通大将にまでなるのは士官学校の一期で二人位が精々なのだから、戦争の影響が多少は有ったにせよ五人の大将を輩出し、しかもその内の四名までが同一の地方幼年学校出身というのは実に希有の事だった。

さて、廣島の幼年学校は鯉城《りじょう》（廣島城）の三の丸内に在って、教室、自習室、寝室、食堂などが入ったクリーム色二階建ての校舎が正面に、同じく二階建ての講堂がその裏に当時の軍の知見通りに配置されておった。建物の中は、教室と自習室と寝室が全然分かれていて、真ん中の通路を挟んで右の方に幾つかの軍隊式の寝室、左の方は五十名がずーっと一目で見えるような自習室、それから一年、二年、三年の学生及び学校に居った下士官の全員百七十人位が一堂に会する広い食堂等があった。講堂には「艱難玉汝」の大扁額が掛かっていて、森厳な雰囲気が満ちていたものだ（資料乙3）。

幼年学校が軍隊と違うのは、何しろ皆中学生程度で未だ未だ学問をする所だから、学科が主で術科は一部しか無い事だろう（資料乙4）。そして今でも外国語教育は中学から始まるように、幼年学校でも外国語の講義が有るのだが、当時の幼年学校は独語と仏語のみで英語は無かった。同期の五十名はその専攻語学によって、俗称ドイツ語班とフランス語班の二班に編成された。

ドイツ語班には山下（奉文）が居ったが、彼は性格が豪放・大胆で小さい事にはコセコセしないし、無論成績も頭も良い。また、当時から背の高い堂々たる体軀の持ち主で、まあ誰が見ても彼は大人物になるに違いないと思っていた位、優秀な将来ある将校生徒だった。僕はフランス語班だったが、フランス語班には阿南（惟幾）が居った。阿南は山下とは違って幼年学校に入った当時は一番小さかったのだが、非常な美少年で、もう天下一の美少年と言われる位だった。で、「コリブリ」と云う小さくて奇麗な鳥がいるから……そう、仏語の「ｃｏｌｉｂｒｉ」蜂鳥のことだが……その「コリブリ」というのが彼のあだ名になった。彼は性格が素直で真面目だから多くの者に可愛がられたけれども、また如何なる時でも自分の意志で動いた人間であったので、上級生辺りからはよく殴られたし随分苛《いじ》められもした。しかし生徒監辺りは矢張り彼の資質を愛して非常に可愛がっていたな。彼は剣術が好きで、廣島の幼年学校当時から剣術は欠かさずやっていたし、夏休みは夏休みで、剣術の先生の所に毎日通って稽古していた。そういう練磨によってか、彼の体軀は士官学校に行ってから大きくなり、後の堂々たる阿南が出来上がったのだ。

で、阿南も僕も同じフランス班、お互い体も小さい方だから、偶然寝台が隣になった。また僕は勿論成績が良くなかったし、当時は阿南も僕より僅かに上くらいだったので何となく気も合い、その内お互いに大の仲良しになった。それで日曜の外出の時などは、廣島は四方が山なので、ほんの二人だけでよく山登りなどをしたものだった。しかし成績はその様に中位だし、阿南が将来ああいう大人物になるとは当時は一寸考えなかった。唯彼は何としても芯の強い男で、正しいと思う事であればどんなにしても為し遂げるというところがあったから、何処へ行ってもどんどん伸びて、最後には成績も良くなったのだ。

幼年学校時代の阿南大将。

話序《つい》でに、阿南の事を少し纏めて話しておく。

阿南は、徳島育ちであるが元来は大分の人、一兄四姉が有り彼自身は末っ子だった。彼の家庭は厳格ではあったけれど、両親は彼のことを非常に可愛いがっておった。

阿南のお父さんという人は警察出身で、西南戦争の時には警察官の儘《まま》官軍として戦争に行っている。で、その後の功績も有ったのだろう警察部長になって、それからずーっと上に上がって、あの頃の組織というのはどういうものか良く知らないけれども、一時徳島県の書記官と云うのを遣っていた。所が丁度僕らが幼年学校の二年生の時だったか、教科書収賄事件というのが起こった。当時、学校の教科書というのは県毎に決めていたものなのだが、その決定に絡んで書記官長等がコミッションを貰ったというので裁判沙汰になったのだ。で、阿南のお父さんも一旦嫌疑を受けて所謂昔の監獄の様な所に収監された。それでそういう事が新聞に出るし、一方家からは直ぐ「無実につき心配するな」という内容の電報が来たりして、阿南も心を痛めて大分弱って居った。だけれども、裁判の結果矢張りそんな事はあり得ないと、所謂政治的な反対勢力から工作されたのだという主張が認められて、結局無罪になった。そして、今度は石川県の内務部長というのになり、それを最後に官を辞したのだ。兎に角阿南のお父さんという人は、非常な豪傑膚で体軀も堂々とし、立派な感じの人だった。また、阿南のお母さんの方は、随分長生きして九十幾つかで亡くなったけれども、非常な賢婦人で、彼を一入《ひとしお》可愛がっておった。また彼の方も大変懐《なつ》いていた。

阿南家の長男（惟一）というのは東大出で、これも中々の美男子だった。そしてあの頃は未だ未だ昔だから、地方から東京に出て大学に入ったりすると大概遊ぶ事を覚える。田舎から出ると皆遊ぶ事を覚える訳なのだ。それで阿南の兄さんも、今から考えると可笑しい位だけれども芸者遊びを始めてしまって、しかも自分の金というのが無いものだからつい高利貸しから金を借りた。まあ当時は高利貸しから金を借りて遊ぶのは普通の事だったのだが、唯高利貸の方ではベラ棒な利子を掛けるから、一ヵ月も借りていたら大変なのだ。しかしお兄さんは未だ学生で稼ぐ道も無いのだから、高利貸しは阿南の家の方へ金の請求に行った。所が阿南の家は勿論金持ちではないし、ましてお父さんは豪気な警察官だから、怒って「高利貸しなど、この玄関から一歩も入ることならん！」と押し出したらしいのだ。それが祟《たた》って高利貸しは一層五月蠅《うるさ》く言って来る、警察に訴えるというような事になり、一時非常に困った事があった。で、阿南の兄さんという人は悪い人ではない。悪い人ではないけれども阿南の様な芯の強い処が無いからつい遊んでしまうという訳で、まあその方面には相当に発展した人物だった。だから東大では法学を修めたけれど、成績は良い方ではなかっただろうと思う。卒業後外務省に入って外国にも行ったけれど、矢張り力不足の点が有ったのか中々良い役に就けないので、早くに辞めて弁護士になって居った。この兄さんは阿南のお母さんと一緒に住んでいたから、僕も遊びに行った時によく会ったものだが、親も姉達もどうしても兄さんよりは阿南を頼る、また性格が善いから阿南の方を可愛がるといった風があった。しかしこの兄さんは割合に早く亡くなった。

阿南は親の愛情を一身に受けて育った人間だが、彼もまた実に親孝行だった。昭和十七年、阿南は西の方に対する抑えとして第二方面軍司令官に就任し、同時に東に対しては山下が第一方面軍司令官として赴いた。既に日本陸軍を代表する立派な将軍になっていた廣島幼年学校同期生の二人が、共に軍司令官として隠密裏に配置されたのだ。丁度その時に阿南のお母さんが亡くなった。その報に接した彼は、直ちに一切酒を絶った。満洲といった所の軍司令官ともなれば、料理屋等の案内を受けることが多いけれども、彼はそういう所にも一切行かず、酒も禁じてずーっと過ごしたのだ。それは口で言えば何でも無いけれど、実際そういう立場に居りながら謹慎の態度を維持するのは大変な事だ。そういう事からしても、阿南の人柄というものを悪く言う人は無かった。またそういう風だから、参謀連中が阿南の下に行くことになると、「アナンさんの所なら。」と言って非常に喜んでいたな。普通であれば軍司令官に対して、しかも本当の呼び方でない「アナン」さんなどとは絶対に言わないのだけれども、非常な親しみを込めて「アナンさんの所なら。」と言っていた。だから戦術的なことはいざ知らず、彼の人格について悪く言う人は殆ど無い筈だ。他の者は、矢張り軍司令官などになると人間の癖が出て来て、中には横暴な軍司令官もあるしするけれども、阿南は本当に皆から慕われていたよ。その当時阿南が母親の事を書いた日誌があるが、実に立派なもので、僕もそれを借りて来て要点だけは何処かに書き写してある筈だが、阿南家では家宝にしていることと思う。

それから、阿南は非常に他人に親切な人だった。そして何時も「四つの恩」という事を言っていた。阿南が陸軍次官の時に、あれは誕生祝いか何かだったと記憶するが、大勢人を呼んで宴会を開いた事がある。僕はもう軍を辞めて川西機械㈱に勤めていたのだが、呼ばれて行った。その時にも彼は挨拶の中で「四つの恩」について語った。それは第一に陛下に対する恩、それから親に対する恩、師に対する恩、それから後の一つは所謂先輩・同僚に対する処の恩と。天皇陛下、親、師に対する恩は「三恩」と云って、普通の言葉として当時誰でも口にしていたけれども、彼の場合はそれに加えるに先輩・同僚に対する恩もあるという事を何時も言っていた。そういう気持ちを持ってやっているから、誰からも評判が良いのだ。事実、上の人に対しても自分が御世話になったという気持ちを表す人だし、同僚に対しても非常に親切だし、それから下の者が自分の意図の通りに働いてくれなければ何も出来ないのだから、下の方に対しても素直に感謝の気持ちを表していた。また彼は気持ちを表すばかりでなく、実際他人の世話をよくしている。彼が人事局長になった時にも、矢張り同僚の面倒をよく見た。それで、岡部は当然大将になる人であったし、山下もそうだが、山脇だけは幼年学校時代からずーっと成績も良く陸軍次官もやって陸軍大臣になっても当然というような逸材であったにもかかわらず、病気で一時休職になった事が禍して大将になれずに居ったのだ。それを惜しんで阿南が内面的に非常な活動をした結果山脇も大将になって、結局廣島幼年学校の僕らの期だけが四人の大将を出す事になったのだ。それで例えば山脇と阿南を比較すると、山脇は余り他人の世話をしない。所が阿南は本当によく同僚の世話をするのだね。それで自然に皆が盛り立てる様になったのだろうと思う。

大体彼は学校の成績に関してはそれ程良かった訳ではなく、先程言った様に廣島幼年学校の成績は中より一寸上くらいだし、陸軍大学でも恩賜ではなかった。山下も恩賜だし岡部も恩賜で、所謂恩賜の軍刀組だけれども、阿南は陸軍大学でも恩賜の対象となるような成績ではなかったのだ。だけれども勿論上の方には居ったから、大尉の時参謀本部に行って、第二課だったたか、種々の演習をやる時の計画などをする演習班長になった時も非常に勉強した。彼は頭が鋭い切れるという方ではないけれども、矢張り非常に精密だし、またとても実直で一生懸命に研究するから、何処に行ってもその場で成績をずーっと上げる。陸軍省に行けば陸軍省で成績を上げる。兎に角行った所行った所で一生懸命勉強するし、人間が真面目で他人にも好かれるから、何処に行っても功績を上げるのだ。また彼は曲がった事は一切遣らない。何としてもこれが一番正しいのだという道を進み、それを必ず通すのだ。非常に精神の強い処がある訳だ。そういう芯の強い処が、彼をしてあんなに立派な人間にした基だろうと思う。芯が強いといっても悪い方に強いのもあるけれども、彼の場合は正しい方に強いのだから誰も非難の仕様が無いのだ。

その様に生きてまた評価も得た彼だから、謂《い》わば幸福な人間ではあるけれども、最後に自害した時などは、本人は非常に苦しんだのだ。と言うのも、彼は戦闘に関しては終始積極論者だったから、米国に押された儘で降伏する事など頑として聞き入れなかった。で、もう一戦遣りたいと、そうして或る程度有利な立場になって講和すべきだとこういう訳なんだ。所が敵もさる者でそうそう巧くは行かない。で、他の者はとても駄目だと言うのだけれど、彼一人が頑張っていた訳だ。だから、ああいう風に御前会議を何回か重ねて最後に終戦に決した時に、陛下から「阿南よ泣くな。」と言われたという事だね。一方、一部の者が阿南を立ててクーデターを遣ろうと計画しておった。しかし、阿南はクーデターを許したら大変だと、日本の国がどうなるか分からん。第一皇室がどうなるかという事を一番心配して考えておったから、軍を収め国を治めるには自害してこれを押さえるより他にはないと決心した訳なのだ。詰まり西郷南州さんと同じ様な立場になって、同じ様な気持ちになった訳だね。それで彼は、自害を実行した。これはもう間違いない事だ。所謂死所をちゃんと覚えておったのだな。それともう一つは、死に方だね。死に方が本当の腹を切るという昔の武士が遣った様な死に方で、誰かが最後に介錯をしましょうかと聞いた時も、自害の道ぐらい俺は知っていると言って断ったという話なのだ。それで、阿南は陸軍大臣官邸で腹を切って、それを焼くのに何処で焼くかという事になったらしいのだが、あの時は未だ戦争中で火葬場とか何とかそれ処ではないから、結局参謀本部が在った市谷の台上で野戦式に焼いたのだ。そこに今石碑が立っている。それからあそこで自害した若い将校の石碑もある。あの元の士官学校の高台の上にね。

阿南が自害した事が分かった時、僕はお前の御父さんと一緒に直ぐ阿南の家、今の杉並の阿南の家と同じだがそこに行った。その時に陸軍省から文官の人が来とって、その人から種々話を聞いたが、矢張り阿南の事を頻《しき》りに褒めていたよ。その内に遺骨が着いて、そして阿南の奥さんや姉さん達も皆居って、まあ僕らは小さい時から御世話になって懇意にしとったから、お悔やみなども言い葬儀に参列した訳だが、来し方などを想って何とも感慨無量だった。

さて阿南の話はこれ位にして、幼年学校の話に戻ろう。

僕らが入った頃の幼年学校は、何と言っても未だ維新から続く藩閥の影響が強く残っていて、それが一つの特徴にもなっていた。

あの時代の廣島幼年学校には、土佐の人間が一番多く、その次が山口、廣島は自分の土地で自然受験する人も多いからそれに次ぐ位だったろうと思う。鹿児島の人間は居たことは居たが、本来の地区割に従って熊本幼年学校の方に多く行くから、廣島には少なかった。兎に角土佐が一番多くて、それが僕らの期ばかりでなく一期二期三期ともみなそうだから、土佐が全部集まると四十何人かになると言っていた位だった。何故そんなに多いかというと、土佐は軍人になる事については藩ぐるみで奨励しておったからだ。例えば、幼年学校は満十三歳から十五歳までの間しか受験出来ないのだが、土佐人は歳を誤魔化して入ってるのが何人か居た。戸籍そのものを誤魔化して入ったのが確かに居るのだ。土佐には維新当時からの功労者が段々居るから、当時の事でもあり少々の無理は通ったのだろうと思う。子弟を将来将校にする事について、土佐はそれ位にしてまで便宜を図ったきらいがある。そして土佐から来た者は、人間も大きいが体も大きくて、それが幼年学校に居った彼らの特徴であった。

それから土佐に次いで多かった山口、これはもう維新当時に鹿児島と共に功績を立てておるし、乃木さんなどの偉い人も出ていてるから、非常な力を持っていた。一時は陸軍全体でも山口が一番優勢で、陸軍省などは殆ど山口県の者ばかり、他県の者は採らないという位だった。だからそれに対抗しようと思っても中々出来なかったのだが、一方山口県以外の者はそういう状態に非常に反発して、一時陸大の教官連中が組んで逆に山口の者を入れなかった事がある位だ。陸軍省など中枢部に居る人は、矢張り陸軍大学に入る者が多いから、陸軍大学に入れない事で山口の勢力を自然消滅させようと考えたのだ。そういう事が何故出来たかと言うと、陸大の教官になるには学歴が必要だから、流石《さすが》に山口の者だけで固めることは不可能で、その分抑えが利かなかった為だ。これには山口も大分困ったのだが、何しろ勢力が一番強い時には、大臣をはじめとして上の方は皆山口の者ばかりだった。で、幼年学校などで山口の人間と付き合ってみると、自ずとそのタイプというものがある。彼らは大体において非常に利口であるし、それから親切でもあるし、お世辞も上手だ。僕らも夏休みの時に、友達の家に泊まりながら山口県下を旅行した事があるけれども、一体にお客に対してサービスが良く付き合い易い。そういう点は廣島辺りと余り違わないかもしれないが、しかし廣島藩というのは維新の時に功績が無いから、自然社会に対する勢力というものが山口程にはならなかった。その点矢張り山口、鹿児島、土佐は偉い人が出ている分、非常なる社会的勢力を保っていたものだった。

そういう訳で、兎も角廣島幼年学校では、数は多いは体は大きいはで土佐が非常な勢力を持って居ったのだが、所謂藩閥意識で威張るものだから、「なにおっ！」ということで廣島とか山口が共同して彼らと藩閥同士の喧嘩をする。その喧嘩がそりゃあもう荒いのだ。まあ僕らもこれには出たけれども、或る時などは練兵場に出て来いというような訳で、棍棒を持って殴り合いを演じた事もあった。

まあそういう風に、廣島幼年学校における藩勢力としては、一方の雄に土佐があって、あとは皆グルになってそれに対抗するという様な図式だった。

それから幼年学校というのは、学問的には普通の中学校と余り変わらないのだが、しかしその組織というものは本当に古い頭で創られていて、二十歳になってから入る軍隊と同じ様なものだった。それで、軍隊には営倉というものが在るから幼年学校にも営倉（参考乙5）が造ってあったのだが、一方、軍隊では昔からあった酒保（参考乙6）が幼年学校には無い。酒保は無くて営倉だけ真似しているのだからひどい話だ。尤も酒保は二年程後に出来た。唯僕らの時には、酒保が無い代わりに週に一回ボタ餅を造って食べさせてくれた。それが甘い物がとれる唯一の機会だから何よりの楽しみだった。

それから楽しみと言えば矢張り食事。幼年学校の御飯はこれも軍隊と同じメンコ飯で、メンコとは木で造った長方型の箱で、それへいっぱい御飯を入れてスッと擦り切ると、丁度二合という事になっている。軍隊の飯は二合に決まっているから、チビッ子が同じ様に二合入るメンコ飯を食べるのだが、それでも食べたい盛りだから物足りない。おかずなどという物は或る程度しかないけれども、朝は味噌汁が必ず付いた。味噌汁は桶に入れたものが各テーブルに一つ置いてあって、各自よそって食べるのだが、終わり頃にはそれがカラカラになってしまう。その御味噌汁が、粗末なものだけれどもとても美味しくてね。あとはお漬け物。御飯と御味噌汁とお漬け物、朝はそれだけだ。それから昼は矢張り一寸したものが出たが、それにしてもそう御馳走はなかった。そして一年、二年、三年生の全員百五十人、それに下士官も居ったから百七十人位が一堂に会して食事をした。

まあ、その様にして幼年学校の生活がある訳だが、折角《せっかく》入った幼年学校も途中で故障やら品行の悪さやらで退校になる者が段々出て来る。

故障というのは、あの当時は肋膜炎でも少しひどいのをやると、これはもう将校としての資格が無いという事で退校になった。今頃だったら、肋膜炎など入院して治して、少々遅れるとしても復学させるくらいの事は何処でも認めるだろうと思うのだけれど、どういう訳かあの当時はそういう点は厳しかった。

それから矢張り入った後に軍隊が嫌いになって、途中で辞めた人もある。しかし辞めるといっても、唯勝手に辞めるという事は出来なかったから、肋膜炎をやったとか何とかという時に、それを理由にして辞めるというような状態だった。偶《たま》にしか来なかったからお前は覚えてないだろうけれども、吉川（キッカワ）というのが廣島の人間で、これは頭の良い男で大概トップで通して居ったけれども、軍隊に対しての適性が無くて、どうしても軍隊が好きになれなかった。それで、途中で肋膜をやったものだからそれを理由に辞めたのだが、彼が残って居ったら、殆どトップ、悪くとも2番か3番で通したと思う。で、2番か3番で通した人間は、岡部にしても、山下にしても、山脇にしても皆大将になっている。岡部は1番か2番というのをずっと続けていて、山下は大概2番位だったか、それから山脇は2番か3番、2番になったり3番になったりしていた。だから吉川も続けておれば相当な者に成ったと思うのだが、結局何になったかというと、最後は女学校の校長先生位で終わって、何とも残念な気がした。

それからそういうのではなくて、矢張り相当に悪いのも居たから、そんなのは皆退校になった。例えば、本当に悪い癖の有る奴は、夜内緒で外に出て食べ物を買いに行く。結局学校には酒保が無いから御菓子も何も無かったし、外出は日曜だけで、若し一度外出止めになったら二週間外に出られないのだから、中には内証で出て行く奴も居る訳だ。それから外出の時でも、これは持って帰ってはいけないのだけれど、飴玉のような物をポケットの中に忍ばして来る。何しろ飴玉は舐《な》めている時間が長いからね。で、御酒も当然飲んではいけないのだが、どういう訳か日曜などにはチビッ子のくせに飲んで帰る者が多かった。で、それは本当はいけない事なのだから、直ぐ営倉にでも入れられるかと思うと、そうでもない。当時年少者の飲酒に関しては法律で決めていなかった関係かも知れない。煙草は決めてあったと思った。だから煙草を吸ってそれが見つかると大概営倉に入った。鹿児島出身の樗木（オウテキ）というのが居たけれども、これはまた悪い奴で、まあ本当に悪いという訳ではないが所謂豪傑振るクチで、酒は飲むし煙草は吸うし、夜でも脱走して物を買いに行くしだったから、到頭退校になって行った。

そういう訳で、僕ら同期で五十名居ったのが、卒業の時には三十九名になっていた。しかし卒業という事では僕も心配が無いではなかったのだ。と言うのは、僕は廣島の幼年学校に入る時に、右足の骨が一寸曲がっていて本当は入学の資格が無い処を、誤魔化して入ったからだ。

それは以前、小学校の時に、器械体操の最中に急に手が外れて、降りる構えも何も無い内にドカンと落ちた為に、右の膝小僧の直ぐ下にある腓骨というのが一寸曲がってしまったのだ。それ以来どうにも足の具合が悪くて仕様がない。そうしている内に幼年学校の試験が始まり、学科の試験は済んだけれども、体格検査の時にあからさまにその話をすれば、これは駄目だという事になってしまう。で、どうしても入りたいものだから、あるツテを求めて幼年学校の軍医に接触して、この足を治してくれと言って診てもらったのだが、骨が曲がったのは治る訳も無い。

話は一寸戻るが、幼年学校の受験よりも前、小学校の五年生の時に、この骨の曲がったのを何とか治そうと思って、道後の温泉に湯治に遣ってもらった事がある。行った時は未だ子供なのだから、本当は岩本の御父さんに一緒に付いて行ってもらえば一番良いのだけれども、それが出来ないので予め《あらかじ》宿の方へ連絡してもらって、御父さんの紹介状を持って一人で行ったのだ。その当時の道後だから勿論瀬戸内海を船で行った。で、まあ今から考えれば生意気と言えば生意気かもしれないが、旅館の方は子供一人でも種々世話してくれるし、小遣い銭は旅館の小母さんに預けて、お菓子を買うにしても何を買うにしても必要な時にそこから出して貰っては、一人で二週間程居った。それで用事が有れば小母さんの所に行くし、普段は手を叩くと女中が来るから、子供ながらにこれは良いなあと思ったよ。そして旅館だから割合に御馳走してくれるのだが、費用が僅か一日三十五銭だった事を覚えている。それから、その時偶々《たまたま》僕の小学校の友達でテシマと云うのが父親と一緒に来ておったのだが、僕も一人で居るのだからお前も一人で居れという訳で、父親が帰った後もテシマが残って、今度は二人でもって好い気になって居った。そして松山が近いから一緒に行ってみようという事で、初めて松山城に登った。そしてそこで御蕎麦《おそば》を食べたのだが、それがとても美味しい御蕎麦で、しかも子供では一人前が食べきれない程多く出たのに僅か二銭か三銭位、とても安かったという記憶がある。まあそんな事をしながら丁度二週間程居て、予定が済んだので帰ったのだが、もう全然一人で行って帰ったのだからね。

まあ、そういう努力もし、軍医に根回しなどもしながら幼年学校は何とか誤魔化して入った訳だが、右足をひどく使うと曲がっている骨が折れる虞《おそれ》が有った。しかも、今頃なら折れても直ぐ接いで治すことも可能だろうが、当時は折れたらもう御仕舞だという事だった。それがあったものだから、廣島の幼年学校に入ってからでも非常に右の足を大事にしたのだけれど、幼年学校の体操には種々なものがあって、十二階段などは高い所から下へ飛んで降りなければならん。で、飛んで降りて骨が折れたら大変だから、成る可く手の方を先に着いて、右の足を保護するような降り方をしておった。それはまあ、生徒監とそれから班長と呼んでいた助手の下士官等に打ち明ければ良いのかもしれないが、これは駄目だとなって退校させられはしないかと思うとそれも出来ない。それでもう内緒々々でずーっと三年間苦労して、足を保護しながら学校の課程を進み、それから漸く中央幼年学校に行った訳なのだ。

三．日露戦争への出征を目指して（中央幼年学校と陸軍士官学校）

明治三十六年七月廣島の幼年学校を卒業し、上京して東京市ヶ谷の陸軍士官学校の直ぐ隣に在った陸軍中央幼年学校に入校した。陸軍中央幼年学校は全国で一つあるだけの学校だから、各地方幼年学校の卒業生は皆そこへ集まるのだ。

さてその中央幼年学校だが、学校の生活や学科の方は地方幼年学校の延長で特別問題はなかったのだが、しかし中央幼年学校ではその他に訓練があって、そこで軍隊的に姿勢から歩き方までしょっちゅう矯正されることになる。だけれども僕の場合は足がそういう風で、右足が少し短くなっていたのかも知れないけれども、例えば目標を定めて歩調をとって真っ直ぐ歩く処がどうしてもそう歩くことが出来ない。丁度ビッコを引く様な格好になって、どうにも具合が悪くて困った。

そうこうする内、一年生で居った明治三十七年二月、到頭日本とロシアが開戦した。日露戦争が始まったのだ。その時の気持ちというものは、兎に角戦争に行けるというので、それが何とも嬉しくて嬉しくて仕様がない。そして僕らは将校生徒であるし、日本軍は負けることはないという或る程度の自信もあるから、もうどんな事をしても戦争に行くのだと大いに張り切ったのを覚えている。当時の将校生徒について一寸話をすると、日露戦争が始まってから、僕は一度夏期休暇で広島に帰った事があったのだが、帰ってみると、岩本の家に兵隊が泊まっていた。当時の遣り方として、部隊が移動する時は、兵隊が民家に分宿することが多かったのだ。そこで戦時中でもあるし、僕が将校生徒というので、その兵隊さんを集めて訓示をした。今から考えると精々高校一年位なのだから、僕らの小さい時というのは随分生意気だったと思うのだが、それでも将校生徒という事で向こうは崇《あが》めてくれる、そういう時代でもあったのだ。

それはそれとして、日露戦争の影響は当然軍の学校である中央幼年学校にも具体的に及んだ。即ち中央幼年学校というのは約二年が規定の就学期間なのだが、日露戦争が始まったものだから、第二学年の方は僅か三ヵ月半に短縮されて、卒業したら直ぐに士官学校に入る事になったのだ。で、それは僕らにしても早く戦に行けるから良いのだが、その時に僕だけは「どうもお前は足が悪いし、将来の事を考えると急ぐ必要もない。一年遅れたらどうか。」と学校の方から言われたのだ。しかし僕は、遅れるのは嫌だ、どうしても早く戦地に行きたいと主張して、その結果転地療養の許可を貰って、今度は那須の温泉に行って湯治する事になった。宿は、矢張り少年が一人で行くのだから誰やら紹介してくれた人があったのだけれども、兎も角大きな旅館だった。そして僕は夏の内から行って、冬の頃まで一生懸命湯治に励んだ。那須という所は冬はとても寒いから、普通の客など皆帰ってしまって誰も居なくなる。冬の温泉には本当に療養するための若干名が残るだけだ。で、僕のは骨が曲がっているのだから本当は治る筈もないのだけれど、兎に角少しでも良くしたい、早く卒業したい一心で転地療養の期間一杯そこに居った。そして東京に帰って来て、短縮された第二学年の同期の組にまた戻してもらい、遅れる事なく士官学校に進んだのだ。

所で、士官学校に行く前には、各々が将来進む兵科と配属先が決まる。一生専門とすべき自分の兵科がこの時点で決まるのだ。そして士官学校では各兵科々々で中隊を作って、歩兵は多いから何個中隊か、それから工兵、砲兵、騎兵、輜重《しちょう》は各一個中隊に生徒を編成し、中隊単位で訓練をしながら兵科に対応した将校を養成する訳なのだ。この兵科については一応生徒の志望によるのだが、勿論望み通りにいかない人も沢山ある。でも兵科選定の時には中央幼年学校の区隊長（参考乙7）が、本当に親切に心から面倒を見てくれるものなのだ。

その時僕は工兵を希望した。と言うのも、一つには足がそういう風だったからで、行軍力がなくてはならない歩兵には向かない。歩兵は中隊長でも徒歩で、大隊長にならないと馬には乗れないのだ。歩兵は陸軍の看板兵科ではあるけれど、そういうところは気の毒だよ、テクテク々々ね。その点騎兵は勿論の事、工兵・砲兵も将校は皆馬に乗るから、足をそう無茶苦茶に使わなくても良いという気持ちもあった訳なのだ。所が区隊長も同様の考えで、今中は歩兵では具合が悪かろうから工兵が良いだろう言ってくれて、しかも配属先は郷里が廣島だからと廣島の師団の工兵隊を当ててくれたので、此方に異論の有ろう筈がなく直ぐに決まった。

この様にして僕らは、本来明治三十八年五月卒業の処、明治三十七年十一月に中央幼年学校を卒業して、直ちに陸軍士官学校に進むことになった。この直ちに陸軍士官学校に進むというのも本来の姿ではない。普通であれば、中央幼年学校を卒業すると先ず配属先の隊に行って、「士官候補生」（参考乙8）として隊附をする。そこが自分の原隊になるのだ。そして、原隊で半年間普通の兵隊と同じように勤め、その間一等兵から上等兵になる。そしてその原隊から士官学校に送り出され、卒業後再び隊に帰り、今度はそこの見習士官になるというのが順だ。しかし、その時は兎に角戦争で幹部が足りなくなっていたから、士官候補生としての隊附は止めてしまって、中央幼年学校から直ぐ士官学校に行く事になったのだ。

そういう事からしても、あれだけの大きな戦争は予め予測していない。準備はして居った筈なのだが、本当の意味での準備にはなっていなかった。だから慌てて士官を養成しなければならなくなったのだ。僕らがそういう風だったたし、僕らの次の一九期がまたそうだ。陸軍士官学校第一九期というのは、日露戦争の進展にともない、全国の中学から約千名を臨時募集して出来たグループで、その中には幼年学校を出た者は一人も居ない。中学校出身者のみによる一九期というのが急に一期増えた訳なのだ。従って僕らの幼年学校の直ぐ次の期は、本来陸士一九期でなければならんのが二〇期という事になった。しかし、その時には戦争に行きたいというので受験者が非常に多く、そこから選り抜いて千名程採ったのだから、中には非常に優秀な人が居った。寧ろ僕ら一八期よりは一九期の方が本当は優秀ではないかと思う位優秀な人がその内には居る。

さて士官学校だが、士官学校も満一年で卒業するのが普通なのだけれども、これも促成で、十ヵ月程で卒業する計画になってしまった。

そういう訳だから、士官学校に行ったら、兎に角猛烈に厳しかった。士官学校でも平時であれば日曜は勿論休日で外出も出来る訳だけれど、卒業は繰り上げても教える事だけは教えないと将校生徒としての知識が不足するから、終わり頃には日曜も無く、それでも足りなくて夜間にも教育するという遣り方で学科を教わった。それから訓練の方も、区隊長をはじめ皆戦争気分だから、実に厳しいものだった。

兵の装備の中に「円匙（マルサジ）」と云う携帯シャベルがあって、あれを普通「エンピ」と言うのだが、特に僕ら工兵はそれで鍛える。円匙で土を掘る訓練は長いやつになると半日位連続で土を掘っては投げるのだが、熟練して来ると土が固まったままスッと思う所思う所に落ちる、それを盛んにやったものだよ。

それからまた今頃だったら人権蹂躙で五月蝿《うるさ》いだろうけども、あの当時は戦争中で気も荒くなっているから、区隊長が生徒を殴る位のことはもう当然の話で、平気のヘイチャラだった。まあ若山善太郎将軍（参考甲4）が僕らの始めの区隊長で、それから後に教官になられたけれども、そりゃあ若山さんには殴られない者は居ない位殴られた。僕はどういう調子か非常に可愛がられて一回も殴られた事が無いのだが、同期生では随分殴られて到頭軍人が嫌になったという位の人が居る。しかし、いくら区隊長といっても矢張り殴るという事は本当はいけないのだから、生徒が余り言う事を聞かないと、「自分のホッペタ自分で殴れ！」と命ずる事があるのだ。そうすると生徒の方も気が立ってるし、同期生の中にも気が強くて利かん気の者も居るから、「親に生んでもらった体を自分で殴るなど出来ません！」と口答えずる。そうすると今度はその十倍位ひどく殴られるの。だけども矢張りどんなに酷くやられても、区隊長に対して抵抗するという事はなかった。区隊長や教官には戦争に行くのだからもっと教え込んでやらなければいけないという思いが有るのは伝わって来るし、此方も近い内に戦争に行くという気があるから、厳しく遣られてもそう苦しいとは思わなかったからだ。それに抵抗したら直ぐ退校だからね。その代わり、そういう風に鍛えられ、軍隊はそういうものだと思ってしまっているから、僕らが隊に行ってからも兵隊に対してそりゃあ実に厳しかった。

それから生活の方は、中隊と中隊の間をすっかり拒絶してしまって、休憩時間でも夜の自習時間でも、他の中隊へ行ってはいけない。それが見つかると直ぐ営倉だから折角の友達とも行き来出来ない。しかしまたそこを内証で行く訳で、僕も阿南の所へは何回も遊びに行った。そうした時区隊長が週番で廻って来ると、阿南がもうその頃は背が高くなっていたから、「オイ、早く逃げろ逃げろ。」と言って週番の方に向かってスッと立って壁になる。その後ろをサッサッサッサと通って逃げ帰った事が二、三回もあるよ。矢張り少年でもあるし、親しいのだからお互いに行き来がしたいのよ。それも休憩時間なのだからね。それでも見付かれば営倉。それから煙草でも吸えば勿論重営倉だし、何だかんだと言っては直ぐ罰を食らって、もう営倉に入る位の事は何でも無いように言ったものだ。まあ全てがその様に厳しかった。

そんな中でも、阿南と藤岡六之助と云うのと僕の三人が大の仲良しで、今から考えれば本当に笑い話だけれども、この三人が将来日本の陸軍を指導する位の考えで居ったのだ。それで、戦争に勝って死なずに帰ったら、立派な陸軍を創る為に互いに手を携えて頑張ろうなどと言い合っていた。そういう風な気分が自然にあるのだね、所謂維新の時の志士みたいに。

所が、そうやって一生懸命訓練に励んで、愈々《いよいよ》あと一ヵ月程で卒業だという時に、日露戦争が休戦になってしまった。

その時僕らは測量に関する学科を既に終え、それを実際に使ってみる為山梨県で測量演習を行っていた。何しろその時は未だ戦争中で、士官学校を卒業して見習士官になれば少尉になる前から直ぐ戦争に行くシステムだったから、もう一ヵ月もすれば戦場に立てると張り切って遣って居ったのだ。で、その時は丁度「測図盤」という三角の足が付いた板で地形を狙って図をとったりしていたのだが、その最中に休戦の連絡が入ったものだから、サア皆もう自棄糞《やけくそ》になって、「ナァニ、こんなもの！クソッ！」と途中から放り出してしまった。第一、測図を教える区隊長からしてそうで、「今日の術科など取り止めだ、皆宿舎に帰れ。」という訳で、それから自棄酒を飲んでねェ。

僕らの宿舎というのは民家だよ。あの当時は行軍などしてもみな民家に泊まったものだ。だから民家の方としては迷惑は迷惑だけれども、しかし何処へ行っても持て成したものだ。食費というか泊まり料というものは幾らも出してない筈だから、概ね泊まられる方の負担で、今頃の考えだとそんな無茶な事が有るかと思う位だが、普通の兵隊でもそうだから、僕らは将校生徒というので余計持て成してくれる。その時も民家に宿泊して随分良くしてもらって居ったが、その宿舎に皆で帰って自棄酒を飲んだ事を覚えている。

まあそういう風に、僕らは中央幼年学校も促成、士官学校も促成で、完全な教育は受けていない訳だが、しかし士官学校は途中で休戦になったものだから予定をまた一ヵ月程延ばし、明治三十八年十一月に卒業した訳だ。

四．藩閥に苦しみながら（見習士官と新品少尉）

襟に星章の見習士官時。右は海軍だが、友人なのであろう。

陸軍士官学校を卒業した後、見習士官として廣島第五師団の工兵第五大隊に配属となった。陸軍士官学校第一八期を工兵科で卒業した者は六六名か居って、その内の五名、飛鳥井（雅四）と河野（巽）と僕、これが廣島幼年学校出身、それから難波（恭一）と云う岡山の人、それから芳賀（房直）と云ってこれは九州の男だけれども、以上五名が廣島の工兵隊に配属になったのだ。僕は自分の郷里でもあるし、大いに満足して意気揚々と帰って来た。そして皆、戦争が途中で休戦になったからもう戦地には行けないけれど、隊に帰ったら大いに踏んばってうんと成果を上げようと、また見習士官として誰にも負けない働きをしようと、そういう気持ちで隊附になった訳なのだ。その時の隊長は、山口トウイチロウと云う人で、これは岡山の人だった。

さて見習士官というのは、文字通り少尉に任官するまでの半年間、部隊に附いて士官勤務を見習うもので、階級は下士官の曹長だけれども襟に士官候補生たる星章を付けていて、昼食でも将校集会所でするし何でも将校として遇される。将校に準ずる立場でその隊の将校団に属している訳なのだ（参考乙9）。その代わり見習士官というのはコキ使われるのだが、しかし何と言っても未だ若いから、何処の隊に行っても見習士官は一番元気が良いよ。

それで僕達が隊附になって、もう誰にも負けない位一生懸命隊務に精勤して、中々厳格に遣っておった所へ、日露戦争から第五師団の本隊が凱旋して帰って来た。で、帰って来たは良いけれど、当然ながら凱旋した隊には下士官などが沢山居って、これが僕らに対してとてもきつく当たる。要するに、お前達など士官学校を出たといっても戦争に行った訳ではないから実戦の味を知らんじゃあないかという風で、とても威張るのだ。しかし此方は見習士官、階級は曹長だけれども実は普通の曹長より上に立つ位置に就いているので、負けるものかという気概で益々頑張った。所がどうも「何だこの小僧っ子の見習士官が。」という様な態度があからさまに見える。そうなると、軍隊の序列を正す為にも何とかしてそれを押え付けねばならんという気分が此方にも出て来る訳で、これは僕ばかりではないけれども、この際一つうんと強く出て懲らしめてやろうという風になって来た。それで、懲らしめるといっても何も無ければどうにも仕様がないが、一寸した欠点でも見付けた場合には、直ぐ「見習士官室に来いッ！」と命ずる。それは上官だから命令権があるからね。それで来るとナンとかカンとか言うわね、また馬鹿にした様な態度をとったら、ピシーッ！　とホッペタを叩いてやる。それで下士官辺りは余り殴ったことは無いけれども、上等兵位はもう言うことを聞かなかったら戦地帰りでもピシピシ殴って居ったのだ。まあ余り大した事ではなくても、一つ殴っておけば言うことを聞くようになるからという様な邪心も有るには有ったのだがね。それからずーっと離れた所を歩いている兵隊でも、敬礼の仕方が悪かったりすれば怒鳴りつける。そういう風に全てに渡って厳しく遣った処、いやァ今中見習士官は中々怖いぞという様な事になってしまってね。

それからもう一つ、彼らに対して「若山式」というのが出た。先にも少し話したけれど、士官学校で僕らの最初の区隊長だった若山さん、これは後に師団長もやり工兵監にもなった立派な人だが、その若山さんが僕らを鍛える時に、僕らが何か言ったり遣ったりした事で分からん事があると、「リュ――ッ！」（理由）と怒鳴ると共に指で指してそれを本人にくっつける。どうしてその様な事をしたかということで、「リユーッ！」と遣る癖が有った訳なのだ。それを遣られると、いい加減な気持や理屈の立たない不正の行動など出来なくなるものだ。それで、その時鍛えられた生徒が、誰でも彼でもまた何の隊に帰っても、皆「リユーッ」とやる様になった。そういう癖が皆にも行き渡った位厳しく訓練されて居った訳なのだ。それでまあこれを遣ったら、本当に古ダヌキというような下士官の間でも、今度の見習い士官は強いぞという事に段々段々なって来た。それでもう下士官などといっても、理屈に合わん時は此方は絶対に聞かない。まあ軍隊はそういう制約で成り立っているものだからね。まあそういう風にして、戦地から帰って来たという事で威張ったり、此方を蔑《ないがし》ろにする様な奴をギュウギュウ懲らしめたので、それから数ヵ月か掛かったけれども、相手も大分おとなしくなって訓練するのにもずっと楽になった。

その様にして半年程経った明治三十九年六月二十六日、愈々《いよいよ》僕らは陸軍工兵少尉に任官した。そして士官になれば通勤が許されるから、僕は養家から隊に通うようになった。その家というのは原爆でやられる迄その儘在ったのだが、四百年前に造ったという古い家で、屋根は麦藁葺き、夏は涼しく冬

陸軍少尉の正装にて。

暖かく住むには本当に良い構造なのだけれど、唯火事が怖いしその後許可もされなくなったので、藁葺きの上に鉄板を張って居った。そういう家だから、原爆でも落ちれば直ぐ燃えるのは当たり前の話だ。それからこれも燃えたが土蔵造りの立派な倉が有り、また外周りもずーっと土塀だった。で、今度は馬が要るから、その古い家を改造して馬小屋を造って、支給された馬はもうピンピンした馬だったが、朝早く別当さんが来て「旦那さん」と言う訳だ。まあ旦那さんと言われるのは初めてだったが、兎も角その別当さんを連れて、家の前の溝に架《かか》った小さな橋を渡って、隊まで馬で通ったものなのだ。今から思えば、誠に牧歌的・中世的と言う外はない。

此処で一寸当時の少尉の生活というものについて話しておくと、少尉の俸給というのはその時三十三円五十銭だった。それで何故三十三円五十銭かというと、これは米百石から割り出したものなのだ。要するに陸軍少尉というのは、百石取りの侍に相当するという考えだったらしい。三十三円五十銭という俸給は、そういう所から決まったという話を聞いている（資料乙10）。それでその三十三円五十銭だが、これを全部生活費に使えば生活出来ないことはないのだけれども、しかし少尉貧乏と言って少尉は大体貧乏ということに決まっていた。それは何故かと言うと、先ず軍人は何と言っても派手だから交際上の金が相当に掛かる、次に将校というのは軍装を全て自分の金で整えなければならなかったから収入の割に中々物要りだったのだ。

で、先ず軍服だが、軍服は、士官学校では未だ上等兵の階級だし、見習士官も位は曹長だから、そこまでは普通の兵隊の服でみな御上の支給品だ。だから将校になって初めて自前で服を作る事になる。その将校としての軍服というのは、僕ら一七期が少尉になった時までが旧式の所謂「肋骨」（資料乙11）で、僕らの代で肋骨制度は終わりだ。肋骨というのはフランス式の軍服で、中々立派な服装だから、あれが無くなったのは惜しい。肋骨を着るとどんな体をしとっても姿勢が良く見える。肩の下に綿を入れたり、服の中に種々細工がしてあるから、あれを着ればどんな人間でも立派に見えたものだ。僕らが肋骨を着ていたのは一年位で、程なくカーキ色の新式の軍服（資料乙12）に変わったわけだが、しかしその後も暫《しばら》くは肋骨を着てもよい時期があった。僕が少尉で岡山の第十七師団に行った時には未だ着てもよかった。その時の師団長一戸（兵衛）さんは矢張り肋骨好きで、御正月というと肋骨を着て御客さんを迎えて居られたよ。

それで、軍服は何時もちゃんとした物を持っていないと、儀式の時には奇麗な服装をしなければならないから困る。それからまた平生は馬に乗るから短袴と云って乗馬ズボンなのだが、儀式用にはそれとは別に普通の形のズボンも要る。それから正装（資料乙13）が必要だがこれがまた非常に高価だ。正装はその当時でも百円近く掛かったと思う。だから余り裕福でない家であれば、正装代を俸給の内から月賦で服屋に支払って、その残りでもって生活する様なことになる訳なのだ。

それから僕ら工兵等の乗馬将校は、先も言ったように馬小屋も自分で持っていなければならないし、馬具も必要だ。馬具の費用というのは或る程度は支給されるのだが、馬具は高いから貰った費用だけでは一鞍買えない。それから軍刀も要るが、刀だって買うとすればその当時でも相当に高価だった。それから望遠鏡が要るが、これも精密光学器械だから良い値がする。それから拳銃が要る。僕は到頭その時拳銃を買えなくて、サックだけ軍仕様のものを作って、中は岩本の家に有った古い拳銃を入れて暫く誤魔化して居たくらいだ。そういう種々な付帯する物があるから、中々物入りで月給だけでは足りない訳なのだ。

それから何時の世でもそうだけれども、物価は段々高くなって行く。そして高くなったに応じて月給が増えれば良いけれども、それは矢張り国の予算だから中々増えるものではない。で、少尉が三十三円五十銭、中尉が五十円、それから大尉になると八十円位になるかな。当時百円の月給といったら相当に立派な月給取りだったのだが、此方は三十三円五十銭で出費の方だけ立派だから「少尉貧乏」、それからやっとこ暮らせる中尉という意味で「やっとこ中尉」、大尉になって初めて一応の生活が出来る訳なのだ。

しかしその頃は、やっとこ暮らせる中尉だって女中という者は必ず置いたものだからね。まあ少尉は未だ結婚してない人が多いから別だけれども、中尉になると大概結婚するし、そうなると当時は必ず女中を置いたものだ。また軍人の所へは好んで女中に来る人が多かった。田舎の人などは、行儀見習いの為に皆そういう所へ女中に行ったものだよ。だから女中の給料というのは、ほんの僅かなものだった。僕の家では、軍を辞めて恩給だけで遣っていた時でも、女中が二人位居った事があった。

さて、少尉になって馬に乗るようになったのだから、此処で馬術と馬丁制度について少し纏めて話しておこう。

乗馬の練習というのは、幼年学校では未だ行わない。士官学校に行って初めて始まるのだ。士官学校では各兵科とも乗馬演習があって、盛んに訓練する。それから砲兵・工兵が必ず行く陸軍砲工学校、此処でも随分鍛える。砲工兵の将校は馬に乗れなければ勤まらないからだ。

それで僕だが、士官学校の時には、工兵科で乗馬将校だからかなり鍛えられたのだが、脚は短い方だし右足の具合が悪くて思うように締められないので、殆ど乗ったかと思うと落ちる。落ちた又落ちたってよく落ちたよ。それでも余り大きい怪我が無かったのは、お前も知っての通り馬は人間を踏むことが滅多にないからだ。余程過《あやま》ちで踏むという事はあるかも知れないけれど、意識的に踏むことはないから滅多に怪我はしないものだな。で、僕が或る程度上手になったのは将校になってからだ。先ず、廣島第五師団の少尉だった時に、後に陸軍工兵学校の初代の校長になり僕が副官として仕えた古賀啓太郎（資料甲5）という人が隊附将校で居って、先ず古賀さんから猛烈に鍛えられた。それから廣島の工兵隊は、騎兵大隊から僕らより二期上の若い将校を教官として派遣してもらっていたのだが、これが本職なものだから全然鍛え方が違う。お陰で大分上手になった。だからその後砲工学校に生徒として行った時には、寧ろ普通より上手な位になっていた。それから砲工学校には副官としても長く居ったから、終わりの頃には工兵としては一寸他人に負けない程の腕前になった。それで、僕が聯隊長になった時に、師団の中でも乗り難いという悍馬《かんば》が来たのだけども、結局乗りこなす事が出来たのだ。

しかし馬に乗っていてもう参ったかなと思う様な事が二回ばかり有った。それは矢張り第五師団に居った時で、もう大分自信が付いていた頃だったが、どういう調子か馬が溝川の中に突っ込んで、幸い怪我はなかったけれど、人馬共にドロンドロンになった事が有った。で、馬は僕が落ちたものだから跳んで逃げてしまうし、僕は全身泥だらけでどうにも仕様がないから、二月の寒い寒い時期だったけれども川に入って服を洗い、それからテクテク々々歩いて帰ったのだ。それで兵隊に服を持って来させて着替えた事を覚えている。兎も角二月だからとても寒かったのだが、それでも川に入って洗う位の元気は有った訳だ。それからもう一度は馬が引っ掛かって、要するに狂奔してどうにも止まらなくなった事が有った。馬が引っ掛かる事自体は偶にあるのだが、その時は前方が細い細い橋で両側は深い谷だったから、これはもう駄目だと思ったのだが、矢張り馬も命が惜しいとみえて、ほんの直前で急停止したので助かった。そういう事も有った。

それから別当《べっとう》制度、これは後に無くなった制度だ。

別当さんというのは、兵隊ではなく普通の民間人なのだが、僕らの時代には馬の数も多かったから、それを世話する為に各師団に沢山雇われて居った。そして将校で馬に乗っている者には必ず別当が付く事になっていたから、僕らも少尉になると直ぐこれが付いた。歩兵の場合は大隊長になるまでは徒歩だから、別当ではなく所謂従卒というのが付く。尤も従卒というのは昔の言い方で、そういう呼名はいけないというので、後には当番（参考乙14）と名前が変わった。それで僕らに別当が付いたのは僅か二年位か、それから今度師団が増えた時に別当の制度が無くなって、その代わりに歩兵と同じ様に兵隊の中から選ばれた当番が付くようになったのだ。経費の節約が主な理由だった。

で、僕らが少尉になった時には別当制度があったから、別当さんの給料も馬を飼う麦などの飼葉料もみな御上から貰って……あれはどうだったか、給料は別途別当代として貰ってそれを渡したような気がするが（資料乙15）……兎も角貰った費用を全て渡して後は任せる。そうすると別当は馬の分まで麦を食ってしまう訳なのだ。別当の給料など安いものだから、いくらあの時代でも月給だけでは生活が苦しかったに違いない、馬に喰わせる麦を大概別当も少しは食べた訳だね。だから馬が痩せると、「麦食ってるな。」という言い方をしたものだ。で、別当はそう言われると具合が悪いから、麦と草を上手に配合して痩せないように飼う。それが別当の腕なのだ。またそういう技術的な事だけでなく、馬というのは可愛い性格のものだから別当も余程馬を可愛がるし、痩せさせないよう種々工夫もするのだ。それから、別当は馬に付いて歩くから、此方が馬を走らせると別当もトットトットと走って付いて来る。だから余程加減をしてやらないと幾ら速い足でも追い付けないので、大概家に帰るまでには一寸何処かを廻って、別当が家に帰った頃を見計らって家に着くように気を利かせる。そうしないと彼らは遣りきれないからね。唯別当の仕事はそれだけで、後は時々方々へ草を刈りに行くだけだ。それでも師団長の別当などというのは仲間内で威張ってる。大体将校の別当になったという事自体が得意なのだから、まあどの世界でも勝手に上下を決めて満足しているとしても、何だか随分つまらないように思った。

それからこれは馬ではないが、当時の乗り物の話をすると、僕が少尉で第五大隊に行っていた時分というのは、やっと日本でもゴムタイヤの自転車というのが出始めた頃で、少し派手好きな将校が練兵場の辺りでスーッと自転車に乗ってるのを見て、「アッ、ゴム輪の自転車に乗っている！」と騒ぐ位のものだった。当時世間一般で普通に乗っていた自転車というのは鉄製のガラガラで、大八車みたいなものだったから、勿論歩くよりは早いけれども、ガタガタいう割にはスピードなど出なかった。兎も角ゴムタイヤの自転車というのは、僕らが隊に行って暫くしてから初めて目にする様になった位だから、若い将校が練兵場などで得意になって乗って廻ったものだ。これにはしかし僕も挑戦して一応乗れるまでにはなったのだが、どういう訳か曲がる事が中々出来なくて、人が前に来ると「オーイそこを退いてくれ。」と言いながら転ぶ様な始末だったから、最後は馬鹿馬鹿しくなって止めてしまった。

それからこれは人力車の話だけれども、僕の姉さんは伊達という御医者さんの所に御嫁に行ったのだが、そこには所謂自家用の人力車が有った。昔は、御医者さんは往診をするのに車に乗って行くか、さもなくば自転車に乗って行くのが普通だったのだが、車夫を雇って自前の車を持っているのは御医者さんでも少しハイカラな方だった。で、伊達は御医者さんとしてみれば、非常に往診を大切にする人で、親切によく患者を見回ったから、車を持つ事も必要だったのだろうが、しかしその車夫というのは自分の主人を乗せるだけで他の人を乗せる事などしないのだから、相当の収入が無ければそういう事は出来ない。だからその様に車夫を置いて車を持っているというのは、非常に景気の良い御医者さんの証でもあった訳だ。

さて隊の話に戻る。

少尉というものは、中隊附と云って中隊の種々な仕事をするのだが、新品少尉はどうしても初年兵教育、新兵教育（参考乙16）を担当する事が多い。だから第五大隊に居った時は、僕らも新兵教育をやらされた訳だが、勿論そればかりではなくて、演習なども盛んに行った。

それでこれはその当時の思い出だが、工兵は太田川で水雷演習を遣る。水雷というのは、爆薬を水の中に浸けて爆発させる方法だが、実際の戦場でもこれを使う場合が有るから、矢張り演習の一つとして遣る訳なのだ。で、演習として遣るけれども、水の中で爆薬が破裂すると水がずーっと上に飛ぶので、その勢いで魚が死ぬる。即ち川を荒らす訳なのだ。

実際太田川なんかはとても奇麗だったから鮎の時期には鮎がいる。鮎は非常に沢山いて、工兵隊の在る付近では、地方の人（民間人の意）がしょっちゅう鮎を釣っていた。それから今はみな浅いけれども昔の太田川には深い淵が在って、奇麗な水でも底も何も見えない様な所が在った。殊に川から御泉庭（オセンテイ）（縮景園）の方にずっと水が入る辺はとても深くて、流れの横の方になると平生から渦を巻いている。水が底の方に潜り込んで行って自然に渦になる訳だが、渦に巻き込まれると浮き上がることが出来ないので、毎年そこで誰かが死ぬるんだ。あそこは「御泉庭の川、御泉庭の川」と言って居ったけれど、そこで大概毎年何人か死におった。しかしそういう所には、鯉が居るし、ボラが居るし、鯰が居るし、それから鰻も居る。そういうのが種々いるから、そういう所で水雷を遣ると魚が沢山浮く訳だ。

で、実際問題としては、僕らはそういう所を狙って水雷を仕掛けて居ったのだ。そうして浮いた魚を獲って帰るものだから、水雷演習というとソリャア兵隊が喜ぶのだ。それであれは随分獲った事があった、鮎が主で二十貫位獲った事があったね。そしてその晩は大概会食をやる。僕らはもう将校で営内に何時も居る訳ではないから、よく特務曹長の家なんかで遣っていたが、特務曹長がまたそういう事の非常に好きな男だった。そういう風にして、中隊長以下幹部は外でそれを料理して食べる。それから兵隊の方は兵舎の炊事場に魚を担ぎ込んで、一人一匹食べるか食べないか位だろうけれど調理して食べる。勿論酒代などは皆で出し合ったり、或いは矢張り中隊長が負担することが多かった。だから中隊長などというのは、そういう方面にも相当金が掛かるものだった。大体当時の将校というのは、上の者が若い者を何処か食べに連れて歩くという習慣があったから、中々大変だったのだ。

新式の軍服だが、後の時代と異なり、帽子も長靴も非常に洒落ていて、明治の時代性をうかがわせる。

それはそれとして、昔はああいう風な川にも川魚を獲って生活している漁師が居った。だからその漁師が演習に対して非常な不満を持つ。それもその筈で、鮎などは終わり頃になるとメン（雌）は子を持って、その時が一番味も良いし値段も良いのだが、丁度その鮎の盛んな時期に沢山居る所で遣るのだから、漁師としてはたまらないのだ。尤《もっと》も此方は演習をしている形だから、僕らに対して直接的に文句は言わない。唯陰では色々言っていた訳だ。しかし或る時、到頭我慢出来なくなった一部の漁師が、師団司令部に訴え出た。それでそれを受けた師団司令部から、工兵隊は魚を獲っているのではないかと五月蝿《うるさ》く言って来たのだ。歩兵隊などはそういう爆薬は取り扱わないし、水雷など遣るのは工兵だけだからね。で、実際そうには違いないのだけれど、「いや演習を遣っとりますけれども。」と僕が答えた処、「それじゃあ今中少尉に師団司令部に来るように言ってくれ。」という師団副官の指示が伝わって来た。そこで僕は「来るようにと言われても、演習を遣っとって何も文句を言われる筈はない。」と頑張った訳なのだ。所が上司が「そうは言ってもそういう訳にはいかん。師団の方で文句を言って来たんだから行ったらどうか。」と向こうに立った様に言うものだから、僕も意地になって「いや私は絶対に行きません。仕事で行くならば良いけれど、水雷をやったからといって叱られに行くのは嫌だから行かない。演習を遣って何が悪いんですか。」と屁理屈を言って、到頭行かなかった。そうこうする内、師団司令部で書記をやっていた特務曹長が師団副官を宥《なだ》めてくれて、結局は何にも無しに、此方は唯威張り通しに威張って終わりになった事があった。それはまあ、理屈の悪い時には仕様がないけれど、若い時には此方も元気が良いから、少々無理な事でも通してしまった訳だ。

　そんな事も有ったけれども、兎に角新品少尉として誰にも負けない働きをしようと頑張って居った。しかし実を言うと、第五師団では僕にとって非常に辛い事も有ったのだ。と言うのは、山口工兵第五大隊長とどうにもうまく行かなかったのだ。それは前にも言った様に、あの当時は未だ昔の藩から来る気分的なものがかなり残っていて、上の者は自分の国の出身者を指導するし下の者もそれに懐《なつ》いて行くという事も多く、大隊長にしても矢張り自分の郷里の者を大事にしようという気持ちがかなり有ったからなのだ。で、士官学校を出てから工兵第五大隊附となったのが丁度五名居ったけれども、その内の一人である難波が大隊長と郷里が同じだったたから、大隊長としては彼を何とか上に引き上げたかった訳なのだ。難波は個人としては僕も非常に親密にしていた良い男なのだが、しかし席次（参考乙17）などは僕らより下だった。それを大隊長としては無理にでも上にあげたい。そういう風な事だから、本当はそれではいけないのだけども、非常に僕に辛く当たったのだ。僕は仕事そのものについては絶対負けない位良く勉強したのだけれども、そうすればする程辛く当たられた。それでまあ僕も若かったし、悔しくて悔しく仕様が無くて、こんな事なら軍人を辞めてしまおうという気分が一時起きたのだ。それで岩本の御父さんに、「隊の仕事については決して人後に落ちない程遣っているし、他人もそう見てくれているのですが、どういう訳か隊長から嫌な所にケチをつけられて、非常に思わしくありません。ああいう隊長に何時も仕えるのは嫌だから、軍人を辞めてしまおうと思っているのですが、如何でしょうか。」と相談した。そうしたらね、「それは軍人として立つばかりが御国の為ではないから、そういう風にお前が思うのなら辞めてもええ。」と、「自分の好きな方面に行っても良い。」と御父さんが言ってくれたのだ。その時に僕は、実はホッとしたよね。これは御父さんも良く分かった人だなァと思って、非常に気分的に嬉しかった。それで或る程度の鬱憤が晴れた様な気がして、逆に頑張ろうという気持ちが起こったんだ。そういう処から見ても、矢張り僕の御父さんは偉いなと思った事がある。

その大隊長はしかし隊附の経験の無い人でね。築城本部と云って、これは日本を守る為に方々に要塞と云うのが在って、これを構築したりするのが主な仕事だけれども、その築城本部に長く居って隊附の経験の無い人なのだ。それでまあ、築城本部では良く仕事をした人なのだが隊附としてはなってないという様な事で、他の将校も余り良く言わなかった。また、架橋教範とか築城教範とかの教範類を碌々知っていないものだから、工兵監の検閲の時にはビクビクしてしまって、自分が苦しい分よく部下に当たったものだった。しかしその人はそういう人だから、矢張り早く首になったたな。

まあそういう風に、第五師団に居た時には僕なりの難事も有った訳なのだが、そうしている内に岡山に第十七師団が出来て、僕はそこに移る事になった。

五．軍の教育システム（新設岡山第十七師団と陸軍砲工学校生徒）

日露戦争後、近衛を別として全国一二個師団だったものが、一八個師団の体制に移行して、岡山に第十七師団が新設される事になった（資料乙18）。この第十七師団の編成については廣島の第五師団が担任だったから、或る程度の兵隊や将校もみな第五師団が準備し、また全てに亘っての世話もした。だから、岡山の受入れ態勢が整わない初めの頃は、第五師団の中に第十七師団の母体が同居して居って、工兵隊にしても一時二つの隊が併存していた。その内に岡山の方でも、師団司令部や各聯隊の兵営などが建ち、受入れ準備が整ったので、第十七師団の部分が廣島から岡山に移って行ったのだ。僕は、自ら希望した訳ではないが、明治四十年十一月二十九日付けで、第十七師団の工兵第十七大隊附を命ぜられ、岡山に行く事になった。

此処で一寸言っておくと、師団の番号と工兵大隊の番号が常に一致しているのは、工兵大隊というのは師団毎にひとつしか無いからだ。師団の中には、歩・騎・砲・工と各兵科が有るが、歩兵は数が多いから別だけれども、騎兵も師団に一個大隊だけで人数も殆ど工兵隊と同じ位、砲兵も輜重兵も矢張り各師団に一つしかない。だから第五師団では工兵第五大隊、第十七師団では工兵第十七大隊、輜重兵なら輜重兵第十七大隊という風に、各師団の番号と大隊の番号が一致する訳なのだ。因に工兵はその当時には未だ大隊の編成で、それが聯隊に編成されるようになったのは、僕が聯隊長になって京都に赴任する一年か二年位前だから、昭和十年頃の話だ。

さて僕は、師団の移動と共に、一年半程過ごした最初の任地廣島から岡山に移った訳だが、その時には養母も一緒に岡山に移り住んだから、その間廣島の留守宅は一棟を三軒位に分けて他人に貸しておった。また、岡山では、大和町《やまとまち》と云う所に官舎の様なものが在って、将校は皆そこに住んだ。その官舎の様なものというのは実は民間の借家だったのだが、丁度本当の官舎の様に、この列は佐官の列、この列は大尉の列、この列は少・中尉の列と家がずーっと並んでおって、格好だけは官舎風に出来ていた。その辺りは元大和村と云ったのかどうか知らないが、何しろ初めは何にも無い所だったのだから、誰かが家を造らない事には始まらない。此処ではそれを民間が遣った訳だ。


この岡山の第十七師団には、途中陸軍砲工学校に入学したり副官を勤めたりした期間を挟んで随分長く居ることになったのだが、僕が行った時の師団長、即ち初代の師団長というのは、有名な一戸兵衞大将（参考甲6）だった。無論師団長の時の一戸さんは未だ中将だったけれども、何時も明治天皇を慕っておられて、後に明治神宮の宮司も長く遣られた位、非常に精神的な、立派な人格の人だった。また、そうかといって少しも堅苦しいところが無く、皆非常な親しみを感じていたので、師団長の家には御正月でも何でも若い中・少尉が喜んで行ったものだ。また一戸さんも、よく僕らの相手をしてくれて、お酒を飲む間でも非常に精神的な良い言葉で訓導された様に思う。兎に角第二の乃木さんの様な立派な人物だから、僕らばかりでなく全般の人が師団長を中心に結束するといった風があった。

一方、工兵第十七大隊長は、渡辺兼二（参考甲7）と云う非常な切れ者で、陸軍大学でも恩賜の軍刀を貰っておる様な人だった。この人には随分鍛えられたけども、唯優秀なだけに非常に自信力が強くて、しかもその指導が余りに理想的に且つ型に捉われ過ぎるといううきらいはあった。例えば、兵隊は背嚢《はいのう》というのを担ぐが、背嚢の締め方をどれ位にすれば下がどれ位空くという事、即ち腰の後ろの弾薬盒《だんやくごう》（弾薬を入れた盒）と背嚢の間の寸法まで喧《やかま》しく指導する。そういう風に指導が余りに極端だったので、或る時、悪いと言えば悪いけれども、僕はつい「そんな事出来るもんかい。」と独り言を言ったのだ。それは勿論聞こえない積もりで言ったのだけれども、それが聞こえてしまったものだからさあ大変、「そんな気持ちだから出来ないんだッ！」とピシッと叱られて、僕は直ぐ不動の姿勢をとって「ハッ」と答えた事を今でも覚えている。しかしまあそういう失敗も有ったけれども、渡辺兼二さんには非常に可愛がられて、砲工学校を卒業して帰った時には「よく帰ってくれた。」と喜ばれた。と言うのも、大隊長などというものは、単に本人だけが偉くても駄目で、隊の成績が良くなくてはいけない。隊の成績が悪いと大隊長の将来にも影響する訳なのだ。だから、隊の成績を上げる為には、隊務に通じた訓練の上手い将校が是非部下に必要になる訳だ。

で、僕は廣島で初年兵教育をしたのだが、十七師団でも少尉の間は引き続きこれを主に遣った。そして前にも言った通り、僕ら自体が厳しく鍛えられてそういうものだと思ってしまっているから、兵隊に対しての教育はかなり厳しかったと思う。しかし厳しいとは言っても、近頃のドラマ等で遣るように、将校が兵隊を目茶苦茶に殴るなどという事は無い。将校が兵隊を殴るのは余程の事だし、また殴ってでも矯正しなければならない様な事に対して遣る訳だ。所が、兵隊の間では特に班長と云うのが、教育の為ではなくして自分が威張る為にしょっちゅう殴る。だから、兵隊にとっては班長が一番怖いのだけれども、班長の中にも勿論親切な者も居て、そういう人は隊を出てからでも兵隊に慕われるものだ。で、将校の場合は、幾ら厳しいといっても班長が遣る様な事とは当然一線を画しているのだから、僕の場合もこの兵隊教育を通じて後々迄付き合うことになった人が出来た。

僕が何時も三勇士三勇士と言っていた三人の仲の良い兵隊がそれで、後に伍長勤務上等兵を務めた佐藤瞬一郎という男と、同じく伍勤を務めた一人、それから帰休兵の三人組だった。伍長勤務上等兵と云うのは上等兵の中でも伍長の勤務に当たる上等兵で、これは初年兵と古兵と合わせて二百名程で構成される中隊に僅か三人位しか居ない。それから当時兵役は三年間だったのだが、訓練成果が上がった人間については二年で郷里に帰す制度があって、これを帰休兵と云うのだ。いずれも兵隊として極めて優秀な者達だ。で、佐藤瞬一郎も本当に腕があるし、頭も良いし、努力家でもあったから、兵役が終わってからは外国貿易をやって矢張り大きな資産家になった。大体佐藤に限らず伍長勤務上等兵を勤めたような人間は、実力が有るから、地方（民間の意）に出ても何か一仕事している。僕は彼らを誉める言葉として、「伍長勤務上等兵は、将校でいえば元帥に当たる。」と形容した事もある位で、彼らは頭は鋭いしまた何によらず社会についての認識も深いから、僕ら職業軍人とは違って世間への対応も上手だ。それからそういう人は、学校の方こそ今頃の様に大学など出ている訳ではないが、矢張り自分で勉強している。和歌を作ってみたり、絵を描いたり、習字をしたり、何か勉強しているね。だから佐藤辺りも、僕が凱旋して帰った時には直ぐ詩を作って寄越すし、字でも上手だった。

それで僕が京都に聯隊長になって行った時には、その三勇士が非常に喜んでくれて、佐藤瞬一郎は神戸に居って近かったし、大体が岡山付近の人達だから、直ぐ歓迎の為に集まって、料理屋で散々御馳走をしてくれた。それから何回かは、少し離れた琵琶湖辺りまで遊びに連れて行かれた事もある。そして僕が退官後に川西機械に就職してからも、二度の勤めをしてくれたということで、神戸に行けば始終三人が集まって歓迎してくれた。兎も角随分御馳走にもなり、その外何かというと良くしてくれたよ。まあそういう風な仲間なのだが、それでも昔話になると「まァー、今中少尉は怖かったなァー。」と三人でよく言っていたよ、大きな体をしとってもね。

それからこれも川西機械に勤めてからだけれども、佐藤瞬一郎の関係で結婚式に呼ばれた事がある。で、そういう時には必ず元の軍服を着て行くのだ。終戦までは退官後でもあらゆる会合に軍服を着て行くのが礼であって、勲章も最高のものを付けて行くから、彼は喜んだよ。その時は百人位の御客さんがあって、僕が皆の前で挨拶をしたのだが、あの辺で将官といえば一応誰でも尊敬するから、非常に喜んでもらえた。

それから終戦後は、恩給は無くなるは、何とかして食って生きて行かなければならないはで、お前のお父さんと二人で種々な仕事をしたのだが、その時も佐藤瞬一郎は「お金なら幾らでも融通するから使って下さい。」と言ってくれた。

まあそういう事で、その後もあらゆる機会に会っていたのだけれども、三人の内二人は亡くなってしまい、佐藤一人だけが残っていた。そして、貿易の方は息子に任せて今度は「幸福道」という雑誌を始めたのだけれども、その彼も先頃亡くなって、到頭三勇士は全滅した訳なのだ。


まあ、その様に新兵教育などしながら岡山には丁度一年程居ったのだが、明治四十一年十二月二十一日付けで中尉になるのと同時に陸軍砲工学校に入校する事になった。

砲兵工兵の将校は所謂《いわゆる》技術将校だから、士官学校の教育だけでは技術上の知識がどうしても足りない。だから、砲工兵の将校は、少尉任官後暫くすると士官学校の卒業順に必ず砲工学校に入校するようになっていて、此処で専門方面の勉強をして、初めて技術将校らしい将校が出来上がるというシステムが組まれていた。

陸軍砲工学校は東京牛込の若松町に在り、二条侯爵邸の直ぐ隣だったが、学校の中で乗馬演習などもやった位だからかなり広い地域を占めていた。今、恩給局になっている一帯が元の学校で、また、近接していた陸軍衛戍《えいじゅ》病院は今は国立病院になっている。で、砲工学校に入った時には、養母も初めて上京して一緒に東京に住んだ。と言うのも、東京に住めば生活状態が一段変わるし、また学生で入るのだから遊んでいたのではいけない。だから、兎に角付いて行った方が良かろうという事で、一緒に出て来た訳なのだ。

さて、陸軍砲工学校というのは所謂《いわゆる》実施学校ではないから、学問で学んだ技術を生かして直ぐそれ

を実施するという事はない。そこでは本を用いての所謂座学が中心で、昔の高等専門学校と同程度の
かなり高級な学問、数学とか、物理とか、化学などの純然学問をやっていた。昔の高等専門学校と同程度のは今
はみな大学になっているから、レベルとしては現在の大学と同程度と思って良い。昔の高等専門学校けれども普通の学校と同じ様に勉強ばかりする所で、訓練も体操も全然無く、唯前にも言った様に、
乗馬訓練だけは盛んにやっていた。後は全て学問々々だ。
で、砲工学校には、普通科と高等科の二科があって、普通科で一年学んだ後、その中から成績の良い者を高等科に進ませる。そこでまた一年学んで、その中でもう一つ成績の良い者には員外学生の制度と云うのがあるのだ。即ち、砲工学校の高等科卒業時に一番成績の良い者には外国留学、それから少し下の者は国内の一般大学……大概東大か京大だが……これに入学させて、更に技術将校として高度の勉学が出来るようにする。これが員外学生の制度だ。しかしこれはあくまで資格を与えるだけであって、必ずそうしなければならないというものではない。詰まり、技術将校として終わるのは嫌だというので、陸軍大学校（参考乙19）を希望する人が沢山居る訳だ。一般的に言うと、確かに員外学生になるよりは陸大に入った方が将来の開ける道は広い。僕らの同期で工兵トップの八木彌造、これは後に近衛工兵で腹切って死んだのだが、彼なども勿論員外学生の資格は有ったのだけれども断って陸軍大学に入った。そういう風に、陸大の方に入りたい者は、資格は有ってもそれを辞退して、暫く隊附しながら陸大を目指す訳だが、しかし陸軍大学というのは、試験があるから入れるかどうか分からない。それと矢張り性格的に所謂技術将校に適う者と、そうでない者が当然居る訳だ。
それで僕だが、僕は高等科には進めなかった。僕らの期というのは、前後の期に比べて非常に人が多くて、特に工兵は僕ら程多い期はないのだが、それでも高等科に進むのは大体三分の一と決まっていて、僕はその圏内には居ったのだ。けれども、この時悪い事をした者が出た。これは打ち明け話に

なるが、地方に出ての測図演習の時、生徒は問題を貰って図面を描いて提出する訳だが、僕よりもっと下の方に居た或る将校が、自分では何もしないで友達に描かしたものを答案として出したのだ。その男は幼年学校出身なのだけれども、幼年学校出身といっても「赤」でもって到頭辞めた者も居るし様々で、その男の場合は兎も角ズベラで有名だった。で、この時も「俺のやつも描いて出しといてくれ」というズベラな手で遣ったのが見付かったという訳だ。一方それを請け負った友達というのも当然問題になった。それで、そういう不正の連中を高等科に進ませる訳にはいかないという事になってしまったのだ。そうして数が多かった事も災いしたのだろう、僕よりも成績が2～3番上だったその請け負った男の所からスッパリ切られて、僕は無論の事、結局僕らの期としても四分の一しか高等科に進めなかった訳なのだ。

そういう事情で、本来進めた筈の高等科に進めなかったのだから悔しくはあったけども、しかしその時は早く陸軍大学に行った方が良いと思っていたし、実際わざわざ高等科に残らないで陸軍大学に早く入る人もあった位だから、それ程気にも留めなかった。しかしまあ高等科に残れば、それだけの技術上の知識が有る訳だから、何処にでももって行くことが出来る。例えば技術本部という様な所に行こうと思えば、普通科だけでは矢張り物足りない。だから僕と然程《さほど》変わらない頭の持ち主でも、高等科まで出れば或る程度職務の幅が広がるし、矢張り進級上有利にはなる。それから、陸軍大学でも出れば、進級上極めて有利で、天保銭形の記章（参考乙20）を付けて威張れるといった事も一般的にはあった。だけれども、もう僕の場合は隊附の一点張りでずーっとノシ上げて行ったのだから、高等科に残ろうが残るまいがそんな事は問題では無かったと思う。唯、陸軍大学については是非行きたかった。陸軍大学というのは、そもそも受験についてさえ上の推薦が必要で、合格者ではなく受験する者全員の官姓名が官報に載る位のものなのだ。だから、普通の大学の様に勝手には受けられないし、また選ばれた者の中での競争だから当然難しい。僕は二度受けさせてもらって駄目だったのだが、阿南でも受かったのは四度目だから、もう一度位受けてみたい気持ちは残った。しかし今になって考えてみると、陸大を卒業すれば確かに出世の良い段階にはなるけれども、その場合でも真の実力というものがその後種々の点で問われるから、矢張り学歴だけでは駄目なのだ。工兵で陸大を出ても、森長などという人は大佐で辞めたし、また僕が軍を辞めた時、僕より五期も若い陸大出が一緒に辞めたから、随分早く辞めさせられた人も居る訳だ。

しかしそうは言っても矢張り立派な学歴が無いのは不利には違いない。だから、普通科出で現役の少将を勤めた人間は僕位のものだろうと思う。大概は良くても進級待命、所謂名誉進級というもので、これは大佐の中で特に成績が良い者が形式上進級して直ぐ辞めるというものだ。それでも服装などは将官のものを整えるから同じだけれども、僕はそれとは違って現役の将官として一年間仕事をした訳なのだ。何しろ陸大出でも津軽の要塞司令官で少将の儘辞めた人は沢山居って、殆ど大部分と言っても良い位の時代だったから、彼らと同じように現役で仕事をして辞めたのは工兵では僕位のものなのだ。まあそうなったのも、僕は工兵学校で副官もやり、教官もやり、教導隊長もやって、それから関東軍に測量隊が出来た時には初代の隊長で行ったから、そういう経歴が勘案された事もあるだろう。しかし測量隊長のポストにしても、砲工学校の方から言うと、高等科に残った者がおさまる様な所だ。けれども、僕は普通科でしかも初代の隊長になった。矢張り僕はその場その場での勉強は一生懸命したし、また何処に行っても或る程度の成績は上げているから、それが評価されたのだと思う。まあいずれにせよそういう道を辿ったからこそ長く勤める事も出来たのだし、結果としては良かったのかもしれない。

兎に角この様にして陸軍砲工学校は一年で卒業し、又岡山に帰った訳なのだ。

六．演習と検閲（工兵第十七大隊附中尉）

明治四十二年十一月二十七日、陸軍砲工学校を卒業して、岡山に工兵第十七大隊附の中尉として帰って来た。この時には、前にも言ったように隊長の渡辺兼二さんから大変喜ばれたけれど、自分でもまた大いに張り切って隊務・演習に精勤した。

岡山という所は言うまでもなく城下町で、御城は旭川と云う川の縁に在り、この川を東側の防御線にして、西側は堀で固めてある。まあ廣島城と同じように河川を大いに利用した城の一つなのだ。そして日本の三公園の一つである後楽園というのが川の中洲に在るが、これは城主の御庭で丁度廣島でいえば御泉庭に当たるものだ。

で、第十七師団は、御城とは駅を挟んで反対側のいずみ町という所に在った。師団司令部や工兵隊の建物は、今の岡山大学の構内に位置していて、現在陸上競技場や野球場や体育館や警察学校などに利用されている一角は、元はみな練兵場だったのだから、かなり広い土地を占めていた。そして工兵隊の作業場というのは、工兵隊の直ぐ裏にも在ったし、北側にある半田山と云う山の上も作業場の一つとして利用しておった。川の作業場は旭川の少し上流の方に在ったが、川は何処でも利用出来るから、先ず工兵を訓練する為には、川在り山在り作業場在りの好環境と言って良かった。また、ずっと北の方に行くと、日本原と云う素晴らしく大きな原っぱがあって、絶好の演習場になっていた。

この岡山時代は、盛んに演習を行ったものだが、中でも交通・渡河は工兵の重要任務の一つで僕の得意分野でもあるから、架橋演習に関連した話を少ししておこう。

河川に対する処の演習というものは、実際かなり有る。何しろ工兵は戦地で必要に応じて橋を架けなければならないのだから、様々な状況下での対処法を平素から十二分に研究しておかなければならない。従って、架橋演習に用いる川というのも種々必要となるのだ。で、当然旭川でも随分演習をした訳だが、ただ此の川は平生はあまり流れの強い所が無い。川が曲がっている関係上御城の付近の流れが一番強いのだが、作業場がある上流の方はそう強くはないのだ。しかしまた旭川というのは時々出水する川で、そうなると山が近いものだから、強い流れの素晴らしい川になる。そういう性格の川なのだ。その為に後に僕は此処で大失敗をしたのだが、兎も角平生は急流ではない。

そこで急流の架橋をやる為には、別の川に行く事になる訳だが、特に夏になると転地架橋演習という土地を変えての特別な架橋演習があって、広島の師団の時は錦帯橋で有名な岩国に行って急流の演習をしたものだが、岡山では和気《わけ》という所でこれをやった。和気というのは岡山の東方に位置しておって、確か和気清磨呂に縁故の有る土地だったと思うが、そこにはちゃんと架橋演習をやる為の廠舎《しょうしゃ》が在り、材料などもみなそこに置いてあって、夏になると交代で急流架橋の演習に行ったものだ。それでこれは一戸将軍が師団長の時の話なのだが、一戸さんが和気の演習を見に来られた事が有った。そこでの演習などというものは、非常な急流の中で錨を打って船を留めて、そこに桁などを置いて橋にしたりするのだから、船にしても橋にしても沢山の綱を使う。そして、もう危険を冒して一か八かでやる様な凄まじい演習だから、師団長がその凄まじさに引き込まれてしまって、到頭見ていた場所から飛び出して自らその錨の綱の一本を引っぱられた事を覚えている。師団長が思わず飛び出して来る位のヒヤッとする様な仕事をする訳なのだ。

それからこれは、確か明治四十三年位にあった工兵監の検閲の時の話だ。当時、特科の方には……特科と云うのは歩兵以外の騎、砲、工という特別の兵科を指すのだが……砲兵なら砲兵監、工兵なら工兵監という風に各々兵監という者が居って、これが各大隊を見て回り、個別的に大隊を指導・教育して技術の向上を図るという方法が採られていた。また、その時の隊の成績が人事にも繋がるという仕組みにもなっていた。

で、その当時の工兵監は、後に元帥になった上原勇作（参考甲8）と云う人であった。上原元帥は非常に優秀な人で、工兵出身だけれども、陸軍大臣もやり、参謀総長もやり、それから教育総監もやるという風で、まあ陸軍の三官衙《かんが》といえば、即ち軍政の陸軍省、作戦の参謀本部、それから教育の教育総監部を指すのだが、その三つの長を全て舐めた人物なのだ。上原元帥は工兵監の時は未だ少将だったけれども、当時から非常な勢力を持っていて、また鹿児島出身で大変に気分の強い人でもあったから、隊の成績が悪くて睨まれでもしたら大隊長くらい直ぐ首になってしまう。だから、検閲で隊に来られる時には、もう大隊長を始めとして皆大騒ぎで、それこそ血眼になって準備をする訳なのだ。で、隊長の渡辺兼二さんは、陸軍大学で恩賜まで貰っている位で自身非常に優秀でもあるし、また技術方面の教育を司る工兵監部に居って兵監の直ぐ下で働いた経験も有ったから上原さんを良く承知しているのだけれども、それでも矢張り兵監が来られるとなれば、本当に一生懸命になる。

そして工兵監がみえると、大概三日位連続で演習を視察される事になるけれども、その間の二晩というものは殆ど寝れない位問題が出る。昼間演習を見てから、夜になると将校を集めて問題が出る訳なのだ。そしてその答解は、明朝午前二時に出せという事で、それを出したら今度はまた翌日の検閲の科目が出る訳だ。そういう具合だから、殆ど二晩位は眠れないのだね。それが一般的な慣習になっていた。それでその時の検閲は、作業軍紀に重きを置くと、作業軍紀というのは詰まり一般の動作が全て命令によって規則正しく動くという様な事なのだが、それが目標でみえるという事が内々分かったので、それを重点にして訓練は重ねて居ったんだ。

で、その時に僕は第一中隊の中隊附将校で、渡河の、橋を架ける演習で検閲を受けた訳なのだが、僕が指揮官として行う演習は、「応用材料をもってする架橋」というものだった。架橋には、定式のちゃんと決まった材料、これは戦地にもズルズル持って行く物だが、それで橋を架けるのと、応用の材料でやるのと二通り有る。それから応用架橋にも杭を打ってそれを橋脚とするのと、予《あらかじ》め橋脚の型を組んでそれを川に据えて橋を架ける方法の二通りが有るのだ。で、僕は応用材料を用いた型組方式の架橋で検閲を受けた。

この架橋方法というのは、先ず、門橋《もんきょう》と云うが船を二つ並べてその間に板を敷いて門の様な形の双胴船を造り、それを運搬船とする。それで今言った組物を運んではコトンと落とし、直ちに桁を渡してその上にずーっと板を敷く。これを逐次繰り返しながら橋を架ける訳だ。そしてその時は六橋節だったか、六つ橋脚を置いた橋を造った。そうした所が、水が段々段々増えて来てね、杭を打つ方ならまだ良いのだけれども、そういう風な組物をホッと置いて桁を張っただけの橋は構造上それ程強靱ではないし、第一水の流れが余り急だと船の操作自体が巧く行かない訳なんだ。所が生憎《あいにく》段々段々水が増えて来て、これはどうかなァと思う位だったのだけれども、何しろ訓練ばっかりしとって相当練度が上がっていたから、その作業そのものも非常に順調に行った訳なのだ。それから作業軍紀の方も、例えば兵隊が場所を移動する場合でも、あるいは材料を運ぶ場合でも、サッと腕を上げて必ず駆け足の姿勢で並んで行くという事を厳しく実行した。それは口で言えば何でも無いように聞こえるかもしれないが、中々それが出来ないのだよ。作業というものは種々な動作があるから、軍紀正しくやれば良い事は分かっていても、「オイお前一寸杭を持って来い。」という事になってしまうんだ。だから技術上の練度が上がって初めてそれが出来る訳なのだ。それでその作業軍紀の方も、一糸乱れず非常に調子良く行った訳なのだ。

そうしたものだから、兵監にすっかり気に入られてしまってね。演習後の講評の時には、「今中中尉の指揮による架橋の進歩は期して待つべし。」という講評まで受けたのだ。そんな講評というものは滅多に有りはしない。もう兵監がそんなに褒めるというのは滅多に無い事なのだよ。それ位上手く行った訳なんだ。何しろその講評の良し悪しによって隊の価値というものが決まるのだから、大隊長の渡辺兼二さんも非常に喜んだよ。

まあそういう風に、僕は隊附としては一生懸命他人に負けずに遣ったから、大隊長としては砲工学校からも早く帰ってほしいという気持ちが有ったのだ。個人の事を考えれば、高等科に残った方が将来の出世にも関係するし良いのだけれど、しかし先ず自分の隊の成績を上げなければならん。それには訓練の上手な将校が居なくてはいけない訳だ。だから個人の事も考えない事もないけど、矢張り自分の進級という事になるとまた別で、そんなものなのだね。

明治43年５月10日撮影。

それからこれは演習地の思い出だが、一旦和気に行くと、そこにはかなり長い期間居る事になるから、その間に日曜等の休暇が有る。それでその時には、兵隊や他の若い将校などは、皆和気の町に散歩に出たり方々に遊びに行ったりするけれども、そういう所はまた兵隊相手の淫売式の商売があったりして、中々風紀の悪いものなのだ。それで僕はどうして居ったかというと、休暇は何時でも川で魚を獲っていた。それは釣ではなく網で獲るのだが、小さな奇麗な魚が随分獲れるのよ。それから雨でも降ると、一寸した溝の様な所でも鮒をはじめとして色々なものが獲れる。それで、それを持って帰って兵隊に料理させたり、或いは自分で串に刺して焼いて酢醤油を付けて食べると、みんな生きた魚ばかりだからとても美味しいの。だから僕の休日は何時もそれで、そして酒を飲んでは慰労にして居った。まあそういう事も思い出す。

また、もう一つ演習場関連の話をすると、岡山の北に日本原という大きな演習場が在り、そこには矢張り野営の廠舎も有って、一年に一回位は演習に行く。で、岡山から日本原迄はずーっと行軍で行くのだが、行程上何時でも津山に一泊する事になるのだ。その津山という所は、津山城という御城もあるし、昔後醍醐天皇が隠岐に流された時には、例の児島高徳が桜の木に「天勾践《こうせん》を空しゅうする莫《なか》れ、ときに范蠡《はんれい》なきにしも非ず。」の慰めの歌を刻んだ所だ。それで前にも言った様に、当時は皆民家に分宿したのだが、何しろ新設師団だから始めの内はとてもサービスが良くて、皆喜んで通って行ったものなのだ。所が、日本原には師団の他の兵科の者も皆演習に行くので、津山は次から次へと何時も兵隊に宿を提供しなければならない。それで到頭津山の町全体が遣り切れなくなって、段々待遇が悪くなった事を覚えている。

それともう一つ、演習地で思い出した事が有る。これも僕が中尉の時だけれども、偶々《たまたま》僕の実家と同じ岩本と云う名前の兵隊が居った。彼は、確か喇叭《ラッパ》手だったと思うが、喧嘩が強くて負けたことが無いという荒っぽい男で、大概日曜に外出すると、他の兵科の兵隊と喧嘩して散々に暴れ回るものだから、何時でも憲兵から引っ張られる。もう日曜の後は何時でも憲兵が調べに来る程だった。それでその岩本と云うのは、実に無邪気な良い処もある兵隊なのだけれど、何としても無茶な男だから、例えば兵営の正門の所には衛兵が集まる衛兵所というのが在って、ちゃんと歩哨が就いているのだが、どうかすると剣も吊らずに平気でその前を通って外に遊びに行く。それで歩哨が「イワモト！」と制止しても、「お前なんかに捕まるものか。」と悪態をついてサッサと逃げて行くという始末なのだ。そして外で遊び回って最後は憲兵が連れて来るといった様な、もう手にも何も負えない男だった。それで僕は何とかしてこれを真人間にしてやろうと思って、その兵隊に対しては随分力を入れて居ったのだ。だから彼が営倉に入れられた時、わざわざ夜中にそこまで行って種々話をしてやった事が何回有ったか分からない。それ位可愛がりもしたものだから、彼も僕をすっかり信頼して、他の人の言う事は聞かないけれど僕の言う事だけは聞くようになった。

それが或る時、僕が演習に行くので、「お前、今度は必ず喧嘩しちゃあいかんぞ。」と言い置いて出掛けたのだが、留守中に矢張り喧嘩で相手をひどく傷付けたものだから、到頭軍法会議に回されて監獄に入った。それが監獄から出て来た時、僕は丁度演習に行っていたのだが、僕にあれ程言われていたのに申し訳ないというので、多分日曜か何かだったのだろう、酒一升を下げて演習場までわざわざ遣って来た。で、向こうはそうやって来たけれども、僕はわざと「今、俺は都合が有るから待っとれ。」と言って一時間程待たしたのだ。そうしたらその間も畏まって待っていたよ。それからまあ散々叱ったり賺《すか》したりしたのだが、「俺があれ程お前に注意したにもかかわらず、どうしてやったか。」と言ったら、「申し訳ありません。その御詫びに酒を一本持って来ました。」と言うから、それじゃあ折角だから一緒に飲もうという訳で、その御酒を共に飲んで戒めて帰した事がある。

で、あの当時兵役は三年だったけれども、監獄に入ると除隊が半年ばかり延期になるから、彼もそうなった。彼は半分豪傑肌で本当に手に負えない男だったが、僕の前ではおとなしくして居ったし、喇叭だけはとても上手だった。まあそういう事も兵隊教育の内にはあって、今に覚えている事だ。

僕の隊附中尉というのはそれ程長くなく、チョコチョコとしか遣らなかったけれど、先ず仕事だけは熱心に真面目に務めたので、大隊長には大概良く見られて非常に可愛がられた。そして一年半程して、今度は陸軍砲工学校の副官になったのだ。

七．初の副官業務と明治の終焉、結婚（陸軍砲工学校副官）

明治四十四年二月八日付けで陸軍砲工学校副官になり、養母と共に再び東京に出た。この副官業務は結局五年間も続く事になったのだが、まず僕ぐらい長く同じ学校の副官をやった人は無いと思う。砲工学校の副官とは、所謂学校運営上の事務全般を司《つかさど》るもので、種々な日常の業務や全ての書類などについて校長の命を受けて処置する訳だ。詰まり校長の仕事を事務的に実行に移す者と言って良い。で、砲工学校には大尉副官と中尉副官との二人の副官が居って、大尉副官は高級副官として副官業務の全てを統括し、また中尉副官は次級副官として学業の方の全ての仕事を司る。従って、中尉副官は学務副官とも云うのだが、僕は中尉だから学務副官の方を勤めた。

学務副官の主な仕事というのは学生の監督にあって、教官というのは唯教えるだけだから、学生の取締りなどは全て副官がやっていた。

それから成績の管理、これも責任が重いので学務副官の仕事になる。砲工学校の授業には種々な科目が有るが、科目の重要度に応じて点数に掛ける係数が違う。因に当時語学などは一番係数が少なかった。というのは、外国語を習ってもそれを何に活用するかとなると、殆ど活用も何もしないで終わる事が多かった為だ。兎も角、そういう係数を掛けながら各科の得点を算出し、総合点を成績として管理する訳だ。

それから、学務施設の管理、例えば学校には文庫が在って、それらを管轄するのも学務副官だった。従って、文庫には何処にどういう本や書類が在るかをみんな覚えていた。それはもう、文庫で分からない事が有ったら今中副官の所に行けば直ぐ分かると言われる位覚えとったね。それから思い出すのは、文庫には学生がマントを掛けたり刀を掛けたりする決まった場所があるのだが、学課が済んで学生も帰った後見回ってみると、必ず指揮刀が二～三本残ってる。まあ偉そうに武士の魂だなんて言うけれども、刀を忘れているんだ。と言うのも、兎に角学校では皆勉強して少しでも良い成績を取ろうとするから、学問の事ばかり考えとって帰る時には忘れてしまうのだね。実際、学生の多くは下宿で一人暮らしだから、勉強に没頭して二年間布団を片付けた事が無いという将校まで居た。これは石井という有名な学生で、員外学生で東大に行ったけれど、東大でも矢張り一番だった。

しかし、そういう学生が居る一方ではだらしの無い学生も居って、未だ若いから遊びには行くし、借金をして首が回らなくなるのも居る。更に、学校にも出ないで遊び歩いている様なのも居ったから、そういうのを監督したり、呼んでお説教するような事は日常的に行っていた。


それから、前にも言った様に、砲工学校は純然学問をする学校だから技術の実施はしないけれど、しかし実地を考慮しての研究というものは当然有る。例えば要塞についての研究なら、如何なる場所に如何なる種類のものをどういう風に配置するか、その構築はどの様な方法を以てするかという様な事を研究する訳だが、そういうのは学校で十分に勉強するけれども、矢張りそれを現地に移した場合の研究も必要になる。それから戦術。これは軍人である以上全ての根本になる重要科目だから机上で大いに学ぶけれども、しかし唯の空論で終わってはいけないので、現地での研究が欠かせない。これは「現地戦術」と云うのだが、要塞の勉強をする場合にも、戦術と一緒になって種々の判断をしながら研究する。そういう研究は現地でやる訳だ。だから、砲工学校でも学問的演習というのはあった訳なのだ。

それから、砲工学校は一つの技術学校だから、例えば砲兵は大砲という物を学問的によく知らなければならない。そこで八幡の製鉄所などに行って、一体鉄というのはどういう風に造られるのか、鋼はどの様に造ってその性格はどうかという様な事も見学して研究する。工兵ならば、工兵として必要な種々の技術的研究をする為に、矢張り民間組織を見学に行くという事がある訳なのだ。

だから、砲工学校の副官の時にはそういう演習や見学で外に出る事が割合に多かったし、また校長に随行して方々に行く事も多かった。高級副官の方は、日常の事務が有ってそうそう外には出難い。行きたくても行けない様になっている。そこで次級副官が校長に付く事になるのだが、唯校長などというのは、非常に我儘な人も居るしおとなしい人も居て様々だから、校長の気質や性格を良く飲み込んでいないと、中々うまく勤め難いものなのだ。

で、僕が副官になって行った時の校長は、中村愛三（参考甲9）といって種々の意味で有名な人物だった。中村愛三さんは校長の時少将だったけれども、まあその当時の少将だから後の中将位には十分相当するだろう、兎も角日露戦争の時には軍工兵部長を勤めた人なのだ。軍工兵部長といえば、その軍の工兵を全部統率し指導する立場だから、相当に優秀でなければ勤まらない。そこで、普通であれば陸軍大学を出た人がやるのだけれども、中村愛三という人は、陸軍大学には行っていないにも拘らず頭の鋭さを買われてその地位に立った程だった。だから、砲工学校には陸軍大学を出た天保の教官が砲兵にも工兵にも四～五名ずつ居ったけれども、学生を教官が指導した後に行う講評の時など、中村校長からもう糞味噌に言われてしまう。兎に角、少々の陸大出など歯牙にも掛けない位頭脳明晰で、それで先ず有名だった。

但し中村愛三は我儘者としてもまた有名であって、実は前任の副官が到頭勤まらず他の部署に異動した為に、僕が後がまに据えられたという経緯があったのだ。で、今頃では一寸想像も出来ない事だろうから、その我儘の例を一つ挙げてみると、当時校長が演習などで地方に行った時には、旅館に泊まるか、適当な旅館がない時には民家に頼んで宿舎にするのが普通で、これは民家に泊まった時の話だが、校長が泊まるような家は民家としても立派な方だから、玄関が少し高い段になっておったのだ。勿論そういう所は奇麗に手入れされてツヤツヤしている。所が中村校長は、まるで普通の階段でも上るように土足の儘平気でスッスッと揚がって行くのだ。何故かと言うと、校長は自宅では全て洋式で遣っておるからで、そうなると他人の日本家屋であろうとそれ流でどんどん平気で揚がるんだ。だからもう別当は慌てて長靴を脱がす訳だよ。そういう風に我儘というか、一事が万事平気で自分流を押し通す人だから、皆冷や冷やしとるし、副官は何をしとるかと思われる。教官辺りからも校長の遣り方に対する何とはなしの不満が出て、それがどっちに来るかというと副官の方に来るのだから、困るには随分困った。

兎も角、僕にしても未だ中尉のピイピイで副官勤務も初めての経験だから、初めの内は本当に一寸どういう風にして良いか分からなくて、それは随分気を使ったものだ。だけども段々慣れて来ると、ああまたアレかと割合平気になった。例えばこれも初めの頃だけれど、或る民家に泊まった時、急に「オイ副官、この家は酒が有るだろうか。」とこう言われるのだ。僕にはどういう意味やら解らないんだね。そこで「サーァ、酒位は有るでしょう。」と答えたら、「そうではない、酒を出すように命ずるんだ！」という事なんだ。だからそういう方面でも副官というのはかなり苦労する場合がある訳だが、しかしそういう公務以外の事は考え様によっては何でもない事で、神経が細いと大変かもしれないが、僕は割合に平気だった。そして僕はどういう具合か中村愛三さんにもかなり可愛がられて、これは断った話だけれども、自分の親戚と結婚しないかという事まで言われた位だ。それに、校長の家には用事で行く事も遊びに行く事も有ったけれど、行けば行ったで非常に持て成してくれる人でもあった。

また中村愛三という人は経済方面にも非常に頭の働く人で、例えば土地にしても、将来はこういう様に発展するんだという事を見越して、安い内に思い切って買う。それでそこの値が上がると売り飛ばして、一儲けしてまた一寸田舎の方に行って土地を買う。そういう方面にもかなり頭の鋭い人だった。だからあの当時でも校長の屋敷というのは二千坪位あった。何時でも二千坪位はあったね。それで閑静な所に建てるのだし、二千坪というと家だけではどうにもならないから、その屋敷の中に地形を利用した庭らしいものを造って、端の方に林を作ったり、或いは竹林を作ったりして、平素剪定《せんてい》などを楽しむといった様なところも有った。

中村愛三さんは、しかしそういう自儘な性格が災いしたのだろう、最後は割合に出世しないで、少将で辞めた（ママ）。まあ僕も中村校長に仕えたのはそう長い期間ではなかったけれども、それでも一年位仕えたか、兎も角中村愛三さんの副官が勤まれば、何処でも副官は勤まると言われる位の、評判の人だった。

さて、勤務の話はそれ位にして少し周辺の話をすると、副官時代、僕の住まいは若松町に在った。この家は、士官学校同期の友で後に自害した八木という男の叔父さんが大家さんだった。また、隣にはその大家さんの兄弟、即ち八木のもう一人の叔父さんの家があって、その人は当時の陸軍少将で日本刀剣会の会長をしておった。そういう関係でよく遊びに来い々々と言われたが、行っても刀剣の話ばかりでね、僕は刀に特別の趣味がある方ではないからよく解らなかった。それから、その叔父さんはまた非常に盆栽の好きな人で、大きな家で庭も広いから、椿の種々な種類を切っては挿木にして、花を奇麗に咲かせる独特の技能を持っている人だった。

で、僕はその家から学校に通っていた訳だが、若松町だから砲工学校は近いのだけれども、それでも矢張り馬に乗って出勤しおったし、帰るのにも馬に乗って帰りおった。そして当時はもう別当制度は無くなっていたのだが、学校は軍隊ではないから当番を勤めるべき兵隊が居ない。そこで学校に居る間は矢張り別当が付いた。そして馬は自宅で飼うのではなくて、学校で飼っていて毎朝別当が馬を連れて来ておった。

それで面白いのは、あれは何年だったか、三年か四年同じ馬に乗っているとその馬をくれるのだ。で、僕は何しろ五年も居ったから、その間に馬を一頭貰ったよ。そして馬を沢山飼っている関係で砲工学校には獣医が居ったのだが、貰った馬を獣医の世話で叩き売って、その金で何やらした事を覚えている。何しろ自分の馬になるのだから、売っても良いし、自由になる訳なのだ。勿論貰った馬に乗り続けても良いのだが、新しい馬がまた来るのだから余分に持っていても仕様がない。そういう風に、初めの内は御上のものだけれども、何年か経つと自分のものになるのという、何だか妙な軍馬の制度が有った。

しかし今から考えてみると、天皇陛下辺ですら馬車をお使いだった時代なのだから、全く馬の世の中と言っても良かった。陛下が自動車で御歩きになるようになったのは何時頃からだろうか、始めの頃は奇麗な二頭引きの馬車だった。だから自動車などはそれはもう珍しいもので、高級副官が「今日は陸軍省の車が来るから、今中君一つ乗らないか。」と言えば、「ハイハイ、乗せてもらいましょう。」と喜んで乗るという具合だった。しかし乗るといっても乗用車ではない、貨物自動車で運転手の横に乗って行くのがとても楽しみだったのだからね。未だこの頃はそれ位自動車自体が珍しかったのだ。

さて、この砲工学校で副官を遣っていた時に明治が終わった。明治四十五年の夏に、明治天皇が御隠れになって、明治時代が終わったのだ。

天皇陛下は士官学校には必ず行幸があるから、僕も明治天皇を士官学校生徒の時に拝したことがある。あとは大演習の時に、矢張り明治天皇を拝した様に思う。明治天皇というのは、僕らが拝した頃は大変肥えておられて、刀を杖代わりに突きながら、ヨチヨチ々々と御歩きになった。そして御顔はというと、恐い恐い御顔で、もうとても普通の人間とは思えない、何か恐い神様の様な感じの御方だった。

で、明治天皇が亡くなられた時には、僕は未だ御大葬の委員には成れなかったが、その補助官というのにはなった。そして種々な行事に参加した訳だが、その中で一番記憶に残っているのは、僕が葬列に入る人の順番を読み上げる役を遣った事だ。僕が「侯爵誰の誰」と呼ぶと、その順に並んで来られる、その呼び役を務めたのだ。また呼び役ばかりでなく、それが済んだら直ぐ葬儀の列の両脇に付く。葬列には、一つに警戒の意味もあるのだろう、将校が或る距離を置いてずーっと並ぶ。そして、夜だからぽつぽつと両脇に並んでいる僕ら将校が皆提灯を持って、威儀を正しながら警戒をしながら陛下の亡骸の御供をして歩いたのだ。兎に角天皇陛下の御葬儀だから盛大なものだったが、しかしあの時は夏で、暑い時に正装だからもう暑い暑い、夜とはいうものの兎に角暑かった事を覚えている。

それで御大葬が終わった後一年間というものは、もう芝居も何も全部停止、そういう歌舞音曲という様なものは全部禁止になった。

所が、その諒闇《りょうあん》中に僕の婚姻の話が進んだのだ。

僕は見合いというのは殆どしなかったけれども、御祖母（オバア）ちゃまとの話は工兵第十七大隊の将校で僕の信頼する先輩が持って来たものだ。その先輩の家と御祖母ちゃまの実家の小林家とは、前にも言った官舎風の建物が並んでいる岡山の大和町で近所同士だったので、自然娘の事を頼むという様な話も出たのだろう。しかしこの話が起こったのは僕が東京に来た後の事だから、僕としてもその時に直接御祖母ちゃまの顔を見知っていた訳ではない。だけれども、まあ何処にどういう娘が居る

小林むつ。見合写真であったらしい。

ということは自然に多少の感覚が有って、大和町でどちらも薄々程度は知っていた様に思う。で、当時でも結婚となると、誰か世話をする者が居って、見合いをして、それから決まるのが普通だったけれど、東京と岡山で遠いから、そういう事は全然やらなかった。そんな訳だから別に親が決めた訳でもなんでもない、唯先輩がどうかと言うので、写真の取り交わし位をやったに過ぎないのだ。だから婚前の交際というものは全然無いし、また当時はそういう習慣もなかった。

で、小林家というのは代々の医者で、維新前は御殿医を務めていたという事だが、小林の御父さん自身も当時中佐の軍医で、第十七師団の衛戍病院長をして居った。尤も軍医の階級の呼び方は一般兵科と異なり、尉官は一等軍医・二等軍医・三等軍医という風に言うし、佐官は軍医正《ぐんいしょう》という。小林の御父さんは、中佐に相当する陸軍一等軍医正だった。それで御祖母ちゃまは、その小林家の長女だった訳だが、十八歳で女学校を卒業したばかりだから当時としても若い方だし、どちらかと言うと器量も良い方で、また、小林の御父さんはうるさ型の方だから、かなり厳しく教育を受けているという事は予想出来た。だから僕としては比較的気に入って話を決めた。そして諒闇中の結婚になるので、校長の所にも「結婚しても良いでしょうか。」と伺いを立てた処、「それは問題が違うのだから良い。しかし成る可く簡素にやれ。」という事で御許しを得た。此方としては簡素な方が金が掛からないから、却《かえ》って好都合だった。そういう訳で大正元年の十一月だったか、小林むつ即ち御祖母ちゃまと結婚した。式そのものはほんの主な親戚が集まっただけで、御祖母ちゃまの方の親戚としては小林の御母さんと、あとは御母さんの兄弟として横浜の牧内（マキウチ）と云うのと、小山と云うのが来た。僕の方は廣島から岩本の御父さんが出て来て、あと今中の義母は一緒に住んでいたから無論居ったし、その他親戚が二名位来たか、兎も角小人数の親戚が集まっただけだ。そして当時としては普通の事だったけれど、所謂式は自分の家で行った。中尉の家だから粗末な小さい家だけれども、親戚が並ぶ中で、神主も何もなく、式は媒酌人が進行の指揮をして遣りおった様に記憶している。ただ三々九度や媒酌の杯などを運ぶのは、そういう事をやる人が居って、それは料理屋とか何とかではない何処かの娘がやる訳なのだ。そこで杯を交換して、それでもう式は終わりだ。

結婚記念写真。

　それでも披露宴は一応九段の偕行社《かいこうしゃ》（資料乙21）でやった。当時、将校の結婚式や披露宴は殆ど偕行社で、今頃の様に豪壮な所でやるという事は、特別な人を除いて滅多に無かった。偕行社というのは、将校の親睦や扶助を目的とした所だから、兎に角結婚式場もあれば、その他の会食所もあるし、軍服も作るという具合で、何もかもみなそこで間に合う様になっている。しかも安くて好い所でやっているから、殆ど誰の結婚でも偕行社だった。それで式が済んだ後、若松町の家から偕行社に向かったのだが、十一月の寒い寒い日で、しかもかなり距離があるところを人力で行くのだから、震えながら行った様な事だ。僕もその時だけは車で行った様な気がするが、偕行社に着いたのは夜になったと思ったね。そして諒闇中だから、同じ副官をしておっても高級副官も呼ばないし、外の関係の人は一切呼ばず、僅か二〇名位が集まっただけだ。そして御馳走は普通にちゃんとした物が出たけれど、しかし所謂歌舞音曲というものは勿論遣る事も出来ないし許可にもならないのだから、唯簡単な披露宴を内々で行っただけだ。それからあの当時には新婚旅行などというものは一般の人は遣らない。そういう習慣自体が無かったのだから、当然僕も行かなかった。

まあそういう風に、砲工学校副官の時に時代は明治から大正に変わり、また僕自身も家庭を持って、今度は中隊長になって第十七師団に帰った訳なのだ。

八．工兵第十七大隊中隊長

（一）初の外地勤務・行軍・危うく遭難を免れて（遼陽）

砲工学校副官の時進級して大正五年十一月十五日付けで工兵大尉となった。少尉から中尉には僅か二年でなったけれども、中尉から大尉になるのはずーっと遅れて八年も掛かった訳だから、中尉は随分長かった。そして中尉で実質的に中隊長の勤務をする人もあるけれども、大尉になれば皆中隊長だから、僕も工兵第十七大隊の中隊長を拝命した。

さてそこで赴任という事になるのだが、当時第十七師団は満洲の遼陽で守備の任に就いていて（参考乙22）岡山は留守隊が居るだけなので、僕は遼陽の方に行かなければならない。しかも外地での守備任務だから単身の赴任になる。従って直ちに出発という事は中々出来なくて、暫くは自分の家の片付けに時間を割いた。

その頃僕の家は、既に義母が大正四年に亡くなっていて、御祖母ちゃまと三歳程になった長男の二人だけだったから、これは御祖母ちゃまの母親の妹の嫁ぎ先である牧内（マキウチ）家に頼んで預けることにした。牧内は、当時横浜で横浜毎朝新聞という新聞社を起こしてその社主であった。また、もう一つ上の叔母の嫁ぎ先である小山という家も貿易商をやっていたから、まあどちらかと言うと皆生活は豊かな方で、人を預かる位何でもなかったし、勿論僕も俸給を入れるのだから訳なく引き受けてくれた。その様に自分の家の始末を付けて、第十七師団の駐屯地である遼陽に向かって出発したのは、もう十二月の初め頃になっていたと思う。で、行く時には、門脇と云う少尉と一緒に行った。

門脇少尉は、元から工兵第十七大隊に居った人で極懇意でもあったし、丁度彼は砲工学校を卒業して自分の隊に帰るところだったから、「それじゃあ一緒に行こうじゃあないか。」という訳で同行したのだ。まあ僕も一人より二人の方が良いし、殊に一方は少尉で何でも此方の言う事を聞いてくれるから、僕としては好都合だった。

当時、満洲に行くのには、先ず船で遼東半島先端の大連に行って、そこから鉄道で満洲各地に向かうのが普通だった。大連というのは大きな立派な港であるし、満洲全体が日本の謂わば植民地であった時代には、満洲と内地とを結ぶ重要路線の玄関口であったから、大連というともう日本人ばかり随分居った。

それで我々も確か下関からだったか客船に乗って、今頃はそんなに掛からない筈だが洋上二日程掛かるコースで大連へ向かった。で、当時将校が民間の交通機関を利用する時は三等は使わない事になっていたので、一等だったか二等だったか、兎も角御客さんとしては良い部類の部屋を取っていたから、乗船してみてこれは良いなァと思ったよ。それから今頃はそうではないかも知れないけど、ああいう船に乗ると、食事は何を食べてもそれが為の別料金は要らない。当時の船の料金体系は、旅費の中に全ての費用が組み込まれていて、好きな物を注文すれば何でも持って来るし、御酒だって幾らでも出してくれる。兎も角ああいう大きなコースを往復する船は、客室は立派だし、食べ物にしても素晴らしく高級な品が出て、実に扱いが良かった。で、食事の時には余りにも珍しい高級料理ばかりだから、門脇も僕もメニューを見てもどういう物かよく分からない。そこで二人でボーイに聞いては注文したのだが、食べてみると成程美味しいもの揃いなので、もう鱈腹《たらふく》食べて鱈腹飲んで好い気分で居ったんだ。

所が、翌日になってみると海がひどく荒れてねェ。それはもう荒れるも荒れる大荒れで、船は前後は無論の事左右にもひどくローリングして、もうすっかり参ってしまった。それであの時乗客が何人位居たか、矢張り二百人位居たのではないかと思うけれども、兎も角全部の客がグデングデンに酔ッパラってしまったのだ。その船は、あの当時としてはそれ程小さい方ではない。しかし、大きな波が襲いかかって来るから本当に木の葉の如く揺れて、門脇少尉もすっかり酔ってしまうし、僕は門脇以上に参って苦しくて苦しくて仕様がない。何しろ揚げるものは全部揚げて、胃の中何にも無くなっているから余計に苦しいのだ。それで、どうにかしてその状態を凌ごうと思って甲板に上がったけれども、波は高いしひどく揺れるものだから、何かに摑まっていなければ危なくて仕様がない。しかしまた何か動いていなければ益々酔いがひどく感ずるから、今考えれば随分気違いじみた遣り方だと思うけれども、船首が上がる時には手摺沿いに船首に向かって走って行く、船尾が上がった時にはまた反対に走って行くという事をやっていた。そうやってしょっちゅう動いていない事にはとても体がもたない位に苦しんだのだ。その時に、もう名前は忘れたけれども満鉄総裁が乗って居られて、後でボーイに聞いたら、「総裁だけが酔わずに、食事も続けて居られました。」という事だった。他は一人残らず食事も何も出来ないのだ。乗った当日はとても良かったのだけれども、船とはこんなに苦しいものかと思う位だった。そうして、ほうほうの態で漸く大連に着いたのが、翌日の夕方だった。所が、これは飛行機もそうだけれども、陸の上に揚がると途端に治るのだから、乗り物酔いというものは実に不思議なものだ。

さて、大連では旅館なども予《あらかじ》め聞いておったから、旅館に行って夕食を食べ風呂にも入って一息付いたのだが、その時の大連の気温というのが零下一六度だったか一七度だったかで、それはとっても寒いのだ。まあ内地から初めて満洲に行ったのだから、防寒服などは相当に準備して居ったのだけれども、それでも寒くて寒くて仕様がない。しかし、その翌日は直ぐまた汽車に乗って遼陽へ向かって発つ予定だったので、折角だから大連の街を一寸見物しようという事になって、あの寒い日に二人でブルブル震えながら街に出てみた。それで夕方だから街の様子などよく分からなかったけれど、唯所々に飲食店が在るし、二人共御酒は好きな方だから、日本人の店に一寸入ってみた。その時に驚いたのは、その店では一升徳利そのものを燗してあって、そこからコップに酒を注いでくれる訳なのだ。その当時でも一升徳利の儘《まま》出す店は余り無かったから、それがとても珍しくて、しかも寒いものだからとても美味しくてね。それを数盃飲んで、大連の話を聞いたりしてから宿に帰ったのだ。大連の街は、その時は車に乗って回った訳でもないし、その程度の所しか行けなかったけれども、大陸での第一夜をまずその様に過ごして、翌日はその儘遼陽へ向かって汽車で行った訳なのだ。

満鉄というのは、乗ってみると列車のレール幅が内地よりは広いから、客車そのものもゆったりしている。日本のレール幅は当時三尺六寸だったか、従って日本の車輌は何となく小柄だけれど、満洲のは幅が広い分ゆったりしていた。それからもうあの当時でも展望車が付いているような汽車で、勿論僕らは将校として二等に乗るから、船と同じで全ての扱いが良かった。

所で、当時軍人は運賃がみな半額だった事を知っているだろうか。それは切符を買う時に証明書の様な物を使うのだけれど、内地でも何処でも軍人は半額なのだ。また兵隊でも公務で行動する時には半額になる。所が、貰う旅費というのは半額ではなくて全額支給されるのだ。だから、貰った旅費も相当に余って御土産位たっぷり買えるので、誰でも旅行をすることは非常に好んだものだ。特に赴任する時などは、家族も確か半額は貰ったと思ったから、平生ピイピイで暮らしとっても、その時だけは少し裕福な旅行が出来る。それで赴任と言うと家族の皆が喜ぶのが普通だった。

まあそのようにして愈々《いよいよ》遼陽に着いたのだが、僕は中隊長だし門脇も中隊附で行ったのだから、中隊の将校は勿論迎えに来るし、当番なども来てサービス良く種々世話をしてくれ、歓迎されながら遼陽の兵営に入った。

遼陽の兵営というのは、兵隊の方は内地の兵舎と同じ様だけれども、将校の方は官舎風の建物がポツンポツンと兵営内に出来ているところが内地とは異なっていた。そして、その屋内には大きなペイチカが有って、そこで石炭を焚いてはあたっている訳なのだ。何しろ僕らが赴任したのは十二月で、遼陽では零下二〇度位にはなるから、ペイチカのような設備が無ければどうにもならない。それから食事だが、兵隊は普通の軍隊生活と同じだから良いけれども、将校の方は平生の生活拠点である家庭から離れているのだから不自由だし、そうかといって自炊も中々出来ない。そこで、外地では兵隊の方で将校用の食事を作ってくれる様になっている。で、将校でも兵食を食べていれば只だけれども、将校用の食事をとる場合には将校は自前主義が基本だから或る程度の金を支払う事になっている。それからもう一つには、将校集会所も在るから、そこで食事すればちゃんと御膳で持って来てくれた。これは内地と同じだ。

裏書に大正六年一月五日於遼陽写之とある。

遼陽の兵営における食・住というのは大体そういう風だが、何しろ昼の訓練が終わると夕方からはぐんぐん気温が下がるから、誰か話し相手があって酒でも飲んでいなければ寒くて仕様がない。またそうでない者は、家族の所に帰る訳でもないので、料理屋などに遊びに行ったりするのだ。だから満洲辺りには、将校辺りをあてにした料理屋とか小料理屋などが沢山あった。で、これは始めからそういう風に聞いておったけれども、満洲の駐屯というのは大概二年だから、どうしてもそういう所に行って遊んで金を使ってしまう将校が多いのだ。大体こういう時の俸給というのは四割増しになるから、留守宅の方でいつもの俸給を貰って、四割の方を自分の生活費にしたりする。そういう方法を取る者が結構居て、僕もそうして居った。しかし、若い将校などは全部の金を使ってしまい、ピイピイになって借金までして帰るというのが多かった。

それで僕が赴任した時というのは、第十七師団が満洲の守備に就いて既に一年半程経過しており残りもあと僅かだったから、門脇と僕は、二人だけは料理屋には一切行くまいという約束をして、約束を破ったら承知しないぞという事で、互いに監視しておったのだ。無論公式の会食とかいう時には料理屋にも行くけれども、そういう時は大して金は要らない。唯毎晩々々遊びに行くとうんと金が掛かる訳だ。だから料理屋等には一切行かないで、その代わりに毎晩二人で飲もうじゃあないかという約束をして、時々は中隊附の将校を呼んで一緒に飲んだりして居った。と言うのも、僕は中隊長として、料理屋に入り浸るという様なだらしの無い生活をしている者を監督しなければならん立場に居った事も一つあったからだ。

実際だらしが無いと言えばこういう事もあった。それは軍隊には週番という制度があって、点呼の時には週番将校が各兵舎を巡視して、人数がちゃんと居るかどうかを調べる訳だが、それを統括する司令、週番司令というのは責任がある立場だから大概中隊長の大尉が勤める。これは内地でもそうだし外地に行っても同じだ。しかし中隊長だけでは人数が足りないので、実際は古参中尉くらいは司令になっていた。それでそういう勤務に就いている時には勿論遊びに行く事など出来ない。所が、或る古参中尉が週番司令になっていたにも拘らず、遊ぶ方に夢中になって内証で外出したのだ。それを見付けたものだから、僕もその男に対してはそれはひどく叱った事が有った。もうそれが判ったら、勤務を怠ったという事で極めて罰が重いからね。そういう風に、警備で満洲に行って居ても、遊ぶ方に夢中になってだらし無くなる者が矢張り出るのだ。

まあ兎も角、僕と門脇は、二年もとなると一寸苦しいかもしれないけども、半年間我慢すれば良いのだからという事で、料理屋には一切行かないと決めて、到頭その規則だけはお互い守った訳なのだ。

さて兵営生活の話はそれ位だが、遼陽に居った半年間は、行軍にも随分よく行った。と言うのも、行軍というのは何処の軍隊でも大事な行事であるし、また一つには行軍によってその土地を見るという事もあるからなのだ。

それで行ってみると、先ず驚かされるのは満洲人の体格の良さだ。兎に角大きな体格で、しかも「弁髪」と云って髪を長く生やして後ろで一本に編んで垂らしている。僕らが満洲に行った頃には弁髪が未だ多く、特に田舎の方に行けば大概それだった。で、大きな体に弁髪だから、一寸見ると如何にも大人《たいじん》風で、寧ろ此方が引け目を感じる位だ。しかし頭の中身の方はというと、ボヤーとしていて少々の細かい事にはちっとも認識が無いのだね。だから大きな気分で、体も大きくなるのかも知れないが、ただ体の大きいのは満洲人の特徴であって、支那人全体がそうという訳ではない。支那でも南の方に行って広東人などという事になると、丁度日本人と同じ位の大きさで、四肢なども細い者が多い。所が、満人の場合はポッ、ポッと肥えて堂々たる体軀をしているし、寒いから着るものも大きいのだろうが、一寸見た時には本当に此方が気負けするようだ。あんなのとやったら、此方がやられるという様な気がする。だけれども何と言うか、気分的には日本軍に対しては弱いのだ。しかし彼らには泥棒根性が有るから、うっかりするとこれにやられる事がある。

それはそれとして中隊の行軍をすると、そういう時には勿論旅館など在りはしない所を行くので、どうしても民家に泊まる事になる。しかしその民家が中々我々を受け入れてくれないのだ。と言うのは、満洲軍辺りが行軍などで部落に泊まると、先ずうんと御馳走させて、それからどうかすると婦人を犯したりして、しかも或る程度の税金を取って帰る。金を部落から取るというのは、当時の満洲軍の習慣で、金額の相場まで決まっている程だった。だから部落では、税金を国から取られているのに、また軍隊からも取られ、結局二回も三回も税金を出す事になるのだ。従って部落では、軍隊が来て泊まったら非常な損害を受けるしひどい目に逢うという気持ちが強くて、宿舎の提供など容易に引き受けないというのが一般的態度だった。それで日本軍といっても同じ軍隊で区別がつかないから嫌がる訳なのだ。所が日本軍が実際泊まると、略奪するどころじゃあない、ちゃんと宿泊料というものを払う。これはその当時で一人が二銭だったか、兎も角安いものだったけれども、その代わりに食べる物などはみな此方から持って行くし、買うべき物は向こうで買って、自炊して、その上で宿泊料の支払いをするのだ。だから行った時には中々承知しないけれども、そこを発つ時には非常な歓送をしてくれる。また、一旦泊まった経験を経ると、今度は非常に歓迎するようになるのだ。けれども満洲は広いし、何処の部落でも日本軍を泊めた経験が有る訳ではないから、始めの内は中々聞いてくれないのが普通だった。

で、そういう宿営の交渉には普通曹長辺りが行くけれども、設営という事になると、野外における兵舎と同じ様に部屋の真ん中に通路をとって、両脇に板の様なものを少し斜めにずーっと設置してそこに寝る様にする。それから、中隊の行軍では僕が一番の大将だから、僕に一番良い部屋を当てようとする。しかし大概の場合、一番良い部屋というのは婦人の部屋で、大事に且つ奇麗にしている所だから、そこは何んだかんだと言って使用させない。しかし此方が信用された場合には、一晩だけの事でもあり、その部屋を提供されたりするのだ。で、満洲の家に泊まって感心するのは、家の中に板敷きのようなものが在ってそこで寝るのだが、その下にはずーっと管が入っていて、枯れたコウリャンを焚いた暖気がその管を伝わって、下からポカポカ温もりが来るようになっている。これがオンドルと云うものだが、実に何とも言えない柔らかい暖かさで、大変具合が良い。満洲では何千年も前からそういう風にしているのだから、それはとても良く出来ている。

そういう所に泊まって、そして、豚にしてもニワトリにしても金を出して買って、それを料理して食べる訳だが、あの当時豚一匹が幾ら位だったろうか、兎に角安くて、ニワトリの場合は大概一羽十銭位のものだったろうと思う。その頃僕の俸給が中隊長で七十円位だった時に、ニワトリ一羽が十銭程度なのだ。十銭なら何処に行ってもニワトリが買えたと思う。

それがまあ一つの話だが、行軍の話をもう一つしておくと、これは何処の隊でもそうだが、兵営の炊事場には残飯を狙って野犬が沢山住み着いて居る。そして行軍する時には、その野犬がまた必ず付いて来るのだ。それでどういう訳か知らないけれど、日本軍に付いて来る野犬というのは中々威張っていて、しかもこれが悪いのだ。で、行軍で途中方々の部落を通ったり或る部落に入ったりすると、部落には必ず番犬が居るから、先ずそれと野犬がギャギャンとやる。そうすると満人が、喧嘩しないようにと番犬を呼んで静止する。すると今度は野犬が豚を襲いに行くのだ。豚というのはどの部落でも必ず飼っていて、部落の方々で豚の子や親が沢山遊んでいる訳だが、野犬はその子豚を狙う。そうなると、親豚は周りをずーっと囲んで、子豚を中に入れて、フーフー鼻息を荒くして防ぐ。何しろそうなると豚も真剣だから、犬にでも食い付いて行く位だ。だからそう簡単にはいかないけれども、それでもその輪を飛び越えた野犬が、どうかすると中の子豚を殺す事がある。そうするとまあ当然の事かも知れないが、村の奴が怒って来て、他所のものを荒らすとか言って抗議する訳だ。そういう時には仕方がないから、あの当時子豚が一匹幾ら位だったか、兎に角安かったが、金を支払ってやる。そうすると彼らも納得する訳なのだ。行軍中にはそんな事もある。

そういう風に日本軍の行軍の場合には、宿泊費は払う、食事の材料費も払う、税金を取るわけでもないし、まして暴行を働くわけでもない、子豚が死ぬというような事故でもあれば弁償もするから、宿営地を発つ時には大概日本の国旗をブルブル振って歓送する事になるのだ。

行軍の話はそれ位だが、そうやって過ごしている内に段々土地にも慣れて来たし、また冬を越して春も近づいたので、門脇少尉と一度何処か一寸離れた戦跡に行ってみたくなった。

尤も戦跡といえば、我々が居った遼陽という所自体、日露戦争で軍神となった橘中佐で有名な場所だから、その戦死の地には行った事があった。で、行ってみると、確かにそこは高い場所で、日本軍は突撃するにしても山をフウフウ登って行かねばならず、しかも待っているロス（参考乙23）は体が大きいので、組み討ちになっても不利だったらしい。そういう苦戦の中で橘中佐が奮闘されまた戦死されたから軍神という事になった訳だ。日露戦争の時には、陸では橘中佐、海では広瀬中佐が軍神になった。しかし今度の大東亜戦争では、軍神は何人居ても足りない。本当は軍神に匹敵する程の功績があった者も多かった筈だが、あまりに範囲が広過ぎた。

それはそれとして、戦跡巡りがしたくなった訳だが、しかし行けば一晩位どうしても泊まる事になるので、隊長から許可を得なければならない。所が、中々それも難しそうなので、暇な時間を見つけて内証で行こうという事になった。その代わり中隊附の将校には「俺は一晩泊りで戦跡を訪ねてみたいから、内証にしておいてくれ。」と言い置いて、「承知しました。」という事で、門脇少尉と二人で馬に乗って行った訳なのだ。勿論当番の兵隊は連れて行った。

で、僕達の目的は、日露戦争時の有名な騎兵隊、確か長沼挺進隊だったと思うが、これが敵を迂回して後方を脅かして非常な戦果を挙げたその跡を訪ねる事にあって、朝早くから出掛けたのだ。しかし兎に角満洲という所は広いし、平地となったらもう幾ら歩いても山も何にも無い、唯湖水の様なものが方々に自然に出来ているだけだ。そういう所を、地図を持って、二人馬に乗って、兵隊を連れてずーっと行ったのだ。所が、地図を見るとちゃんと部落々々が在る筈なのに、行けども行けども大きな湖水が見えるだけで、部落など何処にも見当たらない。おかしいなァどういうんだろうと思いながら、しかし段々段々進んでみると、直ぐそばまで行けば部落は確かに在るのだ。部落は在るけれども、遠くから見るとみな湖水の様に見える。それから所々に小さい林の様なものが見えるのだけれど、その林は逆さまになっていて、しかもその林の所に着く程行っても何も無い。まるで何か化かされた様な気がするのだが、それが所謂陽炎《かげろう》というやつなのだ。陽炎というのは、空気の関係で下のものが上に映って、その限界が判らなくなるのだね。満洲には陽炎というのが起こるという事は話には聞いていたけども、兎も角行けども行けどもずーっと大湖水の様に見える実に珍しい現象だった。

で、戦跡巡りの拠点として目指した部落には、やっと夕方にたどり着いた。その部落というのは、部落の名前が今一寸口に出ないけれども、長沼挺進隊が活動した時に、日本軍に非常な便宜を与えた部落で、遼陽の遥か西方に在った。村長の名前はトンデンイン、その彼が、日本軍を非常に庇《かば》って、挺進隊が行動するのに大変な便宜を与え、且つサービスしてくれた訳なのだ。で、トンデンインは村長だから、周りにずーっと長屋の様なものがある大きな屋敷に住んでいた。と言うのは、あの辺はみんな農家で広い広い土地を持っているから、その土地を耕す為に人を何人も雇っておるからなのだ。それからこれは支那全般に言える事だけれども、ああいう風な満洲辺りでも、自分の家族は全部自分の屋敷に住まわせるのが普通だ。一族が皆一つの屋敷の中に……屋敷といっても家だけではなくて、中庭があってその周りに点々と家が出来ているのだが……そこに住まわせるのが一つの習慣なのだ。

支那では自分の家を守る為にそういう風にしているのだろうと思う。だから大きな家になると周りにずーっと壕を掘って御城の様にして、匪賊《ひぞく》などに襲われないよう防備する。それから或る程度の兵隊も雇って、それに鉄砲を持たして、平生はポーンポーンと空砲を撃つ。そうして此処には銃を持っている部落があるぞということを示して、危険を未然に回避する訳なのだ。

それでまあその部落には夕方にやっとたどり着いたのだが、その頃は僕も門脇も満洲語が碌々話せなかった。師団では相当に話せるようになっている人が多かったけれども、僕と門脇は赴任したのが遅かったので、二人共他の将校の様には話せない。それで支那語の小さな字引を持って歩いて、それを見ながら話をした訳だが、手真似などを加えてやってみると、それでも或る程度は通じる。それからトンデンインなどは日本語を大分知っている。何しろ日本軍を匿《かくま》って、非常に贔屓《ひいき》した位だから、日本語も幾らか解っている訳だ。しかし向こうの言う事は割合に判断付くけども、此方から喋《しゃべ》る事については矢張り不自由した。

それでもまあ、その時には何か御土産を持って行った様な気もするけれども、皆早速《さっそく》喜んじゃって、随分御馳走してくれたよ。で、その御馳走というのはどういうものかと言うと、自分の家で飼っている鶏を潰して、大きな鍋にその肉や大蒜《にんにく》や野菜などをみな入れてグジャグジャ、グジャグジャ煮て、そしてそれを掬《すく》って食べるのが一寸した御馳走なのだ。場合によっては豚も潰すけれども、豚を潰すのは余程の事だから、その時は鶏だった。それから勿論そこにはチャンチューと云う満洲の酒、コウリャンから採ったアルコール分の高い焼酎で、日本酒の様に美味しいものではないけども、そのチャンチュウも出て、まあ非常な御馳走になった訳だ。

それで満洲とか支那とかいう所では、客を持て成す時にでも、自分の家内とか娘とかを人前に出す事はしない。これは昔から、婦人が他所へ自由に歩いて行けない様に所謂纏足《テンソク》というのが有った位だから、御客さんが来たといっても婦人は出さないのが一般の習慣なのだ。余程親しみ、また余程信用していなければ出さない。所が、そこではもう婦人も出て来て、一家をあげてサービスしてくれた。それから、子供も日本の兵隊さんが来たという訳で喜んで出て来た。兎に角日露戦争の最中に日本軍を援護した位だから、我々に対して非常な親しみを持っていて、僕らが行っても味方の偉い人が来てくれたという事で、とても喜んでくれたのだ。

そして愈々御馳走が出来て来た時には、トンデンイン自身が先ず自分で食べてみて、「アー、アー、チャンチャン、チャンチャン」とか満洲語で言って、美味しく出来たから食べろと勧める。所がトンデンインは僕の所に箸を置いておくのを忘れていたのだ。それに気付いた彼は、「アァ、失礼した。」という訳で、他の箸を持って来るんじゃあない、今迄食べとった自分の箸を僕に渡すのだ。だから本当は少し気持ちが悪かったのだけれども、そういう時には親しむという事が第一だから、僕も平気な顔をしてその箸を受け取って料理を食べたよ。そして僕はトンデンインの孫だったか息子だったか、兎も角小さい子供を抱いて、歓談しながら散々に御馳走になった訳なのだ。

しかし支那料理というのは本当に上手に出来ている。料理屋で作ったやつではないからあれが本当に自然の支那料理なのだろうが、それはもうとっても上手に作ってあって美味しいよ。それから満人というのは、生の物は食べないし、水でも生水は絶対に飲まない。何しろ井戸すら滅多に無くて、水溜まりの水を掬って飲んでいるような所だし、何処に行っても黴菌《ばいきん》がうんと居て悪い病気に罹《かか》るから、生のものを口にしないのが習慣になっている。しかし日本軍が行ってからは水道が出来て、それ以来僕らも生水を飲めるようになった。僕がその後関東軍の測量隊長になって行った頃には、もう日本の施設で水道がすっかりきれいに出来ていて、出来てみれば向こうの水道の水というのはとても美味い。水道の管が通っている土地が凍った儘で、夏でも下の方は氷が解けないから冷たい水が出て来て、それがとっても奇麗な美味しい水なのだ。しかし矢張り田舎ではそういう訳にいかないから、みな沸かし湯を冷まして飲んでいた。また、これは満洲ではなくて戦争中（日支事変）に支那の田舎の方に行った時に見ても、矢張り支那人そのものが生水は飲まずに、茶の水と書くがチャースイと云う沸かした水を何処でも飲んでいる。

それでまあ兎も角散々そこで御馳走になって翌日帰ったのだが、トンデンインとは非常に親しくなって、あの当時でも手紙は出せたから礼状も出した。当時トンデンインはそうひどい年寄りではなく、未だ未だ十分に活動出来る年齢だったから、その後、是非遼陽に遊びに来いと言ったら、何回か兵営にも遊びに来たよ。それで、彼にはまあそういう一つの野心も有ったのだろうが、日本の勲章が欲しくて仕様がないのだ。事実彼は日本軍に対する功労者だし、勲章を貰えば方々に自慢が出来るから、何とかして勲章を貰いたくて仕様がないのだ。それで或る時勲章を貰える様に世話をしてくれと言って来た事があった。そこで僕は、トンデンインは日本贔屓で何時も日本軍に良くしてくれるのだからと意見具申した処、その後勲六等だったか七等だったか、兎に角下位の勲章だけれども出たので、非常に喜んで礼に来た事があった。

それからもう一つ、トンデンインから御馳走された時に、僕は小さい子供を抱いて食べたのだけれども、どうも翌日になったら痒《かゆ》くて仕様がない。どうも痒い、おかしいなァと思ったら、なァに虱がいっぱい。もう満人辺りは、虱というのは気にも何にもしやしないのだ。今頃はもうそういう事は無いだろうが、昔は何処の部落でも満人は皆虱を持っていたね。

まあその様な事で、一晩泊りで戦跡を巡って、翌日知らん顔して隊に帰って来たのだが、後からその話をしたら皆からとても羨ましがられたよ。そういう想い出もある。

それから、遼陽ではもう一つ忘れ難い想い出があるから、これも話しておこう。

それは先も言った様に、満洲に居る半年間は料理屋にも行かず、そういう意味では営内に引き籠もりがちだったのだけれど、しかし遼陽の町の様子は常々知りたいと思っていたので、丁度僕の妹の嫁ぎ先で後に憲兵大佐で辞めた久留島郡造（クルシマグンゾウ）と云う者の親戚が遼陽の町で小さな銀行と事業を遣っていたのを幸いに、その家へは時々遊びに行きおったのだ。しかし、僕らの兵営は町から大分離れた所に在ったたし、また町に出る道も相当遠回りになる形で出来ていたので、大概は畑の中を通る近道を通って町まで行っていたのだ。

それはそれとして、当時の満洲辺りは一般に治安が悪かった。と言うのも、昔の満洲人などは、小さい時から泥棒を教えられる程で、親からでもアレを盗って来いコレを盗って来いと言われる位のものなのだ。但し支那人というのは概してそうだけれども、人前では非常に奇麗な事を言う。奇麗な事を言うけれども、実際はお互いに泥棒の遣りっこするのだ。良かれ悪かれそれが現実だった。だから、日本の兵隊の場合は向こうも怖がって中々手を付けないけれども、普通の日本人の場合はうっかりすると物は盗られるし、追い剝ぎ強盗に遣られる事などがちょくちょく有った訳だ。

それで、これはその久留島の親戚の家に遊びに行く約束をしておった或る晩の話だけれども、そこへは軍服を着て行く事は少なくて、寒い時だから防寒の服装をするけれども和服で主に行きおったんだ。で、その時も矢張り和服で、もう暗くなっていたけれども畑道の方を通って行った訳だ。そうした処、その小道の直ぐ脇のコウリャン畑の中からコソコソ々々何か話し声が聞こえる。それで、はてなこれはおかしいなと思いながらそこを歩いとったのだ。しかし暗い畑の中からヒソヒソ満洲語が聞こえるというのは、どう考えても筋の良い話じゃあない。それで軍服を着ていれば此方も気が張っているし怖くないのだが、和服だから、普通の日本人という事だから、不安になって来てね。それで仕様がない、一つ詩吟でも歌って気勢でもあげてやろうと思って、詩吟を歌いながらずーっと行ったのだが、少し行くとまたコソコソ話し声が聞こえる。どうやら四～五人が何か話をしているのだ。シマッタ！　これはうっかりするとやられるぞと思ったとたん、此方は一人だから、もうすっかり怖くなった。それでも畑が済んでしまう迄は、逃げるとかえって危ないから、なんとか虚勢を張って我慢して歩き通したのだが、畑が漸《ようや》く終わって声が聞こえなくなってからは走ってねェ、走りに走りまくって漸くの事久留島の親戚の家にたどり着いたのだ。

それで着いたら、前から約束をしとったから、色々な御馳走を用意してくれていたのだが、来る時の話をしたらば、そりゃあ今晩は帰っちゃあいかんと、危ないから帰らん方がええと言う。勿論それは和服を着て行く位だから、休みか何かの日だった訳だが、兎も角帰っちゃあいかんと言うのだ。でもそれでは余りに意気地が無い様だから、本道の方を通れば大丈夫だろうとも考えたのだが、しかしいくら本道を通っても兵営というのは町からずーっと離れた所に在る。兵営というのは何処でもそうだけれども、殊に満洲辺りは市街からずっと離れた所に在るから、どうしても人通りも何にも無い様な所が出てくる訳だ。それで余り止められるし、無理に帰って失敗したら逆に恥をかくと思って、到頭泊めてもらって翌日帰った。兎も角そういう怖い思いをしたので、今に忘れられない一つの思い出だ。

さて、満洲での生活は大体以上だが、半年間も無事過ぎて師団は愈々満洲から引き上げる事になった。それでこれは前にも言ったけれど、満洲に居る時には加増される四割の俸給部分を自分で使う様にしていた訳だが、しかし住むのは官舎だし、食事も兵隊が作ってくれる程度の物を食べていれば、とてもそんなに金は要らない。だから遊びにさえ行かなければ相当に余裕が出来る訳なのだ。それで日本に帰る時には、僕は種々の御土産を買って来た。今でも御祖母ちゃまが持っていてしかもまだ動いているウォルサムの金時計、あれはかなり高かったと思ったがその時の御土産だ。それから、昔の日本の婦人は皆髪を結っていて、娘は銀杏《いちょう》返し、結婚すると丸髷《まるまげ》というのを結うから、その髷に差す簪《かんざし》も買って来た。ああいう所には日本の職人が沢山行っていて、簪なども満洲で作っていたのだ。僕の買ったのは翡翠の玉が付いていて芯は銀製だったけれども、玉は極上品ではないにしても間違いなく本当の翡翠で、簪としてはかなり高い物だった。兎も角、時計とか、簪とか、帯留とか、みな高級品ばかりだったが、そういう御土産も遊びにさえ行かなければ充分買えた訳なのだ。

それで、御土産も充分仕入れて、愈々日本に戻って来た訳だが、帰りは勿論師団ごと兵隊と共に大連から輸送船で帰って来た。そして瀬戸内海を通って、大阪辺りに着いたように思う。と言うのは、師団ごとの移動となると、種々大きな器材も有るから、港湾設備が整っていて且つ成る可く汽車輸送の距離を短く取ることが出来る所に揚がる必要が有るからだ。従って、記憶は定かでないけれども、大阪辺りに着いたような気がする。

そうして師団に帰り着いた時には、留守隊がすっかり準備して大歓迎をしてくれた。御祖母ちゃまも既に横浜から岡山に帰っていて、非常に喜んでヨチヨチ歩きの長男と、生まれたばかりの長女を抱いて迎えに出おったよ。勿論、家の方もちゃんと整えてあった。

（二）中隊長勤務と演習での事故（岡山）

まあそのようにして満洲の守備を終えて帰って来た訳だけれども、僕が中隊長だった当時の師団長は、既に初代の一戸兵衛さんではなく、本郷房太郎（参考甲10）と云う人にかわっていた（ママ）。この人は、陸軍次官をやった後に第十七師団の師団長になって来た人なのだが、教育総監部の本部長も以前やっていたから、僕が砲工学校の副官の時には検閲を受けた事もあった。また、御祖母ちゃまの父親である小林の御父さんなどは、衛戍病院長だった関係からか、よく親しんでおった人でもあった。尤も僕が中隊長になって行った時には、小林の御父さんは軍医部長で小倉に行っていたのだが、しかし御父さんが辞めてからでも、本郷房太郎さんの家には僕が使いで掛け軸などを持って行ったりしていた。そういう関係だから、小林の御父さんの方は非常な親しみを感じて、本郷房太郎さんの代わりに俳句を作ったなどという自慢話もしていたのだけれども、しかし房太郎さんの方は、「どうも小林君はああいう風に俳句とか何とかばかり遣っているから出世しないんだ。」という風に僕に言った事もある。まあその様に本郷房太郎という人は所謂政治家の方で、本人に向かっては調子の良いことを言うところもあって、何とも要領の良い人だった。僕が偶然汽車の中か何かで一緒になった時も、「ああ今中君か。」ということで、小林の御父さんの話などをしておったのだが、突然、「今度は御目出度う。」と言う。僕としては何が御目出度うなのか解らなかったから聞いてみると、僕のことを陸軍大学に入った風に言うのだ。そこで「いやそれは失敗しました。」と言ったら、「あ、そうだったかな。」という事で、いい加減なことを言って人を持ち上げる様な所があった。まあ陸軍次官をやる位だから交際上手なのだろうが、しかし何となくわざとらしい所があって、それに比較すると、一戸兵衞さんは本当に人格的に立派な人だった。

で、その一戸兵衞さんが師団長の時によく話された事の中に、立派に中隊長が勤まれば師団長は楽に出来るのだというのがあった。その様な表現で、中隊長の仕事というものが非常に重要であり且つ如何に難しいかという事を、皆が痛感するように話されたものだ。これは誰でもそう思っているかもしれないけども、中々そこまで言う人は居なかった。実際中隊長というのは大変だ。中隊長の職務は、軍隊内務書というのに規定されているから、それに従って勤務しなければならん訳だが、そうすると兵隊の教育をするのに寝る暇が無い位忙しい。また忙しいばかりでなく、中隊長というのは兵隊を直接預かっているから、その兵隊の事を家庭の事情まで含めて掌握していなければいけない。その上で、部下の世話を種々しなければならんし、余程可愛がらねばならんし、厳格にやるところは厳格に遣らなければいかんから、中々遣り難いものなのだ。それから若い将校が遊びに来れば、来るな帰れと言う訳にはいかない。大体昔は、若い者が来れば必ず酒を出すことに決まっていたから、中隊長の細君というのもかなり忙しいし、また御愛想の良い人でないと評判が悪くなったものだ。何しろ中隊長といっても、中隊附の将校が働いてくれなければ中隊は治まらない上、成績もあがらないから大変なのだ。そしてまた、中隊の成績というのは中隊長如何によってうんと変わって来るのも確かなのだ。まあそういう訳で、中隊長というのは軍隊を軍隊たらしめる要の位置にあって、その分職域が広く種々仕事を受け持たなくてはならない。あとは大隊長とか聯隊長とかいっても、それを纏めればよいのだから、中隊長程苦労することは無いのだ。だけど僕は、自分でも隊の仕事は熱心に良くやった方だと思う。「よくあれで今中さんは身体が続くな。」と言われる位隊の仕事は熱心にやった。それでも軍隊内務書通りの仕事というのは中々出来るものではないのだ。

それで僕らの期で工兵トップに居った八木彌造（ヤギヤゾウ）というのが、近衛の中隊長の時に死んだ。八木は東京の幼年学校出身だったけれども、士官学校同期で同じ工兵だったから、よく喧嘩もしたが非常に親しい間柄だった。また、前にも少し話したように、僕が砲工学校の副官を勤めて居った時には、八木の叔父さんの家を借りていたので始終遊びに来たものだった。しかし、その彼が陸軍大学を卒業して近衛の中隊長だった時に、大隊長が本当に鬼隊長と云う位厳しい人で、何と言うか、寧《むし》ろ悪い言葉で言えば残忍と思われる位の隊長で、それに対するに八木は非常に負けん気で真面目な男だったから、軍隊内務書に書いてある通りの中隊長を自分で遣ろうとして到頭神経衰弱になったのだ。中隊長の仕事を追求する余りノイローゼになった。そして結局自分では勤まらないとでも思ったのだろう、もう結婚することが決まっていたのだけれど、その直前に自殺してしまったのだ。それで書置きを見ると、「不忠の臣、不幸の子、八木彌造」として、また彼は御母さんと一緒に住んでおったから「母上宜しく頼む　両叔父上様」として、本当に日本刀で腹を切って死んだ訳なのだ。悲惨だった。八木は、士官学校では工兵トップとして恩賜を貰ったし、それから陸軍大学での成績も勿論良かったけれど、矢張り何と言っても一寸頭が鋭過ぎた。

八木は、僕にも是非陸軍大学に入れと言って種々便宜を与えてくれ、またよく激励してくれた男だった。で、僕ら工兵の同期生では、その後暫《しばら》く「八木が居ったらなァ」と言い合っておったよ。僕ら同期としても八木は中心的人物で、それを失ったのだから打撃が大きかったのだ。彼が居れば何処に行っても幅が効くし、それから親しみもあるのだけれども、その一番トップの一番大事な人間がそうして自殺したものだからな。まあそれ位隊の教育も激しいことは激しいいし、隊長というのも人間だから種々あるという事だろう。そういう事件も有った。

さて、岡山で中隊長をして居った時は、随分演習も遣り、大いに評価もされたのだけれども、また一方では大きな失敗もあった。

それは、前にも話した師団そばの旭川で架橋演習を遣っていた時の事だ。その時は前の晩から僕の直接指揮で夜間演習を遣っておったのだが、夜も明けてから青木と云う少尉……未だ見習士官だったかもしれないが……が来たし、此方は前の晩から寝ていなかったので、彼に後を託して兵舎の方に帰ったのだ。その時の状況としては、旭川の水が増えて来つつあったので、「此処迄《まで》水が来たら危ないから演習を止めて帰れ。」と指示をして、「はい、解りました。」という事で、僕は帰った訳なのだ。所が、段々段々水が出て来たのだ。それでも、矢張り見習士官や新米少尉というのは、何としても経験が浅いし若くて気も強いから、中隊長はそう言ったけれどもまあ大丈夫だろうと思って演習を続けておったのだ。その時の架橋というのは、幾艘もの船を錨を打って留めておいて、それを橋脚代わりにして桁を渡し、その上に板を敷いて橋にする方式のものだった。それを架けたり外したりして遣っていた処、彼の予想以上の速さでどんどん急流になってしまった。そして、流れが強くなると上流の方から種々な物が流れて来るから、その流れて来た物にぶつかって、架けた橋そのものが木端微塵になった訳なのだ。この方式の橋というのは、構造上途中で壊れたら、クチャクチャになってしまう。

そして、実際もうバラバラになって、収拾が付かなくなった訳なのだ。
それで、直ぐ伝令が「橋が壊れました。」と言って来て、さァ行ってみた処が、あっちも此方もクチャクチャになって、流れながら、流されながら、それでも未だポッンポッンと兵隊が橋の上に留って指揮しているという様な、混乱状態になっていた。そして青木などは、「中隊長、申し訳ありません！」なんか言っているけど、「申し訳も何もない！　そんな事を言っている場合じゃあない！」と叱って、兎に角演習を中止して、やっとこそれを収拾した訳なのだ。

で、その時に、難波と云って僕らの同期生……廣島の隊に最初に配属された五人の同期生の内の一人だが……彼の親戚の者が兵隊として岡山の師団に入っていたのだ。それで難波自身は、電信隊だったか他の隊に替わったのだけれど、「アレを一つ宜しく頼むよ。」という訳で、僕はその兵隊の事を頼まれて居ったのだ。その頼まれておった兵隊が、その時に川に落ちて行方が判らなくなった。それで、大騒ぎをして捜したのだけれど判らない。到頭翌日になっても判らない。それで、親の方にも連絡したから、両親が来たけれども、兎も角何処に流れているか行方が判らないのだ。それで、その時にはもう生きている見込みは無かったけれど、下の方は殆ど海迄行って随分捜してみても、どうしても判らないのだ。それでまあ僕はすっかり困ってしまってねェ。両親は来るし、その両親はせめて遺骸でもと言って一緒になって捜している訳なのだ。で、勿論僕も捜索に加わって、随分一生懸命に、毎日々々昼夜なしに捜したけれども、水が増えてドンドン流れてる最中で、そういう時は水の濁りも酷いから、中々判らなかった。そして何日目だったか、確か三日か四日目にやっと遺骸が揚がった。それは旭川に架かる鉄道橋の付近だったか、兎も角人間の通る橋ではない橋の近くだったと記憶するが、ごく近い所に遺骸があったのだ。それが水が引いた後初めて判った訳なのだ。そしてその死骸を見ると、もう水を飲んでいるし、夏の真っ盛りだから体全体がブクブクになっているし、何とも悲惨だった。

　でもやっと遺骸が戻ったので、先ず葬式を出して、それから青木は勿論処罰を受けるし、僕も中隊長としての責めを受けて重謹慎を何日間か受けたよ。重謹慎というのは、自分の家に帰って責任をもって修まっているものだが、その一ヵ月、一回だけは或る程度俸給も減らされる。僕は、その後にも重謹慎を喰った事があって、これは満洲で測量隊長の時、主計が悪い事をして、その監督不行き届きを問われたのだ。上の者は直接の責任が無くても、監督不行き届きという事で、条件によっては隊長まで処罰を受ける。この旭川の時は、大隊長は譴責位だったと思うが、兎に角中隊長は全責任を負う訳だ。

　でまあ、殊に僕としては、同期生から頼まれて間接に保護をしておった積もりの兵隊だったけれども、それだけ贔屓にして危険な所に行かさないという訳にはいかんし、そういう演習ではどうにもならない。しかもその時に死んだのは沢山じゃあない、彼一人きりだから、矢張り運も悪かったという事だろう。そういう失敗は、その原因が僕の不行き届きという事に責任上なるけれども、実際問題としては不可抗力の部分も大きいと思う。第一に、それなら演習も何もやらなければ良いのだけれども、そういう風な急流の時に遭るのも一つの訓練だし、第二に、青木が俺の言うた通りに実行しなかったという事があるけれども、若い青木を責めてみたところで仕様がない。結局、何故そういう時に中隊長は現場に行っていなかったかと、何故兵舎の方に帰ったかという事になる訳だが、これだって前の晩から連続する演習で僕も人間だから疲労するし、昼の演習は指揮官に明確な指示を与えた上で交代して帰ったのだから……。

　まあそういう一つの失敗があったけれども、全般的には中隊長として一生懸命に勤務はやった積もりだ。余談になるが、この時の青木少尉は今松戸に住んでいて、未だに付き合いが有るよ。

此処で話を変えて、一寸当時の生活の話をしよう。

僕が丁度第十七師団の中隊長をやっていた終わりの頃に、米騒動とシベリア出兵が起こった。米騒動が起こった頃には、僕の家は子供が三人になっていたから、食べて行くのにやっとで、着物などの生活物資を買う余裕などは全然無く、兎に角一番生活に困った。それは今度の戦争とはまた違うけれども、俸給は上がらずに、米をはじめとする諸物価がベラ棒に上がったものから、現職としてちゃんと勤めているにも拘らず、生活自体が非常に苦しくなった。

それでその時に所謂米騒動が起こったのだが、これは兎も角諸物価が非常に高くなって、住民がとても暮らして行けない、特に米は無くては生きて行けない物なのに高過ぎるから、それを安くせいという事で、全国至る所で住民蜂起が起こった訳なのだ。で、その時には収まりが付かなくて、結局軍隊が出動してこれを治めたのだが、本当は僕ら軍人だって苦しいのは同じなのだけれども、まさか軍隊が暴動を起こす訳にもいかないので鎮圧側にまわった訳だ。だから愈々軍隊が出動してみたら、騒ぐ方は兵隊の親父さんが騒いでいて、親子で敵味方になったという状態があった程だった。

で、その時の一般国民の感情というものは、米を売っている方にもだけれども、米を作る農家の方にも当たりが強かった。米屋だけではないのだ。米屋は兎に角米を取り扱うだけだけども、その元は農家で、農家が米を高くするからこうなったという様な感情が強かった。それが米騒動の実況だった。その時には、それ位生活が苦しくなったという事だろう。


それから同じ頃だったと思うが、シベリア出兵の時には、所謂軍需品をドンドン戦地の方に送るような状態だったから、世界的に物価が馬鹿に高くなった。

シベリア出兵というのは、これは何の為に出兵したか実は皆には分らない。本当は山口県出身の田中義一（参考甲11）という大将、陸軍大臣も総理大臣もやった人だが、その人が主に仕組んだ戦争で、結局この時期を利用してシベリア方面の利権を獲得しようと思って遣った事なのだ。何もあそこに出兵しなければならん根拠は他に無かった。だから一般には戦争目的というのが分からない、分かる筈もない。戦争というものは、その目的がはっきりと理解され支持されなければ中々巧く行かないというのは当然の話で、ほっておいたら国が潰れるというなら兎も角、一儲けしようと思って遣った戦争なのだから、出兵させられる方だって本気になれないのも無理はないと言うべきだろう。それが証拠に、シベリア出兵では尼港《にこう》事件（参考乙24）というのが起こった。その時は日本軍がロスをみんなやっつけて、利権を獲って、シベリア沿線の方々を占領して居ったのだが、戦争が長引いて同じ所に長く居るとなると、戦争目的がはっきりしないものだからダラけて来る。夜は遊びに行くとかいう様なことになってしまう訳だ。そして或る時、尼港と云う所で、その遊びに行った留守をロスに襲われて、大敗北を喫したのだ。それを尼港事件と云うのだが、まさに油断大敵、大失敗の事件だった。

　まあ、シベリア出兵とはその様なものだったのだが、兎も角戦争だから、軍需品などを扱っている商人などは大変に儲《もう》かったのだ。しかし非常に物価が高くなって、一般の生活はとても苦しくなった。この時の物価高は、中隊長の時で終わった訳ではなくて、次に異動した士官学校の教官の時でも変わらず、そのまた次の工兵学校の頃まで、数年に亘って続いた。

　僕などは、岩本の父から大分援助を得たから良い方だったけれども、それでも限界はあるし、食べるのに一生懸命だから、子供に着せる着物までは買うことは出来なかった。だから、子供の着物などは、古い切れを継ぎ剝ぎにして着せていた。また、あの時には絞り染めと云って、自分の家庭で色々な物を染め直して着物にするのが流行《はや》った。何しろ継ぎ剝ぎしたものを絞り染めにすると、何処が継ぎか判らなくなって誤魔化せるからね。その様にして、子供にやっと着物を着せるという時期があった。それから、当時既に小林の御父さんは軍を辞めていたから、もう要らないということで望遠鏡を貰っていたのだが、それを売り飛ばして生活の補助に使った。その時はシベリアで戦争をしている最中だから、それが高い値で売れたのだ。まあ、当時数年間に亘っては、それ位生活が難しかった。確かにシベリア戦争では非常に儲けた奴が沢山居った訳だけれども、軍人辺りは儲けるどころの話ではない。尤も、生活者としての軍人ということから言えば、戦地に行けば特別の手当が付くので、出征した人はまだよい方だった。しかし僕らは戦争に行った訳ではないし、行かない軍人は唯物価が高くなるばかりで、一般の人と同様生活には苦しめられた。

で、その当時には、そういう社会状況をいい事にして、兎に角これではとっても遣り切れない、もう戦死してしまうのが一番だ、戦死すれば普通の恩給と違って戦死時点の俸給をその儘家族が貰えるから皆が食って行けるだろうとなどと、軍人仲間で言い触らす者が出る様な始末だった。これは哀れな考え方だ。しかし愈々食えなくなると矢張りそういう様な邪念が出て来るものなのだ。

そういう状態の中で、丁度僕が工兵学校に行った後の事だったが、軍人に対して初めてボーナスが渡った。で、ボーナスが渡った時に、当時陸軍次官をしておった山梨半造（参考甲12）というのが、訓示を出した訳なんだ。この様にボーナスを初めて渡すけれども、これが為に贅沢をしてはならんぞという訓示が出た。その時にはもう将校皆が激昂《げきこう》して、「糞食らえ！　贅沢どころじゃあない、生きて行くのに困っているのに、何が贅沢出来るか！」と騒いだよ。と言うのは、一つには以前から他の諸官庁は皆ボーナスが出ていたのに、軍人だけボーナスが無かったのだ。しかも辞退していたのだ。それでは余り酷いから、軍人にもボーナスをやったらどうかという声が外からも出ていたのにも拘らず、武士は食わねど高楊枝だという様な事で辞退しておった。そういう事情が内々に分かって来る訳だ。しかもその初めてのボーナスというのが、僅か半月分位のものなのだから、「この際訓示で贅沢をしちゃあいけないなんて、そんな馬鹿な訓示誰が聞くか。」という訳で、「そんなものは破ってしまえ！」という事で、将校皆が非常に憤慨したのを覚えている。

しかし、山梨半造という人は、自身の金銭上には何か汚いところが有ったのではないかと思う。と言うのは、その人が朝鮮総督だった当時、その頃の金で確か一万円か二万円かコミッションとして貰ったのが判明して問題化した時に、そのコミッションを返した事があるのだ。だから僕らは、「それじゃあ金を貰っても何かあったら返せば良いのだな。」と反発して言い合って居った位だ。結局山梨半造は非常に優秀な人には違いないのだけれども、それで首になって辞めた。まあ今度のロッキード事件みたいなものだな。

さて、内地の岡山で中隊長を勤めたのは一年半程だったが、そういう風に演習も盛んに遣ったし、かなり勉強もしたから、まず優秀な中隊長として皆から良くされ、大隊長からも非常に可愛がってもらった。岡山での隊長というと、初代の渡辺兼二さんが想い出深く思い出されるが、既にかわってをられた。渡辺兼二さんは、ヨーロッパにも一寸御褒美で行ったが、最後は少将で直ぐ辞められた。で、僕が中隊長の時には隊長が二人位かわったけれども、それらの隊長にも認められて、そういう事は滅多に無い事だが、次の異動先も隊長から「君、今度は士官学校の教官に行くぞ。」と、大分前から予報があった。所が中々正式の発表がないものだから、本当に行くのかどうか分からないと思って、「何時行くのでしょうか。」と聞いたことを覚えている。しかし聞いてみても、「未だ何とも判らない。」けれどもそういう連絡が工兵監部から内密に有ったのだから、いずれ近い内に行くだろう。」という事で半年程そのまま過ぎた。しかしそういう訳だから、中隊長を遣りながらも今度は士官学校の教官になるのだということは早くから知っていた。

九．士官学校の教え方と島川大将の想い出（陸軍士官学校教官）

陸軍士官学校教官の辞令を、大正七年十一月二十日付けで受け、岡山を引き払ってまた東京に出ることとなった。工兵というのは、中央部に出ることが多い。所が歩兵などは、田舎の方の隊附にでもなって、しかも余り優秀でないと評価されれば、一生そこだけで終わる場合が多い。それに比較すると工兵というのは、部隊が少ない関係もあって、中央部に出る機会が多く有った。

で、東京に出るに当たっては、小林の御父さんが信州上田の自宅に隠棲して居られたから、荷物だけは東京に送って、家族全部が一応御父さんの所に挨拶に行った。そして皆に喜んでもらって、そこで一寸御世話になった。それから僕が東京に先行して、市ヶ谷の士官学校に近い戸山町に家を見付けて借りたのだが、その借家というのは、島川大将（参考甲13）と云う砲兵出身の有名な将軍の家の直向かいに在る二階家で、隣は御医者さんだった。

そうして、一応落ち着いてから、学校に出勤する為の種々の準備をした訳だが、また学校に行ってみると、丁度僕らが士官学校の教官になる年配でもあるし、階級からいっても一応手頃だったのだろう、僕らの同期生も大分居った。士官学校の工兵出身の教官というのは全部で十人位なのだが、その内同期生が五人程居って心強かった。士官学校の工兵の教官というのは、築城とか交通とか士官学校の決まった教程（教科書）を生徒に教える役目だが、それはまあ、自分でも卒業したのだから訳は無い様だけれども、そうかといってそれだけでは実際中々上手くは行かない。何しろ士官学校の生徒の時には唯棒暗記しただけだから、愈々《いよいよ》教官となってそれを生徒に説明するとなると、矢張り相当に勉強しなければならない。だから僕は教官としてもかなり勉強はした積もりだ。で、士官学校での教え方というのは、唯勝手に教官各自の意見をその儘教えるというのではない。普通の大学辺りでは各人々の研究を基に、自分の思う通りに教えるのだけれども、士官学校はそうではなくて、統一された教え方をする事が大事だと考えられておった。だから、或る教官はこう言った、此方の教官はそうではなかったという風にならない様に、教官皆が研究した成果を持ち寄って打合せ会をする訳なのだ。統一した考えの下に生徒に教える為には、そういう風に打合せをする事が必要になる。だから、先ず教程の教える部分を各人が良く研究して、打合せ会でその内容の説明について御互いによく確認するし、また教え方も擦り合わせる訳なのだ。そういう風にしょっちゅう皆で研究して、それからそれを生徒に教えるという事だから、割合に間違いの無い教え方も出来るし、またそういうことだから気分的には割合に楽だ。しかし教官という者は当然生徒より一段も二段も上でなくてはならないし、それだけの知識や知恵を持って教えなければならないので、士官学校の教官というのもそれ程暇なものではない。それに当時我が家には、小さな子供が三人いて、どちらかと言うと子供も多い方、それがそれぞれ病気もするし学校にも遣らねばならない訳だから、家庭的にも相当用事が有った。尤《もっと》も病気に関しては、丁度隣が御医者さんだったから、とても親切にしてもらって随分助かった。

それから、士官学校教官の想い出としては、富士の裾野の測図演習がある。士官学校には、測図演習というのがあって、それは学問的でなく所謂《いわゆる》実習の方だが、これは士官たるもの各兵科とも必要なので、富士の裾野にはよく生徒を連れて測量に行った。富士の裾野には勿論汽車で行くが、そこには野営用の廠舎《しょうしゃ》が出来ているから、その廠舎に生徒を皆入れて二週間程教えるのだ。測図演習というのは地形を写すものだが、地形ばかりでなく家が在れば家を描くし、植わっている樹木もみな入れる。そういう細かい作業だから、測図演習などはあまり沢山の生徒だと十分に指導することが出来ない。そこで、大体四十人位居る一つの教育班を数班に分けて、一人の教官が担任して教える生徒を六〜七名位にする。だからかなり細かい所迄教える事が出来る訳なのだ。

富士の裾野は、各部隊が皆演習に行く所で非常に広大でもあるし、生徒は久しぶりに郊外に出ての勉強だから非常に喜ぶのだが、あそこは高度もあるし、時々急にひどい雷雨に悩まされる事も有る。そこで面白い体験としては、偶々《たまたま》雷雨に出くわすと、あそこではひどい電気的作用が有って、馬に乗っておっても拍車の所にピッピッと火が飛ぶのだ。そりゃあもう実に何と言うか本当に怖いような気がするけれども、しかしそれが為に人体や馬に害は無いのだ。兎も角馬に乗っとっても拍車の所にピッピッピッと火が飛ぶ、そういう何とも言えない珍しい体験をする様な特殊な所なのだ。

また、富士の裾野に居る時には、何とも言えない奇麗な空気の中で、まさに天上の人という様な感じがする。今頃はもう五合目迄は車でも行くけれど、その当時はそういう訳にいかず、士官学校の教官で行った時には休暇の日を利用して富士の天辺まで歩いて登る。そういう時には特に生徒も同行して一緒に登ることが出来るんだ。兎も角富士山では、何と言うか、非常に高爽な感じを味わう事が出来るね。だから富士の裾野から御殿場に降りると、まるで天上から下界に降りた様な気がする。それ程空気も違うし温度の差もあるのだ。

それから富士の裾野辺りは、昔流れた溶岩がその儘《まま》沢山残っていて、そこには実に奇麗な水が流れている。その奇麗な水が流れている所に、自然の芹が沢山生えていて、その芹を入れて鋤焼《すきや》きを作ると何とも言えず美味しいのだ。兎も角気温が低いから、真夏でもあそこに行くと、鋤焼きの料理が美味しいんだよ。これは砲工学校の副官をしている時も、矢張り演習の視察に校長に随行して行って、一緒に鋤焼きなどを食べた事が有ったが、そういう事が出来る平地とはまた違った特殊な場所だった。

また、富士の裾野は大きな演習場で、あらゆる試験が出来る場所だから、その後工兵学校に行ってからも、あそこに保塁を造って、それを射撃して、どれだけ弾の効力があるか、コンクリの強さがどれ位のものかという事を試験したりもしたが、兎も角富士の裾野に行くと他に遊び場所も無いし、皆のんびりして雄大な気分になって良いよ。そして帰りには、卵がとても安いから、それを御土産にするというのが通例だった。卵も、下まで降りてから買うのと比べると、半分位の値段で買えた。だから鶏の鋤焼きなども訳無く安く食べることが出来た訳だ。

さて、教官の時に学校以外で一寸した記憶があるのは、向いに住んでおられた砲兵出身の島川大将の事だ。この島川大将という人は日露戦争の時に聯隊長で行って、そして敵の砲兵の陣地を占領して、分捕った大砲をもって直ぐ敵方を撃ったという事で有名な人なのだ。その当時、日本の砲兵将校で、分捕った大砲を直ぐ使うだけの技術的知識の有ったのは、島川大将だけだった。そういう訳だから非常に技術の堪能な人なのだが、その人はまた非常な酒豪家でね。それで技術本部に居られた時かな、或る工員の……技術本部には兵隊でなく工員というのが居て種々研究する時の手足になるのだが……工員の家の前を通った時に、鰯の干したのを焼いている誠に何とも言えない良い匂いがしていて、それが偶々平生一緒にやっている工員の家だったものだから、そこへ揚がり込んで工員と一緒に飲んだという話が有る位だった。そういう点は実にざっくばらんな人だった。

そういう人だから、僕も同じ軍人で向いに住んでいる誼《よし》みからなのだろう、或る時「一緒に飲もう、一寸来い。」と呼ばれた事が有った。僕は未だピイピイの大尉なのに、それを一つ御馳走してやるから来いという訳なので、僕は袴をはいて畏まって行ったよ。そうしたら、体軀も大きいし、知能も抜群だし、また非常に放胆な豪傑肌の人で、まあ散々御馳走になって、非常に光栄に思って帰った一晩があった。

しかし、そういう放胆な人だから、少し無茶なところもあって、自分の子供が未だ未だ小さくて馬に乗るという程ではない頃でも、兎も角それに乗せてしまって、そして馬の尻を叩いて暴れ馬の上で子供を鍛えるという様な、実に乱暴なところもあった。その息子さんは、僕が教官だった頃には未だ子供だったけれども、後に矢張り軍人になった。そして僕が津軽の要塞司令官になった時に、その息子さんは参謀本部に居って、北海道に視察に来た事があるよ。その時には昔話が出て、向こうは「親子で御世話になります。」なんて御世辞も言って、今度は僕の方が御馳走して一晩大いに飲んだ事を覚えている。

で、島川大将が亡くなったのは、丹毒に罹《かか》られた為だ。丹毒というは非常に危険な病気で、うっかりすると命を取られる事があるのだが、島川大将という人はそういう病気に罹られたのにも拘らず、御医者さんに掛かれと言っても絶対に掛からない人だった。これ位な事で御医者さんに診てもらうなんてそんな馬鹿があるかという具合で、到頭御医者さんの所に行かずに亡くなられた。そういうところも実に乱暴だった。それでも島川大将は、僕ら全然関係の無い人間でも一緒に飲もうと言ってくれる様な、気分的に実に優しい面があって、非常に懐かし味を覚える人徳有る人だった。

士官学校で僕が教官をやったのは結局一年間だけだった。自分でも、まさか一年で直ぐかわるとは思わなかったし、教える内に生徒との親しみもできるから、せめて二～三年はそこに置いてもらって教えてみたかった。それに士官学校勤めならば東京住まいだから、そういう意味でももっと居りたくもあった。しかし、松戸に工兵学校が創設されて、僕は初代の副官、それも出来る途端に直ぐ副官になるという事で引っ張られたから、その時は残念な気持ちも有ったけれども、兎に角行く事にした。そして副官というのは矢張りその土地に居ないと不便が多いので、今度は陸軍工兵学校の所在地である松戸に家族全員で引っ越した訳だ。家は納屋河岸という所に借りた。

十．陸軍工兵学校

（一）工兵学校の設立と初代古賀校長（陸軍工兵学校副官）

松戸の陸軍工兵学校（参考乙25）は、大正八年四月十日に学校条例が制定され、同年十二月一日その創設が発表されると共に我々幹部が任命された。

工兵学校というのは、工兵に必要な各種技術の研究を行い、その成果を各隊から派遣された学生に教育し、最終的に全国の工兵隊に普及する事を任務とした所謂実施学校だ。で、工兵というのは特科兵であるが、工兵学校は他の特科の実施学校から比べると大変遅れて出来たものなのだ。此処に「陸軍工兵学校」と云う本を作る為に、工友会（参考乙26）から依頼されて僕が寄稿したものがあるから、遅れて出来た由来等について、一寸読んでみる。

『工兵学校が、他兵科の実施学校に遅れて創設されたことは周知のことであるが、その訳は、上原勇作元帥が工兵監の当時、工兵の教育は兵監自らこれを行う、あえて学校を創設する必要はないと主張されていたところから、これに対して反対意見を述べるのが困難であったことによるらしい。しかるに宮原国雄少佐が英国より帰朝せられるや、熱心且つ勇敢に速やかなる工兵学校設立の必要性を説き、工兵内部にも同調する者が多く、以来宮原少佐は軍務局工兵課員或いは高級課員として数代の課長を補佐し始終工兵学校の設立に努力され、進級して自ら工兵課長になるにおよび、たまたま軍備整理の好機を利用して、ようやくにして設立を見るに至ったことは誠に喜ばしいことであった。』

少し説明を加えると、工兵監と云うのは、全国の工兵隊を指導する一つの監部だが、これに就いていた上原元帥というのは、前にも一寸言った様に、陸軍の中でも大変強い勢力を持っていたから、その古い考え方に中々反対が出来なかったのだ。だから、宮原さんをはじめとして、他の工兵出身者も工兵の実施学校が必要だという事は十分認識していたのだけれど、中々スムーズに行かず、それでその設立が非常に遅れた訳なのだ。

『大正八年十二月一日創設発表当時の幹部は、校長古賀啓太郎大佐、教育部長工藤貞喜大佐、校附佐官大久保寛三少佐、学校副官今中武義大尉のほか教育部要員として根上清太郎大尉、教導隊附要員として黒住一正大尉が任命された。当時は未だ学校本部の建築工事中で、教導隊、集会所その他の付属施設は以後逐次完成したものである。当時の松戸町は、人口二万人にして学校職員の住宅捜しには全く困却した。幸いにして町当局、住民は挙げて学校の創設を歓迎し好意を持って迎えてくれた。松戸町としても繁栄策として当然のことであったろう。学校の敷地は相模台全域にわたり、中央を東西に通ずる道路の北部は学校の敷地、南部は校南作業場として主として坑道教育の作業場として使用され……云々。』と書いてあるがね。

当時の松戸は未だ市ではなく町だった。そして、工兵学校の在った所は相模台と云ったが、現在はもう学校は必要なくなったから児童公園になっている。そもそも松戸という所は、岡の上は演習するのに都合の良い相当に広い場所があるし、川も直ぐ側にあって渡河演習がそこで出来る。それから他の交通関係の研究用にも広い作業場が確保出来、その他築城などの訓練をするのにも非常な適地で、工兵学校を創るのには良い所だと思われた。

工兵学校が出来た頃の松戸町というのは、人口が僅か二万、維新前は、水戸方面から参勤交代で江戸に出て来る時の一つの宿場町だった。だから僕らが行った時でも殿様が本陣として用いた比較的大きな民家が未だ在った。そういう風な昔ながらの宿場町で、他には特別な産物が出来る訳でもないし、大して意味の有る町ではなかったのだが、それでも人口が二万居ったということは、宿場の関係で種々な商売上の利益もあり一時栄えた証だろう。それから松戸は、江戸に乗り込む前に泊まる所だから、女郎屋が在った。その女郎屋というのは、僕らが行った頃も未だ在ったし、後に僕が教導隊長になって行った頃迄在った。そして夜になると太鼓をドーンドーンと叩いて御客集めをしているのが、手に取る様に聞こえよった。でも、町の在る所以外は水田と畑ばかりで、付近はみな農家だった。今はベッドタウンとして注目されている松戸も、元々はそういう場所だったのだ。

さて、官報には十二月の一日付けで載ったけれども、僕らが工兵学校に行った時には、建物の方は未だ本部の一部分が出来ておっただけで、他は教室等何も出来ていなかった。それから組織の方からいうと、実施学校というのは、学校本部と、各種の演習・研究の核となる教導隊と、全国から集まって来た将校或いは下士官の学生を教える教育部との三つが揃わなければ仕事が出来ない。それで、学校本部は校長等主要幹部と軍関係・対民間の庶務を司る僕、それから教育部の方は学生に教える為の種々な準備をする根上、教導隊は組織その他の準備をし将来教導隊の教官になる黒住の各大尉が一番始めに赴任した訳なのだ。

そして始めの一～二年間というものは、もう準備々々で明け暮れておった。その準備を進める委員というのは、根上もそうだが皆僕の同期生だったから、工兵学校の諸準備の実質部分は僕ら同期生によってなされたと言っても良いかもしれない。そうして、漸く教導隊の編成が出来たのが大正十年だった。この教導隊というのは、教導する為の一つの隊で、組織としては普通の工兵大隊の様なものだが、各種の演習や研究に使う駒になるものだから、実施学校の中核組織といっても過言ではない。それを創る為に二年近くの期間を要した訳だ。

その教導隊の一部、約一個中隊ほどが漸《ようや》く出来て、未だ本当の仕事を始める前の大正十年の秋に、忘れがたい事件が起きた。江戸川が大増水し、松戸の直ぐそばにある堤防が切れかかった事だ。それは坂川と云う江戸川に通じる小さい人工の溝、普段は肥やしの運搬船等が往復する所謂用水だったのだが、その坂川と江戸川の接合部の水門付近が、増水によってどんどん壊れ始めたのだ。何しろ江戸川の堤防は今でこそコンクリートで固めた立派なものになっているけれども、その当時は土を盛って造っただけの文字通りの土手だったから、見る間にその一部が壊れ始めた訳なのだ。そして松戸という町は元々非常に低い場所に出来ていて、堤防が切れると家がみな水に浸かってしまうから、警報として消防の鐘はガンガン々々叩くし、その内夜が近づいて段々暗くなるしで、町全体がもう大混乱に陥りそうになった。

で、僕も副官として現場に行ってみたところ、その時には既に堤防の一部が壊れていて、町の消防団や近所の住民が必死で土嚢を造ってはそこへ投げ込んではいるのだが、しかし投げ込んでも投げ込んでも流れてしまってどうにもならない。それで僕もこれは大変だと思って、未完の教導隊に一刻も早く出動せよと連絡したのだ。そうした処、同期の黒住大尉が隊を率いて駆け付けて来た。そして黒住大尉は、先ず方々から青竹を集めて来て、それを堤防の切れそうな所にドシドシ突っ込んで、その間に土嚢を投げ込んだのだ。そういう方法をとったものだからやっと土嚢の流れるのが止まって、土手の補強が出来る様になった。本当にその時はもう大騒ぎで、町全体がパニックに陥る寸前に、黒住大尉指揮の約一個中隊があざやかに堰の崩壊を防ぎ、また、水の方も運良く減り始めたので何とか助かったという事があったのだ。だからその時には、翌日に町長と消防団の代表とが御酒一樽を教導隊に運び込んで御礼を言いに来たよ。そういう事からも、町の人達の間に工兵学校への感謝と親しみの気持ちが益々湧いて来た訳で、この時の事は今に僕の想い出の一つになっている。

それでまあ少し大袈裟だが、その当時は「松戸の工兵学校」と言い或いは「工兵学校の松戸」と言う位だったから、工兵学校というものが、単に親しみの対象であったばかりでなく、松戸の町の発展上如何に影響が有ったか解ろうというものだ。だから町との交際は非常に円満に行ったし、学校の言うことは町の方でも良く聞いてくれて、対民間を司る副官としては随分遣り易かった。

僕がやった本務以外の仕事や民間との交流についてもう少し話をすると、工兵学校にもやがて将校集会所が出来て、その中には文庫もあるし、食堂もあるし、それから会議室や応接室もある訳だが、それらの管理は専《もっぱ》ら副官が担任して居ったんだ。それで僕も段々慣れて来てからは、園芸方面に少し自分なりの理想もあったから、将校集会所の庭を僕一人で造ってみた。大体将校集会所というのは、何処に行ってもそうだけれども、それこそ四〜五百坪ある広い所にポッンと建物が出来ているのだから、庭造りにしてもかなり大変なのだ。そこで、工兵学校にも植木屋が大概二〜三人は来ていたし、それらを放っておいたのでは仕事にならないので、僕が指図をして造った訳だ。勿論校長も庭を造るのが好きな人が割合に多いから、普段は意見を聞いたりしながら作業するのだけれども、将校集会所の庭に関しては設計から造園まで僕一人で全てやった。因に工兵学校の将校集会所というのは、台上の非常に遠望の利く大変佳い場所に在って、当時のことだから、遠くは浅草の五重塔辺りまで一望出来たよ。

また、そういう風に将校集会所の庭など造るのと同時に、学生の生活を見ていると、学生というのは、宿題も有るし、何時迄に出せというような作業もあるし、また何よりも自分の将来に影響するから少しでも良い成績を取ろうと一生懸命で、もう新聞も何も見やしない。で、今頃でこそあまり出ないけども、昔は新聞に所謂皇族欄というのがあって、天皇陛下が何処に行幸になったとか、皇后陛下が御出ましになったとか、あるいはその他の皇族方でも、大宮さん辺りは参謀本部の総長など重要な位置に御就きになる事が多いからその行動がみな載ったものなのだ。そこで、特に天皇陛下は我々から言えば大元帥なのだから、そういう欄だけは昼食の時に必ず僕が学生に読んで聞かせるというのを遣っていた。

それから学生というのは勉強に追われて時間がないばかりでなく、気持ちの中にも余裕が無い。常にあくせく々々している訳なのだ。そこで、食事をする時は折角校長以下生徒が全部一緒なのだから、せめてその間だけでも気を和らげる工夫はないものかと思って、テーブルに花物でも置いたらどうかという様な事を考え出して、その為に集会所の一部分に温室を造った訳なのだ。

で、造るとなれば工兵は本職だし、それ位の物を造る程度の材料は有るし、最初にちゃんと設計しておきさえすれば訳無く出来る。例えば、庭に一寸した亭（チン）の様なものを造るにしても、業者に頼むとなると中々予算的に難しいが、兵隊に一寸手伝ってもらえば訳無く出来る。と言うのも、工兵隊には相当に大工が居るからだ。それは歩兵隊でも居るには居るけれども、工兵というのは特別に大工が多い。これは破壊は別として、構築という事になると大工の技術が基になるからで、土工などは誰でも出来るが、大工の真似というのはそうそう簡単には出来ないので、工兵隊では先ず大工を採る。それから高い断崖に登ったり木登りしたり構築に直接なくてはならない者として鳶、それから川の仕事をする関係上船頭、あとは頑丈な農家の者、そういう者を主に工兵の兵隊として採る訳なのだ。そして見ていると、大工というのは余り頭の悪い者では務まらないから大体において頭が良いし、工兵として一番役に立つのが矢張り大工なのだ。まあ、そういう種類の者が兵隊になっているのだから、歩兵隊とは違って、構築物を造るには都合が良い。それで温室を造った時も、教導隊に大分余裕が出来ていた頃だったから、本当はそういう所に使うべきではないけれども隊から兵隊を出してもらって、僕が直接指揮をして、本格的な温室を僅か二〜三日で造った。当然の事ながら経費は全く掛からなかった訳だ。

そして温室が出来てからは、中に花物とか盆栽とか色々入れておいて、また例えば桜草の時期にはその種を蒔いて作ったりして、それを食堂のテーブル毎に置いてそこで食事をするという風にしたら、矢張り皆が喜んでくれたよ。それから将校集会所では会合もかなり有るし、卒業式の時などは御客さんも沢山来るから、そういう時にもテーブルの上に盆栽や花を飾る。そういう物が有ると無いとではうんと感じが違うものなのだ。そういう本務以外の事は半分は僕が好きでやった事だけれども、結構喜んでもらっておった。

それから園芸関係でもう一つ思い出すのは、工兵学校の直ぐそばに高等園芸学校が在った事だ。この高等園芸学校は、今の千葉大の園芸部の前身で、あの土地としてはあとは中学もなく小学校が在るだけだったから、園芸学校とは非常に親密に交際しておった。またそれ以外の高級官衙としては地方裁判所が在ったから、それとも交際していた。そういう関係だったから、此方で薔薇を作るとか牡丹を作るとかいう様な事になると、先ず園芸学校の先生によく見てもらって、そして場所も決める。そうすると、あとは園芸学校の生徒が実習を兼ねてみな植え付けてくれたものだ。それから、園芸学校には当然大きな温室があって、ベコニアとか蘭などという西洋系の珍しい草花もざらに有った訳だが、個人ではなく学校で貰うのであればそれらも只でくれる。だから工兵学校の温室の中にも相当にそういう物が有った。それ位園芸学校とは仲が善かった。それから僕の家の二、三軒隣に園芸学校の職員が居って、個人としても仲良くしてたから、例えばマスカットなどは温室で育てるのであの頃は特に高いものだったのだが、その栽培が進んで実が生る時期になると少しは安く手に入れられるという様な事もあった。

さて、話が少し細かくなり過ぎたから元に戻して、僕が仕えた校長、初代の校長であった古賀啓太郎（参考甲5）と云う人について話しておこう。

古賀校長は、士官候補生第二期生、若い頃から成績秀出大いに頭角を現わした人で、その着眼、創意工夫、発想の非凡さで群を抜き、工兵界の逸材だった。そういう非常に優れた人だったが、一方性格が余りに放胆で、所謂放蕩も人一倍にやった悪戯《いたずら》坊主だったから、陸軍大学時代も借金をしたあげく始末が付かなくなって、品行が悪いという事で停職を喰って中途退校した程だった。しかしまたそういう豪気があるから自然放胆な答解が出るのだろう、陸軍大学在学中の成績自体は非常に良かった。

古賀校長は、僕が新米少尉で最初に配属された時廣島の工兵第五大隊附の少佐だったから、その頃からお世話になっていたのだが、その時でも夏になると自宅では本当の真っ裸で居って、僕など行ってもフルの儘出て来る。それで或る時に、隊長の山口トウイチロウ……これは前も言ったように廣島で僕が一番嫌われて、もう軍を辞めてしまおうかとまで思った時の隊長だけれども……その人が古賀さんの家に行った処、矢張りフルの儘出て来て、自分の隊長なものだから「アッ」と驚いて直ぐ中に引っ込んだと思ったら、褌《ふんどし》だけしてまた出て来たという話が有る位で、実にもう何と言うか、変わった放胆な人だった。

しかし、初代の校長というのはそういう風にものにとらわれない人だし、新しい事を考え出してどしどし遣るという人だったから、この時代に工兵の教育システムや技術が非常に進歩した。

例えば、教育システムに関しては、工兵というのは技術を以て立つものだけれども、工兵技術と一口に言っても多岐に亘っているので、兵隊にあらゆる事を教えるのは中々難しい。従って以前は、土を掘る土工とか、大工仕事の木工、それから水の仕事も有るが、これらは特殊な任務を持った何名かの兵隊をそれぞれの基本的指導者として養成し、他の兵隊もそれに沿って訓練しておったのだ。例えば、橋を架けるのだったら、一番先頭で仕事をする橋頭手《きょうとうしゅ》という者を養成しておって、訓練する場合にはそういう特殊技能者を使う事を中心に、中隊長は全体の計画をし、小隊長は小隊としての仕事、班長は班としての仕事という風に、各々個々別々に指揮して遣っていたのだ。所が古賀校長は、工兵作業というのは、結局土工・木工・結束作業等の各単作業の総合なのだから、橋頭手等は別として、兵隊にはこれらの基本技術をみっちり覚えさせておけば良く、小隊長と班長がそれらの運用をしっかり考えるべきだと、またそれを上手く使いこなす為の班教練を徹底すれば良いのだという事を考え出して、兵隊の教育をうんと簡単にした訳なのだ。そういう事は、良く考えれば成程その通りだけれど、それ迄は教範そのものが兵隊まで各種動作を覚えなければいけない様に出来ていて、それをまた当然の事として教練を行っていたから、却《かえ》って技術レベルの全体的な向上という事が中々出来なかったのだ。それを単純化する方向で大々的に且つ根本から直したのが古賀校長で、この時教範もそれに拠ってみな作り直した。

　それから教育システムだけでなく、工兵技術自体も、この時期に大いに発達した。大体日本軍というのは攻撃を主として研究したものであって、防御というのは止むを得ない時にするのみ、謂わば攻撃一点張りで全てのものが出来ておったから、そうなると敵陣地の攻撃技術というのが特に重要になる訳だ。そして陣地への攻撃は、先ず砲兵が遠方から射撃して、その援護下に歩兵が突進して行く手順だが、しかし歩兵が愈々直接に攻撃する時には、味方の砲弾でやられる虞《おそれ》があるので思う様には撃てない。一方、敵は鉄条網等障害物を構築して、機関銃とか擲弾筒とか手榴弾とかあらゆるものを以て近接防御している。従って、歩兵としては、敵前で銃火砲火機関銃火の下に何の様に前進するかという事が最重要の研究項目で、且つ一番困難な問題だったのだ。で、その障害物等を破壊して進路を造るのは、工兵の仕事という事になっていて、爆弾三勇士なども工兵から出た訳だから、工兵学校としても突撃進路の確保は重要な研究項目になっていた。だから僕らもそれはかなり研究したものだった。

で、固く守られた陣地を出来るだけ少ない犠牲で如何にして攻撃するかというと、抵抗し難い夜間に接近するという方法も勿論あるけれども、必要に応じて昼でも突進しなければならないのが戦場だから、この時期に我々は煙幕というものを研究した訳なのだ。煙幕というのは煙を一面に流して、その煙に隠れて障害物の破壊や前進をするものだが、以前は煙幕など無かったのだから、あらゆる場合を考えながら僕らが自己流で研究した訳なのだ。それから同じくこの時期工兵学校で研究したものの一つに火炎放射器もあった。

それでまあ、煙幕をやり、鉄条網等障害物の破壊をやり、火炎放射器も研究して、そういうものが大体揃った時に、これらを使った陣地攻撃を実地でやって見せた訳だ。例えば師団長会議というのがあって、これは大概年に一回全国の師団長が東京に集まる会議だけれども、会議終了後にその師団長連中が、陸軍大臣とか、参謀総長とか、教育総監などと共に必ず工兵学校を見学に来る。そうすると、まあ校長が案内する訳だけれども、何しろ古賀啓太郎といえば、先程も言ったように、頭は良いけれど悪戯《いたずら》坊主で休職になったり停職になった有名人だし、自分より若い人が師団長になっている様な状態だったから、彼ら辺りに対してもちっとも怖がるとか何とかじゃあない。寧《むし》ろ本当は屁とも思っていないのだから、まるで生徒を扱う様な遣り方で、「貴方方が一番お困りの陣地攻撃は、我々が研究したからもう心配は要らない。貴方方は我々が片付けた後を鼻唄を歌いながら突撃すればよい。従ってこの地区を鼻唄地区と云う。」とか言って、それこそもう思い切って自分が考え出した案を吹聴する訳なのだ。それでそういう時には、後で集会所などで各師団長が休憩される訳だが、副官はそういう接待もしなければならないから行くと、「今日は久し振りに古賀君の大法螺《おおぼら》を聞かされた。」なんて言われてね。まあそれは大法螺という事もないのだけれども、何しろ頭は非常に鋭いし、もう突飛な事を遣る人だったからね。

それから古賀さん自身が研究された事の一つに坑道がある。坑道というのは地下に穴を掘って岩を潜って行く技術で、旅順攻撃などは専《もっぱ》らそれでやったのだけれども、その時に一番困るのは湧水の始末だ。それで、動力を使ってパイプで水を外に出す位の事は昔から遣っていたのだけれども、穴を掘って種々作業してみると、水は所謂水層と云う地層を通って地下でも流れているのだから、それを利用すれば簡単に湧水が処理出来る。即ち、水層の水の出る方を或る程度止めておいて、他方の水層に向かって湧いて来た水を流すと、意外にドンドン捌《は》けるのだ。これは単純な事だけれども全く新しい発見で、僕も成程と思ったけれども、そういう事を見付け出したのは、古賀さん位のものだろう。と言うのは、坑道作業は中々危険な仕事だから、誰もそれ程思い切った研究をやらない。所が古賀さんの場合は実に思い切って徹底的に研究するのだ。古賀さんは、僕が聯隊長で行く以前に京都で隊長をやっておられたけれども、京都の作業場に行ってみると至る所穴だらけで、坑道について実によく研究されていた事が判った。まあ〝古賀大隊の坑道〟というのは一時有名になった位で、工兵監が検閲に行っても、逆に兵監が教わる程だった。

そういうのが第一代目の校長だった訳だが、僕は以前から御世話になっておって親しみもあったし、非常に信頼もされまた此方も信頼していたので、一生懸命に働いた。で、学校本部における副官の仕事、所謂本務の話だけれども、学校も一つの機関だから様々な解決すべき問題があり、それに伴って書類が沢山あるし、外からも書類が毎日々々来る。で、それは教育部関係のものも教導隊関係のものもある訳だが、みな一応本部に集約されるので、それらの問題点を嚙み分けて、担当部署に配ったり意見を取り纏めたりしなければならない。それで僕は毎日沢山来る書類に目を通した後、大概一応校長には見せて、僕の意見を述べて指示をして貰ったり、担当部署を決めて書類を配ったり、また教育部とか教導隊にそれを配った上で意見を纏めたりしておった。またそれらの中には、直ぐ解決しなければならない問題もあるし、逆にじっくり検討しなければならない事もある。だからそういう判断や連絡や協議だけでも毎日々々が相当に忙しいのだ。それで忙しい処を早く始末する為に、僕は殆《ほと》ど何時も廊下を駆け足だ。もう廊下をゆっくり歩いて行くなどという暇が無いのだ。それから副官は外部との関係も司っているから、例えば何時何時これこれの見学をしたいと依頼が来れば、教育部の方とも教導隊の方とも協議して、教育部長、教導隊長の了解を取り付けなければならん。そういう風だから、ゆっくり歩いている訳にもいかず、廊下を何時でも駆け足で行ったり来たりしとった。何しろ副官は僕一人だけなので、相当に激務だったし、また殊に僕の場合は仕事の流れの出来上がっていない創立当時からだから大変だった。その代わりに、詳しい事は僕らが一番詳しいのであって、教官の数も相当に居るけれども彼らとの接触も充分にあるし、こういう問題は誰の所に持って行く、こういう問題は誰に担当させるという風にして、遣り易い処も有った。だから、仕事をその場その場で速やかに片付けるという事については、校長には大概気に入られていて、「アア、もう出来たか。」と時々褒められた事を覚えている。仕事というのはその場で片付けなければ時機を失する事もあるし、第一溜まっておったのでは他の仕事が出来ない。だからそういう心掛けは、副官業務としては極大切な事なのだ。そして本部には文官の書記と軍曹・曹長級の軍人の書記とが四～五人居ったから、どういう所にどういう回答するという案は僕が作って、それを書記に清書させて発効するという手順だった。

それから、特に古賀校長の時には、家庭の事まで随分働いた。

と言うのは、古賀さんというのは性格が性格だし、また放蕩でもあるから、奥さんとしても随分苦労も多かったろうと思うのだが、兎に角奥さんの神経が随分衰弱してしまって、時々東京に飛び出したりしていたのだ。それで校長も後から追いかけて行っては、もう他人の前でも何でもピシピシッと殴って、そして「付いて来い！」と威圧して連れ戻すという事があったけれども、帰ると又何時の間にか抜けて出てしまう。それで僕は砲工学校に五年間もいたから東京には先輩が沢山居るし、僕が工兵学校の副官になって居るという事も大体皆知っているから、そういう所から時々「校長の奥さんが、東京に出て来てこんな事をやっているではないか。副官一体何しているか！」と叱責の電話が来るのだ。しかし何しているかと言われても、抜け出て行くのは止め様が無いし、そんな事ばかり遣っておったのでは学校の仕事が出来ない。だから、特別の場合には刑事に頼んだり憲兵に頼んだりもしたし、一緒に奥さんを連れ戻しに行った事もあるけども、「もう憲兵の方にも連絡してあるし、手配はしておきますから。」という位しか返事の仕様がなくて困った。

それともう一つ、これは本当に内輪話だけれども、古賀さんという人がどんなに放胆だったかという例として話すと、自分の息子が京都の大学に入った時に、「家にはこれだけしか金が無いから、お前が京都に行ったら、これで卒業する迄全て済ませ。」と言って、その当時としてはかなりの金をポーンと一遍に渡したのだ。所が、京都は美人も多いし芸者なども盛んに活動する所で、一方は当時の学生だから女遊びを覚えてしまって、貰った金をみな使ってしまった。そして息子さんの方も親父さんには申し訳無いし、言ったところでもう金は送ってくれないし、遣る瀬が無くなって到頭芸者と心中しようかという様な問題が起こったのだ。それでまあ、さすがの古賀さんもこれには困惑したのだが、その時にまたこれは当時の普通の人では遣らぬ事だけども、「それ程好いた女なら、一緒にしてやろう。」と言ってね。まあ自分自身若い時から放蕩し通しにしているから、随分捌《さば》けた処も有るのだが、しかし確かこれは最終的には一緒にならなかったと思う。

こういう問題が起きたのも、そもそも卒業する迄の金を一遍に渡した事に端を発しているのだ。普通だったら、お金はボツボツ渡すものだ。だからこそ子供の方は子供の方で始末に始末をして金を使わない様にするし、また何だかんだと理由を付けてはお金を送らせる訳だが、兎も角古賀さんにあっては、全てがそういう様な遣り方だった。だから奥さんの精神が少しく変調を来したのも、古賀さんの遣り方が随分荒いからなのだ。それで此方もそういう余計な事まで自然にタッチしなければならなくなった訳だが、普通であればそんな事知らないと言って放って置けば良いのだけども、僕としてはそういう訳にも行かなかった。

少し余談が過ぎた。しかしこれは古賀さんとはまた違うけれど、当時の豪放な将軍の例として、お前も興味を持っている秋山（好古）将軍（参考甲14）についても一寸話しておこう。

秋山将軍は当時教育総監をやっておられた。教育総監部というのは、陸軍の三官衙である陸軍省、教育総監部、参謀本部の内の一つで、この三官衙は同等の立場でおる訳だが、秋山さんはその一つの長である教育総監を長く務めて居られた。で、軍の学校というのはみな教育総監部の管轄内に入るから、僕らも種々御指導を受けた事があるし、演習に参加した時にもあれが教育総監だと敬意を持って眺めた事がある。

秋山将軍は騎兵出身で、日露戦争の時、世界最強のコサック騎兵を作戦と用兵で破って勇名を馳せた人だ。大体騎兵というのは戦術というものに非常に力を入れておって、敵の背後に出る等突飛な作戦で機先を制したりする。また咄嗟の場合に直ぐ判断して行動出来なければ価値がない兵科だ。秋山さんはその大先輩だから、やること全てがそれ式で些事にわたることなど気にもしない。それで戦地に行ったら勿論顔も洗わず歯も磨かずに一向平気で、身の回りの事など一切構わない。実にそういう方面には無関心で、そういう事でも有名な人だった。また、如何に性格豪放かという事の一つの例としては、満洲辺りは非常に蝿が多い所だから、ビールを飲むにしても自然に蝿が飛び込んで来る訳だが、秋山さんは、先ずそれを蝿と一緒にフーッと飲んで、それから蝿だけプップッと西瓜の種を出すように吐き出すのだそうだ。普通は矢張り蝿が入ったものをその儘一緒に飲むという気にはなれないけれど、そういう事がわざとではなく自然に出来る人だった。

まあその様に、昔の将軍には豪放な、所謂精神的な訓練が出来ている人が多かったし、また殊に偉くなる様な人は、何かそういう特色を持っている人が多かったね。

（二）演習準備と関東大震災と2・26事件（校附佐官）

古賀校長の副官を三年余り務めた後、大正十二年四月一日付けで陸軍工兵少佐に進級し、同時に工兵学校附に異動した。

工兵学校の学校附少佐というのは、経理委員という制度の首座を務め、主として学校全体の経理関係を司るのが仕事であった。

さて、この大正十二年の秋には特別工兵演習が予定されていた。特別工兵演習と云うのは、二年か三年に一回、全国の隊長と特殊の隊を参加させて行う工兵の大きな演習なのだが、僕はその準備を命ぜられて八月から岡山の日本原演習場へ出張した。で、その時には演習の準備の為に二萬円の現金を日本銀行まで取りに行って、それを持って準備に向かった事を覚えている。その当時で二萬円という と、勿論今頃の二千万円以上だが、しかしその演習の準備というのは、先ず日本原の官林の木を払い下げてもらって、山の上から木を切り下ろして、それを製材して演習場の方々にばら撒くという大掛りなものだから、それ位の費用は十分に掛かる訳だ。そしてそういう大掛かりな仕事ではあるけれども、此方から行くのは、僕と上等工長一人と工員一人の三名のみ、他は地方（民間）の人を頼んで人夫を集めなければならない。しかも、山から木を切り下ろすなどという作業は、ひどい急斜面での特殊な作業になるから、とても普通の人夫では勤まらない。そこで当時そういう仕事は……これは非常に悪い言葉だけれども……当時で云う新平民が遣ったものなのだ。

で、そういうグループが、どういう所から出来たものか僕はよく知らない。場所によっては平家の落ち武者がそうなったという説もあるし、それから秀吉時代の朝鮮人の捕虜が主にそういう風になったという説もあるようだが、兎も角、当時岡山の一寸田舎の方には相当にそういう人達が居ったのだ。そして、社会から離れて生活していた訳だが、彼らを牛耳っているグループの指揮官などは非常に裕福な人も居って、そういう者は石垣を組んで城壁風にした大きな家に住んでいる。またそういう所に演習等で泊まると、とても喜んで非常に優遇してくれる。そして僕らの方も差別する考えなどちっとも無かったけれども、一般の住民は非常に厳しく差別しておったね。だから、多くはそういう事をしないと生活出来なかったのだろう、何と言うか普通の者では中々出来ないような荒い仕事をやるのが彼らの特色でもあった。

で、山から木を切り出して、それを持って行った製材機械で規定の寸法に製材して、それをまた演習場に送って配置するというのは、普通でも中々大変な仕事だけれども、そういう風に長い間世間から入れられず、普段彼らだけで徒党を組んで荒い仕事をしている人間を何十人も使って指揮するのだから、いくら此方に悪意が無いといっても、実際にやってみると内心危険を感ずる事もあった。だから、余程気持ちを強く持たなければ出来ない仕事だった。

それでも現地に入って一生懸命に作業を進めておった処、その最中の九月一日、関東大震災が起きたのだ。

そして、その時には、陛下が何処に避難されたかはっきりしないとか、総理大臣が行方不明になったとか、非常に情報が混乱した。それに対して、此方から電報や手紙を出して確認しようにも電報局・郵便局がみな被災してしまって連絡がつかない。それから帰ろうにも、鉄道線路が壊れて交通が全く途絶しているから帰ることも出来ない。そういう風で、演習などとても出来ない状態になった訳だが、動きのつかない状態のままそこに何日間位居ったか、兎も角資材を仮小屋に収容した後、東京に帰り着いたのが確か震災から二週間程先だったと思う。それもその時は東海道線を通って帰ることが出来なくて、名古屋から中央線の方をずーっと廻って新宿にたどり着いたのだ。しかもそれだって普通の客車じゃあない、貨車に乗ってやっと帰って来た位なのだからね。

そして、震災の時に東京は全部火事でやられて、東京から皆ゾロゾロ避難する状態だと聞いていたから、どうせ我が家でも一人か二人は犠牲になっているだろうと覚悟を決めていたのだが、帰ってみると幸いにも皆無事で居った。しかしその時には松戸も大いに揺れて、家族は家の直ぐ側の竹藪に身を寄せたものの、何しろお前の御父さんが生まれて未だ半年程で、ミルクをやるのも大変だったということだ。それから、御祖母ちゃまの妹の清沢の喜久ちゃんも東京から僕の家に逃げて来ていたのだが、それは僕の家の中村という別当が東京に迎えに行って、リヤカーに乗せてドンドン自転車を漕いで松戸の家迄連れて来たのだ。それはその当時……これは非常に間違っておったんだけれども……朝鮮人が騒いで危険だという話があったからで、僕の家には教導隊から兵隊が護衛に来てくれたから、とても心強かったということだ。

まあその当時は、朝鮮人が騒ぐとか社会主義者が混乱に乗じて内乱を起こすとかいうデマ情報があがって、もう東京中が大パニックになったのだからね。だからその時には工兵学校の将校でも何名かの朝鮮人を殺している。それから、例の甘粕大尉が共産党だったかの親玉を殺した。それは当時市川市に砲兵の旅団と憲兵分隊があって、その憲兵分隊の隊長が甘粕大尉で、それが社会主義者が何をやるか分からない非常事態と認識したものだから、直接自分で殺したのではないけれども、親玉夫婦を殺したのだ。で、これは当時でも当然大きな問題になって、その後軍法会議にもかけられたのだが、あの混乱の中では甘粕がやった事も止むを得なかったという様な事で、死刑にはならなかった。ならなかったけれども、矢張り彼は満洲に追いやられて、そこで暫く働いていた訳だ。

兎も角、関東大震災は近代国家の首都が壊滅するという未曾有の出来事であったし、一年半程だった学校附の中では最大の思い出になった訳だ。なお、この時の特別工兵演習は延期されて、大正十四年になってから実施された。

（三）軍縮と第二代若山校長の想い出（再び副官へ）

大正十三年八月二十日付けで、僕は再び学校副官に任命された。この時校長は未だ初代の古賀さんだったが、この年の十二月十五日に、若山善太郎さん（参考甲4）が陸軍少将に進級され同時に第二代校長として就任された。

若山将軍は、これまた非常に頭の鋭い人で、工兵学校では「誠実、勤勉、健康」をモットーに指導されたが、僕は士官学校の生徒の時にも御世話になっていたし、また前にも言った様に新米少尉の頃に思わず「若山式」が出た程鍛えられてもいたから、校長として迎えても親しみがあった。若山さんという人は、仕事には非常に厳格だが、私的には寛容なところがあって、若い頃にはこんな事もあった。

僕が士官学校の生徒の時に、若山さんは僕らの最初の区隊長だったのだが、或る日曜日、僕は廣島の県人会か何かで随分飲んで、グデングデンに酔っぱらって帰ったのだ。そして軍隊という所は消灯にならないと寝台に入ってはいけないのが原則だけれども、酔っていたから寝台に大の字になって寝ておったのだ。そうした処、若山区隊長が巡視でスーッと入って来られたのだ。それで僕も、仕方がないどうせ叱られるか罰になると思いながら、不動の姿勢をとって敬礼をしたのだが、普通だったら吃驚《びっくり》してものも言えない筈なのに、どういう弾みか急に可笑《おか》しくなって、ゲラゲラ〃〃笑い出してしまったのだ。そこで当然のことながら「何が可笑しい！」と怒鳴られたのだが、「区隊長殿が閻魔さんの様な顔をしているので可笑しくなって笑いました－！」と答えたら、区隊長も怒り様がなくて同じ様に笑ってしまってね。そして「今中どうしたんだ。」「ハイ、今日は少し飲み過ぎまして、酔っぱらいました。」「どれ位飲んだか。」「一升一寸位は飲んだと思います。」と質疑応答があった後、「そんなに酒が飲みたいか。」と聞くので「ハア、飲みたくあります。」と答えたら、「じゃあ、次の日曜、飲みに来い！」と言ってスッと帰ってしまったのだ。普通だったらもう叱られるか殴られるかするのだけどね。

まあ、そういう風に士官学校の生徒の時から可愛がられておって、また、このように工兵学校の校長になられた時も副官をやったのだから、何と言うか、非常に縁故の有った人なのだ。だから副官を務めても僕としては遣り易かった。

しかし考えてみると、古賀さんの時も、若山さんの時も、僕は幸い何事もなく勤めたけれど、僕の跡を継いだ副官は皆うまく勤まらなくて、神経衰弱になって転地などした者も出た位だ。僕が大尉から少佐になって学校附に異動した時、須田（忠）という、これは優秀で且つ器用な人間が副官になったのだが、あんまり古賀さんからギュウギュウやられるものだから到頭神経衰弱になった。それから若山さんの時も、僕の異動に伴って来た山内（ヤマノウチ）（章）と云う十九期の少佐……もう副官が少佐の時代だったのだが……にもよく頼んで行ったのだが、矢張り若山さんに言わせると気が合わないという事だったし、また山内の方も遣り難くいとこぼしていた。だから僕が副官を遣った後に来た人が皆、何と言うか難しいので閉口しておったのだ。僕はしかし、忙しい事は非常に忙しかったけれど、別に校長を難しいと思った事はなかった。まあ何事もそうだろうけど、副官業務は人間関係があるからね。そういう印象がある。

さて、此処でまた当時の社会状況について一寸話をしておく。

僕が工兵学校で一回目か二回目かの副官を勤めておった時に、丁度軍縮問題（参考乙27）が起こった。で、軍縮する時には、どうしても或る程度将校の数を減らさなければならないから、辞める人を募集したのだ。しかし何か色を付けなければ希望する者も無いので、一時金を与えるという事で、軍縮の希望者を募った事がある。

その時に、僕の同期生の根上が一寸胸が悪くて転地をしておったのだが、転地先で腕が利かなくなったので、これはもう結核性のものであって駄目だと思って、僕の所に「立てなくなった、残念、整理頼む。」という電報を寄越したのだ。詰まり、軍縮の整理対象になれば、少なくとも一時金が貰えるからという訳なのだ。で、僕は直ぐ校長の所にその電報を持って相談に行ったのだが、校長が「早まるな、直ぐ軍医を派遣しろ。」という事で、転地先に軍医を派遣した訳なのだ。そうしたら、胸から来て腕が動かなくなったのではなくて、リュウマチだという事が判った。それで、工兵学校に来る位の人は皆或る程度優秀な人なのだから、整理などとんでもないという事で到頭辞めさせなかった。

しかし、根上は今度は自分でももう駄目だと思っていたのだろう、松戸の自宅を整理して家族全部で転地しておった。だから、帰って来ても住む家がない。それで雨がビシャビシャ降る日に、子供を連れて……子供が二人居ったかな……夫人と子供二人を連れて、そして草履履きで、僕の家に来たよ。そして、他の人の所に泊めてもらおうと思ったら断られたと、だから一つ暫く泊めてくれんかという事でね。「アア良いとも。兎も角、上がれ上がれ！」という事で上に揚げて、何日だったかな、一ヵ月以上は松戸の僕の家に居ったと思う。そして病気で右の手が充分に動かないという時だったから、食事などもみな面倒をみたのだ。その辺りの事は、御祖母ちゃまが一番良く知っているよ。何しろ御祖母ちゃまがみな世話をしたのだから。

まあ、世相がそういう風だったから、僕の周りにもそういう事が起こった訳だ。

しかし、軍人を取り巻く全体的な世相はそういう風に厳しかったものの、松戸での生活というのは如何にも田舎風で、今考えてみても随分呑気なところがあった。

例えば、僕は副官で町との交渉事も多かったし、勿論町と仲良くしとったから、町長さん辺りが種々な用事で来る事も多かった。当時の松戸の町長というのは、時計屋の主人で良く喋る人だったけれども、それが僕らの所へ種々陳情などをしに来る。それで或る時、農地委員を決めるのに矢張り選挙でやるので、その際にはこの人に票を入れてくれと頼みに来た事があるのだ。それで、此方は誰がなったってちっとも構いやしないのだから、こういう事を言ってみたのだ。「それじゃあ貴方の御希望通りにしましょう。しかし町長さん、貴方の方ばかりでなく、此方からも御願いしたい事が有るんだ。」と。「どうも工兵学校職員の町税が高い。町長さんも商売を遣っておられるから御存知だろうが、松戸の商人辺りは皆どうしても本当の収入より低い所得を申告する。しかし我々は月給取りで、収入が明らかだから隠すことも出来ない。だからそこを勘案して等級を少し下げてくれないだろうか。それを承知なら選挙の方も協力しましょう。」と言ったらね、「エエ、承知しました!」と快諾するんだ。それで実際に、職員皆の町税が一編に三階級位低くなってしまった。それは町税だが、町役場には税務員も居るから一存ではどうかと思ったけれど、しかしああいう風な昔の町では、町長の言う事は大概皆聞くのだね。町長の思う様に或る程度なる訳だよ。だから直ぐに三段位下げてくれた。とても今じゃあ考えられないが、そんな事もあった。

兎に角当時の松戸では、今でも御祖母ちゃまが自慢話の様に言うけれども、もう汽車が出るという時でも、「一寸待ってー!」と走って行くと、列車が出発するのを待ってくれた位なのだから。もうあの辺は本当の田舎だったからねえ。だから、ワァーと手を挙げてトットと走って行くと、一分や二分は待ってくれるのだ。

それから汽車で思い出したから一寸話しておくと、僕が工兵学校の副官になった当時から、大分自動車というものが増えて、所謂乗用自動車というものが出来て来た。尤も、未だ家庭で自動車を持つという時代ではなかったから、みな今でいうタクシーだ。それで、当時僕らも特別な時には松戸から東京まで自動車で出た事もあったけれど、とても月給だけでは払えない位素晴らしい料金を取られたものだ。それが段々段々自動車が増えて、一時また馬鹿に急激に増えた後には、大分料金も下がって来た。それで、今頃の様に機械で自然に料金が出る訳ではなかったから、乗る時に、「幾らで行くか。」「それじゃあ高い。」などど盛んに値切ったものだ。そうすると幾らか安くなるし、しかも四人位は乗れるから乗れるだけ乗って東京に出ると、かえって汽車よりは安く行ける様にまでなった。丁度そんな時代の変わり目でもあったのだ。

さて、話を僕の事に戻す。僕が二度目の副官を遣っていた頃、僕のように学校職員等が長い人間は、矢張り野戦隊にやらなければいけないという方針が陸軍省から出て、僕は工兵第八大隊に行く事になった。その時には、しかし、丁度御祖母ちゃまが病気になっていて、この儘ほっておいたら取り返しの付かない事になるという連絡が軍医から有ったものだから、御祖母ちゃまを転地させなければならなかった。それで御祖母ちゃまは一番小さかったお前のお父さんとその上の三女だけを連れて鎌倉へ転地し、あとはとても面倒を見られる状態ではなかったので、長男は御祖母ちゃまの実家の小林へ、次の長女と次女は先程言った僕の後任の山内にそれぞれ預け、僕は単身で任地へ行く事になった。一家が四ヵ所に分かれてしまったのだ。だから第八大隊に行った時には、転地の方の費用は岩本の父が全面的に見てくれて助かったけれど、大変に苦しかった。それで若山さんが校長の時に異動したものだから、若山さんには一刻も早く一緒に生活出来る様にして下さいと出る時に頼んでおいて、また行ってからも始終手紙を出して窮状を訴えたのだ。で、若山さんという人は仕事そのものについては非常に厳格な人ではあるけれども、また言った様に私事については面倒見のよい人だから、工兵の人事には非常な権限がありしかも大佐で若山さんより若い陸軍省の工兵課長の所に、僕の事を頼んでくれたのだ。だからこそ僅か六ヵ月余りでまた東京に帰ることが出来た。そういう面でも、僕は若山さんには非常に御世話になった訳なのだ。

十一．北国盛岡での生活（工兵第八大隊附）

大正の末年である十五年の八月六日に工兵第八大隊附を命ぜられた。第八師団の工兵第八大隊は、盛岡に在った。

盛岡と云う所は、山の中腹に位置しているとでも言えば良いのか、兎も角大部分が山で、冬は本州最北端の青森より寒い。そして地形や風の関係もあるのだろう、雪もかなり積もるし、川には流氷と云って氷の固まりが流れて来る。流氷は、満洲ではしょっちゅう見る事が出来るが、本州ではこの付近の川くらいのものではないかと思う。それ位だから、青森が零下五～六度の時に此方が零下八度～九度、青森が零下八度というと此方は零下十二度と何時でも四～五度は温度が低い。だからもう冬は寒い寒い、とても寒いのだ。しかも、そんな所でも建物はみな依然として普通の和風建築だし、暖房もペイチカなどは未だなくて火燵《こたつ》だけだったから、冬になると暖気を逃がさない様に、縁側の外側は無論のこと、家の中でも使わない襖等は全部目張りして、一切開け立てしないようにする訳なのだ。しかし、そうしていても、そりゃあもう寒いのだ。

僕はそういう盛岡の市街で下宿をして居った。その下宿の主人というのは、元営林署に勤めていた人で、無論恩給もあったろうけれども、割合広い家だったから部屋を貸して生活の足しにしていた。そうして、非常に親切で何かと面倒を見てくれる人であった。

で、此処でも兵営というのは市街からずーっと離れていて、下宿からは二里程も有ったけれども、冬の間は雪が深くて馬が可哀相だから通常は兵営迄歩いて行っていた。それで随分遠いから、寒稽古などがある時は朝六時位に起きて、御飯をたっぷり食べて、それから兵営に行って稽古をする訳だ。寒稽古というのは、隊だから銃剣術もあるけれど、それは大体兵隊が遣る事で、将校はいざという時には刀を使うのだから、矢張り撃剣で遣る。そして稽古が終わったら、また隊の中で御雑煮の様な物を作って食べる訳だ。兎に角平生僕らは馬があるから歩くことが少なかったけれども、盛岡では冬になるとテクッて行ってテクッて帰るし、部隊だから寒稽古もあるしで、運動がとても良い。だから飯を食べること食べること、あれでは下宿の採算がとれないだろうと思う位食べた。だから一冬の間に体は肥えるし、股の辺などは肉が盛り上がって本当に張り切った体になった。

さて、僕は第八大隊に少佐で行った訳だが、少佐というのは、もう中隊長は卒業で、聯隊附とか大隊附の仕事をする事になる。隊附佐官というのは、その隊の会計・経理を司る経理主任……経理といっても主計ではないから実務はやらないが……それを司る主任か、全ての教育を司り各聯隊・中隊の教育計画、指導などを行う教育主任の任に就くのが一般的だった。そして、隊附佐官が二人居る場合には、通常上位の者が教育主任を遣り、下位の者が経理主任を遣る事になっていた。

で、第八大隊に行ったら、幼年学校の時から非常に仲の良い同期生の竹内（博介）というのが居ったのだが、僕は成績も彼より上位であったし工兵学校から来たというので、教育主任の方を遣る事になった。で、盛岡では冬の間は全て凍ってしまって本当の教育というものは遣り難くかったのだが、それでも陣地を造ってそれを攻撃する等、僅かな期間ではあったけれども、工兵学校で研究した事をそこに移して、一応形が付くところまでは出来た訳なのだ。

一般的に、北方の師団は融通は利かないが非常に粘り強いと言われている。そして、第八大隊にもそれを象徴するように「涙保塁」というのが在った。この「涙保塁」というのは、僕の居た時代ではないけども、前の前の時代に、工兵監が来て種々検閲した際、余りにも隊長以下兵隊が真面目で健気に作業を進めるものだから、兵監が思わず涙を零したという保塁なのだ。それでそこが「涙保塁」と名付けられて、工兵第八大隊の一つ名物のようになっていた。

実際第八大隊で遣ってみると、兵隊がとても真面目だ。しかし、どうも僕らと言葉がうまく通じないから、面白い事も起こる。例えば、僕の当番も良い兵隊だったけど、帰る時に「僕の馬を持って来い。」と命ずると、「ハイ、ボクの馬を持って来ます！」と復唱するんだ。当時あの辺りでは「僕」という言葉が耳慣れなくて、本当は意味もよく分かっていなかった訳だ。それからまた北の兵隊は鈍重だ。命令すれば、「ハッ」と遣るけども直ぐには動かない。本当に服従心が無いんじゃあないかと思う位なのだが、そういう訳ではなく行動自体が鈍重なのだ。だから日露戦争の時もそうだったけれど、北方の師団は、鈍重で粘り強い戦闘をする必要がある方面に使われる。そして、そうなると力を発揮する訳なんだ。

まあ、第八大隊には嫌々ながら行ったというのが本当の処だけれど、行ってみると案外そうでもなく、隊の方でも良くしてくれたし、隊長もそう栄《は》えた人ではなかったがとても良くしてくれた。僕と竹内の二人に隊長がサービスしてくれて、料理屋で御馳走になった事もある。また、竹内というのは酒の好きな男で僕も好きだから、よく一緒に飲んだものだ。それから、そういう風に寒い所なので、若い将校などは何だかんだと言っては料理屋の方に遊びに行くから、懐は苦しかったけれど、たまには付き合ったし、場合によっては此方で少しサービスもした。そういう風に交流もうまく行ったから、その当時の若い将校で未だに交際している人も居るよ。

さてまた盛岡の話。

盛岡という所は、所謂京都のお公家さんなどが京都から流れ流れて移動して来た所という説もあるけれども、実際非常に美人の多い所で、もう芸者などでも実に奇麗なのだ。だから若い将校辺りは、うっかりすると身を崩す事がある。本当にそうなっても仕方がないと思う位奇麗だね。で、町そのものも、京都とそっくりその儘だ。公園なども、全く京都辺りの公園と同じで真似をして造ったような感じだし、また盛岡城の外壕に架かっている橋など見ても、実に品が良く、アーチや擬宝珠なども造りが京都にそっくりだ。だから町としては佳い感じの所で、北の田舎に来たという気がしない。そして人間は大体において鈍重だけれどもとても人柄が善くて、泥棒とか何とかというような心配は、あの辺では余り無いんじゃあないかと思った位だ。だから家庭的には非常に苦しい時期だったけれども、僕としてはとても良い印象を受けた訳なのだ。その代り、買い物などに行っても時々言葉が通じない事が有ったりして少し困った。

それから、盛岡の風物詩として、冬になると田舎の方の婆さんが炭を二、三俵車に乗せて町に売りに来る。そして帰りには売った金で焼酎を飲んで、好い気分でヨッコリヨッコリ歩きながら帰って行くのだ。この辺は山ばかりで畑が幾らもないから、一寸田舎の方に住んでいる人は、そういう風に炭を焼いて、かなり遠方からでも売りに来る。それが一つの冬の商売になっている訳だが、男ではなくて主に婆さんが売りに来て、そして酔っぱらって、ヨッコリヨッコリ好い気分で帰って行く。そういう習慣の有る所なんだね。

それともう一つ、盛岡では案外海の物がよく手に入る。それでイクラなども非常に沢山売りに来て、また意外に安い。それから、生雲丹を貝の中に入れて焼いた物を、朝早くに売りに来る。それなどは未だ暖かい内に食べることが出来るから、実に美味いのだ。しかし、それは本当の雲丹ではなくして何か魚の白子の様なものだろうと思うのだけども、あの辺で雲丹と言っていて、雲丹の匂いもするし味もする（参考乙28）。金沢の方でも、矢張りそれと同じものを雲丹と言って売りに来るのだそうだよ。その焼いた雲丹を色々籠の中に入れて売り歩くのだが、それがまた当時一つ十銭位でとても安くてしかも美味しいのだ。兎に角山の中でも思いの外海から近いから、そういう物が豊富で、何で運ぶのか知らんけれども、釜石からも来るし、宮古からも来る。兎も角、この辺の海岸の漁で獲ったものはみな此処に売りに来て、案外山の中で魚が食べられるのだ。

それからまた、下宿の費用など実に安いのだけれど、下宿で作ってくれるものも美味い。鶏は自分の家で飼っているし山が近いから雉なども獲れて、冬になるとそういうのを潰しては種々暖かい物を食べさせてくれるのだが、寒い所の鳥は身が締まっていて中々美味しいし、宿の細君も鶏の料理など上手なものだった。

まあそんな事で、工兵第八大隊には僅かな期間しか居なかったし、特別目立ってどうという事は無かった。しかし、若山校長も長くは置かないからという様な事は言ってくれては居ったけれど、まさか半年で東京へ帰れるとは思わなかった。矢張り校長が、状況を汲んで、陰で猛運動をしてくれて居ったのだ。だから、帰ってから陸軍省に挨拶に行った時には、工兵課長から「大変家庭的にもお困りだったそうだな。」と最初会うなり直ぐそう言われたよ。まあ、実際普通半年位で替わるという事は無い。それで、僕は嬉しくもあったし、想い出にもなると思って、東京に帰る時には、かなり良い値で欅《けやき》の長火鉢と南部鉄瓶を御土産に買って来た。

十二. 供奉将校の光栄と失敗、歴代陛下の印象（近衛工兵大隊附）

盛岡の工兵第八大隊に行っている間に大正天皇が御隠れになり、元号が昭和に変わった。そして僕は東京に帰って、今度は昭和二年三月十五日付けで近衛工兵大隊附を拝命した。家は、赤羽の志茂村と云う所に、知り合いの主計が持っている良い洋館があったので、それを借りて家族揃って住むことになった。

近衛では、始めの内は再び教育主任の仕事に就いたが、やがて僕の同期生で士官学校の成績が僕より上の広瀬勝滋が隊附で来たので、以後教育主任は彼が遣り、僕は経理関係の方の所謂主査になった。隊長は、初めは別の人だったが、後に、工兵学校の教官を長く務めておった秋月胤介と云う人が着任した。当然以前からの知り合いで親しみがあったし、良くしても貰った。兎も角、近衛では非常に重宝がられて、とても愉快に過ごす事が出来たのは幸いだった。

近衛工兵に居った時には、平時の軍隊において最も重要な行事である検閲を二、三回も受けた。これは、師団の検閲が年に一回は必ずあるし、この時には工兵監の検閲もあったからで、師団の方はまあそれ程の心配は無いとしても、前にも言った様に、工兵監の方は隊長の進級等に対して非常な影響が有るから、僕らも一生懸命に遣って、先ず大過なく無事に通った。

それから、近衛に居る時には、教育や経理の仕事以外に種々な審判官を遣った。審判官と云うのは、演習などで種々の判定を下す役目の者だ。例えば演習の中で橋を掛けるとすると、実際に架橋しなくとも計画を提出させて、何時間後にそれが通れるようになるかという判断をして、その時間が来るまでは歩兵部隊等を止めておく。演習を単なる空論に終わらせない為に、そういう事をやる訳だが、それだけでなく、此方はもう少し下がれとか、或いは此方は進めとかいう指示等もする。まあ、そういった審判官をあらゆる演習で務めた訳だが、僕は審判するにしても或いは指導をするにしても、工兵的作業的な見地というものを持して遣った積もりだ。

殊に電話隊の演習ではそうだった。電話隊というのは、歩兵を要員とした戦時に師団指令部に出来る臨時編成の隊で、第一線と後方との連絡をとる為に電話の設置・運用をするものなのだ。それで電話隊の演習というのは、電話線をドンドン々々架設して、その架設状態が良いか悪いかという事が主になるから、そういう作業については、当然歩兵よりも此方の方が遥かに練れている。だから、実は僕は電話の事など良く知らなかったのだけれども、工兵技術からすればこういう風にした方が作業が早く進むとか、敵の弾に当たり難いという風に、技術というものに対しての自分の見地から指導したのだ。所が今までの審判官はそういう見地で判断する者が余り居なかったらしく、そうした僕の遣り方が、師団の方からは歓迎され、司令部からも非常に重宝がられた訳なのだ。そういう事もあって、師団長辺りからも割合に良く見られた様な気がする。

それから、秋月隊長の時には、隊長以下将校全部を僕の家に招いて、御馳走して大騒ぎをした事もあったが、兎も角将校団の融和というものに付いても、かなり力を入れた積もりだ。と言うのは、隊長というのは常に厳然としていなければならないから、隊内に種々ないざこざが起こると、隊長自ら収めるという事は中々遣り難い。そこでそういう時には矢張り大隊附が間を取り持って、上手く全体を融和させるという事が肝要だし、実際そうする場合が多いのだ。事実、僕が居った時も、中隊長と経理官……経理官というのは主計だが……これの折り合いが悪くて到頭喧嘩になってしまったのだが、僕は公平な立場で指導して、上手く収めた事がある。そういう方面にも割合に気を使ったから、隊長からも非常に重宝がられて愉快に勤務する事が出来たし、また、その時の友達とも未だに懇意に交際が出来て居るのだ。

それと近衛工兵の交際がこうも長く続いている理由の一つには、近衛工兵会の存在もある。これは、近衛工兵の将校を主体に下士官も加わった会で、一年に一回集会を開いている。そして会には、僕らの先輩で師団長になった人も居るし、陸軍大学校教官を長く勤めておった非常に優秀な人も居るけれども、現在ではそういう所に集まる内で僕が一番の古参になってしまった。それで、近衛は出来たのが非常に早いから、先頃創立百年だったかを記念して慰霊祭を遣った訳だけれども、後の宴会では、僕に工兵としての活動を何か話をしてくれという事でね。で、僕は南京を攻撃した時の話をしたのだけれども、兎も角僕らの先輩などは皆亡くなったりしていて、一方当時それこそ中・少尉で居った人は未だ生きてる人も段々有るから、そういう場所に出ると、皆非常に懐かしがって昔の話が出る訳なんだ。

まあ、近衛工兵では、隊長が元々工兵学校の教官を長くして居った人でとても親しみがあったし、僕をよく使ってくれたので非常に楽しかったよ。

さて、以上は軍人として普通の部隊務めの話だが、近衛にしかない務めとして供奉《ぐぶ》があるから、これについて話しておかなければならない。

供奉というのは、天皇・皇后両陛下を中心とした皇族方の御出ましの時に付く御供を指すが、普通の宮さん辺りは決まった御付武官というのが居て、何処に行かれる場合でも専門に付いて行くから、我々が供奉として付くことは殆どない。だから、普通供奉と言えば、天皇・皇后両陛下、皇太后陛下、それから皇太子殿下、皇太子妃殿下に付く事なのだ。

それで供奉の任にあたる将校、所謂供奉将校と云うのは三人居って、その内供奉長と云うのが佐官、それからそれに二名の尉官が……大概大尉・中尉で少尉である事は滅多に無いが……供奉将校として付く訳なのだ。勿論その外に憲兵等は沢山付くけども、直接御側にあって護衛の任に当たるのが供奉将校なのだ。だから最終的の責任があるし、そうかと言って仰々しく武装したのではいけないので、供奉将校は小型の拳銃に弾を入れて何時もポケットの中に入れて歩く。

で、皇族方の御出掛けは、昔は馬車だったけれども、僕らの頃には既に自動車で、運転手は、矢張り歩兵或いは騎兵から来た兵隊……兵隊といっても普通は下士官だが……が担当する。そして御出掛けの時は、御車の真後ろに供奉長、あとの二人は両脇にそれぞれ付いて、御車と一緒にずーっと付いて行く訳なのだ。そして御車の時はその様に付いて行くだけだけれども、汽車に御乗りなる時には、乗られる迄は外で警戒し、乗られたのを見届けてから直ぐ飛び乗って、それと同時に汽車が出るという様な仕組みになっている。だからその動作を機敏に遣らなければいけない訳なんだ。

それで、僕はこの汽車で一つ大失敗をした事があるのだ。

と言うのは、あれは何処だったか、葉山の御用邸にはよく御出ましになったから多分葉山ではなかったかと思うのだが、兎も角東京に御帰りになる為に汽車に御乗りになった時の事だ。陛下の御料車というのは列車自体が特別仕立てで、当然一般の住民が一緒に乗るものではないから、大概真中辺りに陛下が御乗りなる車両があり、その前後に御付の者や女官が乗る車両が数両付くという構成になっている。そして、陛下が汽車に御乗りになる時は、供奉将校は自動車から早く降りて警戒の任に当たり、陛下が御乗りになったら直ぐ飛び乗る段取りなのだが、その時はどういう関係か列車の向きを間違えて警戒配置に付いてしまった訳なのだ。それで、陛下がスッと御乗りになったので直ぐ飛び乗って車内に入ったら、なんと女官が沢山居る。で、おかしいなと思って聞いた処、それは所謂女官の乗る車両で、車が違うという訳なんだ。アッしまったと思ったよ。しかしそうなったらもうどうしようもない。何しろ僕らの乗るべき車両は陛下の御乗りになっている車両を挟んで反対側にあるのだから、陛下の車両を通り抜ける訳にはいかない以上、もう元には戻れないのだ。

その時の侍従武官は瀬川章友（参考甲15）さんで、当時確か中佐だったと思うが、どういう関係だったか、何処かで知り合いになっていて、御世話にもなった事が有る人だった。で、列車の中は電話が通ずる様になっているから、直ぐ瀬川侍従武官の所に連絡して、「実は、こういう訳で乗り間違えまして、誠に申し訳御座いません。」と先ずお断りをした処、「そういう事の無い様に、今後気を付けてくれよ。」と言って、唯それだけで済んだ。

で、その時女官は七〜八名は居た。詰まり、御用邸などに陛下が御着きになると、御食事や御茶などを陛下の所に運ぶのはみな女官だから、演習など特別の場合は別として、普通陛下が御出ましになる時には何処にでもそれ位の女官は必ず付いて行く訳だ。それで仕方なくその車両に乗って居ったら、女官がコーヒーは持って来るし、御菓子、それも女官などが食べる菊の御紋の付いた生菓子は持って来るし、それから菊の御紋の煙草なども持って来てくれて、とてもサービスが良いのだ。まあ女官にしてみれば若い将校ばかりで珍しいのかもしれないが、此方も女官は珍しいから、皆困った困ったと言いながらも、女官のサービスを喜んで受けて居った。

で、勿論、帰ってから隊長にこういう失敗をしましたと報告して、そういう事でも進退伺を出すのが普通だから、どうしましょうかと聞いたのだが、出すには及ばないという事に何処かでなって、到頭その儘済んでしまった訳なのだ。この時の事は僕の失敗談として時々人にも話したけれども、皆若い将校だから女官にモテたんだろうなどと笑い話の様に言われて、先ずは幸いだった。

それからもう一つ、これも葉山の御用邸にいらした時の事だったと思う。

葉山という所は、僕らは御車にただ付いて行くだけだから良く知らない。それで、他の若い供奉将校が、陛下が御用邸に御着きになった後に葉山の町を散歩してみたいと言い出したのだ。で、僕は、陛下の御予定を侍従武官に聞いてみたのだけれども、侍従武官もよく分からないと言うのだ。しかし、陛下は着かれたばかりで次の御出まし迄には大分余裕がある事は充分想像出来たし、止めても若い将校は町に出てみたい々々と頻《しき》りに言うしで、僕も困ってしまってね。でも、僕はどういう風になるか分からないと思って、「まあ兎に角もう少し待て。」と言って待たしておいたのだが、その時急に陛下が御出ましになるという事が伝わって来たのだ。この時は本当に、良かったァ！　と思ったよ。そういう時に供奉将校が何処に行ったか分からないという事にでもなれば、それこそ大問題で、進退伺どころじゃあない、本当に腹切って申し訳をしなければならんからね。まあこれは非常な危険の内に助かった例だけれども、何故その時にそういう風になったかと言うと、陛下は貝類などを集める事の非常に御好きな方だから、御用邸のもう一つ南の海岸に宮内省の建物で御休憩所が在って、そこへ宮さんを……皇太子殿下ではなかったが……俄かに御連れになった訳なのだ。

で、そこでは、宮さんと共に両陛下もずーっと海岸の方に降りられて、本当に親子水入らずで御遊びになるという様な状態だったのだが、侍従武官や憲兵や侍従などは皆付いて行くけれども、僕らは海岸に降りるのではなくして、一寸した崖の上で警戒しておった訳なんだ。そうすると崖の上だからみな見えるのだが、宮さんが両陛下に甘えながら海岸を御歩きになる処など、本当に我々の家庭と同じなのだ。それで当時、陛下の家庭的な御行動を拝見するというなどという事はまず無かったから、矢張り我々と同じだなァという特別の感慨を持った事を覚えている。

まあその時は、そこで暫く御遊びになって又御用邸に御帰りになった訳だが、兎に角此方は責任者だから本当にヒヤッとしたよ。

以上は失敗談と言うか、まあ苦労話だけども、僕らが供奉将校で御勤めしておった時に、皆が一番喜んだのは、皇太后陛下の供奉をする事だった。

と言うのは、皇太后陛下は、何と言うか非常に平民的であられるのだね。で、皇太后陛下は、よく御陵に御参りになったから、その時には大概供奉将校が付いて行く事になる。そして、御陵というのは入口から御陵まで一寸距離があって、羨道《せんどう》と云ったか、車が通らないような小さい道があるから、供奉将校は、先に着いて車から降りたらば直ぐ先走って、道の途中々々で警備に当たる訳だ。で、愈々御通りになる時に最敬礼すると、皇太后陛下は必ずそれにお応えになって、「御苦労さまです。」と仰《おっしゃ》るのだ。その御言葉を頂くのが、此方としては何とも有難く又嬉しい事だった。

それと皇太后陛下が御陵に行かれた時には、御菓子等種々の御供え物の御下賜がある。で、通常皇室の行事などで頂く御菓子は、僕の子供の頃にはチチダイガシと言っていた菊の紋の形をした干菓子で、これは一般の者に賜る為に沢山作った物だが、師団長でも軍の学校長でも、頂くのはもうそれに決まっていた訳なのだ。所が、皇太后陛下の時には、ありふれたそれでなく……ありふれたと言っては語弊があるけども、普通頂く方は今まで何回も頂いているから……それでなく、何とも言えない高級な生菓子で、しかもそれに御紋章が判で押してある物なのだ。御供物には、そうした生菓子が供えられる。その御下がりを頂戴する訳だ。

皇太后陛下からは、そういう様に御言葉や御下賜品を頂くことが出来る。その心遣いが非常に嬉しいので、皇太后陛下の供奉に行くことを皆喜ぶ訳なのだ。これが天皇陛下の供奉という事になると、頂き物等もあまり無いし、実にあっさりしている。まあ、天皇・皇后両陛下は所謂一国の元首だから、何処に御出ましになるのでも侍従武官や沢山の女官・供奉が付いて別格である訳だが、陛下自身も未だ御若くて、供奉将校に対する労わりというものに気が付かない処も御有りだったのだろうと思う。だから皇太后陛下の場合に比べると、何となくあっさりし過ぎて物足りない様な気がしたものだ。

まあ、兎も角僕は供奉に出る事が多く、一年の間に十一、十二回も務める事が出来てとても有難かった。

それともう一つ近衛に居って有難い事は、近衛各隊の将校は、軍服の服地を年に一回頂くことが出来る。僕は近衛には一年しか居なかったから一度貰っただけだけれど、古くから居る人などは毎年貰うのだから、殆ど自分の費用で服を作らなくても済む。勿論その服地というのはとても立派なもので、それを宮内省の方から渡される訳だ。その代わり近衛の隊では、何時でも奇麗な服を着ておれよとよく言われる。供奉などに行くのに、みっともない形《ナリ》で行く訳にいかないから、何時でもきちんとした服装をせよという事になる訳だ。しかし、それではそういう事のない普通の隊では、服は私費で作るのだから、どんな物でも、何年でも着ていて良いのかというとそうは行かない。と言うのは、普通の隊に居っても、検閲の時に服装については必ず喧しく言われるからだ。先ず服装はどうかという事を見られる。だから、将校というのは、あまり粗末な服を着ることは出来ないし、汚い風も出来ない訳で、服代には相当金が要るものだった。

それとは意味が違うが、僕は、砲工学校の副官を遣っていた時にも、御上から布地を貰った事がある。それは、成久王殿下（北白川宮成久王）が砲工学校に入校されたからで、御付きが宮内省職員の服装……奇麗な特別な服装だが……をして、「ナリヒサ王殿下が御世話になります。」と言って、毎年一回、確か白羽二重だったと思うが、家迄ちゃんと持って来てくれるのだ。

まあ、近衛での話はこの位のものだ。しかし考えてみると、僕は軍人になったおかげで、明治、大正、昭和の各天皇陛下を拝した事になる。無論拝したと言っても相手が陛下なのだから、供奉に付いた昭和天皇は別として、遠目の話だ。しかし、当時はテレビなど無いし、まして一般の者が直接天皇陛下を見る機会など殆《ほとん》ど無かった訳だから、此処で僕の拝見した歴代の天皇陛下について少し話をしておいても良いだろう。

明治帝は、士官学校に行幸があった時と、その他では大演習等の時に拝したと思う。天皇陛下は、士官学校の卒業式には必ず御出ましになるし、軍の学校に勤務していると、大演習やその他の行事に参加する事が多いので、そういう時に明治天皇を拝した事があった様に思う。

それで明治天皇という方は、見るととても怖い々々御顔なのだ。悪い言葉で言えば、まるでお化けか何かの様にも見える。そして色が真っ白で、所々に毛がツッと生えていて、兎も角普通の人間の顔とは一寸違うのだ。そして、大柄で、非常によく肥えておられたから、腿擦《またずれ》がして普通に歩くことが御出来にならなかった。それで、刀を突いては、チョコチョコ、チョコチョコとまるで跛《びっこ》が歩く様な風に御歩きになった。若い時には相撲などもとられて、あれは誰だったか、天皇陛下を転ばしたという様な事も聞いておったけれど、僕らが拝した頃には、もう普通に刀を吊ってサッサッと歩くことが御出来にならなかった。しかし馬には上手に乗られて、大演習などの時には、白馬に跨ってずーっと廻って居られた。

兎も角、明治天皇は、全体の感じが普通の人間とはかけ離れていて、天皇陛下というより何やら神さんの様な、怖い神さんの様な方だった。外国の駐在武官かなにかが勲章親授の際恐怖してガタガタ震えたという話を聞いた事もある位なのだ。

それから　大正天皇は、どうも余りはっきり覚えがないけれども、何としても矢張り何か御体に欠点を御持ちであった。天皇陛下は、陸軍砲工学校の卒業式にも必ず御出ましになるけれども、僕が副官で居った時、大正天皇が卒業式に御出ましになって、台上で軍楽隊に合わせて足拍子を取られるので、少し困った記憶はある。

今の陛下（昭和天皇）に対しては供奉として付いた事もあるし、無論大演習などでも拝する事が出来た。今の陛下は、今頃はそうではないけれども、皇太子殿下の時には、一寸じっとして居れない処が御有りだった。昔、靖国神社の裏手に相撲場が在って、祭りの時には何時も献納の意味で相撲を遣っていたのだが、その時には皇太子殿下が御出ましになるのが恒例になっていた。そうすると、相撲を見て居られる間に足をサッサッと動かされる。ムキになって見ておられると、一寸じっとして居れない、そういう癖が御有りだった。

十三．陸軍工兵学校教官

（一）断崖攀登器材の開発、久邇宮様（工兵学校教官）

近衛工兵に丁度一年居った後、昭和三年三月二十四日付けで工兵中佐に進級し、再び陸軍工兵学校に戻って今度は教官となった。で、今度は副官ではないから、松戸に住まなくても特別不都合が無い。そこで赤羽から通勤することにした。実際他の教官の殆どは東京から通勤しておった

この工兵学校教官の職は、五年も務めたから随分長かったのだが、この間僕は、様々な状況下での諸兵の移動を容易ならしめる所謂交通関係を担当し、これら技術に関する研究の主任とそれを学生に教える教官を兼ねる立場に居った。

それで、当時陸軍の主たる仮想敵国はロシアであって予想戦場は北満にあったから、工兵学校でもこれに従って、黒竜江などの大河を如何にして渡るかという問題と、湿地地帯をどういう風に通過するかという問題が解決すべき課題として有った。それともう一つ、英・米を相手に南方で作戦を展開する事も無しとは言えないという事で、その場合にはフィリピンのコレヒドール島の攻略を想定し、

攻撃に際して断崖を如何にして登るかという事が研究課題になった。

だから僕が教官として居った間は、所謂大河渡河と、湿地通過と、それから断崖攀登《はんとう》に関する研究・教育が主な仕事になった。それで、大河渡河と湿地通過については、後に現地を見る為に北満に視察に行ったから、そこで纏めて話すとして、先ず断崖攀登について話しておく。

フィリピンの首都マニラは、丁度東京が東京湾に面している様にマニラ湾に面している訳だが、そのマニラ湾のとば口にあるコレヒドール島は、バターン半島などと共に要害化して、マニラ湾防衛の一翼を担っていた。因に大東亜戦争でマニラが陥落した際、マッカーサーが逃げ込んだのがコレヒドール島で、此処からオーストラリアに渡った事は、お前も知っているだろう。それでコレヒドール島と云うのは、マニラ湾内に敵が入ることを許さないように兵力配置されておるから、そこに敵から発見されない様こっそり上陸する為には、南側から上陸しなければいけない訳なのだ。所が、コレヒドール島の南側というのは二〇～五〇ｍの崖がずーっと続いていて、樹木も深く、通常の方法ではとてもこれを登る事は出来ない。そこで、崖を上る技術、即ち断崖攀登の研究と訓練を遣らなければいかんという事になった訳だ。

そこで、断崖上に部隊を上げるには、先ずロープを付けた錨を崖の上に打ち上げて樹などに引っ掛け、そのロープを以て先兵を崖上に送り込み、次にその先兵の働きにより滑車などで梯子を上げ、それからその梯子で歩兵部隊を登らせるという設想で研究を始めた訳なのだ。

で、先ずロープを崖の上に打ち上げる為に、錨を仕込んだ迫撃砲の様な物を作った訳だが、このアイデアは何処から出て来たかというと、水上警察が行う海難救助に範を取ったのだ。つまり今でもそうだが、水上警察では沈没する船を助ける為に、警察の船から遭難した船に向かって迫撃砲の様な物でロープを打ち込み、それを基にして引き寄せたり、或いはその方へ進んで行って救助するという方法を採っている。だからその装置と運用を知る為に水上警察へは何回も見学に行った。そして、試作した迫撃砲で遣ってみると、五〇m位までなら確実に錨を打ち上げられる事が先ず分かった。

それから断崖をロープ一本で登る技術、これも警察からヒントを採ったものだ。と言うのは、泥棒は樋を伝い登って建物の中に侵入する事が往々にして有るそうだけれど、警察の方もビルの高い階に外から突入するという事態が有るので、そうした場合の技術として、綱を建物の上に掛けて登ったり降りたりする事を研究していたのだ。それを知ったものだから、矢張りその要領を警察に通って研究した訳なのだ。そうすると、綱一本で壁面を登る場合には、体を垂直にしておったのでは体の重みで上手く登れない、足を上の方に向け体を寧ろ下にして足で突っ張りながら登るのが一つの原則だという事が解った。また攀登技術に関しては、警察の遣り方ばかりでなく、登山の方にも目を向けて、登山家が使う処の種々の物、靴とか、楔《くさび》とかいう道具も購入して、すっかり研究した。

それから歩兵を登らせる梯子《はしご》だが、自然の断崖はデコボコしているから、ヘビの様に地形に沿いながら上げる事の出来る梯子を作らなくてはいけない。そこで、乳母車の車輪を沢山集めて、或る程度の長さの梯子を繋いだものにその車を沢山付けて、滑車で引き上げるという設想で研究した訳なのだ。

そういう基本的な技術・器材の目処がついた後、愈々訓練という事になった訳だが、コレヒドールの地形がそういう風だから、何処で遣るかがまた問題だった。そこで探してみると、東京湾の館山だったか、素晴らしい断崖がある事が分かったのだが、当時館山付近は東京湾防衛の為の要塞地帯になっていて、此処から大砲を撃つ段取りだったから、軍人といっても部外の者は勝手に入る事は出来ない。そこで先ず要塞司令部の了解を取り付けて、しかる後、此の海岸で綱で登る練習を随分遣った訳なのだ。そしてコレヒドールの断崖は五〇mが最大限なので、それを目標に訓練をした訳だが、五〇mの断崖といっても足掛かりの全く無い所はそう有るものではないから、警察で習った通りに遣りさえすれば、そして少し訓練しさえすれば、誰でも登れる事が分かった。

で、兵隊には、登攀の要領も教え、訓練も順調に行っておったのだが、僕も教官の立場だから、自身も登ってみなければいけないと思って挑戦してみた。所が、中々上手《うま》く登れないのだ。僕の下に付いておった二人の若い将校は上手に登るのだけれども、その時僕は中佐で年齢も四十を越えていたから、とても彼らには太刀打ち出来ない。しかし教官で居る以上どうしても登ってみたくてね。そこで兵隊の前では如何にも具合が悪いから、誰も居ない時に一人で行って五〇mを登ってみたのだ。所が、中途まではスラスラと登れるのだけれど、最後の僅か一〇mばかりがどうしても登れない。登ろうと思ってもスルーと滑って、下に落ちてしまうのだ。何度遣っても滑り落ちるんだね。おかしいなァと思ったけれどもどうも良く分からん。その内に、これは要領を忘れていたから登れないのだという事に気が付いた。つまり、警察で習った通り、体は下の方にして寧ろ足を体より上にして、そしてその足を突っ張りながら遣らないと登れない訳だ。所が、人間の心理として後ろに落ちたら命が無いと思うから、恐怖心から体が自然に立ってしまって足が上にならない。だから何回遣っても登れないのだ。そこで、アアこいつはしまった、兵隊には喧《やかま》しく言っておきながら、自分自身ではそれが出来ていないと思ってね。で、綱はちゃんと上の木に括ってあるのだから大丈夫だと自分に言い聞かせて、思い切ってそういう姿勢をとって遣ったら、やっと登れた訳なのだ。兵隊は平気で登るのだけれども、矢張り僕にはその真似が直ぐには出来なかった。それで登ってみたら、もう手の皮がすっかり剝けてしまっていて、まあ慣れぬ事とはいいながら、細い綱一本で人一人が登るのには相当に力が要る事も分かった。それは本当にもう一仕事だったし、兵隊に内証で一人で行って、苦労してやっと出来たのだから、この時の事は本当に忘れようにも忘れられない想い出だ。

それで今度は学校に帰ってから、断崖攀登の要領はどうあるべきか、僕が模範的に遣ってみせるという訳で、校長や教官等が集まっている所で登った。それは学校の中での事だから、一寸した急な堤防の様なものを利用したのだが、割合スルスル登ってしまったものだから、「今中君を中佐にしておくのは勿体ない。もう一遍中隊長から遣り直したらどうか。」と言われてね。「中隊長位で丁度良い。」と校長からからかわれた事を覚えている。

まあ、断崖攀登というのはそれ位危険な仕事でもあるし、それからまた何事も要領を守らないと上手く行かないものだという事が、この時充分身に染みて分かったね。

さて、工兵学校では、そういう様に各種交通関係の研究と教育に忙しかった訳だが、学校の関係者は種々な行事に引っ張り出される事が多いから、此処でもまた宮さんに関する忘れ難い想い出が出来た。

これは工兵学校副官か学校附少佐の時だったかもしれないが、しかしおそらくはこの教官の時の事だった様に思う。兎も角、九州の筑後川で渡河に関する特別工兵演習があった時に、僕は久邇宮さんの御案内役を仰せつかって、演習に参加した訳なのだ。で、案内役と云うのは、宮さんが演習を御覧になる時に終始御案内申し上げるばかりでなく、事前に宮さんの宿舎から何から全て準備をする事も役目の内に含まれているものなのだ。

それで、場所は筑後川の河口付近で確か久留米だったと思うが、そこは非常な酒処で、軒並みに大きな酒造家がある富裕な土地だった。そういう町に宮さんが御泊まりになった訳だが、この時も矢張り御宿泊所は旅館ではなくして民家が選定されていた。そこで、その民家を僕が事前に視察した訳だが、宮さんなど所謂皇族方の御宿で一番心配するのは、便所と風呂場だ。これらの汚いのは非常に具合が悪い。そして便所は普通の便所では汚いし、また余り狭いのもいけない。それと御風呂場の汚いのも大変に困る。それでその時には僕が指摘したこともあって、風呂場はその家で新築したよ。それからその時の御寝所は二階ということだったから、階段を上がり下りされるのに不便はないか、危険を伴う事はないかという様な所を見て歩いた。それでその家の階段は、階段そのものは普通だったけども、昔の造りで手摺が無かったし、久邇宮さんは特に体も小さくて所謂コンパスが短いから危険だと思って、手摺を付けてもらうよう要望したりした。

まあそういう事まで御世話して、愈々演習を見られる段になった訳だが、工兵の演習というのは夜間演習が非常に多い。殊に架橋などは夜間に遣れば敵に隠れて作業が出来る利点もあるし、想定された戦況からいっても、夜間に橋を架けたり川を渡ったりする事が多いものなのだ。それでその時も夜間演習があってそこへ御案内をした訳なのだ。で、筑後川というのは大きな川の割にかなりの急流だから、水の流れが直接堤防に当たらない様、水の流れを緩める為に、石垣を継いだケレップというものが川の所々に突出している。そして、演習を見るにはそこから見るとよく見えるから、一番都合が好い左岸のケレップに御案内した訳なのだ。で、「どうぞ此方へ。」と御案内した処、どういう具合か、宮さんが思わぬ勢いでトットットットッと進んで行かれて、アッと言う間につまずいてコロッと下に落ちかけられたのだ。久邇宮さんという方は、体は小さいし、夜間に転んで川に落ちられでもしたら、それこそ大変な事になる。その時には勿論御附武官が附いていたけれど、僕は案内役で責任があるから、本当に何とも言えない位吃驚《びっくり》したよ。

まあ、そういう風にどうにも忘れられない位ヒヤッとした事が記憶に残っているのだが、それは一晩の事で、久邇宮さんは二、三日で御帰りになったので、その後は普通の演習の審判官を務めた。で、先も言ったように筑後川のほとりは酒造家が多い事もあり、僕ら審判官の宿舎も酒屋さんに出来ていたのだが、造り酒屋の家というのは実に豪壮で、便所などにしても、広いしうっかりすると滑って転ぶ位すっかり板を磨きあげてある。兎に角僕らの宿舎は実に豪壮な好い家で、そこで随分御馳走にもなった。また、造り酒屋だから米を発酵させる大きな桶があって、普通は一切他人を入れないのだけども、僕らは好意で入れてくれた。そして、梯子を掛けて、そこで酒を掬って飲むとこれがまた何とも言えない味なんだ。それは未だ本当に熟れて来る前の酒だから一寸辛味があるけれども、それこそ本当の本物で薄めも何もしていないのだから、そりゃあもう美味しいし又うっかりすると相当酔う。そういう風に、酒屋さんでは素晴らしい待遇を受けて、演習から帰ると毎日毎日御馳走を食べて、それから東京に帰る前には一日休暇の様なものが有ったから、その時にも大変な御馳走になった。そして、それだけでも充分なのに、帰ってからまた皆の家庭に二斗樽を送って来た。二斗樽と一口に言っても、一升瓶なら二〇本だから、それは随分のものだ。それからその後には酒を注文すると喜んで送ってくれた。勿論それは注文だから、代金はちゃんと払う訳だ。

兎も角、久留米という町は、相当に繁華な所で、筑後川に因《ちな》んだ色々な産物も有って好い所だった。僕の妹が嫁に行った先の久留島は、最後は広島の憲兵隊長で辞めたけれど、これが矢張り久留米の憲兵隊長で居った事もあった。

まあそういう風に、教官として忙しく又楽しく仕事をしていた昭和七年、俄かに第一次上海事変が起こった訳なのだ。

(2) 陣地構築と勲三等旭日章、白川大将の遭難（第一次上海事変）

上海事変は、上海で日本人の僧侶が支那人に殺された事に端を発したものだが、これには日本人の謀略説なども有って、本当の原因は僕にはよく判らない。しかし、上海における権益の複雑さと抗日運動の激しさがその底流にあった事は確かだと思う。当時の上海は、ヨーロッパの方からは英国とかフランスなどが侵出し、又当時は日本も相当の勢力を以て侵出して、それぞれ決まった租界地（参考乙29）の経営に当たっていた。そして租界地というのは各国の運営に任されるから、或る国の租界地区に対しては他国の行政権も警察権も及ばない。だから犯罪を犯しても、他所の租界地に巧く逃げ込んでしまえば、もうそれを調べる事は出来ない。そういう何とも複雑な場所だから、種々な犯罪が行われる素地は元々有った訳なのだ。それから街の造り自体も複雑で、うっかり妙な路地にでも入れば、もう出るべき道はない。だから、喧嘩の様な事にでもなって、そこで捕まってしまうと、殺されても死骸が中々出て来ないという位厄介な場所なのだ。その代わりに遊ぶ方面から言えば、各国の習慣をその儘生かした種々の施設が有るし、料理にしても各国特有のものが有って、まさに外国に行った様な感じの所でもあった。

そういう場所だから、各租界地はそれを支配する国の軍隊によって警備されておった訳だが、日本の租界については海軍が警備に当たっていた。海軍は矢張り始終船で行ったり来たりする関係も有ったのだろう、陸軍としては特別の用事でもない限り当時上海に行く機会は無かった。所が、海軍というのは水兵がかなり乱暴なのだ。陸軍よりずっと乱暴だった。大体海軍は、平生から「爾ニ出ズルモノハ爾ニ反ル」（孟子）とか言って、何か有ると、支那人でもなんでも此方からブチ殺してしまう様な事が割合に平気だったのだ。だから上海の抗日感情の内には、海軍の横暴に対する反発もかなり有ったのではないかと思う。それで確か第二次上海事変のきっかけとなったのは、海軍陸戦隊の歩哨かなにかが殺された事にあった様に思うが、兎も角歩哨でも支那人に対して乱暴な事をやるから、非常に恨みをかっていた訳なのだ。

で、この時は、日本人の僧侶が殺された事を発端として日支間が緊張し、双方の軍隊が出て俄かに第一次上海事変が起こったのだ。昭和七年の事だった。そして、最初は海軍陸戦隊が単独で戦っておったのだが、海軍は勇敢ということでは目茶苦茶に勇敢だけども、陸上での本格的な戦闘という事になると兵力・装備共に貧弱であるから、陸軍が出なければ収拾が付かなくなった。そこで、陸軍からも急遽一個師団半位だったか派遣した訳なのだ。で、陸軍を派遣するからには、以後陸海軍を統率する必要があるという事で、白川義則大将（参考甲16）を軍司令官とする軍司令部を編成、派遣する事になった訳なのだ。

さて、その時まで僕は、そういう世の中の動きとは関係なく、述べて来たように工兵学校で教官を遣っていた。大体僕は普通の隊附よりも学校勤務の方が長かったし、そもそも日露戦争以降はシベリア出兵や満洲事変はあったにせよ、余り大きな戦争というものは無かったから、出征する機会が無かったのだ。所がこの時は、臨時召集で人を集めて上海派遣軍司令部というものを創る事になり、僕は工兵学校教官の身分の儘、昭和七年二月二十三日付けで上海派遣軍参謀部附を命ぜられ、軍司令部要員として俄かに出征する事になったのだ。

軍司令部というのは殆ど参謀連中で構成されるが、矢張り要員として砲兵も要るし、工兵も必要になる。それで上海派遣軍司令部にこれら要員がどれ位居たかと言うと、砲兵部員が中佐と少佐の二人、工兵部員は中佐の僕一人だけだった。勿論参謀の中には工兵の出身者も居ったけれども、純然工兵の立場として行ったのは僕一人きりだ。だから、工兵としては誰もが希望する位置でもあったのだが、唯当初行く事になっていたのは僕ではなくて、同じ工兵学校の和田（孝次か：筆者）と云う人だったのだ。で、その事は相当確実だったのだろう、校長も本人にその旨伝えていたので、彼は大急ぎで必要と思われる研究をしていたし、僕もそれに協力しておったのだ。そうした処、急に僕が行く事に変わってしまったので、和田からは随分恨まれたというか、羨ましがられたよ。実際、和田はすっかり怒って、もうそうなったら軍人を辞めるという位に憤慨して、困った事が有った。

まあそうした経緯は有ったけれども、兎も角僕は、総勢四〇～五〇名程も居った軍司令部中唯一の工兵部員として、上海へ行った訳なのだ。

南翔における第14師団司令部訪問時、前列中央白川大将、中列右より２番目が祖父。

それで、日本を発つ時は、下関からだったか、普通の御用船の様なもので行った。勿論軍司令官以下主だった者は、上海まで軍艦で急派されたのだが、僕らはそうでなくして、普通の船で、砲兵の要員一人と輜重兵の大尉が一人居ったか、それら二～三人と一寸遅れて行ったのだ。そして上海ではじめて軍司令部の皆と一緒になった。

所が、僕らが上海に着いた頃には、支那軍とのいざこざは殆ど終息していて、戦争らしいものはもう無くなっていたのだ。だから、行った当初は何も用事が無い。砲兵も工兵も何も遣る事がなくて、一時は本当に暇で暇で困る位だった。そこで始めの内は、視察に来る人などに、此処でこういう事があったとか、苦戦をしたとかの説明する役を買って出たりして居った。上海というのは所謂「クリーク」が多い所で、戦闘も市街戦が主だったから、橋などが障害になって、海軍は大変な苦闘を強いられたのだ。また後から派遣された第九師団も至る所で苦戦して、爆弾三勇士（参考乙30）も此処で起こった事件だった。だから、内地から人が来た時に、そういう勇敢の行動が有った戦跡を案内したり、戦闘の状況を請け売りで説明したりして居った訳だ。

しかし、僕などはそういう風に暇だったのだが、支那との外交交渉は非常に頻繁に行われていた。と言うのも、元々日本には此の事変を機に上海における権益の全体的強化を図る考えが有ったろうし、特に此処には日本の大きな紡績工場が在ったから、そこを営業的に有利にするという様な下心も有ったのだろう。そうでなければ、わざわざ「軍」（参考乙31）を編成して、軍司令部を持って行く程の事はなかったと思うのだ。それで、陸軍大臣もやった事のある白川軍司令官をはじめ、その他相当優秀な人を選んで派遣したものと思われる。だから、軍司令部の組織そのものが非常に大きな組織で、確か外務省からも一人来ておったと思うが、外交方面の事も出来る体制が整っていた。

所がどうも中々交渉がうまく収まらない。中々ハカが行かない訳なのだ。そこでもう終わり頃になって、此処に陣地を造るという事になった。そして、日本軍は強固な陣地を造って一歩も下がらず此処を永久占領するのだと、日本は上海付近を固く守って将来に亘って根拠地にするのだという決意を見せて……或いは見せかけて……談判を有利に導こうとした訳なのだ。

そこで、急な話ではあるが、上海の閘北（ザホク）と云う所から呉淞（ウーソン）と云う所にかけて、陣地を造れという事になった。そうなるとこれは工兵の出番だ。で、この時は、労働力としては第九師団の工兵が主に遣る事になったけれども、仕事としては師団の仕事ではなくその上の軍の仕事だというので、軍司令部の僕がその陣地を造る事になったのだ。

そういう経緯で陣地の構築をする事にはなったけれども、僕は交通の主任でずっと研究しておったから、例えば上海に多いクリークをどういう風に渡るかなどという事ならばお手のものだが、築城に関しては特別の専門家ではない。唯幸いな事に、僕は軍司令部の要員になった時、どういう仕事が出て来るか見当も付かなかったので、参考書だけはあらゆる参考書を持って行っていたのだ。だから僕

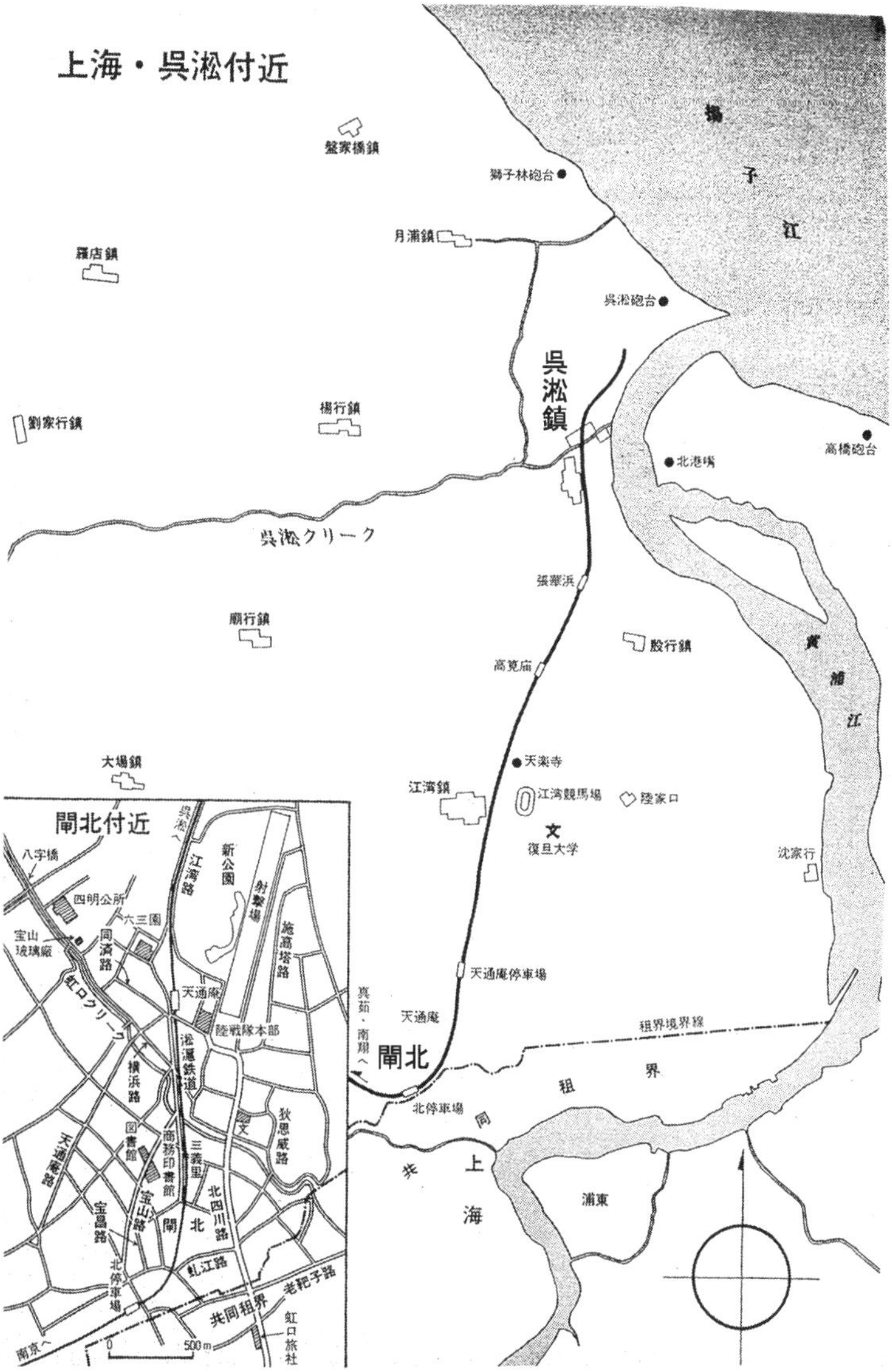
上海・呉淞付近
盤家橋鎮
獅子林砲台
揚子江
月浦鎮
羅店鎮
呉淞砲台
呉淞鎮
楊行鎮
劉家行鎮
北港嘴
高橋砲台
呉淞クリーク
張華浜
廟行鎮
殷行鎮
高境廟
黄浦江
天楽寺
大場鎮
江湾鎮
江湾競馬場
陸家口
文
復旦大学
沈家行
天通庵停車場
真茹・南翔へ
天通庵
租界境界線
閘北
北停車場
共同租界
上海
浦東
閘北付近
八字橋
四明公所
六三園
宝山玻璃廠
同済路
呉淞へ
江湾路
新公園
射撃場
施高塔路
天通庵
虹口クリーク
陸戦隊本部
淞滬鉄道
横浜路
狄思威路
文
図書館
商務印書館
三義里
天通庵路
宝山路
北四川路
宝昌路
閘北
虹江路
北停車場
老靶子路
共同租界
虹口旅社
南京へ
0
500m

の軍用行李は参考書ばかりでね、服などは後からどうにでもなるし、殊に軍司令部に居れば不自由はないと思って簡単なものしか持たず、その代わりにありとあらゆる参考書を軍用行李に詰め込んで行っていたのだ。それが役に立った。またうまい具合に、築城に関しては研究した本が沢山あったのだ。と言うのも、丁度あの時期は、陣地の造り方について工兵学校で随分研究しておって、殊に林柳三郎（後、工兵学校第八代校長）（参考甲17）という中々の偉物が、フランスで欧州の陣地について長い間研究し、帰朝後それを工兵学校で普及して、大体普及も終わったという頃だったのだ。だから教科書は随分有って、専門家でない僕が俄かに陣地を構築せよという命令を受けても、それ程困らずに居れた訳なのだ。

しかしそうは言っても、実際に陣地を構築するとなるとこれは大変な仕事だ。その頃の陣地は既にみな鉄筋コンクリートで固めたものになっていたから、建設作業だけをとっても容易な事ではない。尤もこの時造ろうとしたのは、所謂要塞、旅順の要塞の様なものではない。ああいうものは何年も掛けて造るのであって、急速な作業で出来るものではないからだ。ではどういうものを造るかと言うと、当時野戦における処の防御陣地というものは、トチカ（トーチカ）に依るのが良いという事になっていた。トチカと云うのは、お前も知っている様に、どんな大砲を撃たれても壊れないように造ったコンクリート製の小型堡塁で、近接戦時には機関銃などをその中に入れて小さい穴から撃てる様にしたものだ。だから、これを要所々々にしっかり配置すれば、敵は近寄ることが出来ない。そしてトチカとトチカの間は鉄条網をずーっと敷いて防御線とし、これに引っ掛かった奴を横撃ち或いは縦射するのが一番良い防御方法だという事になっておって、その形式までほぼ決まっていたのだ。唯、実際にこれを構築するとなると、先ずトチカや鉄条網の配置を、戦術的な見地と地形によって決める事から始めなければならない。そういう事から構築まで、軍司令部唯一の工兵である僕が全部遣らなければならない。しかも命令は、種々談判の都合があるから、十日でこれを完成せよというものだった。

南翔の石橋（上）と南翔クリーク。

で、先も言ったように、構築作業そのものは第九師団の工兵が主になって、他は各師団にも協力させると、そして主な所は工兵が遣って工兵以外で出来る様なものは歩兵が遣るという手筈だったから良いとして、僕としては、先ず初めに地形その他をすっかり偵察しなければならない。しかし偵察するといっても、閘北（ザホク）から呉淞（ウーソン）迄は正面だけで二里ばかりあるし、しかもこの辺りはクリークだらけで、馬で行こうと思っても直ぐクリークに邪魔される。そして一度クリークにぶつかると相当に大廻りしなければ進めないのだ。だからほんの近い所でも容易に行けず、偵察一つとっても、一人でやるのは大変な事なのだ。それで与えられた期間は短いし、どういう風にしようかと思って、弱ってしまってね。そこで、飛行機でこの辺の地形をすっかり撮って、その写真によって先ず仮の設計をし、しかる後現地に行ってそれを決定するという順序で遣ってみようと思ったのだ。そこで直ぐ軍の飛行隊に命令を出してもらって、先ずこの辺を航空写真で全部写したのだ。で、当時の航空写真は、既に高低を見ることの出来るものもあったけれども、それは非常に時間が掛かるというので、唯普通に上から下を写しただけの写真を撮ってもらった。

それでまあ出来た写真を見てみると、この辺には実に墓が多い。支那人は皆墓地を大切にするから、昔の日本もそうだったのだろうけれど、小さい饅頭みたいなものをわざわざ造って、それを墓にしている。その墓が至る所にあるのだ。本来の地形の他に饅頭みたいなものが沢山ある訳だね。それで、その饅頭の様な所の後ろに陣地を設置して、トチカその物も丁度墓に見えるように造るという事なども考えた訳だ。そして、兎も角トチカさえ決まれば、後は鉄条網を引いてこれに引っ掛かった奴を皆横殴りに撃てる様にすればよいのだから、トチカの位置を決める事について一番心血をそそぎ、苦心もした訳だ。それともう一つ、至る所に在るクリークも防御する為の良い構築物になるから、陣地全体の設計に際してはそれも加味した。

だけれども、平面的な航空写真に基づく設計で心配なのは、本当の高低が判らない事だ。本当の高低が判らなければ、そこから実際に上手く撃てるかどうか分からない。陣地なのだから、思わぬ高低差によって死角が生じたのでは何にもならない。そこで、最初の頃は写真と地図の等高線を見比べながら作業しておったのだが、毎日毎晩それればかり睨んで遣っている内に、写真の濃淡だけで地形上の一寸した高低まで頭に浮かぶ様になった。これは不思議な事だけれども、毎日々々熱心に見ておると、自然に、此れは是れ位の高さだとか、此の辺りは少し低くなっているとか、そういう事がずーっと解る様になったのだ。それで、それに拠って先ずトチカを図上で配置したのだが、後から現地に行ってみると、高低がちっとも間違っていない。読書百遍意自ずから通ずと言うけれども、平坦な写真でも熱心に見ているると、自然に高低が解る様になるのだから、これにはもう自分でも感心したよ。

さて、そういう風にして一応の設計は終わったので、陣地を最終的に決定する為に偵察に出たのだが、僕は軍司令部の人間だからそう沢山兵隊を連れて歩ける訳ではない。だから大概は僅か二～三人の護衛兵と共に偵察に行ったのだが、何しろ此方は戦争の一方の当事者だから、井戸端の戦争は一応済んだとはいうものの、現地を小人数で行動するのは余り気持ちの良いものではない。尤も、行ってみると、この辺の農家にはもう軒並み日本の国旗が立っている。立ってはいるけれど、しかしこれは別に日本に好意を持っているとかいう心服したとかいう意味ではないのだ。支那という国は、国内の勢力争いによる戦争を何回も何回も経験している。そして支那人というのは、自分一代の内でも何回となく荒らされた経験を持っているので、英軍が来るというと英国の国旗を立て、日本軍がこの辺を占領するというと皆日本の国旗を立てる。唯御世辞にそういう真似をして自分の身を守るのだ。だから旗が立っておっても、どういう不測の事態が起きるか分からない。従って、偵察に行っても何処かに寄って休むなどという事は出来なかった。唯、日本軍は至る所を占領してそこに兵力を配置していたし、若し此方に反抗でもすれば後は自分がやられるだけだという事は皆知っているから、一応兵隊を連れて歩けば直接被害を与えられるという事は無かった訳だ。

そういう風にして偵察を進めたのだが、同時に陣地を構築する為に各種の計算をしておく必要があった。陣地構築は大きな土木事業だから様々な計算が必要になる事は当然で、これがまた一仕事だった。例えばコンクリートの配合、これは1、2、3といって、1はセメントで、2が砂利、3というのが砂で、これが配合の大体の基準なのだ。セメントをもっと使えば固まることは良く固まるし、固いことも固いけれども、しかしそうかといってセメントだけでは固まらない。詰まりコンクリートというのは、砂利があって、砂利の周りが砂で、そこへセメントが喰い込んで行って固まるもので、その配合によっても強度や性質が変わって来るのだ。そういう配合比は僕が持って行った参考書にも出ているから、こういう形式のトチカを一つ造るにはこれ位の物が要るという見当位は付くのだが、そうは言っても一応現実に合った計算をしなければならず、時間の無い中で大変な作業だった。しかしこれも幸いな事に、工兵学校から技術本部に行った人が、丁度その技術本部からの派遣で上海に視察に来て居って、僕の窮状を救ってくれたのだ。その人は当時大尉で、しかも土木の員外学生として帝大で研究をした人だった。また彼は学問ばかりでなく、員外学生の時などは、方々から頼まれて小さな土手を造ったり、水道の工事で山の上から水を採って纏めて下に流すという様な事も自分の研究の為に引き受けて指導していた位だから、実際の工事に関しても非常に造詣が深かった。で、その彼は、うまい具合に僕と家庭的にも懇意にしていたから、喜んで手伝いを引き受けてくれたのだ。そして、これだけのトチカを造るのにはどれ位の材料が必要で配合はどうするかとか、他にも種々の細かい計算をみな遣ってくれたので、それはもう大助かりだった。

それでも、何しろ十日間でやれという仕事だから、最初の一週間位というものは殆ど一時間寝るか寝ないかで、体は本当に精力が尽きる程使った。

その様にして設計も済み、計算も済んで、全体像は見えて来たけれども、みんなコンクリートで造るのだから、砂利も運ばなければならんし、砂も運ばなければならんし、セメントも必要だ、それから鉄筋にするのだから鉄材も要る。そういう資材をどうするかが次の問題だった。内地から送ったのではもう間に合わないからね。それでどうしようかと思い悩んだのだけれど、丁度黄浦江の河口から上海に行く河沿いに立派な道路が走っていて、その道路沿いに沢山の英国の倉庫が在ったのだ。で、その中を見てみると、何に使う積もりか知れないが主に港を造る為の資材だったろう、兎も角此方に必要な資材が全て入っていた訳なのだ。それで、もう戦争だから仕様が無い、勿論軍の方の了解は得たけれど、それをすっかり利用して造る事に決心したのだ。それで、軍の方から英軍に交渉したかどうかは知らないが、僕らとしては、そんな交渉など待っておって「それじゃあ御使い下さい」という様になるかどうか判らないし、第一僅か十日間でやれというのだから間に合う筈はない。だから、軍の了解を得るのと同時にその資材を倉庫から引っ張り出して、現地にドンドン送った訳だ。

しかしまた、それを運ぶ事からして、重量物の運搬だから一仕事だ。と言うのも、輸送には極力自動車を使わなければならないけれど、道が問題だったのだ。普通の車はしっかりした道路以外は通らない。だから黄浦江沿いの大きな道路や上海の市街ならば簡単だけれども、陣地を造るのは市街からずっと離れた田舎の田んぼの中で、道も何もない所だったからね。そこで、新しく道を造ったり、大廻りしたりしながら、兎に角全力で運んだのだ。

そして、トチカの構築は、予《かね》ての手筈通り第九師団の工兵隊が主に遣ってくれた。で、この時も、第九師団の師団司令部附で来ていた小金沢（福次郎か：筆者）と云うのが、これも工兵学校の教官に長く居った人だったので、手伝ってくれた。尤も、先に言った技術本部から来た彼は、視察目的で来ていて上海における組織外の人間だから、向こうで協力する積もりなら幾らでも出来たのだが、小金沢の場合は第九師団の師団司令部附だから、軍司令部に属する僕が勝手に使う訳にはいかず、そういう意味では協力にも限度があった。しかし兎にも角にも、そういう協力を得ながら正面二里に及ぶ陣地の構築は完了したのだ。当初の命令では十日で遣れという事だったけれども、流石に十日間では出来ず、それでも頑張って約二週間程で完成に漕ぎ着けた。もうそれだけの工事をするのは大変だった。そういう時は、経費の事は考えなくて良いからその方の心配はしなくても済むけれど、設計から、計算から、運搬から、構築まで、協力は得つつも結局は一人の責任で遣る仕事だから、実に大変だった。だから十日以上も毎日々々寝る時間は精々一〜二時間で、自分でもよく身体が続いたと思う。

しかし先にも言ったように、その仕事を始める迄は何も用事が無かったのだ。それから僕が忙しくなってからも、軍司令部の他の連中は、外交交渉に当たっている二〜三人を除いては遣る事も無くて皆ブラブラしていた。そういう中で、僕一人だけが、どうにもこうにもならない程忙しく、大汗かいて働いていた訳なのだ。それで完成後には矢張り一寸身体を壊した。疲労から来る黄疸という事だった。

で、これは後から聞いた話だけれども、この陣地を造る時に、矢張り参謀本部では、僕一人では大変だから参謀本部からも誰か指導する者を派遣しようという意見があったのだそうだ。所がその時に、前田と云う後輩で、僕も良く知っている優秀な参謀が居って、それが、工兵学校から今中さんが行っているのだから他の者が行っても何にもなりはしない。参謀などは細かい研究をしていないのだから行っても何の役にも立たんと主張して、派遣するのが止んだという事だ。

それでまあ、陣地が出来上がってしまってからは、支那軍との交渉も概ね円満に行きおったし、それからまだ戦争が完全に終結している訳ではないけれども、陸軍省とか参謀本部とかのお歴々が内地から次々に遣って来て、陣地にも盛んに視察に来たよ。そういう場合は、その都度僕が行って説明をしたが、その中でも特に永田鉄山（参考甲18）と云う陸軍省軍務局の軍事課長が来た事を覚えている。永田さんは、その後軍務局長にまで栄進したが、思想の問題で、陸軍省内で何とかという中佐（相沢中佐：筆者）から殺された。その殺した方の人間は剣道の達人で、局長の所に行って、いきなり刀を抜いて切りつけたのだ。その為、永田さんは亡くなったけれど、兎も角軍事課長と云うのは陸軍省でも一番優秀な人が占める位置で、そういう人が此処に見学に来たから良く覚えているのだ。まあそういう風に、内地から次々次々と優秀な人が見学に来るような陣地に、一応仕上がった訳なのだ。

だからその時は一寸苦しかったけれども、後から考えれば非常に良い経験もし、またそれが非常に軍の為になったので、後の功績調査では、僕は確か軍司令部全体の中で三番か四番の功績を認められた。所が、その後白川軍司令官が例の朝鮮人のテロで亡くなったものだから、軍司令部には金鵄勲章《きんしくんしょう》、所謂《いわゆる》殊勲甲と云うのは出さない事になってしまった。それがなかったら、僕は此処で金鵄勲章を貰っている。後に僕は南京攻撃で金鵄勲章を貰ったけれども、功績から言えば此処で既に貰っている筈なのだ。しかし、そういう事情があったものだから金鵄勲章は出ず、それに代えて勲三等旭日章を授かる事となった。だけれども、中佐で勲三等を貰う事自体、もう滅多に無い話なのだ。旭の三等というのは、聯隊長、所謂大佐の階級で貰えば良いくらいのもので、大体が将官で貰う勲章なのだ。将官でも始めは勲三等だからね。始めから二等は来ない。勲二等というのは、戦争で余程特別な功績でも有れば別だろうけれども、平生は或る年限が経たないと来ない事になっていて、将官になっても勲三等というのが最初に貰う勲章なのだ。それを中佐の時に貰ってしまったから、僕はその後少将になっても、勲章は一つも上がらなかった。それ位だから、中佐の時に勲三等といったら、もう非常に功績が認められたという事で、何とも言えない輝かしいものだった。

さて、上海事変を語る以上、今も言った軍司令官白川大将の遭難の事を話さなければならないが、その前に、白川大将の人となりなどについて話しておこう。

白川義則大将は、四国の愛媛県の人だったと思う、確か工兵軍曹の出身で、教導団から士官学校、陸軍大学と学んで来た人だ。教導団というのは昔の組織で、大体下士官養成を目的とする学校なのだけれども、その内の優秀な人は士官学校に入って、更に優秀な人は陸軍大学にも行くことが出来る。白川大将は、そういう道をたどって学び、陸軍大臣までなった位だから、非常に優秀な人なのだ。それで、受ける感じも、どちらかというと太っ腹というタイプではなく、あくまで優秀な将軍という感じの人だった。

それでも、元々工兵軍曹の出身なものだから、僕が陣地を造る時にも、「今中一寸来い。」「一寸来い。」と何回直接呼ばれたか分からない。それ位、工兵の作業というものについて興味を持って居られた人だった。所が頭は古い。工兵作業についての頭は一寸古いけれど、兎に角趣味があるから一寸来い々々で、此処はどうするかこうするかと言って、始終呼ばれておった。だから僕としては、軍司令官には非常の親しみがあった。

それればかりでなく、この事変中、軍司令官とは、一週間に一回は会食をしていた。と言うのも、上海には名前は忘れたが何とか公司《コンス》と云う日本の大々的な紡績工場が在って社宅が完備していたから、事変中、軍司令官はその社長の家に、また他の軍司令部要員も皆その社宅に入っていた訳なのだ。それで、軍司令官と僕らは、週に二度は会食で顔を会わせる事になっていた。だから、司令官とはもう何回となく一緒に会食して居って、その上に今中一寸来い一寸来いだったから、僕としては特別の親しみを感じていた訳なのだ。

で、その時の話として、この軍司令官の宿舎には、社長の子供の様にされて育った支那人の女の子が居た。それが愛新覚羅顯王子（アイシンカクラケンシ）、日本名川島芳子（参考甲19）だったのだ。それは女の子だけれど男装しているのだよ。男装しとって、平生自分の家に居る時でも男物の和服を着て帯も兵児帯を結んでいる。それから日本語は上手いものだけれども、自分のことを僕と言う。ワタシとは言わないで、ボク々々と言っておったよ。それがまた密偵としてしょっちゅう出て行くのだ。そういう時には種々な服装で変装して行って、支那軍の方の様子を見て来ては報告する訳なのだ。でも、そういう密偵などをしていても、彼女は支那では有名な皇族の親戚なんだ。大体支那人というのは、女でも政治的に活動する者が多い。所謂女丈夫《じょじょうふ》と云うのが支那には昔から多いのだ。政界にもよく口を出して、蔣介石の夫人も大いに活躍したが、現在でも、毛沢東の夫人が居る。兎も角、日本ではああいうのは余り出ないが、支那では婦人で活躍しているのが多いのだ。川島芳子にしても、可愛い子だけれども「僕」「僕」と言ってね、それが密偵で向こうの様子を聞いては報告して来るのだ。

　僕は、そういう密偵方面は余り関係がなかったけれど、それでも彼女は僕らの宿舎にも二～三回遊びに来て、何回となく会食もした。で、彼女は僕を見て、「何やら私の叔父さんに似ている。」とか言うて、良くなついていたんだ。まああれは幾つ位だったか、未だ二十歳にもならない位ではなかったかと思うけれど、中々奇麗な、所謂支那の美人で、しかもそういう風に肝っ玉の太いところもある女性だった。それで、彼女は、僕らが帰ってからも内々で大分活躍しておったのだが、最後には殺されたかなにかした様に思った。しかし兎も角その当時は、週に一度の軍司令官との会食の時にも必ず出て来て、一緒に食事して、軍司令官からも非常に可愛がられておったよ。


　さて、軍司令官遭難の話。

　これは陣地構築よりもずっと後の事になるが、白川軍司令官が所謂爆弾テロに倒れられたのは、上海で行った祝賀会の最中だった。この頃というのは、談判も相当に有利な状態で進み、これで愈々勝ち戦、もう一安心という時期だったから、祝賀会を催そうという事になったのだ。で、この祝賀会というのは、上海の街中にある大きな公園（虹口《ホンキュウ》公園、日本名では新公園：筆者）で観兵式と祝賀会を行うというものだった。それからそれが済んだ後には軍司令部の人間が集まって大宴会を遣るという事も決まっていた。

で、その祝賀会は、上海居留邦人などが集まる大きな会になるから、式場の公園に櫓《やぐら》の様な台を造って、その儘では不格好だから下にはずーっと幕を張って、そして主だった者は階段を伝ってその台の上に揚がるようにしたのだ。そうすれば、軍司令官等を上に奉ることになるし、皆からも見えるからね。で、当日、観兵式の方は無事に済み、愈々祝賀会が始まるというので、壇上には白川軍司令官を中央として、一方に領事、他方に第九師団の師団長ともう一人海軍の司令官（ママ）（資料乙32）とが並び、またその櫓の脇には僕達軍司令部の人間が並んで会に臨んだのだ。

その時に、後から考えれば、何か警戒のだらしの無い処があった。公園の中でやるといっても勿論無制限に人を入れる筈はなく、おそらく入場券の様なものを渡して祝賀会に出入りする者の制限はしていたのだろうと思うけれども、しかし感じとしては誰もかもどんどん々々入って来た。全くあれで良いかなァと思わせる位、人が無造作にズン々々入って来た事を覚えている。それが大きな間違いで、失敗の元になったのだ。

それで愈々式が始まって、白川軍司令官が挨拶して、それから皆で君が代を歌った。で、その時は二回君が代を歌うというので、一回目の君が代が済んで二回目の君が代を歌い始めたのだが、その時にポーンという音がした。ポーンという音がすると同時に、壇上の人間が皆グニャグニャとなって倒れたのだ。しかしそうなっても、一瞬まるで夢を見ているようで、僕には何が起きたのか解らなかった。

でもその時には、僕の所にも破片が飛んで来て指先に当たったのだ。僕らは先も言ったように櫓の脇に並んでおったのだが、参謀連中が全部で何人位居たろう、三〇～四〇人程も居ただろうか、その中には少将級の人も大佐級の人も居るし、僕は工兵部員というだけだから、列の真中位に並んで居ったと思う。だから軍司令官からは大分離れていたのだが、それでも破片が飛んで来た。しかし、鉄砲弾が跳ねたのではなく爆弾の破片だから、僕らの所では既に威力がおちていて、オッ何だろうと思った程度で、怪我もしなかった。

それから、さあ爆弾だというので大騒ぎになった。しかし、皆事態がよく飲み込めていないから、近くにいた参謀辺りは、爆弾が櫓の下に仕掛けられたと思って、刀を抜いて幕を切って下を見たりしていたけれど、何にも無い。それもその筈で、あれは弁当箱かなにかに見えるように造った爆弾を、潜入した朝鮮人が式の最中に投げつけたもので、それが台上に落ちると同時にポーンと破裂したのだ。

その時にはしかし、勿論憲兵も警備しておったし、櫓の周りには騎兵が馬に乗って護衛兵としてずーっと囲んではいたのだ。所が、その騎兵の護衛兵も、今となればおかしなものだけれども、皆軍司令官の方を向いている。その周囲には、一般人が式を見る為に何百人も集まっていたのだから、警護をするなら集まっている人間の方に向いていれば良さそうなものだけれど、そうではなく皆軍司令官の方に向いておったのだ。しかもそれが君が代を歌っている時だから、皆気を付けをして自分の正面を見て威儀を正しているから他の方など見ていやしない。だから、憲兵や御衛兵が居ても本当の警備・護衛にはなっていなかった訳だ。

で、爆弾が破裂してからは、大騒ぎの内に白川軍司令官をはじめとする怪我人を病院に急送するし、それから犯人を捕らえる方は、アイツが怪しいとかコイツが怪しいアレだろうコレだろうと、もう兵隊辺りでも外国人を引っ張って来ては殴ったり蹴ったりして、それこそ外交問題にならないかと思う位やっていた。だから、あの時には外国人が大分迷惑したよ。しかし、そうやって血眼になって犯人を捜しても、兎も角人が多く入り込んでいるし、ゴッチャになっていて分からない。それに投げた奴は逃げているから最初は中々捕まらなかった。それでも容疑者をやっと捕まえたけれども、今度は果たしてそれが投げたかどうかという事が中々掴めなかったんだ。しかし最後には犯人が判明して処刑した。しかし、そんなを事した処で後の祭りだ。

そういう訳で、壇上に居った人達は皆倒れ、白川軍司令官も全身四十何箇所かに破片を受けて、軍の病院に入られた。重症だった。

そこで、軍司令部の全員は、外出止・謹慎という事になった。しかし僕は以前からこの戦争が済んだら上海の見学がしたいと思っていて、軍服のままではとても危ないという意見も聞いて、背広まで用意していたのだ。その頃には軍人でも早い人は皆背広を持っていたけれど、僕は背広というものは持ったことも着たことも無く、あそこで初めて作ったのだ。実際、上海辺りは服地でも良いのがあるし、腕の良い仕立屋も日本から沢山行っていた。で、容易でなかった戦争が漸く済んで、今から上海の街を見物に歩こうと思っていた処へ、事件が起きて外出止めになってしまったのだ。

だけれども、僕としては矢張り租界地というもの、特に他国の租界地というものを是非見ておきたい。上海の街そのものは何でもないし、日本の租界辺りは何時でも行けるけれど、外国の租界には中々行けないから、どうしても見ておきたかったのだ。そこで、遊びに行く訳ではないのだからという事で、背広に着替えて、上海通の商人の案内で、三〜四人の仲間と一緒に内証でフランス租界に出かけた。フランス租界が一番変わっているという事だったからだ。そこで、競馬のような犬の競争が珍しいというのでそれを見、また、商店街もずっと歩いてみた。それでまあ、上海という所は、遊ぶとすれば面白い所だろうとは思った。料理屋にしても、婦人関係の施設にしても、もう至る所に在ったからね。

それから一つ面白いと思ったのは、租界地では案外黒人が働いていて、お巡りさんの代わりに交通整理等に立っているのは大概黒人だ。フランス租界では、泥棒を捕まえる等所謂刑事警察は本国の本当の警官が遣るけれども、その外の交通整理等は殆ど黒人が遣っていた。と言うのも、米国辺りの黒人は非常に痛めつけられているから反抗心・敵愾心も強いのだろうけれども、一般的に言えば、黒人は大きな体で強そうな顔をしている割に、気質は柔らかいのだそうだ。それで上海辺りでは、黒人は雇うのにも安くて良いし、従順だし、非常におとなしいから、交通整理等の仕事には最適任だという事だった。

まあ、その様に一応フランス租界を見たのだが、ほんの一晩だけだから、二時間か三時間位車で回って、所々で降りて、それからまたソーッと帰って来た訳だ。

さて、話が逸れたから、本筋に戻る。

白川軍司令官が入院され、軍司令部では、謹慎しつつ経過を見守っていた訳だが、残念ながら軍司令官の容体は悪化して行った。と言うのは、先も言ったように軍司令官は全身四十数箇所に破片を受けておったから、その破片を取り除かなければならなかったのだが、ばい菌などが入るのを防ぐ目的で飲み薬をとった処、破片で弱った体にその薬が影響して、血を吐いたりした訳なのだ。そこでよく診ると、これは胃潰瘍だという事が判った。元々胃潰瘍があった処に飲んだ薬が害を為して、胃の中が爛れてしまった訳なのだ。それで、これは大変だ至急手術をしなければならんというので、内地からは外科の有名な御医者さんが急行して来るし、手術には多量の血液が要るというので我々も皆提供して準備したけれども、手術するのにも全身に破片が入っているから、そこから生じる毒素が影響して、胃潰瘍の手術が終わった後、到頭危篤状態になってしまった。普通の胃潰瘍だけだったらそんな事にはならなかった筈だけれども、病状急変して危篤状態に陥り、そして結局亡くなってしまったのだ。

で、軍司令官はそういう目に遭っているし、これが外交問題に影響すれば、また大変な事になったのだろうけれども、そうはならなかった。と言うのも、大本営から、即刻引き揚げて帰れという電報が来たからなのだ。この事は軍司令部の上部も知らなかったし、予告すらされていなかった。実に突然の事で、僕ら全員が驚いた。しかし、これは陸軍省参謀本部辺りが内地で種々研究した結果、この時期此処で更に戦争を起こす事は日本軍の現状から考えて難しいし、寧ろこれはこれで切りを付けた方が良いという結論を得たからなのだ。その時に僕ら現地に居る者は皆一様に驚いたのだが、しかし一方から考えると、良い切りを付けたなと思った。ここで愚図々々、愚図々々しておったら、日支事変のように、ズンズン引きずられてしまって、何時までも切りが付かない。殊に上海辺りは、諸外国の植民地があるから、外交的にも大変難しい事になる。だから成程矢張り参謀本部の奴は偉い、決断が良いなと思った。これは僕ばかりではなく、その時には皆そういう風に思ったね。

まあそういう事で、愈々引き揚げて帰ったのだけども、帰る時には白川大将の遺骨を軍艦に乗せて、僕らが交代で棺側に付いて、そしてずーっと軍艦で内地まで帰って来たのだ。それであれは東京湾に着いたと思ったが、途中確か瀬戸内海に入り、鳴門だったか非常に流れの急な処を通って、横須賀に着いた様に思う。そこから一寸列車に乗って、遺骨と共に東京に帰って来たのだ。

昭和七年の二月に出征して、六月にはそうして帰って来たのだから、僅か四ヵ月足らずの間の出来事だった。

(三)折畳舟の開発(再び工兵学校教官として)

さて、上海から戻ってからは、また工兵学校で教官の生活が始まった訳だが、帰った当初は上海における陣地構築について講演依頼が方々からあって、そっちの方で忙しかった。

と言うのも、日本軍は攻撃を主とし防御はあくまで従だから、防御施設に関してはそれまで戦地での一時的なものは勿論あったとしても、大いに斬新な陣地を構築し、しかもそれが実際的に軍の役に立ったという事が経験中に無かったからだ。そういう意味では未踏分野だったとも言える。尤も前にも言ったように、防御陣地に関する研究はしておった。富士の裾野で行った特別工兵演習では、トチカの構築から始めて、出来上がったものを散々に大砲で撃ちまくって、コンクリートの配合や厚みの適正基準を調べた事がある。但それは強度試験だからトチカを一つ二つ造っただけだし、その他行った防御及び攻撃の演習でも、ほんの一区域の陣地を造って試験しただけだ。所が上海では、正面で確か九キロ位あったと思う、兎も角大々的なものを造り、しかも実際にそこで戦闘はしなかったものの、遣っても大丈夫だという処まで造ったのだから、当然に注目された。また、この陣地に関しての一寸した冊子を作って方々に配布したから、俄かに評判にもなった訳なのだ。だから、至る所から講演の依頼があって忙しかった。


そうしている内に、勲三等の叙勲があった。

叙勲というのは、今でもそうだろうけれども、功績調査やその後の手続きに或る程度時間が掛かるから、殊勲をあげてもその場で直ちに貰えるというものではない。それで、暫くしてから勲章が工兵学校に送られて来て、それを校長が渡してくれた訳なのだ。

参考までに言っておくと、これがもし普通の隊だったら、所謂叙勲の伝達式というのを遣る。そういう時には、営庭に全員を集めて隊長がそれを布告する。「天皇陛下の命により、勲三等のナニナニ……」と隊長が布告するのだ。天皇陛下の命によって隊長がこれを渡すぞとこういう事だ。そうするとそこで「カシラー、右！」とか、ちゃんと儀式的な敬礼をする。兎も角、勲章というのは、実際は賞勲局の仕事だけれども、みんな天皇陛下から頂くと思っているのだからね。

そして、勲三等を受けたとなると、種々な待遇が変わる。

例えば、皇居の御庭の中には、皇室の先祖即ち代々の天皇等を祭った御宮がある（宮中三殿：筆者）。それは小さい御宮だけれど、皇族の宗教行事はみなそこで行って、今の皇太子殿下（今上天皇）の御結婚もそこで遣ったから、お前もテレビで見て知っているだろう。で、僕ら将校はお正月には全員宮中に参内するのだが、参内するとその御宮の所に整列して、新年に詣でる天皇皇后両陛下を御迎えする。そうすると僕らが整列している前の渡り廊下を、両陛下をはじめ皇族方が衣冠束帯で御通りになるのだが、妃殿下方は後ろに長いのを引き摺っているから、学習院の小さい男の児が六人位で裾を持って付いて歩く。尤も、此方は最敬礼でずーっと頭を下げていて、見えるのは精々足位のものだが、しかしまあ僕ら将校はそういう風に新年の儀式に参列する訳なのだ。その時に、御宮の正面には拝所があって一段高くなっているのだが、勲三等以上はそこに上がって並ぶのだ。詰まり、この間も一寸言ったように、勲三等というのは本来将官になってから貰うべきもので、将官というのは天皇陛下から直接任命される勅任官だから、そういうような特別の待遇を受ける訳だ。それから、御陵などに行っても、勲三等以上は囲いの中まで入れる。そこに行って名刺を出すと、ちゃんと神主さんの一人が案内に付いてくれて、御陵でも囲いの中に一段入れるのだ。そういう待遇を受ける。

また、勲三等を貰った者というのは、種々な場面で、普通の男爵より一寸上に位置付けられる。男爵といっても、昔からの家柄で男爵になった人や、或いは女官辺りでも位の良い者は爵位を貰うから、それで成った人などは実際的な功績がそう有る訳ではないので、勲章は余り持っていない。そうなると御所での序列は勲三等を持っている者の方が上で、それから男爵という順になるのだ。だから僕の宮中席次（参考乙33）は随分良い方だった。

前にも言った通り、旭日の勲三等は、功績があれば大佐で貰う事もあるけれど、中佐で貰うというのは異例だ。中佐で貰うとすれば、本当は金鵄勲章を貰うべき人が何かの都合で貰えないとか、或いは、金鵄勲章にも師団で幾つというような或る程度の制限があるから、対象者があまりに多い場合に、その代わりの特例として旭日の最高をやるという時位のものだろう。しかし、知っての通り、金鵄勲章というのは武功抜群の者に対して授与されるものだから、これを受けるのは軍人にとって最も名誉な事だ。またそれだけでなく、金鵄勲章というのは、今でこそ一文にもならないけども、三百円の年金（参考乙34）が付いたものなのだ。だから、日露戦争あたりで金鵄勲章を貰えば、少尉の月給が、三十三円五〇銭だったのだから一年分の俸給とほぼ同じで、少尉で貰ったとすればこれは大きい。しかも、この年金は生涯年金で、死ぬ迄一生支給されるのだから、金鵄勲章を貰うと幾らでも結婚の申し込みが来たものだ。

一寸話が逸れるが、結婚で思い出したから話しておくと、昔将校が結婚する時には二百円とか三百円とかの金を準備しなくてはいけない事になっていた。これは将校の面目を保つ為というのが理由だったように記憶するが、兎も角それを準備しないことには表向きの結婚は出来ない。そこでその金は、大概持参金の様にして女の方が用意しておったように思う。僕が結婚した時にはもうそういう制度は無くなっていたけれども、僕らが子供の頃の将校の結婚では皆そうしていたのだ。それから、軍人の結婚は、唯勝手に届ければ出来るというものではない。将校の場合は陸軍大臣の許可が必要だし、下士官辺りでも隊長の許可を得なければ結婚出来なかった。これは僕らの時代でもそうだった。それ位資格についてはうるさかったのだ。

だから将校の結婚相手の家庭はみな憲兵が行って調べる。それで、所謂料理屋でも少し程度の落ちる料理屋とか、そういった所の娘は許可にならない事が多かった。だから、そういう所の娘と結婚させる場合には、先ずちゃんとした家へ養女に遣って、そこから結婚させるという様な方法が採られていた。岡山師団の参謀長は、非常に優秀な人だったが、その奥さんは元芸者だった。芸者と言っても、東京四谷の大きな八百屋の娘で、それが奇麗でもあるし何かの調子で芸者になったらしいのだが、それをどうしても貰いたい。そこで、矢張り子爵かなにかの所に養女に遣って、そこから貰ったという事だ。だから資格にはうるさいけれど、実際はそういう抜け道が無いではなかった訳だ。

大体、明治の元老や昔の将軍辺りは、奥さんが元芸者だったり、そうでなくてもそういう者を二号さんとして持っている人が多かった。維新の当時から志士という風に言われた人達は、料理屋で密談やら何やらするから、そこに奇麗な芸者が居て、仲良くなったという様な事が多かったのだろう。それらは大概二号で置いとった訳だ。また、そういう人ばかりでなく、僕らが子供の頃には、大尉になると大概二号さんを持ったものだ。世間でも、地位が昇ればそういうものだという風に認めていた処がある。世間ばかりじゃあない、第一、天皇陛下自らが範を示している。明治天皇辺りは、側室の様な者が随分居たのだから。

少し余談が過ぎた……

さて、工兵学校教官の話の続きをしよう。

僕は工兵学校教官として交通関係を担当し、断崖攀登《はんとう》、大河渡河、湿地通過等の研究と教育の主任を務めていた事は既に話した。それからコレヒドール島攻略を想定し、断崖攀登の技術と機器の開発をした事も話した。従って、此処では大河渡河と湿地通過について纏めて話しておく。

前にも言った様に、陸軍の当時の主たる仮想敵国はロシア、予想戦場は北部満洲であった。となると、どうしても黒龍江の渡河方法と、その付近の湿地地帯の通過方法の二つが、解決すべき大きな問題として浮かんで来る。そこで、北満における交通・渡河の方法及びそれに伴う必要器材を見極める為、現地を視察する事になった。で、僕が交通関係の主任教官でもあるし階級も上なので頭となり、他は僕の下で種々実験・工夫を重ねていた和田（孝次）少佐と小池（愛雄）大尉、それからこれは天保だが加藤（怜三）中佐、その四名で満洲へ渡った訳だ。四名の中では、加藤中佐が戦術的観点からの、僕と和田少佐等が技術的観点からの調査を担当した。詰まり、河を渡るというのは唯渡るのではなく、軍をどの様に動かすかという戦術的想定が根本にあって、それに応じて種々の技術的課題が出て来る訳だから、戦術の方に詳しい人間と作業の方に詳しい人間が一緒になって研究に行った訳だ。視察旅行の出発は昭和七年九月の末、期間は約三週間だった。

そこで、僕達は満洲に渡り、奉天、新京、ハルビンを経て北上した。奉天は、商業の盛んな古い町、新京は満洲国が創設されてからは首都になった所で、所謂満洲国の皇帝も此処に居るし関東軍の司令部も此処に在った。あとは師団が満洲の要所々々に配置され守りを固めていた。で、ハルビンからは周辺の地形を見つつ北行し黒竜江河畔の黒河と云う所に至り、そこから黒竜江の様子等をじっくり見て帰って来たのだ。僕らの通ったこのルートは、満洲における一つの主要な交通路であり、黒河迄は汽車も通じているから、戦争になった時には必然的に此の周辺から黒竜江を渡る事になる訳だ。それが為に黒河迄行ったのだが、行ってみると此の辺りは一寸した岡の様なものはあるけども、あとはもう至る所湿地だらけで、そもそも湿地を突破する為に用いる資材の搬入からして難しいような所だった。そして、黒竜江はそういう湿地帯の先にあって、河幅も狭い所で千メーターばかり有るのだから、それだけの距離を短時間で且つ敵に悟られない様に渡るのは、既存の方法ではとても難しいことが解った。

そこで、視察から帰ってから種々検討するに、渡河には橋を架けるのが一番良いし、大河の架橋は千メーターを目標に日本の河川で何回も演習していたから、技術的には難しい事ではないけれども、唯資材を持って行く事がそもそも大変な黒龍江で、しかも敵前で悟られないように架けるとなると、とても出来る話ではない。となると、舟に依るしか方法が無い訳だが、舟にしても大きな物をノコノコ運搬するという事では非常に能率が悪い。だから運搬時には折り畳んで小さいものにし、使用時にはそれを広げて直ちに使うという仕組が必要になる。そこで所謂「折畳舟《おりたたみしゅう》」を使用する構想が出て来たのだ。それから、舟はそういう物を用いるにしても、それを運ぶ為には矢張り湿地帯をどうにかしなければならないから、これに対しては、現地での資材調達に重きを置いて、葦の利用を考え出した訳だ。葦というのは湿地地帯には必ず出来るもので、日本は無論の事南方の上海でも北の満洲でも沢山生えている。そこでその葦を使って簀子《すのこ》の様な物を作って、それを二枚位敷いてみると、どんな湿地でも上を歩けるようになる。何しろ人間が歩けなければどうする事も出来ないからね。だから、簀子を機械で急速に作って、先ずそれをずーっと敷き、次にそれを角材や板で逐次強化し、その上で折畳舟なら折畳舟、大砲なら大砲を通そうという事になった。それから、斥候のような小人数の移動は、湿地用のカンジキや或いはソリのような物を作って、それを履いて進む事にした。

それで、そういう対策案を盛り込んだ分厚い報告書を四人の合作で作って、視察の報告とすると共に、機器開発の必要性を技術本部に意見具申した訳だ。

と言うのも、折畳舟の様な物の開発は、所謂考案レベルでは学校でも出来るけれど、兵器として大量に造るという事になれば、矢張りこれを技術本部に移さなければならない。そして技術本部は参謀本部と種々協議して、参謀本部が作戦の立場から必要性を認めたならば、技術本部が制式化の為の研究をして量産に移し、いざという時に役立つものに仕上げていく訳だ。それで技術本部では、相当の工兵技術については第二部という所が全責任を持ってやる事になっていたから、先ず第二部長に根回ししておく必要がある。そこで僕は報告を兼ねて意見具申と必要器材開発の了解を得に行った訳だ。

そうした処が、当時技術本部の第二部長というのは松井命（参考甲20）という人で、僕が砲工学校で副官を務めていた時に教官で居ったから、その頃から良く知っていたのだけれども、有名な乱暴な人でね。彼は、員外学生で長くフランスに行っておって、陸軍省では器材課長も務めたし、後には工兵監にも師団長にもなり、最後は軍司令官にまでなった人だから、兎に角頭の切れる偉い人なのだけれども、また何と言うか、人の言う事を糞味噌にけなす事も上手な人だった。で、僕が行ったら、頭から「工兵学校という所は、一体ナーニやってんだ!」という様な事でね。それからまあ報告をしたら、「この報告書は、立派な報告書だ。よく要点を摑んで立派な報告書だが、しかしこれに対して折畳舟を造れというような事は参謀本部から何も言って来んじゃあないか。参謀本部が要求しないものを技術本部で造る訳にいかん!」と、もうけんもほろろの挨拶だったのだ。それで流石《さすが》に此方もムッと来たから、「それは参謀本部が知らないから言うて来ないのであって、そういう物が出来たら良いという事は考えている筈だ。そういう物を作戦上どう使うかは参謀本部の研究すべき問題だが、それが出来るか出来んか必要が有るか無いかという事については僕らが視察し研究している。それを積極的に参謀本部に伝え、参謀本部の趣旨によって更に研究を進めるのは貴方の役目ではないか。」と反論したのだがね。

しかし、松井という人はそういう様に乱暴な事を言うけれども、内心はそうではない。これは良い事だ、是非必要だという事は解っている。だから参謀本部に連絡して、是非完成させなければいけないという事は百も承知しているのだ。だけども、始めは兎に角糞味噌にけなしてみて、それからそれに対する反駁や議論を聞いて、段々本物にして行くというタイプの人なのだ。その事は此方も知っているから、糞味噌に言われたけども食い付いて行ったのだ。しかし表面上は兎も角乱暴で、もう他人をけなす事は思い切ってやる人だったから、「校長の上村(友兄)、アレは一体何やってんだ! 上村なんぞ早く首にした方がエエ!」などと平気で言って、そのくせ上村校長と同じ金沢の出身なのだよ。まあ兎も角、随分目茶苦茶な事を頭ごなしに言うけれども、内心はまた違うという人だった。だから僕らの作った分厚い報告書を、よくもあれだけ纏めたと大いに褒めたばかりでなく、矢張り後から見ると折畳舟開発の重要性は百も承知していたのだ（参考乙35）。

まあそういう事も有ったりしたが、兎も角学校としては折畳舟というものを一生懸命に造って、それをどういう風に使って黒龍江を渡るかという事を研究した訳だ。戦術方面から言えば、先ず敵の手薄な所に奇襲的に上陸し、その上陸地点を基にドンドン進出して、予想もしない方面から攻めるという事なので、それに添って研究や訓練を進めた。

此処で折畳舟以前の事を一寸言っておくと、折畳舟が出来る以前の陸軍の制式渡河器材は鉄舟《てっしゅう》で、それはそれで悪いものではなかったのだが、何しろ重過ぎて北満における作戦状況には適合しない。また、浮嚢舟《ふのうしゅう》といってゴムの浮き袋を船の形に造った物も既に有ったから、これを櫂で漕いで渡るという構想も有るには有ったのだが、浮嚢舟では部隊ごとの渡河となると積載量等不足の点が多すぎる。所が、折畳舟は一〇人位は楽に乗れるし、少し大型のものは二〇人程も乗れて、しかも木製合板とゴムで出来ているから、担いで何処にでもドンドン行ける。従って、現場に材料を持って行く事自体が大変な湿地帯で、しかもとんでもない所に上陸するという作戦目的には、まさにうってつけの船だった訳だ。

それで折畳舟の運用だが、これを漕いで渡るか或いは動力で渡るかというのが、又一つの研究課題でもあった。漕いで渡るというのは非近代的と思うかもしれないが、黒龍江の様な大河はそう急流ではないし、少々水かさが増えても急激に流れが強くなる事はないから、漕ぐことによっても充分渡れる。また、渡河等の工兵作業は隠密性が重要だから、漕ぐ方が良い場合もあるのだ。一方、機舟《きしゅう》といって、折畳舟に動力を付けてやる方は、早く渡河出来て能率が良いけれども、動力の消音方法が問題になる。まあ各々利害・特性が有るから、状況に応じて使い分ける為に、工兵学校では両方をずーっと研究した訳だ。

また、斥候等が用いる個人装備としては余り大々的なものは考えられないから、矢張り湿地用のソリやカンジキという線に落ち着いてしまう。これらは、天草辺りの漁師の装備を参考とした。天草付近は、海の干満の差が非常に大きく、潮が引くと海岸が二里位の干潟になる。それでその湿地状の干潟で種々な漁をする為に、あの辺の漁師は、カンジキを履いたり、スキーの様なもので走ったり、或いは小さい船の様な物を造ってそれを滑らすという方法をとったりしていた。そういう所から矢張り一つのヒントを得て研究改良に努めたのだ。

それから、戦争となると、大砲が重要だから、大砲を通す為には、先にも言ったように、先ず簀子《すのこ》様のものを敷いて作業拠点とし、これを逐次補強して大砲を通し、敵の予想もしない所から射撃を加える。これも先ず葦を使うところが非近代的に見えるかもしれないが、資材の輸送・集中が難しい場所だから、それはそれで十分合理的な遣り方だった。

さて、これらの器材を使っての演習だが、渡河の演習は、銚子の利根川河口付近で行った。あの辺りは川幅が千メーター位あって黒龍江に近いというので、盛んに研究したものだ。それから湿地通過に関しては、潮来の辺が湿地地帯だから、その辺を利用して随分研究した。僕の主催で三日に亘る連続の演習などもやった事がある。まあ、演習は随分一生懸命にやって、特に銚子の辺りへは何回も何回も行ったよ。

で、銚子の辺りに行くと、帰りの御土産はシジミ。これはもう素晴らしく採れるのね。あれは養殖していたのかもしれないけれど、兎も角ザルみたいなものでずーっと掬うと、もう一遍に一升位採れる。だから非常に安価で、まあ多少泥臭いところはあるけども、採って来て直ぐ食べれば美味しいものだ。だから銚子に演習に行くと、大概土産に一袋持って来た。一袋というのは一斗位入っていて、

（上）閑院宮に折畳舟の御説明をする祖父。（下）中央に参謀総長閑院宮殿下。

それが十何銭かで買えたのだから、あの当時でも随分安かった。

さて、その様にして器材の開発や訓練が概成した昭和八年の七月、閑院宮様が参謀総長の御資格で工兵学校に御見えになったので、荒川の堤防の上で、僕が折畳舟の構造や用法を御説明し、またその他の機器を含めて渡河の実演を御目に掛ける栄光に浴した。

そして、それを最後に長かった工兵学校教官の職を終え、僕は陸地測量部の地形科長に転出したのだ。

十四．思いもよらぬ異動（陸地測量部地形科長）

上海から帰って一年と二ヵ月経った昭和八年八月一日、陸地測量部地形科長を拝命した。僕が地形科長になった理由は自分でもよく解らなかった。僕は、測量というものに対しては全くの素人だったし、陸地測量部にしても主に文官が行く所という位にしか認識して居なかった。だから自分がそこに勤めるようになろうとは考えても居なかった訳だ。しかし兎も角そういう命令が出、また此方としても東京暮らしが続けられて家庭的にも都合が良いから、喜んで行くことは行った。家は牛込の余丁町に見付けて赤羽から引っ越した。

陸地測量部というのは、参謀本部に属する官衙で、その名の通り測量をして地図を作製する所だ。場所は三宅坂にあって、参謀本部が手狭になって新しい建物に移ったその後に入っていた。それで、何しろ元の参謀本部だから、門を入って直ぐの所には有栖川宮の馬に乗った銅像が有るし、建物自体も傾斜地の少し高い所に位置していて、古いけれども威厳に満ちた立派な建物だった。

陸地測量部を組織の方から言うと、測量部には三角科、地形科、製図科の三科が有って、それぞれの科長は中・少佐、測量部長は後に中・少将になったけれど、僕らの時代には少将がその資格だった。それが将校の方で、その他に測量士が沢山居る。測量士というのは皆文官なのだが、文官でも高等官だから大佐相当の資格にまでは成れるようになっていた。

で、各科の仕事だが、三角科というのは、測量の基になる三角測量、例えば日本なら日本全土、満洲なら満洲全土を三角点でずーっと覆って、そのポイント毎に地球上の位置とか標高とかの根本的測量をする所だ。地形科というのは、その三角測量を基にして地表の高低や形態等を測る所謂地形測量を行う所、製図科は、測量したものを実際の地図にする所だ。それから地図の印刷も盛んに行わなくてはいけないから自前の印刷工場も持っていた。

さて、日本の測量技術というのは世界に冠たるものだったが、特に陸地測量部作成の地図というのは、位置の関係から高低からもう間違いの無い一番確実なものとして定評があり、また、樺太が此方の領土になった時にはそこまでとっていたのだから、陸地測量部というのは高レベルで且つ大きな仕事をしていた訳だ。それから我々の仕事は、結果としてそこに留まるものではない。と言うのも、陸地測量部の地図は、買おうと思えば買えるものだったから、これを基にして地方（民間）がコマーシャルの地図を作るという事も随分あった。即ち我々の仕事は民間にも還元されていたという訳だ。但し、陸地測量部の地図は、元々軍事上の必要から作成したものであって、地方（民間）の人の為に作るのではないから、要塞地帯とか何とかいう所謂秘密の場所は一切地方には出さない。またこの地図そのものをそっくり真似することも許さない。だから、民間の地図屋は、我々の地図を参考としつつ、独自に民生用の地図を作っていた訳だが、しかしそういう物を僕らが見てみると、精度が低い上に間違いだらけで、馬鹿らしくて使えたものではなかった。それ位民間のものとは格差があった。大体僕らは、「地図を読む」と言う。読んでその地図の全てを理解するという意味もあるのだろうが、見るとは言わないで読むと言うのだ。まあ、そういう言葉に耐え得る位測量には精確を期するし、地図にはそういう態度で接するという事だろう。しかし実際そういう風にして地図を作りそして見慣れて来ると、紙の地図であってもまるで立体模型を見る様に、高低から地形から全ての事が一瞬にして頭に浮かぶ様になるものだった。

それはそれとして、僕はそれまで測量部という所には足を踏み入れた事もなく、まして勤めるなど考えても居なかったのだから、俄かに地形科長になって、少しは心配でもあった。しかし、実際に行ってみると、少し勉強しさえすれば大した事はないのが分かって来た。と言うのも、地形科長の仕事というのは、現場に測量士が入って場合によっては一ヵ月以上も作業をしているから、そこを指導という形で視察して歩けば良いというもので、しかも、遣っている測量の大部分は新規の測量ではなく、既に地図が出来ている場所の補修の為のものだったからだ。補修の測量というのは、鉄道線路や道路等の大きな土木工事をした後には地形が若干変わるから、その部分の補正をするものだ。そういうのはそれ程難しい仕事とも思えなかった。だから、従来地形科長がそういう現場を指導して歩く場合にも、実際は殆ど遊びの様な気持ちで行く事が多かったのだ。と言うのも、科長などと言ったところで、多くは測量に対する経験が無い訳だし、一方測量士は学校を卒業してからずっとそればかり遣っていて、詳しいことは一番詳しいのだからね。だから極端に言えば、地形科長というのは、実際の仕事は測量士任せにして、視察用の予算を大過なく食い潰すのが仕事だった様なものだ。

しかし、僕はどうもそれでは飽き足りない。第一見ていると、測量士の先生らは文官だから、作戦というものを念頭に置いて図面をとるという事は余りない。例えば崖が在る場合、どの程度までその崖を図面に表わして描くかは、矢張り作戦上の事を考えてそれに合う様にしなければいけない。尤も、地図を描くには或る程度の規定があって、例えば崖なら何メートル以上の崖は入れなければいけない、何メートル以下ならば入れないというような制限があるのだけれども、しかし、崖には作戦上影響のある崖とそうではない崖があるのだから、そういうものを頭に置いてそれを図面に表わす事が重要だ。どうもそういう着眼が無かったから、僕が行ってからはその点を少し喧しく言ったのだ。そして、測量したものを時間を決めて宿に持って来させて、これはどうしてこの様に描いたか、何故こういう風に表したかと一々質問して、それならばこうした方が良いという風に指導して廻ったのだ。そういう事は以前の人は一切遣らなかった。何しろ、遊びや見物に行く位の積もりで居るのだから……。それを僕は、別に難しい事を言う積もりはないけれども、此方は幾らも経験が無くて知らないものだから、研究も兼ねて一々聞いて、それから指導した訳だ。そうした処、測量部長が非常に喜んで、「君の様に遣ってくれれば、本当に、部下の仕事を視察する価値がある。非常に有難いと俺は思う。」と言って、馬鹿に褒めてくれた。

まあそういう風にして、慣れないながらも一生懸命に遣っておった処、半年程で工兵大佐に昇進し、それと同時に、新設される関東軍測量隊に隊長として行く事になった。

そこで思うのだが、僕は地形科長になった時にはもう古参の中佐で、何故地形科長になったのか自分でもよく解らなかったけれど、しかし後から見てみると、僕を測量部に確保しておく為の所謂計画人事の一環だったと思うのだ。と言うのは、関東軍に測量隊が出来るという事は相当前から分かっていた筈で、そういう新たな部隊を編成する時には、誰を最初の長にするかという事は非常に重要な問題になる。また、測量の様な特殊な技術分野に、全くの素人を隊長として持って行く訳にはいかないから、遅くとも半年や一年前から、本当は二年も三年も前から隊長となるべき人物を養成しておかなければならない筈だ。だから僕が関東軍測量隊の初代隊長になった事から逆に考えてみると、その前の地形科長の段階で、測量部長辺りがそれ含みで要望して居ったのではないかと思うのだ。人事というのは、担当者が常に最良の人選をすべく研究してはいるが、例えば測量部長辺りが是非僕をほしいと言ったとすると、他に適当な人が居ない場合には、相当にそういう要望が参考にされるものだ。

で、当時の陸地測量部長は鈴木元長（参考甲21）という広島の人で、それは員外学生だけども以前からお互い知ってはいたから、そういう目で僕の事を観察していたのではないかと思う。また鈴木元長さんとは、家庭的にも或る程度懇意にしておって、お嬢さんの結婚の時には御祖母ちゃまが着物を着せたりした位だから、おそらく始めから僕が要望されておったのかもしれない。

兎も角そういう訳で、僕は関東軍の測量隊に行く事になったのだ。

十五．陛下への拝謁、満洲国の実態・測量、負傷（関東軍測量隊長）

昭和九年三月五日付けで陸軍工兵大佐に進み、同月十七日関東軍の初代測量隊長に任命された。

満洲の正確な地図は、ソ連と相対する日本にとって是非必要なものだった。しかし、既存の満洲の地図というのは、どうにも信じられるようなものではなかったから、日本の技術で作り直す為に関東軍測量隊が創設されたのだ。

測量隊は、当時満洲防衛の任に当たっていた関東軍の中の組織だけれども、兵隊は持たずその代わりに測量士を持っている。しかし、位置付けとしては、普通の戦闘部隊と同じようなものとして編成された。だから、満洲に出発する前には、僕は関東軍の一部隊長（参考乙36）として、参謀総長の閑院宮さんの所に行き、また参謀本部次長の植田謙吉（参考甲22）さんの所にも行って、申告と挨拶をした。またそれだけでなく、これは特筆すべき事だが、天皇陛下に拝謁を賜った。しかもそれは単独拝謁と云って、唯一人で拝謁を賜わるものだったから、普通では中々出来ない特別の光栄に浴した訳だ。何故そういう機会が与えられたかと言うと、当時満洲に行くのは未だ戦地勤務扱いで、そこに資格有る隊長として赴くというので特別の拝謁が許されたのだ。

単独拝謁と云うのは、特に儀式があるものではない。天皇陛下がいらした御学問所……陛下が本を読まれたり種々の仕事をされる部屋があって、それは詰まり我々で言えば居間みたいなものだが……そこに伺って最敬礼をしてそして帰るだけだ。此方から言上することはない。僕は初めての経験だったから、何か陛下に申し上げるべきかどうか予《あらかじ》め聞いてみたのだが、それは何も言わない方が良いのだという事だった。単独拝謁というのは、普通そうなのだね。また御言葉を賜ることも無い。それは満洲で種々な事でも有って、それを言上するという時には御言葉も賜るだろうけれども、そういう事も何も無い、唯「行ってこい、御苦労だ。」という事だけだからね。それにしても単独拝謁を賜ること自体大変な光栄だった。

さて、そういう挨拶回りも終わり、一応の部隊編成も終えて、愈々満洲の新京に向け東京駅を発った時点での人数というのは幾らでもない。測量隊には前の陸地測量部と同じく三角科、地形科、製図科の三科が有ったから、それぞれの科長の下に二〜三名、それから測量隊附、将校は合わせて一〇名程度の僅かなものだ。あとは皆測量士で、総員でも四〇〜五〇名位だったと記憶する（参考乙37）。それに対するに、見送り側は植田次長をはじめとして参謀本部のお偉方が喫驚《びっくり》する程来てくれた。それは先も言ったように、一般兵科の部隊と同じく関東軍測量隊という新たな部隊が出発するという形だったからで、盛んな歓送を受けつつ東京駅を後にした。そしてこの時は、大阪から船で発つ事になっていたので、先ず大阪に向かった。

大阪に着いてからは、大阪第四師団の師団長だった寺内寿一さん（参考甲23）の所に挨拶に行った。寺内寿一という人は、長州閥の巨魁で陸軍大臣を長くやった有名な寺内正毅元帥（参考甲24）の息子さんで、北支方面軍では山下（奉文）が参謀長で付いた事もあった。その人が当時第四師団長をしておって、此方は大阪から出発するものだから挨拶に行ったら、一度会食しようという事になった。それで丁度その時、士官学校の「幹事」と云って、これは校長に次ぐ立場だが、その幹事が矢張り満洲を視察する為に出発する処だったので、その人と一緒に寺内師団長から御馳走になった。で、その時に「今中君、測量をどういう要領でやるのか。」という様な話になったのだが、これはもう出発する前から年度毎の測量計画も出来ていたし、また注意点として、測量に際してソビエトといざこざを起こすなという事を喧《やかま》しく言われていた。例えば、図面をとるのにも国境外に出てはいけないとか、国境付近でも作戦上重要度の少ない図面は成る可く航空写真で撮れとか、その場合写真に写る範囲ならばソ連領が入っても良いだろうとか、兎も角国境で紛争を起こさない様細かい事まで参謀本部から指示されて居ったのだ。だからその事を説明して、「参謀本部でこういう特別厳重な趣旨を受けておりますから。」と言ったらね、寺内さんは「ソーンナ馬鹿な事はない。戦争するのに敵の方の土地を測量しないなんて、ソーンナ事はないよ。」と言って大分憤慨して居られた。それは寺内さんという人はもう有名な我儘者で、何でもかんでも遠慮会釈無く人にぶつかってものを言う人なのだ。それで有名な人だよ。その寺内さんも今度の戦争では軍司令官として支那で大いに活躍されたが、最後は、自殺ではないけれど脳溢血かなにかで亡くなった。結局、勝つ目処が無いのだから、軍司令官として立場も何も無くなった訳だね。もう勝てる見込みがないという事は、随分前から分かっていたし……。

しかし、その時は未だそんな時代ではなかったから、そういう風に大阪で一夜御馳走になって、その様な話もしてから出発したのだ。

大阪から船で朝鮮に渡り、そこから汽車で新京（現：長春）に着いた。新京と云うのはその名のとおり新しく出来た都会で、建国された満洲の首都だから、所謂皇帝もそこに住んで居られるし、また満洲国を支配する各省庁も全部そこに在った。勿論測量隊の本部も此処に在った。で、新京の駅に着いたら、関東軍の方からは勿論参謀連中が迎えに出ておったけれども、その外に満洲国総理大臣の鄭孝胥（テイコウショ）（参考甲25）が出迎えて居てくれていた。

この総理大臣は、学者としても又非常な人格者としても有名な人だ。そして関東軍からの受けも非常に良い人で、寧ろ皇帝よりもずっと良い位だから、交渉事は全て彼が遣っていた。また此処に貰った軸が掛かっているけれど、彼は字が上手な事でも有名だった。何しろ、字を書く練習をするのが自分の運動になると言って、丁度散歩にでも行く様な積もりで、朝早く起きると直ぐ字を書き始める人なのだ。まあそれ位学問のある人だから、非常に礼儀正しくて、我々が行った時も駅に迎えに出ているし、その時ばかりでなく、一寸廉《かど》ある時で僕らが汽車に乗ろうという様な場合には必ず送りに来る。まず人格者として又学者として皆褒めておる様な人だった。

それから、満洲国皇帝の所には、着任後挨拶に行った。皇帝溥儀（フギ）という人は、非常におとなしくてノソッとした感じがするが、気分はしっかりした人物だと思った。唯溥儀さんは、皇帝として満洲国の行政組織の頂点に立ってはいるけれど、日本からの監督役が各所に入っているから、実質的な権限には乏しかった。例えば関東軍の司令官……これは大・中将のポストで、多くは大将がなるのだが……これなどは丁度戦後のマッカーサーの様な資格と権限があるから、寧ろ司令官の方が威張っていた。何しろ「満洲は私が治めます。」という事を皇帝の前で平気で言う位なのだからね。でも一応溥儀さんは皇帝であるし、廉ある場合には関東軍の方も丁寧にしていた。しかし力関係がその様だから、日本の天皇陛下に拝謁を賜るような事とは違って、僕らが行っても勝手に話が出来た。

兎も角満洲というのは、元々北京の中央政府を離れて独立した勢力を持っていた一つの地方だが、満洲国ということになると、これは何としても日本の力で出来た国なので、日本人が全ての実権を握っていた。だから、満洲国は満洲国として政治的に種々の運動をする事があるけれど、それもみんな日本から行っている人間が指導・監督しているのだから、嫌でも応でも、何もかも、日本の言う事を聞かなければならないようにちゃんと仕組まれておった訳だ。例えば、向うにも文部省があって大臣は満洲人だけれども、しかしそれを指導するのは日本の文部省から行っている人間なのだから教育は全て日本式であって、所謂日本の属国の教育みたいなものだ。僕の友達で士官学校同期の恒吉（秀雄）というのも、満洲国で国立大学の生徒監の様な事をしていた。それから、兵器を造る所謂砲兵工廠の様なものも満洲に出来ておって、此処にも僕の同期の河野が大佐で辞めて副官で行っていた。その方が何倍も収入が良いのだ。それから造幣局という様なものも出来ておったが、これはもう使用人は別として日本人ばかりで遣っていた。また、軍隊に関しても、日本の将校が満洲国の将校に成れた。だから僕が赤羽に居る時に、すぐ側に居った人が矢張りこの満洲国の将校になって、満洲国の将校の服装というのは僕らが見ると何だか嫌なものだけれども、それを着て歩いているんだ。そういう場合には……今でも中央の役人が地方にかわったり民間に天下りする場合そうだろうけれども……大概一階級、時によっては二階級上の役に就く。だから日本の元将校で満洲国の将校に成っている人がかなりあった。それから、満鉄が矢張り日本の経営だが、満鉄は鉄道事業も大きいし関連会社も非常に多いから、その全体的な権限たるや大変なものだ。そして、満鉄には必ず日本の工兵の鉄道関係の人間が監督官として行く。行くともうそれこそ収入は多いし、交際が非常に激しいから相当に交際費も貰うしで、皆が喜んで行く所になっていた。そういう風にして、広い満洲の中枢はみな日本が実質的に押さえていた訳だ。

何しろ満洲は広い。それはもう汽車に乗っとっても、朝から晩まで山も何も見えない所があるのだからね。殊に新京から西の方の鉄道などは、行けども行けども、殆ど何処まで行っても朝から夕方まで山も何も見えない。実に平らな大平原が続いて、本当に大陸だという事が解るよ。だから、満洲をそういう風に占領したのは、実際日本の企みで、日本は将来食料に困ると、そこで、広い満洲を手に入れておけば二〇年間位は大丈夫だというのが一つの考えだったのだ。だから何とかして満洲を取りたい、自分の占領下に置きたいという下心は元々充分にあったのだ。それでナンとかカンとか理屈を付けて、向こうが鉄道を壊したとか言うけれども、壊すように仕向けたり、自分で遣ってそういう風に見せかけたりしていた訳だ。元匪賊の親方だけども満洲を握って皇帝の様にやっていた張作霖（チョウサクリン）を殺す為の種々な企みを遣った事もある。そういうのはみなその下心から出た事だ。だけれども、それでは日本全体が、日本の政府としてそれを画策したのかと言うと、そうとは言えない。満洲で騒動が起きた時には、日本の参謀本部はヤンヤン言って止めさせようとしたのだからね。しかし出先の方はそうではない。大体関東軍というのは、満鉄警備を主目的として出発したのだから、初めからこんなに北に居ったのではない。ずっと南の旅順の辺を基にして居ったのだ。それが新京のような北の方に進出して来たのは、その下心の結果と言えるだろう。まあこれは何と言うか……しかし日本としては経済上も、それからソ連を意識した国防上も、満洲が欲しかった事は確かだし、それに対するに、支那は広すぎて中々治まりがつかないから、結局その政治的軍事的歴史的間隙を日本に突かれたという事だろう。しかし、当時ソ連にしても南進意欲満々だったし、米国もハワイ、フィリピンと併呑西進し更に中国や満洲の市場が欲しくて仕様がなかった事もまた事実なのだ。そういう時代だった訳だ。しかしまた考えてみると、時代が変わった事は確かだとしても、経済や地勢学的な要求構造は少しも変わっていないのだから、現代でも国に隙が出来た場合には、こういう事は形を変えて何処にでも起こり得る。日本は戦後、平和だ平和だという事で、何でもかんでも武力はいかんと言っているけれど、戦争をする覚悟が平和をもたらす事もあるし、逆に平和を目ざした結果悲惨な結末になる事もあるのは歴史に照らして明らかだ。世の中は相対的なもので、一方が力を持たず善意で居ればそれで事が済む程単純ではないのだから、本当に平和の内に独立を維持し発展して行こうと思うなら、あらゆる意味で国に隙を作らない様にしなければならない。実に心すべき事だと思うな。

　さて、話を戻して、僕は新京では随分大きな官舎に入った。新京には官舎が沢山建っていて、将校全員に入るべき官舎が備わっておった。それでも階級の低い人は二～三人が一緒だが、僕は隊長だから一人で広い一戸建ての官舎をあてがわれて、食事なども、ちゃんと日本人の女中が持って来てくれるようになっていた。その他に、元兵隊だが測量隊に雇われて僕の従卒の様な仕事をする書生が居って、それもその官舎に留まって居た。だから、一方から言えば戦地の様な扱いを受け、また一方から言えば官舎も有って女中まで付いてまるで平時の様な扱いを受けていた訳だ。御飯などは、関東軍の司令部関係を一手に引き受けている商人があって、それが御馳走を作って、各官舎にずーっと運んで来るのだからね。それをまた女中が僕の所迄持って来る訳だ。その他、女中は、掃除とか何とか生活の世話をみなする訳だ。だから戦地に女中を連れて行くというのは可笑しなものだけれども、矢張りそれが居ないと不便なのだ。それから、例によって月給の四割を戦時手当として貰う。その増えた四割だけで一人で生活するにはもう沢山だ。いずれにしてもそういう扱いを受けるから、満洲というのは誰しもが行くことを希望する所だった。

しかし満洲に居れば、小なりと謂えども実際に戦闘行動が無いとは言えない。特に測量隊は随分犠牲者を出したのだ。と言うのも、測量隊は仕事上金と物を持って奥地に入って行かなければならないのだけれど、前にも言ったように軍隊に付きものの兵隊を持っていない。それで護衛は勿論付けるのだが、矢張り完璧という訳にはいかず、匪賊《ひぞく》に襲われて犠牲が出てしまうのだ。この測量隊に付ける護衛というのは、所謂雇い兵だ。尤も、雇い兵といっても、日本から満洲に行っている人間で、軍隊では上等兵になったような者が殆どだ。まず満洲辺りで測量隊の護衛といえば一つの立派な職でもあるし、給料を貰えるとか貰えないとかいうような心配も無いから、募集をするとそういう者が集まって来る。だからそういう雇い兵が多い時には二百人位居て、それを測量士に護衛として付けていた訳だ。だからそういう所にもかなり金が掛かった。で、金が掛かるのはよいのだが、これが雇い兵だから、訓練を厳しくして締め付けておかないと、ややもすると軍規を乱す。まあ皆兵役を終えた人間だから、軍隊に居る間は立派な兵隊だったとしても、どうしてもダラシが無くなるし、それから満洲では何と言っても日本人が優越感を持ち過ぎていたので、悪い事をする奴も出て来る訳だ。それで僕は彼らに対して、もう軍隊と同じ様に厳しく遣ったのだ。そうしないと、関東軍の方でも、どうも測量隊の兵隊は敬礼が悪い、服装も乱れておるなどと言う。実際そういう評判もあった。まあ、関東軍の方から見れば、傭兵部隊とは云っても普通の軍隊と同じ様に見えるのだな、ちゃんと普通の兵隊の服を着せて装備なども同じなのだから。そこで、僕は少しうるさ型だったかもしれないけど、喧し過ぎる位喧しく、厳し過ぎる位厳しく遣った。だから、僕の測量隊長というのは、彼らにとってかなり煙たい存在だっただろうと思う。

さて、測量の話。

元々満洲での測量は、ソ連を睨んだ軍事上必要な測量なのだから、国境付近が特に重要になる。満洲は、ウスリー河に沿った東側、黒龍江沿いの北側、外蒙古（モンゴル人民共和国）に接する西側と、大きく三方向でソ連と接している。で、地図を正式にとるという事になると矢張り三角測量から始めなければならない。しかし三角測量というのは、眼鏡で漸く見える様なかなり遠い位置を選んで三角点を決め、その三角点で広範な地域をズッと覆って行う大々的なものだから、作業の迅速性を求めるという性格のものではない。だけれども、軍事的緊急性を考慮すると一刻も早く確実な地図を作らなければいけない訳だから、これも国境付近から取り掛かった訳だ。そして、三角測量を遣りながら部分々々の地形測量などを遣り、また本当に国境に近い所は航空写真を活用するなどし、また特に急を要する所は満洲の地図を或る程度利用してそれを修正して使うという風にして、ドンドン作業を進めた訳だ。

一方、作戦の方からこの三方向の国境を考えると……兵力輸送の関係上どうしても鉄道線路の通っている処が中心になる訳だが……東部国境方面は、ソ連の極東最重要拠点のウラジオストックを直接

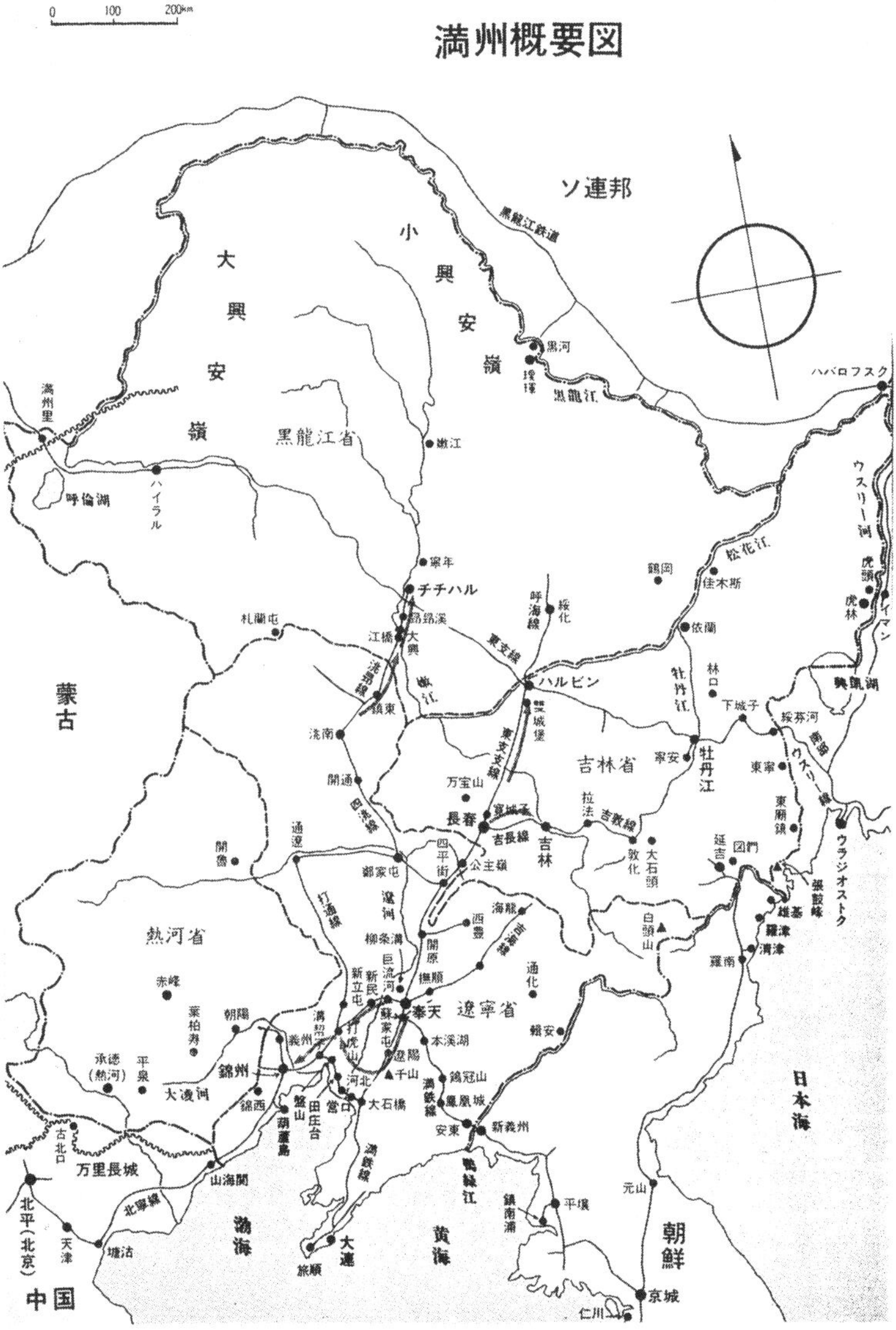

0 100 200km
ソ連邦
黒龍江鉄道
大興安嶺
小興安嶺
黒龍江省
黒河
璦琿
黒龍江
ハバロフスク
満州里
呼倫湖
ハイラル
嫩江
ウスリー河
松花江
鶴岡
佳木斯
虎頭
虎林
イマン
寧年
チチハル
昂昂渓
江橋
大興
札蘭屯
呼海線
綏化
依蘭
東支線
蒙古
洮昂線
鎮東
嫩江
ハルビン
牡丹江
林口
興凱湖
下城子
綏芬河
洮南
双城堡
吉林省
寧安
牡丹江
東寧
開通
万宝山
東支支線
拉法
吉敦線
東寧線
ウスリー線
四洮線
長春
寛城子
東京城
通遼
開魯
四平街
公主嶺
吉長線
吉林
敦化
大石頭
延吉
図們
ウラジオストク
鄭家屯
張鼓峰
雄基
羅津
清津
羅南
打通線
遼河
海龍
西豊
白頭山
熱河省
柳条溝
開原
吉海線
巨流河
新立屯
新民
撫順
通化
赤峰
朝陽
奉天
遼寧省
蘇家屯
溝幇子
打虎山
本渓湖
義州
寛甸
輯安
承徳（熱河）
平泉
錦州
大凌河
遼陽
千山
河北
鶏冠山
盤山
田庄台
営口
大石橋
満鉄線
鳳凰城
錦西
葫蘆島
安東
新義州
古北口
日本海
万里長城
山海関
満鉄線
鴨緑江
元山
平壌
北寧線
鎮南浦
北平（北京）
天津
塘沽
渤海
旅順
大連
黄海
朝鮮
京城
中国
仁川

満州概要図

攻略する、或いはそこに通ずる鉄道を分断する事を目途に、地形上都合の良い東寧という所を中心に地図の完成を図った。それから北部国境方面は、同じくウラジオストック方面の作戦を容易にする為にシベリア鉄道を分断する事が効果的だから、攻撃渡河地点として都合の良い黒河を中心に測量を進めた。この方面は、概念的には一応黒龍江が国境となっているけれども、実際に何処が国境線かとなるとよく分からない。現在でも中国とソ連が、それを理由として紛争を起こしている位なのだからね。それから西部国境方面、これも山の稜線等を国境線にしているけれども、本当の国境線は何処だかよく分からない。この方面ではその後ノモンハン事件が起きたが、これも結局国境線がはっきりしない事が原因だ。唯日本としては、この方面で戦争しても、広いソ連本土に漠然と進撃して行かなければならず、始末がつかない事明白だから、作戦上はどちらかと言うと重要性が低かった。

それで地図作りの方から言うと、西部方面は、それまできちんとした測量が余りなされていなかったから基礎から掛からざるを得ない方面であったし、北部方面は、重要度に比して測量が不備な所で、作業を急ぐ必要があった。また、東部方面は元々地図が比較的整っていた事とその重要性・緊急性から既存地図の修正を主にした。

全体の状況は以上の如くだが、僕は隊長として指揮監督に当たる為に、各方面で作業を進めている測量隊の視察に歩いた。

最初に視察に行ったのは、西の方面、興安嶺（コウアンレイ）山脈から西の所謂内蒙古と云われる地方だった。この地区は国境に近いのだけれども、今言った様に、測量があまりなされていなかった地域だから、三角測量から始めなければならず、従って要所々々に三角網を作って大々的に測量していた。そこをずーっと視察して回った訳だ。

それで、僕は鉄道で新京から出発して北方唯一の大都会哈爾濱（ハルピン）を通って海拉爾（ハイラル）まで行き、そこを起点に、今度はトラックで測量をしているあちこちを廻りながら興安嶺の山中から国境に近い所まで行ったのだ。

僕がハイラルまで出る為に使ったこの鉄道は、満洲国の中ではあるがロシア人の経営で、駅長も運転手も皆ロシア人だった。元々満洲の鉄道はロスが経営しておって、日露戦争の結果、賠償として此方が占領したのだけれども、それは全ての鉄道という訳でなく、新京以南だけだった。だから「満鉄」の正式名称は南満洲鉄道株式会社であって、満洲北部の鉄道は依然ロスが経営していたのだ。だから特にこの線沿いの町々、要所々々には、ロシヤ人が沢山居った。唯これらのロシア人は、所謂白系ロシアと云って、共産ソ連に反対して此方の方に逃げて来たり追い遣られて来た人達だから、性格穏便であるし又日本贔屓でもあった。今の役者の大泉滉というのは白系ロシアの貴族の子孫だというし、横綱の大鵬も白系露人の血が入っているというように、彼らは日本人に対して非常に親しみを持っていたのだ。だからこの辺りの鉄道を営業させても、我々の方では別段不利益は無かった。そのかわり、切符を買うにしても、それから食堂で食事をするにしても、みなロシア語でやらなければならない。まあ、そういう鉄道でハイラルまで行き、そこからトラックで興安嶺の山の方に入って行った訳だ。

興安嶺山脈と云うのはとても大きな山脈だけれど、日本の山脈の様に鋭く切り立った山が連なっているというのではない。一般に山とも見えない位のものが波をうって続いているのだから、寧ろ大波状地と言った方が良い。で、僕らはそういう所をずーっと奥地に入って、三角測量の基点になっている所を見て廻って、そこで測量をしている関係者を集めて種々指導しながら歩いた訳だが、三角測量というのは随分時間の掛かるものだから、測量士達は持って行った食料の他に、種から野菜を育てたり、羊を手に入れたり、山から流れ出ている川で魚を釣って食べたりして生活している。

　で、その時僕は実に驚いたのだが、この辺りの川で魚を獲るのにどういう風にするかというと、針金をツッと曲げてそれを針にして唯投げ込めばよいのだ。何しろあの辺りの魚というものは、内地の魚の様に釣り上げられた経験が全く無いから非常にヌーボーで、珍しい物には何にでも食い付く。だから餌も何も無くても、針を動かしていると虫か何かと思うのだろう、ガブリ付いて獲れる。実に何と言うか呑気なもので、魚まで大陸的だ。またあの辺は、満洲の平地とは違って凸凹が有るし小さな森等もあるから、野生の陸上動物も種々居る。そして、この付近は、そうひどい猛獣は居ない筈だけれども、それらは非常に敏捷なのだ。あれは何と言ったか、野性の鹿の様なヤツでもっと早くて活動力の有るのが居る。それなどはもう実に動きが軽く、一回に五〜六mはポーンと跳ぶよ。それから、勿論鳥も種々居るけれど、覚えているのは野性の七面鳥だ。この辺は七面鳥も割合に多くて、そういうのが出て来る。七面鳥というのは柄が大きいし美味しいから重宝がっているけれど、野性のヤツは足が速くて滅多に獲れるものではないらしい。まあ、車で興安嶺を行くと、潜んでいた種々な動物がみな驚いて逃げ出すから、内地では一寸見られないような珍しい動物も見る事も出来た訳だ。

　で、この付近にはひどい猛獣は居ないと今言ったけれども、しかし、興安嶺の山の上の方に行くと狼は居って、僕は直接見た訳ではないが、測量士によれば沢山居るという事だった。と言うのは、大体三角点というのは何処からも見えるような所を選ぶから、測量の為に測量士は興安嶺のかなり高い所を目指して、道の無いような……道が無いといっても矢張り人間の通る道は何処かにある訳だが……奥地に入って行く。それで一旦山の上の方に登ると、もう一ヵ月位は降りて来ない訳だ。だからそういう所に行く時は、測量期間に見合った食料も持って行くし、鍋釜のような物もみな持って、現地人と馬二〜三頭を雇って、それで車を曳いて山の上に登る。一体に満洲の馬というのは小さいけれど頑強で、荷車を曳くことなどは慣れているからかなり上手に曳くのだよ。それで、まあ予定の三角点に行って一ヵ月位居ると、偶々狼の群れに襲われる事がある。何しろ興安嶺の山中には、何千匹というのは少し大袈裟かもしれないけれども少なくも何百匹かの狼は群れていて、僕はついに聞く事が出来なかったけれどホーホーと吠えながら移動しているのだそうだ。だから夜は成る可く馬を側に繋いで、その回りで一晩中火を焚いて狼が来ないようにする訳なのだ。しかしそういう注意をしておっても、群れに出会ってしまう事もあり、そうなると狼は馬を狙って襲って来る。そして馬を殺されると、それこそもう臓物も毛も皮もみんな奇麗に舐めた様に食べられて、本当に白骨しか残らないのだそうだよ。まあ、偶にはそういう事もあるからだろう、この辺に居る鹿のような弱い動物はみな逃げ足がとても速いのだ。

動物の話はそれ位にして、次は人間の話。

僕が行った興安嶺から西の地域は、国境までが内蒙古、その先が本当の蒙古、即ち外蒙古と呼ばれているけれども、元々蒙古というのはこの地方の全般的な名称なのだから、内も外も関係なく蒙古人が居住している。所が、居住しているとはいっても、蒙古人というのは所謂遊牧の民だから、ヤギ・羊を何万頭と飼って、その羊が付近の草を食ってしまったら位置を変えるという事を繰り返しつつ、一年中移動している訳だ。だから彼らには定まった住居は無く、天幕みたいなものに寝起きしている。蒙古人の住む天幕というのは、全く家の代わりだから大きいものだけれど、それを分解して運んで行く訳だ。そして食べ物としては、羊の乳を飲んで、偶には羊を殺して肉を食っている。そういう生活の所為か、蒙古人の体格というのは、満人程ではないけれど一般に僕らよりは一寸大きい。それから彼らの宗教は、ラマ教と云ったかな、正確には覚えていないけれども、普通の仏教ではない。兎も角蒙古人というのは、人種から宗教から平素の生活まで何処をとっても満洲人とは全く別のものだ。

で、彼らの中には矢張り守備兵が居るし、一寸した軍隊らしきものも出来ている。だから、彼らの勢力圏に入ると、その蒙古兵が小さい蒙古馬に乗って槍を持って、ちゃんと護衛に付いて来るのだ。

と言うのも、彼らは彼らで満洲の軍隊などと昔から交流があるから、今度は日本軍がこの辺を治めるという事をちゃんと知っているのだ。だから僕らに対してのサービスというのは頗《すこぶ》る良い。そして蒙古人というのは、一見すると非常にいかめしくて少し怖いような気もするけれど、性格は非常に素直で従順だから、此方としては特段彼らを警戒する必要もない。また、僕の方も、彼らの集落に行った時に酋長の天幕を訪れた事があるが、その中には当然女の子も居るし子供も居るから、そういう子女には矢張り我々が幾らか怖い風に見えたらしい。しかし大人は僕らが別に害をなさない事を知っているので、快く受け入れてくれる。で、彼らは天幕のことをパウ（パオ）と言っているけど、パウというのは入ってみるとかなり広くて、真ん中に囲炉裏の様なものも在るし、その回りにベットの様なものが有って、そこで寝起きしている訳だ。そして、食べるものは、野菜も若干は作って食べているようだが、穀物を作って食べるという事はなくして、殆ど羊の肉と乳、羊の乳でも何と言うのかな、日本で言えばヨーグルトみたいな一寸腐らしたものを好んで飲んでいた。

仕事の間には、そういう蒙古人の遊牧生活、我々から見れば変わった生活も、見る機会があった。

それから、もう一つ変わった経験をしたのは、この内蒙古で温泉に入った事だ。

ハイラルから遥か南、もう国境に近い辺りに、夏になると沢山のロシア人が家族を連れて行く温泉場がある。ハローアルシャンと云う所で、その辺りは辺鄙な場所だけれども夏の間はとても気候が良いから、夏の温泉リゾート地という訳だったのだろう。だから、ハローアルシャンにはロシア人の家が沢山建っている。尤も家といっても夏を過ごすだけだから簡単なもので、僕らが演習地で寝泊まりする廠舎程度、そういう家がずーっと並んでいるのだ。で、ハローアルシャンの温泉というのは、とっても奇麗なお湯でね、自然に湧き出た儘だけれども人が入るのに丁度都合が良い位の温度で、実に好いお湯なのだ。温泉の壺は、精々一間四方位でとても小さいのだが、ちゃんと回りを石で囲んで石畳になっている。そういう壺が、全くの露天に五〇壺近く点在しているという所なのだ。

それで、僕がハローアルシャンに行ったのは、もう秋口だったから、ロシア人などは殆ど居ない。この辺りは気候が厳しいから、夏以外は誰も行かないのだ。一寸言い忘れたけれど、当時のハローアルシャンにはロシア人の家は在っても、我々が泊まれる様な旅館などは全く無かった。しかしそういう所でも測量士が駐屯して仕事をしておるから、僕はそこに泊まった訳だ。で、温泉に行ってみたら、成程在るわ、小さいのが沢山ね。で、その時ロシア人が一組か二組か未だ残って居ったのだが、僕らはもう温泉というとお風呂の観念だから、真裸になって喜んで入った。所が、ロシア人はそうではない、パンツを履いて入る。だから僕らが真裸で入った事に対してロシア人は本当に吃驚するんだ。それから此処では蒙古のお坊さんを見掛けたけれど、それなどは、温泉の前でヤアッと祈りを掛けて衣の儘ズブンと入る。これには此方の方が驚かされたよ。

それからもう一つ一寸予想もつかないのは、温泉に入っていると、石畳の所からスーッと蛇が出て来るのだ。もう何匹となく、チョロ々々舌を出しながら蛇が出て来るんだね。それで、僕達にすればどうにも気味が悪いから、お湯を押して蛇にかけてやるとスッと引っ込むのだけれど、また直ぐ出て来る。それは、ラマ教だったかフィフィ教だったか、蒙古独特の宗教があって、それが蛇を祭っている訳なのだ。まあ日本にも種々獣を祭る宗教があるが、そこでは蛇を祭っていて、非常に可愛がって食べ物をやっているのだ。詰まり飼っている様なものだ。だから蛇は人が入って来れば食べ物をくれると思って出て来る訳なのだ。勿論その蛇はどうもしやしない、唯ペロペロ々々舌を出しながら石垣の間から何匹も出て来るだけだ。それが五〇近くの壺、確か四七と言ったと思うけれど、みなそうだった。まあ、そういう風に蛇は出て来るけれど、大変奇麗な良いお湯で、矢張り壺が四〇幾つも在ると幾らかずつ温泉の質が変わって来るから、そこを回って楽しむ訳なのだ。

そういう実に変わった温泉を見て、そして帰りはハローアルシャンから暫く行くと鉄道線路があるから……確か、イルシという辺りではないかと思うのだけれど鉄道線路の終点があるから……そこから帰った。その後、ハローアルシャンには鉄道も通り、旅館も出来たという話を聞いたけれども、僕が行った時は未だ々々そういう状態ではなかった。

さて、西部地域の測量の話を少し纏めておこう。

この満洲西部の外蒙古及びソ連との国境線というのは、先も言った通り、正確な国境線というのは判らない。地図を見ると如何にもしっかりしたものがありそうだけれど、また主には山を伝わって国境が引かれている筈だけれど、大した測量もせずに作った地図などいくら見ても判り様がない。大体、同じような山が幾重にも重なっている大波状地で、際立った地形的特徴など無いのだから、この辺の国境というのは本当に訳が分からないのだ。それでまあ、地図を書くのにどうしようかという事になると、「この地形からいうと、この線が防御をするのに幾分都合が良いから、此処にしとこうか」という様な事になる。鉄道の線路が通っているような所や、満洲里（マンチュウリ）の様な国境の町は兎も角として、山の中などは此方の都合の良いように国境線を引く訳だ。そういう所だから、元々あやふやな国境地帯を測量し、新たにこれを確定するという事は、測量技術云々というよりも、寧ろ国の勢力範囲に関する意思の表示である訳だ。所が、ソ満国境などは一々相手の国と相談しつつ決めて行くのではない。唯双方勝手に遣っているのだから、ロスの持っている地図と日本の地図は、肝心の国境付近において大分違う事になる。そして、そういう具合に国境線の主張が相違する場合は、善し悪しは別として、結局は外交によるか戦争によって双方納得の線に収めるしか方法が無い訳だ。

と言うのも、これはもう僕が帰った大分後だけれども、この内蒙古でソ連軍といざこざがあって、所謂ノモンハン事件が起こった訳だ。ノモンハン事件では、日本軍はもう目茶苦茶にやられたのだが、いざこざが起きた理由というのが、矢張り日ソ双方の国境線の主張の相違にあったのだ。それから、日本軍が惨敗した理由は、先にも言った様に日本としてはこの内蒙古で軍事行動を起こす気持ちが無かったのと、まさかノモンハン方面にそう簡単に敵の大軍が来る筈はないと思っていて、この辺の警備は殆ど何もしていなかった為だ。所が実際には、ソ連が極めて短時間にこの方面に大兵力を集中して来て、それに対する参謀本部の計画も悪く、日本が大敗北を喫したのだ。大体日本の輸送の遣り方というのは、貨車に兵力や荷物を積んで行って、それを降ろした後空で帰って来て、また積んで行くという遣り方だから、敵の能力を想定する場合にもそれが計算基礎になっている。所が実際のソ連軍の遣り方はそうではない。此方に送りっぱなしに送って、後は貨車をみんな脱線させて、元へ返すという事はしないのだ。それでドンドン々々送るだけだから、短時間に二倍も三倍もの輸送力を発揮する訳だ。しかし良く見ると、ソ連軍というのはそういう方法をしばしば採っていて、シベリア戦争の時でもそうだったのだ。これは国力の差という事も勿論あるのだろうけれど、非常の時には非常の手段を取るのは当然なのだから、そういう点についてはソ連の遣りかたの方がちゃんと理屈に合っている。日本は平凡な遣り方で、しかも何時でも自分に合わせて敵をはかるから、予想外の手を食った時に窮地に立つ事になるのだ。まあそういう訳で、ノモンハンでは、予期せざる時、予期しない場所に予想外の大兵を迎え、また機動力も砲力も圧倒的に劣った状態で戦ったから、負けるのも当然だった。また飛行隊も、満洲国の飛行隊というのは極めて貧弱なもので、予想された戦争であれば内地からドンドン送る計画もあった筈だけれど、期せずして向こうからやって来た敵との戦いになったから、ドウにもコウにもならなかったのだ。だから、もう飛行機を見ればみな敵の飛行機ばかりという位になって、この辺はそうそう隠れる場所もないし、非常に苦戦した訳だ。それで結局条件としては悪い条件で講和したのだけれども、あれはもう完全なる負け戦の一つだ。

それで、このノモンハン事件には、僕が測量隊長だった時の副官が参加している。彼は僕の副官ではあったが兵科は歩兵で、歩兵の大尉だったのだ。それが僕が内地に帰った後にこの戦争に参加して、本人は負傷して早く後方に下げられたから命は助かったものの、様子を聞くと、第一線の者は殆ど全滅の様にやられたという事だった。

それからあの時には、僕が測量隊長で東京を出発した時に参謀本部次長として見送ってくれた植田謙吉さんが関東軍の軍司令官で居られたのだけれど、戦の結果が失敗だったので、武士の情けでもう一度戦をやらしてくれ、今度は此方から攻めて行くからと、大本営の方に大分言ったのだそうだ。しかし、これは個人のメンツの問題などではないし、国交問題として考えるべき筋のものだから、当然許可にはならなかった。まあ、植田司令官としてはそれ位悔しかったという事だろう。

内蒙古に視察に行った時の一つの話はこれ位にして、次は、北西方面を視察中に襲われた話をしておこう。

僕らが襲われたのは大分北の方だったから、海拉爾（ハイラル）北方方面の地図を作っていた時だと思う。季節としてはもう大分寒くなって防寒服がそろそろ必要になる頃だった。で、我々を襲ったのは匪賊の類いではない、歴とした満洲国騎兵旅団の兵隊に襲われたのだ。

その時僕らはこの方面で仕事をしている測量隊に三名の日本人傭兵と同じく三名の満洲国騎兵を護衛に付けて行動していた。この満洲国騎兵旅団の兵隊というのは、可笑しな話だけれど、我々が雇いあげたものだ。普通の国では、現役の兵隊に給料を払って護衛に雇うという事など無い筈だが、満洲国などではそうなのだ。兵隊を出せと、その代わり日当をこれだけ遣るというので、給料を払ってやる。何故そうまでして満洲国の兵隊を雇うかというと、その方がずっと安上がりに済むという事情もあったからだ。そういう事で、この時は日本人三名と満洲人三名を護衛に付けていた。

そうした或る一日の朝早く、もう寒い時期だったから火を焚いて、そして食事などは日満別々にとっていたから、愈々日本の測量士以下が食事をしようとしていた時、突然護衛の満洲国騎兵からポポーンと撃たれたのだ。向こうの騎兵というのは、銃床をちゃんと肩に当てて狙って撃ったりはしない。皆腰溜めで撃つのだ。満洲国の騎兵はそういう訓練もしているし、近距離であればそういう方法でも大体当たる。それで、そういう態勢で撃つ習慣になっているのだ。だから、ちゃんと狙ったりすれば此方も察知して防ぐ方法も出て来るけども、銃の手入れでもするような風をしてパッとやられたら分からないので、全くの不意討ちになった訳だ。その時は僕も直接狙われて、弾が顔をかすった為に、暫く片一方の目の具合が悪くなった程だった。で、満洲の兵隊が何故そういう事をやったかと言うと、我々を殺しておいて防寒服を盗って、それから金もどうせ持っているから金も盗って、糧食も持ってるから糧食も盗るとこういう事なんだ。ああいう寒い所では我々が持っている防寒服は先ず狙われる。防寒服というのは、防寒外套の様に裏が全部毛で、靴にしても中までみな毛が張ってあるものだが、満洲国の兵隊というのは、我々が着ておる様な良い防寒服など持っていないのだ。日本側は、測量隊にせよ護衛兵にせよ皆同じ服装で、そういう良質の物を持っている。だから、匪賊《ひぞく》にしても兵隊にしても満人はこれをとても欲しがる訳だ。で、ポポーンとやられたから、「コノ、糞ッ！」という訳で、至近距離だったこともあり直ぐに組み討ちが始まった。それで格闘戦になったら、向こうも悪いとは知りながら遣っているのだから直ぐ逃げ出したのだ。そうなるとあの辺りは回りが深い森林だから直ぐに分からなくなる。それで到頭二人は捕り逃がして、一人だけをなんとか捕まえて、それを憲兵に引き渡した訳なのだ。

そういう事が有ったものだから、僕は怒り心頭で、部下をちゃんと訓練・掌握していない満人の騎兵旅団長も怪しからん、放って置くと又同じような事が起こるから示しを付ける為に首にすべきと思って、騎兵旅団にねじ込んだのだ。所が、矢張りそこには日本の将校が監督を兼ねて隊附で居って、結局彼らとの交渉になった訳だが、彼らにしても、監督の立場で居るのだから、測量隊に対して面目が無い。しかし一方、自分が付いておる旅団や旅団長には愛着もあって、首にするのは可哀相だと、成る可く助けたいという気持ちも充分にある訳だ。それでまあこの問題にどういう決着を付けるかという事になったのだが、新京に矢張り満洲国の軍隊を監督する役目の少将の主任者が居って、それが僕の同期生だったから、彼にも相談した。彼は天保だから早く出世して偉くなって居ったのだが、彼はまた支那にばかり居った人間で本当の支那通だった。で、新京に帰って、その関東軍の主任と相談するに、旅団長を首にするのは大変だけれども、一応それ位懲らしめて置こうではないかという事になったのだ。それで、その線で遣って、勿論その旅団長もお詫びに来たりしたけれども、しかし結局首には出来なかった。それから、逃げた二人の兵隊を捕まえて死刑にするという処までは決めたけれども、逃げた兵隊の方はうっかり帰ったらひどい目に逢う事が分かっているから逃げたきりで、日本のような厳格な捜査をする訳ではないし、結局これも捕まらず終いになった。満洲辺りは、そういう事は実にルーズだからね。第一、現役の兵隊が給料を貰って働くというような頭の所だから、結局全て満洲的な結果になった訳だ。

まあそういう事も有ってこの時も犠牲者を出し、その他匪賊にやられる事も度々で、僕の任期の僅か一年半ばかりの間に一五～一六名も犠牲者を出した。これらの犠牲者は勿論戦死と同じ取り扱いを受けるのだけども、当時の満洲の治安と僕らの仕事の関係からして、全く犠牲者を出さないというのは難しかった。残念ながら、それはもう仕方がない事でもあったのだ。

先も言ったけれど、此方は僅かな人間で、食料は持っているし、寒い時であれば防寒服も持っとるし、それから田舎に入って人を雇って種々な事を遣らさなければならないから金も持っていて、そういう物を乗せた二～三台の車を引いてゾロゾロ歩いているのだから、匪賊等から見れば実にいい鴨だ。それで、匪賊の方は、前から測量隊の動きを偵察して、通る道の見当を付けて待ち構えておるのだからなァ。しかも、道路というものは大概谷沿いにあるから、上の方で待ち伏せされれば、此方は隠れる所も無くてどうにもならない。それでも矢張りそこで戦闘はする。小さいながらも戦闘になる訳だ。寡勢とはいいながら此方にも護衛兵が居るし、測量士も文官の服装だけれど拳銃は持っているからね。だけども、不利な体勢で闘うのだから、どうしても非常な犠牲者が出る訳なのだ。僕が襲われたこの時にしても、お互いに狙い合ってやるのなら負けやしない。日本の護衛兵は皆上等兵になった者ばかりで、兵隊としては優秀な方だから、そんなヘマな事にはならないのだが、腰溜めで急襲されれば後手に回らざるを得ない。こういう事も、戦地勤務だから仕方が無いといえば仕方が無いが、それでも皆行きたがるのよ、満洲には。大体当時は戦争が起こって戦地に行くにしても、国民から万歳々々って大々的の歓送を受けて出て行くのだから、多くの人間は喜んで行ったものだ。何しろ今度の戦争のように負けるとは誰も考えていない。勝って、あわよくば金鵄勲章でも貰おうと思っている位なのだから。

まあ、北方の視察の時には、そんな事もあった訳だ。

さて、西部、北西部と話してきたから、此処で東方の視察についても纏めて話しておく。

東部方面は、ウラジオストックが近く戦略的重要地域であるから、元から割合に測量が整っておった。そこで此の方面については、将来ちゃんとした測量を遣らねばならない事は無論としても、僕の時には大規模に測量隊を出すという事もなく、従来の地図の修正を主にしてより正確な地図の早期完成を図った。大体東部というのは山ばかりの所で、平地の哈爾濱（ハルピン）から東に進むと、途中からはずーっと山ばかり続いてどうにもならない。だから此の方面で日本軍がソ連側に進出するとすれば、地形上の制約から東寧（トウネイ）という所が作戦拠点となること確実だから、此処を中心に視察した訳だ。

東寧には飛行機で行った。で、飛行機で行ったは良いけれど、当時僕らが乗る飛行機というのは、大きい方で四～五名位、小さい偵察機だと二人しか乗れず、しかも航法上大体鉄道線路に沿って低いところを飛ぶから、山の中に入ると気流に揉まれてそれは酷い目に逢う。兎も角右に揺れ左に揺れ上下に揺れ、気圧の関係から一〇〇m位一遍に下がる事もあって、そうなるとスーッと体だけ浮いたような格好になる。またそれだけでなく、本当に山の間を縫って飛んでいるのだから、山肌が目と鼻の先に迫って来て今にもぶつかるかと思う程だ。実際もうぶつかると肝を冷やすとヒラリと向きを変える、変えたと思うと又次の山が迫って来て今度こそ駄目だと覚悟すると又危ういところで躱《かわ》すという具合だから、山の中に入ると本当に参ってしまう。僕は満洲では何回乗ったか分からない程飛行機には乗ったけれども、そういう訳で到頭最後まで慣れなかった。まあ平地の時は別だけれど、山の中に入ると必ず気分が悪くなって、もう揚げるものも何にも無くなって非常に苦しんだ。その酔い方たるやとても船の比ではない。何しろ元々適性が有る飛行将校でさえ、最初の一週間位は必ず参って、吐くものも無くなって血を吐くというのだからね。それでも彼らは毎日乗って訓練するから二～三週間で慣れて来て、終いにはどんなに揺れてもちゃんと上で弁当が食べられる程になるのだが、我々ではとてもそういう真似は出来ない。僕は運賃が高いから今では飛行機に乗らないけれども、偶々この間福岡から大阪迄乗った時にはちっとも揺れないので驚いた。そりゃあ平地を走る汽車よりは余程静かで穏やかで楽なものだね。その代わり随分高く飛ぶから下は何にも見えないし上も何にも見えない。僕が満洲で乗った頃の飛行機というのは、必要によっては高く飛ぶかも知れないが、大体は低いところを飛んでいたから、気流の悪い場所ではそれは酷いものだった。あの小さな飛行機は、とても素人に乗れる代物ではなかったな。

それから、東寧以外の東部国境には哈爾賓（ハルピン）から鉄道を用いて何度か行ったけれども、地上を行くとなると今度はトンネル、トンネルの連続だ。そしてこの鉄道は前にも言ったようにロシア人の経営だが、そればかりでなく沿線の山間には沢山のロシア人が小さい部落を作っていて、そこで牛を飼って牛乳を飲んで生活している。尤も彼らは遊牧民とは違って他の物も食べるし、鉄道線路があるから物資は手に入る訳だが、それでも牛は必ず飼って乳を絞って飲んでる。その所為《せい》か、この辺りのロシア人、特に婦人は非常に肥満しているのだ。ロシア女性というのは一般に若い頃は細くて非常に奇麗なのだが、歳と伴に人変わりする程肥満する。けれども、この付近の女性はそれが特にひどくて、人間がよくこれ程太れると思う位だった。もう腰の辺りは大人二人で手を回してようやく届く位の太さがあるから、本当に樽の様なものだ。そういう事が分かったのも、この路線では、汽車が駅に停まると近所の婦人達が直ぐプラットホームに来て、ヨチヨチ々々あっち行きこっち行きするからなのだ。詰まり此の辺りでは汽車が通る以外には楽しみというものが無いのだな、汽車も見たいし乗っている人も珍しいのだろう、プラットホームを何をする訳でもなく歩いている。これは何処の駅に停まっても同じで、必ず五〜六人出て来てあちこち散歩している。それが僕らにとっては逆に珍しかった。それから、これはロシア人の肥満にも関係する事だけれども、ロシア人経営の鉄道に乗って驚くのは料理の量の多さだ。汽車で移動する時には大概食堂車を利用する事になるが、何時ものつもりで二品か三品注文したら、一つ一つが大きいの何のって、肉にしても固まりみたいのを持って来てとても食べ切れたものではない。ロシア料理というのは不味くはないけども非常に量が多いね。だから、こういう本当のロシア料理が出て来る所では、うっかり日本料理と同じようなつもりで注文したら大変で、我々は大概一品で十分なのだ。それから、ロシア人経営の鉄道ではロシア語を使うから向こうの言う事は解らない場合が多いけれども、ハルピンから東に行くこの線辺りは日本人の利用客も多いから日本語を使っていてその点は良かった。唯、ロシア人の鉄道が日本の鉄道と違うところは、喫煙に厳しい事だ。これは毛唐は皆そうだが、婦人が乗っているとそこでは喫煙出来ない。又そうでなくても、喫煙時間というのが決まっていて、それ以外の時には禁煙だ。白系露人は日本贔屓だから割合に親切にしてくれるけれど、喫煙に関しては五月蠅《うるさ》く言ったね。それからもう一つ日本と大いに違うのは、列車の運行時間が全くいい加減だという事だ。今頃でこそ日本の汽車も本当にだらしがなくなったけれど、当時は日本の汽車位正確な列車は無かった。何しろあの蒸気機関車の時代でも運行誤差が秒単位、世界でも一番という位正確だった訳だが、此方の汽車はもう一時間や二時間遅れるのは平気のへっちゃらで、乗ってみなければどうなるか分からないというものだった。

以上、東部は測量に関して大した事がなかったから特別の話も無いが、それでも国境付近でロシア兵から撃たれた事はあった。東部や北部の国境沿いにはロシアの監視兵がずーっと配置されていて、それに対するに日本の方からも歩哨が出て相対峙している。しかし、当時特別の緊張状態にあった訳でもなく、まして精々向こうの奴が居るなァという位離れているのだから、普通ならば弾など撃たない筈だ。現に日本の歩哨はそんな距離では発砲などしない。しかし、ロシア兵というのは此方を見つけると直ぐに撃って来るのだ。だから東寧で国境に出た時には、僕もポンポーンと撃たれたよ。尤もそれは威圧が目的なのだろうから、当たりもせず大事に至ることもなく済んだ。

まあ以上、西、北、東と僕が視察した各方面の事を思い出す儘話した訳だが、僕が視察に行く時というのは、他の人間は皆それぞれの仕事があるので、副官か参謀役を一人連れて行くだけだ。それで、支那語でニーヤンと云う土方みたいなのを途中で雇って案内させる事もあるし、師団の配置されている所（参考乙38）であれば護衛を二〜三人付けてもらう事もあるけれど、しかしそういう事は寧ろ希《まれ》と言って良いから、あの広い満洲を全く二人だけで歩く事も間々あった。それから移動手段だが、田舎の方に行くと馬にしてもそう急に用意出来るものではない。軍隊の在る所であれば馬はあるけど、乗る馬というのはそうそう何処にでも居る訳ではないのだ。それで当時満洲では至る所で工事をやっていて、そこには必ずトロと云う非常に狭い軌道の手押しの軽便鉄道があったから、それに乗って移動する事がかなりあった。また宿泊の方だが、これは少し大きな部落に行くと案外日本人が経営している旅館が有る。日本の商人や一儲けしようと思っている日本人が相当奥地の方まで入って行くからで、そういう者の為の謂わば商人宿なのだ。そういう宿はかなりの田舎まで割合に在るから、僕らもそういう所を利用する事が多かった。その代わり、そういう旅館ときたら実に哀れなもので、とても内地に在る様なものではない。例えば、御風呂だけれど、もう風呂の水といっても田舎では水道など有りはしないから、付近の川の水を汲んで来るとか或いは井戸の水を使っている。所が、満洲辺りの川は大体泥水が流れているのだし、井戸にしても山の無い所だと奇麗な水などそう滅多に出るものではないから、どうかすると本当に赤い泥水を沸かした様なお湯に入る事もあった。また、風呂自体も、ただ泥を積んでそこに釜を据えて下から炊くという方式の所が多いから、春頃になってそういう風呂に入ると、回りの土塗りの所から土筆《つくし》が芽を出している。よくそれを見掛けて、満洲における商人宿の一つの特徴でもあった。

でもまあ、そうやって治安の悪い満洲を二人で回っているのだから、偶には危険な事もある。あれは何処だったか場所は忘れたけれども、或るかなり大きな部落に泊まった時の事だ。大体部落に入った時には、僕は村長などに成る可く会うようにして、宿の便宜供与等の依頼をする。また師団が近い所では、師団から予《あらかじ》めそういう連絡がとってある場合もある。で、この時はどうだったか忘れたけれど、兎も角宿の便宜を受けてその部落に投宿しておったのだ。そうした処、夜になってから匪賊が略奪目的で村を襲撃して来て、部落の人間とポンポン々々銃撃戦をやり始めたのだ。で、此方は僕ともう一人の僅か二人だけだから、匪賊が侵入して来た場合どうしようかとも思ったが、幸いにもこの時は巧く撃退出来たので助かった。まあ「七人の侍」などという映画があって、あれは随分昔の話という事になっているけれど、満洲では僕らが行った頃でも匪賊の襲撃が実際に起きていたのだからね。

まあその様に、満洲における測量や視察というのは、非常に危険な場面もあるし不自由をする事もあるけれども、しかし一方、又何とも言えない良い所もあった。

満洲のずーっと奥の方に行くと、もう何とも表現のしようのないくらい一面に野性の花が咲いていている野原があるのだね。特に、北満の少し凸凹した山の在るような所にには、自生した芍薬の花がいっぱい咲いている。それから、あの辺りは阿片を採る為だろう、時期になるとケシの花がこれまた一面に咲いている。そりゃァ実に奇麗なものだ。そんな所に行って一寸休憩していると、周りに人は誰も居やしないし、至る所に野性の花が咲き乱れているし、小さい川が堤防も何もなく自然のまま流れていて、本当に極楽の様な感じがする。どうしてこんな好い所で匪賊なんかが出るのだろうと、不思議な気持ちが湧いて来る時がある。それ位奇麗で穏やかで静かな好い所もあるのだ。

それで、まあ測量士の所に着くと、隊長が来たから御馳走するというので、一寸時間を稼いで魚を獲って来てくれたりするが、この魚というのがみなヌーボー式に出来ていて馬鹿なのだ。そしてこれは満人もやっている事だけれど、冬になって川が凍っている時にはそこに穴を掘る。そうすると、餌を食べようと思うのかどうか知らんが、穴から魚が勝手にポーンと跳んで出て、氷の上に揚がった途端凍ってピタッと動かなくなる。だから待って居りさえすれば何の苦労も無く幾らでも魚が獲れるのだ。で、食べてみると案外これが美味いのよ。一寸思い出したけれど、馬占山（バセンザン）というアダ名が付いている魚なども居た。

お前は知らないだろうから序《つい》でに話しておくと、本物の馬占山と云うのは、当時最も強力だった匪賊の大将の名前だ。で、彼自身非常に勇敢で強い男だが、相当の兵力と一族郎党女子までも連れて自由自在に方々を荒らし廻っていた訳なのだ。これには日本軍も閉口して、平定戦……詰まり治安を確立する為の戦争を随分やって犠牲者も沢山出したのだが、しかし中々捕まらず、馬占山を平らげたら金鵄勲章だと言われていた位だった。まあそれ程の活躍を示す男だから、配下も非常に信頼して服従している。これは本当の話かどうか知らないけれど、馬占山にさらわれた何処かの娘が、近くに居る内に彼を信頼して離れる事が出来なくなったという様な話も有る位で、匪賊仲間では非常に徳望の有る大将だった訳だ。また、馬占山は、武田信玄がやった様に、馬も服も彼に似せた影武者を持っていたそうだ。そういう巧妙な策も用い、勇敢に闘い、且つ上手に逃げ回ったのだけど、矢張り日本軍に逐次追い詰められて、愈々逃げ道が無くなり、最後はソビエトに逃げたという事だ。しかしそれはあくまで噂であって、本当の処はよく分からない。少なくとも馬占山を捕まえたり正確な情報を摑んだ人間は居ない訳なのだ。丁度義経がロシアに逃げたとか何処に逃げたとか言うけれども、それは噂ばかりでよく分からないのと同じ様なものだ。

まあ僕らが行った時は、もう馬占山が行方不明になった後だったけれど、それでも未だ未だ至る所で匪賊・馬賊による犠牲者を出していた時代だから、僕が旅行中に村を襲う匪賊に逢ったという事も、満洲ではそれ程特殊な経験ではなかった筈だ。

そういう風にして、視察には随分方々歩いたけれど、僕は測量隊という組織の長だから、そればかり遣っている訳にはいかない。先ず、測量隊は、計画などを行う本部機能を新京に、測量を実施する作業隊を奉天に置いていたので、通常週に一回位はこの間を往復したし、作業隊の方では時々検閲のような事もしなければならない。また、関東軍司令部にも始終連絡や報告で行かねばならない。それから、測量隊長というのは、関東軍の高級参謀が呼ばれるような時、或いは他の部隊長が呼ばれる時には必ず呼ばれるし、また満洲国皇帝から高級参謀などが招かれる際にも必ず一緒に招かれる。そういう位置関係にあって、まして僕は初代の隊長なのだから、ただ地図作りに邁進していれば充分というものではない。それで僕は、そういう立場も少し利用して、積極的に測量隊の活動を知らせて、軍の測量に対するより一層の理解を引き出すのも重要な仕事と考えたのだ。

で、或る一日、関東軍司令部で相当数の参謀を集めて、測量隊の行動の概要について講演した事がある。その時は、測量の進捗状況の報告は勿論だが、測量隊のPRも兼ねて、測量士が如何なる精神をもって如何に苦難の道を通りながら任務に猛進しているかという事を少し詳しく話した。それで精神だけれど、僕は測量隊を指導するのに一つのモットーというものを作って、それを基に指導しておったのだ。それは「責任観念」という事で、測量隊の生命は責任観念にあると、責任観念は即ち関東軍測量隊の精神だというモットーを掲げて、どんな現場に行ってもそういう目で見て、良いところは褒めるし悪いところは直して貰うようにしていた。実際、測量というのは、地味で精密な作業の積み重ねだから、一点たりとも忽《ゆるが》せにしない粘り強い心がなければ仕事など出来ない。まして内地とは比較にならない程不自由且つ危険な満洲にあっては尚更の事だ。でも日本人は元来緻密な民族だし、隊でそういう指導も受けているから、現地に行ってみると、測量士達は非常に頑張っていて本当に立派だった。その一例を言うと、僕らが視察に行くと、測量士から「隊長殿、私は目が見えなくなりました。」という報告を受ける事があるのだ。それで「どうしたのか。」と聞いてみると、彼らは鳥目になっておるのだ。詰まり夜目が見えなくなる。測量士は山に入ったら一ヵ月位は帰れないので、栄養失調の様になって、どうかすると鳥目になってしまう訳なのだ。それは当時の輸送力や食料の構成上止むを得ない処もあるけれど、しかしそうなっても彼らは、自分の仕事に対する責任観念、所謂測量隊の精神というのが頭に在るので、「頑張ります。」と言って、踏み止どまって見えない目で仕事をしている。本当に涙ぐましいような状態の所がちょくちょくあるのだ。そういう実情は行ってみた者でないと解らない。だから、そういう話を少し詳しく話したら、参謀連中の中には一寸涙ぐむ者などもあって、非常に劇的な講演になった訳なのだ。それでまあ関東軍の中でも、測量隊は非常に勉強しとるという事になった。

で、僕はこの時に限らず、あらゆる機会を利用して、測量隊の状況を関東軍の中に広めるようにした。と言うのも、僕はどうかすると汽車の中などで参謀副長などの責任のある人と一緒になる事があるので、そういう時には直ぐ先生等をひっ捕まえて、汽車の中であろうと何であろうと状況の説明をする様にしていたのだ。先生等は慰安の積もりで旅行する場合もあるし、迷惑だろうとも思うけれど、それでも此方は容赦はしない。だから或る主任参謀からは、「今日は一寸許してくれい！」と言われた事もあったよ。それ位しつこく食い付いて行った。しかし、誰かそういう風に積極的に説明する人が居ないと、測量隊の現場の状況など分からないからね。だからそういう事を何度もした。

視察中の祖父。調達した満州馬にまたがり、防寒の為かマスクをしている。

まあそういう風に、一生懸命に仕事をしていた訳だが、赴任から丁度一年程経った昭和十年春、僕は北部国境の視察中に大きな怪我をしてしまったのだ。

前にも何度か言った様に、北部国境というのは軍事的重要性の割に測量が不備な所だったから、黒河の辺りから黒龍江沿いに東の国境まで、年度計画に従って盛んに測量をしていた。それでこの時僕は、松花江が黒龍江にぶつかる辺りの測量を視察する為に現地に向かっていたのだ。時期は三月だったと思う、松花江には未だ氷が張っておって船は通らない。で、佳木斯（ジャムス）迄は鉄道が通っていたから汽車で行き、この時はそこから護衛の兵隊四～五名とトラックが一台付いたので、僕と僕の副官、測量士二～三人がトラックに乗ったり馬に乗り換えたりしながら国境を目指した。その馬も此方から連れて行ったのではない、現地で小さい満洲馬を借りてそれに乗って行ったのだ。この時期の満洲は全てが凍りついていているから、広い松花江も馬で渡った。そして漸《ようや》く国境近くの憲兵隊……憲兵隊と云っても憲兵が四～五名しか居ない派出所だけれど……に着いた。当時、測量士が現場で仕事をする場合には、憲兵が居る所であれば必ず連絡して種々の便宜を得ると共に、安全上成る可く憲兵隊の付近に泊まるようにしていた。だから、先ず憲兵隊に行って此方の到着を知らせ、そこからは憲兵の案内を受けつつ馬で測量現場に向かったのだ。所が、この時の憲兵の馬が馬鹿に早くて前をドンドン々々跳んで行く。それで、副官やその外の者はずーっと引き離されて後《おく》れてしまったのだが、僕一人は案内を見失ってはいけないと思って馬を励まして付いて行きおったのだ。そうした処、ズンズン行く内に、僕の馬が突然ピシャーと滑って横転した訳なのだ。満洲の様な凍て付いた所では、内地と違って、氷の上でも滑らないように氷上鉄というスパイクの付いた蹄鉄を馬に履かせている。所が、僕の馬のはスパイクが随分チビていて、大分滑る様になっていたのだ。そういう事に少し気を付ければ良かったのだが、憲兵を追う事に気を取られてつい無理をしたのだな、走っていた馬が横転してアッと思う間もなく僕の右足がその下敷きになった。で、馬は直ぐ起き上がったから僕も起きようとしたのだが、起き上がれない。右足が全く利かないのだ。それで物に縋ってやっとこ立ち上がってみると、べつに痛くはないのだけれど、右足がブラブラして全然歩けない。それでこいつは困ったなァと思っていた処へ、漸く副官や測量士が追い付いて来たから、彼らに手伝わせて無理遣りに馬の上に乗せてもらって、夕方で段々暗くなり始めた中を憲兵の駐屯所に戻った訳なのだ。

で、駐屯所では、これは大変だというので、取り敢えず足の上下に薄い板を渡しそれを包帯で固定した。そして、体は他に痛めたところも無いから食べることは普通に食べられるし、痛みも無いので冗談を言いながら一晩そこで過ごしたのだけれど、しかし、視察を継続するのはとても無理だから引き揚げる事に決めた。それでまあ成る可く目立たないようにと思って、早朝確か四時頃に車で駐屯所を発ったのだが、当時は車だけで哈爾賓（ハルピン）や新京まで帰ることは中々出来なかったから、先ず日本人経営の宿屋もある富錦（フーチン）という町に出た。そして、富錦（フーチン）から飛行機で迎えに来てもらうよう電報を打ち、旅館に泊まって飛行機の便を待った訳だ。しかし飛行機は中々来ない。そこで旅館に居る間に、松葉杖を作って少しは歩けるようにしたのだが、何しろ右足を伸ばしきりだから便所に行ってからが大変で、とても閉口した事を覚えている。そうして待つ内、三日目にやっと飛行機が来てくれた。勿論これも患者を乗せるようなものではなく、四～五人乗りの普通の飛行機だったが、唯この飛行機には、僕が幼年学校でも工兵学校でもお世話になった若山（善太郎：中将）将軍が乗っておられた。若山将軍は当時第三師団長として東寧方面の守備の為に満洲に来ておられて、師団司令部があった哈爾賓（ハルピン）から東寧（トウネイ）方面へ往復しておられたので、そのついでの飛行機に乗せてもらった訳なのだ。だから僕は哈爾賓（ハルピン）に着く事になった。

で、哈爾賓（ハルピン）に着いた時には、予め電報を打ったので飛行場まで担架付きの患者車が迎え出てくれていた。そして怪我をしてから四日目に、漸く哈爾賓（ハルピン）の衛戍病院に入った訳だ。で、直ぐに病院長に診てもらった処、「これは一寸変わった難しい怪我だ。右の十字靭帯が切れている。治るか治らないか何とも言えない。」という見立てだった。要するに、膝坊主の中には上と下の足の骨を繋いで動かす十字形の靭帯が有って、これは強靭だから切れる事は滅多にないそうだけれども、それが切れていたのだ。だから、足がブラブラになるのも当然だった。そこで「もう駄目でしょうか。」と聞いたら、「そういう訳ではないのだが。」と、「それでは病院長の言われる通りにどんな事でもする。好きな酒も止めた方が良ければ止めるから治してくれ。」と言っのだが、「いや、それは飲んでも飲まなくても同じだ。まあ治して治らない事もないだろうけれども、余程気長に遣らなければなりませんよ。」とこう言われてしまってね。それでこれは愈々軍隊は勤まらないなァと思ったよ。しかし早急な手当の仕様も無いという事だし、哈爾賓（ハルピン）に居っては新京に在る自分の本営とも密な連絡がとれないから、それでは新京に帰してくれと御願いして、翌日直ぐまた飛行機で新京迄帰って来た訳なのだ。

それで、新京には立派な衛戍《えいじゅ》病院が出来ておったから、そこに入院した。で、新京の病院では非常に良くしてもらい、また現役の従卒ではないけども雇い兵で僕の世話をしてくれとった従卒代理の者が僕の身の回りの世話を良くしてくれて、丁度百日間入院しておったのだ。

で、百日も入院していると、満洲という様な所では、旅館の女将とか料理屋の女将とかいう者が見舞いに種々な物や御馳走物を持って来る。そういう事は内地とは違って非常に盛んで派手なのだ。だからもう種々な物を持って来るけれど、僕は一切そういう物は食べないという方針をつけたのだ。と言うのも、最初に院長から「隊長、一つこういう事だけはよく気を付けて養生して下さい。」と注意された事があったからなのだ。それは、衛戍病院は所謂戦地の病院と同じだから、将校でも食物は兵隊と同じなのだが、それらは栄養に非常に気を使って作っておるので、それを食べている分には間違いはない。所が見舞いの御馳走などを唯贅沢に流れて食べていると、それが身体を壊す基になるという事だ。「長い間寝たきりでいると、怪我そのものより他の病気が併発する恐れがあります。それを防ぐ為には矢張り食べ物に充分気を配っておく事が大切で、贅沢をして失敗する例が非常に多いから、それだけは余程気を付けられた方が良いでしょう。」と初めから言われて居ったのだ。それで僕も

新京の衛戌病院に入院中。昭和10年５月３日。

「分かりました、それでは病院の食事以外一切食べない事にします。」と約束して、もう見舞いもなるべく来ないように、また御馳走は一切受け付けないという方針を決めて、厳重にそれを守った訳だ。そうしたものだから、此処を退院する時には、「今中さん位厳重に守った人は少ない位で、それが為に余病も何も起こらなかった。」と病院長が褒めてくれたよ。

それから仕事の方は、入院が長期に亘ったので病院で寝たまましていた。書類などは測量隊からみな来るから判も押さなければならないし、種々な問題で始終報告や相談を受けるので、それに対しては一々自分で決めて指示をした。こういう事も本営の在る新京の病院に居ればこそ充分に出来たのだ。その外に、隊幹部の士気を上げる為にと思って、種々の戦術問題を出して、それに対する答解に批評を書いて返すという事をやっていた。そうしないと、隊長が入院して寝たきりで何もしないというのでは皆自然にダラけて来るからね。自分ではこれはやって良かったと思った。

その様に百日も入院して或る程度の目処が付いたので、今度は湯崗子（トウコウシ）と云う温泉場にある陸軍の病院に移った。湯崗子（トウコウシ）という所は遼陽の南にあるが、奇麗な温泉で、そこではお湯の流れている池の中で鯉を飼っている。手を浸けてみると充分熱いお湯の中で、大きな鯉が平気で泳いでいるから何とも不思議な感じがしたけれども、そこにも長らく入院しておって、今で言うリハビリに努めた訳だ。

湯崗子（トウコウシ）の病院では、僕の部屋の直ぐ隣に、後に最後の陸軍大臣になった下村定（参考甲26）という、非常に優秀な人が居った。この人は本当は僕らと同期なのだけれども、病気の為に一年遅れて、陸士第二〇期になっている。だけども陸大も出て外国にも行っている人だから、大佐になったのは僕より早かった筈だ。しかし、それでも彼は古参という事で僕に敬意を表して「今中大佐殿」などと言うのだ。本当はそうじゃあないよ、此方が殿を付けるべきであって、向こうは今中君と言えばそれで良い訳なのだけれども、そういう処からしても非常に真面目な人だった。その後、彼は東京湾の要塞司令官になって、それから師団長になって、それから大臣になった訳だが、兎に角立派な性格の非常におとなしい人でね、どちらかと言うと少しおとなし過ぎる位だった。だけども、兵隊に対する躾などにはとても喧しくて、歩いておっても敬礼の仕方が悪いと、「お前の敬礼一寸待て！」と遣って注意する位厳格な処もあった人だ。兎に角、非常に頭が明晰で、立派な人物だった。その人が隣に居って、そこへ御祖母ちゃまが内地から見舞いに来たのだ。その頃は関東軍でも将校の家族は此方に呼んでも良いという時期になっておったから、見舞いに来ても別に問題はなかった。それで見舞いに来たら、病院では丁度今病院で付き添いが寝るように部屋の隅の方に別の寝台を準備してくれて、そこで暫く一緒に居った訳だ。だから、その間は下村の方の御馳走も一緒に作ってあげたりして、非常に懇意になった。まあ御祖母ちゃまはああいう外交的な性格だから、湯崗子（トウコウシ）の衛戍病院長とも仲良くなって、内地に帰ってからも手紙を往復して長く懇意にしておった。兎に角湯崗子（トウコウシ）でも皆から非常に良くして貰ったよ。

それから此処では、後に総理大臣になったけれど、当時陸軍大臣を遣っておられた林銑十郎さん（参考甲27）が視察に来られた。当時は、大臣になったら衛戍《えいじゅ》病院の見舞いをするのが常識だったからだ。それでまあみえるという事が分かったので、それでは是非大臣に測量隊の状況を報告したいからと予め関東軍の方に交渉しておいて、大臣やその他陸軍省の課長とかいうような者が一緒に来た時に、許された二〇分の範囲で測量隊の活動の報告した。それから、此処では僕が一番古参だったから、僕が頭《かしら》になって、匪賊《ひぞく》が来た時の対策と、患者を集めての応戦訓練などをやった事もあった。病院といえども匪賊の来襲がないとはいえない状況だった訳だ。

まあそういう事をしている内に、少しずつ歩けるようになり、一応退院という事になって、新京に帰ったのだ。それでも千m歩くのに一時間程も掛かっていた。

さて、新京に帰ってからは当然通常の軍務に服して、関東軍の検閲も一つ受けた。そういう時は矢張り皆が並んでいる前で僕が検閲官に「刀《とう》の敬礼」をし、それからずーっと案内しながら種々な書類の検査もするし又細かい報告をする訳だが、そういう事も跛《びっこ》を引きながら遣った。矢張りそういう事は出来るだけ遣っておかないと、廃物になったという事で、一寸軍隊には居れなくなるからね。でもまあ僕は公務中の怪我で、一等症（参考乙39）という事だから、参謀長辺りも非常に良くしてくれて、「その怪我では満洲に居る事は一寸無理だろうから、暫く内地に帰って暖かい所で足を治した方が良い。次は何処が希望か。」と言ってくれた。それで、普通の野戦の師団に行けば、年に一回は秋季演習があるし、場合によっては大演習もあるから、そうなるともう走り廻らなければならなくなる。それが出来ないので、「私は工兵学校に長く居りましたから、工兵学校を希望します。」と答えたら、結局その通りになった訳なのだ。

そういう事で、僕も近い内に内地に帰るようになるという事は大体予想出来たから、家族全員を新京に呼んだ。先も言ったが、この頃には家族を成る可く呼べという事になっていて、僕ばかりでなく他の将校も皆家族を呼んでいたのだ。と言うのも、満洲は戦地勤務の地ではあるがしかし本当に戦争をやってる訳ではないから、何時までも実態と異なる体制を敷いていると、逆にダラけて料理屋などに遊びに行く事も激しくなるし、悪い事も覚える。結局全般のために良くないので、家族を呼べという事になったのだ。それでまあ、僕も久しぶりで家族が揃ったし、他の将校も家族が来ていたから、或る一夜測量隊の連中とその家族連を料理屋に招いて、支那料理で宴会を開いた。まあ支那の料理屋というのはそう奇麗ではないけれど、コックも給仕の女の子も皆満洲人でサービス良くしてくれるし、料理そのものも中々美味しい。で、あの時には何人位居たか、文官も居るし家族も呼んだから四〇〜五〇人位にはなったと思うけれど、当時は僕の給料だけで結構それ位の事が出来たのだ。

それから最後の頃になって、家族で新京の上だけでも飛行機で回ったらどうかという話が出た。で、そういう事が出来るのならばもうじきお別れだから一つ出してもらおうかという事になって、僕の家族だけが七人乗り位の飛行機に乗って、新京上空を二〜三回、一時間か一時間半位掛けて廻ったのだ。

そういう事が出来たのも、国境付近の測量をする時に、飛行隊を使っていたからだ。その飛行隊というのは、軍のものではない。確か満洲航空株式会社（参考乙40）と云ったと思うが、一つの公社が有って、そこの飛行隊だ。で、その公社の幹部というのは、例によって皆元日本の軍人だ。社長は児玉（常雄：陸士17期）という人で、日露戦争で有名な児玉将軍（児玉源太郎）の息子さんだけど、それが矢張り工兵の員外学生で、早く辞めて此方に来ていた。児玉家というのは皆偉物ばかりでね、僕が京都の聯隊長に行った時も、これは児玉将軍の確か三男（友雄：14期）だったと思うが、師団長をやっておられた。また満洲のその会社には、僕らより一期上で、元陸地測量部で三角測量をやっていたベテランが勤めていたから、此処をこういう風に撮ってくれ、此処はこういう風に撮ってくれと言えば、思う様に仕上がった。まあ元々皆軍人だから実に良く通じる訳なのだ。勿論そういう測量はその会社の一つの仕事なのだから、経費は全て此方で持つ。しかしそうは言っても元々軍人同士だから、招かれてウンと御馳走になった事もあった。それでもそういう時にはそれぞれの立場に立って、先輩ではあっても僕らが行けば玄関の所へちゃんと迎えに出るし、御馳走しても上座に置くという様に、実に礼儀正しくやる。矢張り偉物というのは、そういう教養と見識をちゃんと持っているね。

そういう訳で、飛行機を出して貰って、家族で新京の上を回ったのだけれども、少し上にあがると、本当に車などは蟻ん子が這う様だ。それから、飛行士が「今、虹を御覧に入れますから。」と言って上の方にあがると、雲に映って虹がずーっと下の方に見える。そういう風に自由自在に遣るし、僕以外は飛行機に乗るのは初めてだから皆喜んだよ。唯当時の飛行機は今よりずっと危険なものだったし、家族皆が一つの飛行機に乗るので少しは心配もしたけれども、乗ってみると、なんとその飛行士が自分の子供を直ぐ横に置いて操縦している。それで、可愛い子供まで乗せている位だからこれは大丈夫だと家族でヒソヒソ言い合った事を覚えている。それでも、今の旅客機とは違って、方向転換とか、上にあがるとか下にさがるとかいう時には、どうしても少し揺れる。だけれども天気の良い時だし、勿論無事に降りて来た。

そういう様に、家族としても内地では一寸出来ない贅沢な見物が出来た訳だよ。

そんな事をしている内、昭和十年八月一日、新京で工兵学校の教導隊長の辞令が出て、愈々満洲を去る事になった。内地に帰る時には、副官が大連まで見送って来てくれた。まあそんな必要も無いのだけれども、矢張り元の隊長を送るというので、満洲の端尻尾まで来てくれたのだ。

で、前にも言ったけれども、転任という事になれば、家族全員の旅費もたっぷり出ての旅行になるし、新しい所にも行けるから、喜んで行く。大体転任を一つもしないような人は余り見込みのない人で、少し優秀な者であれば方々から引っ張られてドンドン転任するのだから、如何なる場合でもという訳ではないとしても、転任といえば家族も皆大喜びだよ。

で、この帰る時にも、勿論普通の転任だから、余るくらい旅費を貰って腹も太いし、途中家族と一緒に旅順の見物などしながら帰って来た。旅順には井上（乙彦）と云う僕らより一期古い工兵出身の天保組の人間が居って、これが当時満洲の電々公社の社長を遣っていた。工兵というのは技術屋だから、通信にせよ鉄道にせよ種々な所に進出している。だから満洲に行けば何処かに必ず知っている人が居て、頼めば車位直ぐ出してくれるのだ。それで、その時も喜んで社長の車を回してくれて、皆で旅順の要塞から乃木将軍が談判をした水師営の辺まで見物した。それから、大連まで行けばもう内地と同じだから、日本の大きな旅館で大いにサービスも受け、普段では出来ない豪勢な旅行を家族と一緒にしながら満洲を後にした訳だ。

測量隊長時代の話はこれ位のものだが、満洲についての所感が多少残っているから、前に話した事も含めて、一寸纏めて話しておく。

満洲という所は、当時は皆喜んで赴任する所だった訳だが、それは何処に行っても所謂優越感をもって、威張り通して、自由な事を言ったり遣ったり出来るからなのだ。唯、気を付けなければいけないのは、優越感を通り越して悪い事に走る事だ。例えば、獣医辺りでも悪いのが居て、満洲人が自分で飼っている豚を殺すのは当然に自由だけれども、屠殺するのには獣医の許可が必要だという規則を田舎の方で勝手に作って、部落の豚の数を調べあげて、屠殺する毎に上前を取っておった奴が居た。それからもう一つ激しいのは、これは日本の土方だが、川に杭を打って、運搬のために上流から流した丸太がこれに当たると、それをみな没収してしまう。そういう悪い奴等が居ったのだ。大体、無茶苦茶に横暴で悪い事を遣るのが居るから日本人全体の評判が下がる。そこで、僕らが視察旅行をする時でも、「俺が憲兵に連絡して取り締まらせるから何でも言って来い。」と言って、必ず事情を聴いて、事態の改善を図っておった位なのだ。それからこれは御祖母ちゃまから聞いた話だけれど、車のことを支那語でヤンチャァーと云うけれども、これに乗っても高ければホッペタを殴って代金の半分位しか払わないという事を、婦人でもやっているというのだ。まあ御祖母ちゃまの言うのは少し大袈裟で、また皆がそうではない訳だが、そういう人も居るという事だった。そういう事だから、日本人というものの人格が疑われていかんというので、憲兵辺りが随分喧しく注意しておった。だけれども、何処に行っても横暴な日本人が居て、評判を悪くしていた事は事実だ。

一方、当時の満洲人や支那人はどうかというと、お互いに泥棒をする事、他人の物を盗るという事はまるで平気だ。第一、親が子供にアレ盗って来いコレを盗んで来いと教えるのだそうだ。所が、それが見付かった時には、「他人の物を盗むなどもっての他だ！」と子供を酷い目にあわせる。で、酷い目にあわすけれども、それは人前だけの話で、内証では泥棒を教えている。これは当時の満洲人・支那人の多くがそうで、我々には一寸想像の付かないような処があった訳だ。だから所謂孔子・孟子の教えというのも、表向きには非常に立派な事ばかり言っているけれど、内々はそうでもなかったのかもしれない。兎も角、盗みや何かは一向平気のへっちゃらなのだ。

それから当時の満洲で日本人に一寸想像のつかない事は、冬になると寒さに耐えかねて野たれ死にする者が沢山おった事だ。貧乏で住む家が無くて一人暮らしで居るような人間は、食料が得られない、寝る所が無いというような事で、凍え死んでしまう。そういうのは、矢張り新京とか殊に奉天辺りに多いと聞いたけれども、年に二百人位は出るという事だった。

それからもう一つ満洲・支那では普通の事だが、婦人の活動が種々の方面でとても活発だ。だから、女は纏足《てんそく》と云って小さな靴を履いているけれども、あれも他所の男性との交際を防ぐ為と言う人もある位だ。だけれども、婦人の活動に歴史があるから、満洲辺りでも矢張り婦人の偉物が居った。

それから最後に笑い話だけれども、満洲人というのは紙で鼻をかむなどという事は先ず無くて手鼻をかむのだ。これは習慣でもあるから上から下まで皆そうらしい。満洲国の将校になっている日本人から聞いた話だけれども、満洲国の首脳が内地に行く時の注意事項の第一番に、日本においては手鼻をかまない事というのがあったそうだ。だから総理大臣の鄭孝胥（テイコウショ）辺りは非常に学問があるけれども、矢張り満洲人同士で居る時には手鼻をかんでいたのだろうね。満洲では、どんな立派な家でも柱の手の高さの部分がピカピカ光っているが、これは手鼻をかんだ手をそこでヒョイと拭くからだという事だった。

十六．歴代校長（陸軍工兵学校教導隊長）

昭和十年八月一日付けで教導隊長の辞令を受け、跛《びっこ》を引きながらまた工兵学校に帰って来た。住居は、通うのが大変だから余丁町からまた松戸に越した。

教導隊というのは上に校長と教育部長を戴いて講評等は受けるけれど、独立性を持った一つの隊であるし、演習などについても外部との関係は余り無いから、跛を引きながらでも何とか勤まった。それから工兵学校は工兵監の直属で、工兵学校に居ると工兵監部とはしょっちゅう往復して親しくもなるから、そういう点では得なポストでもあった。

それで教導隊長になった訳だが、元々長く居った所だから、平気で何でも思う様に出来たし、当時の校長が牛島実常《みつね》（参考甲28）という人で、全てを贔屓目に見てくれる様な人であったから、何の苦労も無かった。牛島さんとは、家庭的にも懇意にしておって、僕の長女の結婚の時には媒酌も頼んだし、殆ど親戚同様に考えていた位だ。また、仕事についても、僕が工兵学校教官だった時に牛島さんは教育部長を務められていたから、腹の内はみな解っている。寧ろ牛島校長の言いたい事は、此方の方が先に知っている位だった。だから演習を遣っていると、大概校長も見に来られる訳だけれども、一緒に話ながら歩いている内に、校長がどんな事を考えているかみな解る。で、演習の後には所謂講評があるが、これの順序は先ず僕が遣ってそれから校長という順になるから、校長の言おうと思っている事を僕が言ってしまったという事もあった。だから、言う事が無くなった校長が、「私が言おうと思った事を教導隊長がみな言うてしもうた。」と言って、それが校長の講評になった事が二、三回も有ったよ。それ位校長の腹が僕にはよく解っていたし、牛島さんなら僕も遠慮なく、また向こうも此方に遠慮がないから、教導隊長時代は非常に楽に仕事が出来た。

まあ、そうやって楽しく仕事をしておった処、丁度半年ばかり過ぎた時に二・二六事件にぶつかったのだ。これが教導隊長時代の一番困惑した事だった。

と言うのも、この時は教導隊にも出動準備命令が来たのだ。そういう命令が来たから、ヤアこれは大変だ、困ったなァと思いよったよ。しかし考えている内に、普通だったら歩兵で大概片が付く筈のものを、特に工兵が出なければならんというのは変な話だと思って、何故教導隊に出動命令が来たのか、目的は何かと聞いてもらったのだ。そうした処、それは火炎放射器で反乱軍を威圧するのが目的だという事が分かった。だけどもねェ、そりゃァ威圧だけで済むならば良いけれども、火炎を吹かして所謂《いわゆる》戦友に惨たらしい事をするのは俺には出来ないと思って、どういう風にしたら良いか一夜悶々としたよ。それは、僕が指揮して反乱軍を治めるにしても、反乱軍の気持ちというものも此方にはよく分かっていて、彼らは唯好い加減な気持ちで遣っているのではない、今頃の政治はなっていない、命を嵌めて皇室を守ろうというような所から立った訳だからね。言うならば、半分は此方も同意する所が有る訳だから、非常に困惑した。そうして悩んでいた処、翌日には教導隊の出動は取り止めるという事になって、本当にホッとした事を今でも良く覚えている。まあ、教導隊長としてあれ位神経を使った事は無かったね。

そういう事も有ったけれど、工兵学校ではどの校長ともうまくいって、皆から良くして貰ったし、此方も充分に勉強した積もりだから、何時も楽しく仕事が出来た。大体工兵学校では、教導隊長や教育部長を遣った人がまた校長になる事が多かったから、此処に長く居た僕などは人を知りぬいていて、そういう点でも非常に愉快に楽に勤務する事が出来た訳だ。僕はこの教導隊長を最後に、再び工兵学校に戻る事がなかったから、此処でもう一度各校長に対する所感を纏めて話しておく。

代々の校長にはそれぞれ偉い所があり、特有の技能もあるけれども、僕が副官で最初に付いた初代校長の古賀啓太郎さんは、大変な悪戯坊主ではあったが、軍部に鳴り響いた優秀な頭脳と独特の厳めしさを持っており、卓越した意見をどんどん実行する立派な人物だった。

僕が二回目の副官で居った時に付いた第二代校長の若山善太郎さんは、士官学校時代には僕らを区隊長として鍛えてくれた人で、第八大隊に異動して一家が四ヵ所に分かれて生活した時には特に骨を折ってくれた人だ。兎も角、公に厳私に寛の将軍で、僕も非常に敬服していたし、また工兵学校を軌道に乗せた功績の大きい校長だった。それから僕が教官だった時の第三代校長岩越恒一（参考甲29）さんは、陸軍大学の教官を長く務めた人で、工兵技術というものに対しては全然経験の無い所謂天保肌の人だった。だから、本人も工兵学校では非常に遠慮していたし、また回りもお天狗が多いから、「今度の校長は何も知りゃあしない。」などと言う者さえあった。しかし、人柄は非常に良い人で、御祖母ちゃまの活躍でこの人とも家庭的に懇意にしていた。

教導隊長時。

それからその次の第四代校長は、上村友兄（参考甲30）と云う人で創立当時の教導隊長。この人は天保でも何でも無いけれども、兎に角工兵作業というものについては非常に経験が深く、本当にこの人位工兵作業について蘊蓄《うんちく》の有る人は無いという人物だった。

それから第五代は、佐村益雄（参考甲31）という人だが、これは僕が地形課長や測量隊長を務めておった時期の校長だから、詳しい事は知らない。

さて、僕の教導隊長時代の第六代校長牛島実常という人は、士官学校の期からいえば僕らより二期先輩で、勿論陸軍大学を出た天保組だ。しかし彼は元々下士官級の人で、そこから士官学校、陸大と歩んで来たのだ。だから歳もとっているし、世間の酸いも甘いもよく分かった人だった。また親戚の内では一番偉く成った人なのだろう、自分の一族の面倒もよく見ていた。そういう経歴の人だから、彼の同僚などの中には、コツコツして何とか自分の立身の道を開こうという気の好かない人間だと見ている者もあった。しかし僕らは、人間として練れている良い将軍だと思っていた。そして、北支事変では師団長で行って、その時の功績が認められたのだろう、選ばれて台湾軍の司令官になった。台湾軍の司令官というのは、大・中将級のポストで、運が良ければ大将になれるという席だから、確かに実力は充分あったという事だ。

それで、牛島さんというと、あの人の技能の一つとして、種々な新しい言葉、所謂教訓の様なものを考え出すのが得意だった事を思い出す。これは三つも四つも有ったのだけれども、今に覚えている事は、「教導隊長が部下や兵隊を教育するのにどういう方針でやってるか。」と聞かれた時に、僕はどうもその質問の趣旨がよく解らなくて、「どういう事ですか。」と聞いたらね、校長の言うには「部下や兵隊を指導するのには『叱れ怒るな』という事が肝要だ。叱るという事は良くしようと思って叱るのだ。それをムキになって怒ってしまったのでは、正当を欠く事になる。だから『叱れ怒るな』の精神で遣れ。」と言われてね。これはその時ばかりでなく、時々言われたのをはっきり記憶している。それともう一つは、『影響の責任』というものだ。これは、校長の指導によって学校の将校全部が何処かに視察に行こうという時に初めて聞いた言葉だ。その時、出掛けるにあたって皆が並んで一斉に馬に乗った処、誰一人として士官学校で教わったような正しい乗馬法で乗る者が居なかった。そこで校長が言うには、馬に乗る時はちゃんと両方の手綱をとってそれから鬣《たてがみ》を搦《から》めて乗れとはクドい程教えられた筈だが、それを守っている者は一人も居らず皆実にズベラな乗り方をすると。成程馬には将校自身が乗るのだから、その乗り方云々で直ちに弊害が生ずるというものではない。しかし、そういうズベラな行いがやがては兵隊の方に移るのだと。将校たる者は、己から出た影響にまで責任を持たねばならぬ。「諸君等人の上に立つ者は、自らの『影響の責任』にまで思い致せ。」と言われた。そういう風に、牛島校長は、教訓的の事を極く平易な言葉で表して、しかも成程良い事を言うなァと思わせる処があった。それは僕ばかりでなく、他の将校も皆そういう風に感じていた。そういう風な何とも言えない味の有る言葉を考え出して、そしてそれを教える上手な所があった訳だ。これは矢張り歳もとっているし、苦労した人だから出来る事だったのだろう。それに牛島さんは、所謂世間というものに対して非常に同情のある人だった。

まあ、以上歴代の校長は皆特徴があって、しかも皆立派な人達だった。しかしそれも精々僕らが教導隊長の頃迄であって、その後大東亜戦争が始まって人が足りなくなると、あんな人が校長になったかなァと僕らでも思う位ずーっと格が落ちて来た。と言うのも、優秀な人は皆戦地の方へ出されてしまって、内地の学校の校長などには良い人材が廻らなくなったからだ。だから誰でも都合の良い人が校長になった感じでね。まあ中には天保で立派な人も居るけれども、僕らが副官の時に教官だった人辺りも校長になっているし、それから僕らと同じ位の頭だと思う人も校長になっている。大体僕らの期迄は、戦争の影響を受けて進級するとか何とかという事はまず無かった。それが、大東亜戦争が始まってからは、もう人間が完全に足りなくなって、段々あんな人がという様な人まで校長になった。そればかりでなく、部隊もドンドン増えるばかりだったから、軍司令官は別として、師団長位だとあの人がと思う様な人までなった。位と実力の関係が、大東亜戦争前と以後とでは、一階級位は充分違う。人が居ないのだから仕様がないと言えば仕様がないが、そういう事からしても、大東亜戦争などというのは、予期も準備も出来ない程のベラ棒で馬鹿な戦争だった訳だ。それで、自分の事を言うようではいけないけれども、或る若干の人達は僕に工兵学校長に成ってもらえば良かったと内々漏らした事もあった位だ。僕は自分では校長になる資格などないと思っていたけれども、一般から見れば僕らと同じレベルの人がどんどん校長に成ったりしとったからね。

さて、話を進める。僕は結局教導隊長には一年しか居なかった。京都の工兵聯隊に聯隊長で行けという話が来たからだ。僕としては、前から副官をやり、学校附をやり、教官をやり、学校にすっかり馴染んでいたから、教導隊長でもう少し居って自分の思う様に一つ指導してみたいという気持ちは充分あった。第一、一年で直ぐ教導隊長を辞めて行くというような事は滅多に無い事だ。だからその話を聞いた時には吃驚したよ。しかし、中央部としては、教導隊というのは学校に属する一つの隊であって独立した隊とは認められないから、将来を睨んでそういう人材を野戦の聯隊長に出すという方針が決まっておったらしい。それで僕もうまく行けば将官になる時期になっておったので、一年で直ぐ聯隊長に出された訳だ。それは一方から言えば誠に名誉であるし、それから、工兵というものに対して独立の仕事をするのには矢張り野戦の工兵隊長が一番面白いので、名残りはあったけれども喜んで行った訳だ。

十七．工兵第十六聯隊長

（一）京都の特殊性と社交界（京都にて）

昭和十一年八月一日付けで工兵第十六聯隊長に任ぜられ、京都に赴く事となった。

京都は元々人の好んで行く所だが、僕はそれ迄京都の隊附もした事がないから、家族全部を連れて喜んで赴任した。それで、此の時には途中熱海に寄り、昔から在る高級旅館の岡本旅館を奮発して、久し振りの家庭サービスに当てた。そして此処に二晩泊まって、ゆっくり見物もしたし相当な待遇を受けて休養も出来たから家族皆が喜んだ。特に京都には女中まで連れて行ったので、この女中が一番喜んだ。そういう少し贅沢な旅行をしつつ京都に向かった訳だ。

で、京都駅には副官が迎えに出ていて、今度はその案内により電車で工兵第十六聯隊のある伏見に向かった。そして「桃山御陵前」だったか部隊最寄りの駅に着いて降りてみると、新しい隊長の赴任というので、何と駅から隊に向かう道路沿いに兵隊がズラーッと堵列《とれつ》している。そして、前の隊長が乗っていた馬だが僕の乗馬も駅まで出て来ていたので、僕はその馬に乗って、兵隊が「頭ーッ、

（上）工兵第16連隊着任時。（下）新・旧連隊長の交代、刀の礼を交わす右祖父。

右！」と敬礼する中を答礼しつつ隊へ向かったのだ。だからまるで昔の殿様の様な扱いをされた訳だ。しかし家族はそういかないから、一寸遅れて駅を出て、車で以前から用意しておった借家の方に向かった。

僕の着任については、聯隊の皆も喜んでくれた。これは一つには、矢張り僕が教導隊長を遣っていた事によると思う。教導隊というのは工兵としての種々の技術を研究してそれを全国の各工兵隊に普及する卸元だから、そういう方面から言うと教導隊長というのは非常に立場が良い訳だ。だから皆とても喜んで迎えてくれた。所が、師団長辺りは必ずしもそうではなかった。聯隊長として着任すれば、各隊に挨拶に行くのは無論だが、先ず第一には師団長の所へ行かなければならない。それで着任の翌日に師団長の所に挨拶に行った訳だが、当時第十六師団長は児玉友雄（参考甲32）という人で、満洲航空会社の児玉社長の兄弟、日露戦争で有名なあの児玉源太郎大将の息子さんが遣っておられた。そして、当時でも未だ陸軍内は山口の勢力が強かったから、児玉師団長も非常な力を持っていた。で、僕は師団司令部で児玉さんに着任の申告をした時に、「実は、私は満洲で負傷しておりまして走ることが出来ません。ですから師団長閣下が隊にお見えになっても、走って行っての報告が出来ませんので、一つお許しを願いたい。」と言ったのだが、「アァそうか。しかし、そういう事じゃあ困るなァ。」という様な対応でね。しかし僕としても他にどう仕様も無いのだから困ったよ。でもその後、検閲その他種々な場面で師団長の信頼も得て、結局は随分可愛がられたから幸せだった。

さて、僕の行った伏見の工兵隊というのは、桃山御陵に近い桃山町という所に在ったけれど、此処は太閤秀吉が始終遊びに来た桃山城と云う所謂別荘のような城の跡地なのだ。だから此処に在る一つ々々の物はみな謂《いわ》れの有る物ばかりだった。例えば、将校集会所の庭は清水が湧いている素晴らしいものだったけれども、これも秀吉の別荘の庭を利用して作っていた。そしてその秀吉の庭自体もそれより前の古跡を取り込んだもので、此処は静御前が捕らえられて義経、頼朝と別れた由緒有る場所なのだ。だからその名残りの椎の樹というのが、すっかり素空《すがら》で周りの皮だけになっていたけれども、国宝か何かに指定されて残っていた。またそればかりでなく、工兵隊の作業場を掘っていると、時々金瓦が出て来る。金瓦というのは瓦に塗金したものだが、これこそ秀吉時代のもので、淀君がよく遊びに来たという別荘の名残りなのだ。それがその儘出て来る様な、本当に昔ゆかしい所だった。

そういう謂《いわ》れ多い所に在る工兵隊だが、聯隊本部や兵舎そのものも古い古い建物で全て欅で出来ている。そして敷地周りは石垣で一段高くなっており、その外には松の木がずーっと並んでいるから、まるで昔の御城か何かの様にも見える。だからよく映画が、前の道路でその松や石垣を利用して撮影していた。

伏見の工兵隊というのは、そういう風に何とも言えない昔懐かしい感じのする良い所で、京都にも近いし、行ってみて成程これは好い所だなァと思ったよ。だから、僕はそんなに種々考えて行った訳ではないけれど、此処は誰しもが希望する所なのだね。そこに遣って貰ったのだから、有難かった。

しかし少し見方を変えて、軍隊運営の方から考えると、京都は一つの難所でもある。京都という土地は、元々御公家が長く住んだ所だから、何と言うか人間の性格が少し華奢《きやしや》になっている。それと、京都は観光都市だから、市民全部が観光者に対して好い感じを与える様自然に訓練されている。京都人そのものが他人に優しくなっているのだ。例えば、当時桜花爛漫の時には、東京辺りでは「花見の喧嘩」と言って必ず若い連中の喧嘩があったものだが、京都辺りでは殆どそういうのを見ない。だから他所から来た人にとっては、遊ぶに楽しい所になっている訳だ。しかしそういう性格は軍隊には矢張り不向きで、特に歩兵隊はその土地に生まれた人間で編成されるから、その欠点が明らかに出ていた。京都の歩兵聯隊に第九聯隊があるが、大阪の第八聯隊と共に殊勲のあがらない隊として有名で、「またも負けたか八聯隊、到頭勲章くれんたい（九聯隊）」という囃《はや》し言葉があった位だ。実際如何に京都の歩兵が都会的で軟弱な性格を持っていたか例を挙げると、歩兵聯隊では軍旗祭でダンスを遣っているというのだ。軍旗祭というのは、歩兵と騎兵は天皇陛下から軍旗を貰っているから、それを記念して年に一回お祭りをやるものだ。そこでダンスをやっているという。その当時は、ダンスなどは特別な人でなければやらない時代だったから、驚きもしたし「何だ、兵隊のくせに軟弱な！」という様な気持ちがした。今の感覚から言えば、兵隊がダンスをしたって職務に影響しなければ良いじゃあないかという風になるのだろうが、当時京都の歩兵隊は実際精強さに欠けて弱かったのだから、一面の本質を反映していた訳だ。だから京都の師団で歩兵の聯隊長になった人は不幸で、そういう華奢で軟弱な性格の所ではどうしても上手くいかない。それで天保でかなり優秀な人でも、聯隊長になって来て此処で首になったりしていた。どうも矢張り部隊の統率という事になると、非常に難しい所なのだ。

しかし幸いな事に、工兵隊は華奢ではなかった。野砲もそうではない。と言うのも、工兵というのは特殊な技術を要する所だから、技能者を集めるために徴兵の区域も非常に広くとってある。従って、京都の育ちの者ばかりで編成される訳ではないし、第一、工兵隊の兵隊というのは、船頭とか大工とかそういう職種から多く採るのだから、中々ガッチリしていて頑固で気の強い所があった。従って、京都の師団に行っても、工兵に関しては問題が無かった。

それでも矢張り部隊の長として務めてみると、京都という所の特殊性は感じる。即ち地方（民間）との付き合い方が、他所と全然違うのだ。東京辺りであれば、聯隊長などざらに居るから誰も相手にしゃあしない。うっかりすると師団長でも余り相手にされない位だけど、京都という所ではそうではない。聯隊長といったら、一廉《ひとかど》の部隊長として交際場裡の一つのポイントになっているのだ。だから何か催しがあると、師団長は勿論の事、参謀連中、各部隊の隊長は必ず案内を受ける。従って僕らは、週に一回位は何処かしらから案内を受けていた。何しろ小学校の卒業式にでも呼ばれるのだからね。そして行くと、京都では必ず御土産に持って帰る為の御馳走を作っておって、お客さんに寄越す訳なのだ。だから軍服で、御土産を風呂敷に包んで、ブラ下げて帰るのが平気にならないといけない。東京辺りでは軍人が御土産を提げて街中を歩くなんて馬鹿な事は出来ないから、そういう物は寄越しもしないけども、京都ではそれをやらなければいけないのだ。それを持って帰らないと、土地の習慣に合わない訳なのだ。

そういう事は小学校辺りでもそうなのだからあとは推して知るべしで、例えば、本願寺からは年に一回、師団長以下各部隊長と参謀長以下参謀連中が案内を受ける。本願寺といえば非常に格式の有る御寺で、普通の人間はそう寄り付きもしない所だろうけれども、そこから年に一回は必ず案内を受けるのだ。それで行くと、種々の御馳走をしてくれる訳だが、驚く事には御寺でも御酌などをするのは皆芸者なのだ。流石にそこでは三味線などは弾かないけれども、兎も角サービスに当たるのは芸者なのだ。そうしてもう散々に御馳走になって、軍隊の者は酔っぱらって勝手放題の事を言って、さて帰るとなると例の御土産が出る。で、またその御土産が、御重で五段位有るの。その大きなやつを皆剣を吊った格好の儘提げて……馬が迎えに来る時には、兵隊に持たせるけれど……帰って来る訳だから、何と言うか漫画的で、京都でなければ許されない様な光景だ。しかし、此処ではそれが普通で、交際におけるサービスが元々実に良い所なのだ。

それから京都は酒所でもあって、伏見には有名な月桂冠がある。月桂冠は素晴らしく大きい酒屋で、その前を通ると奇麗な水が何時も流れていて、酒の粕でも流すのだろうか、プーンと良い酒の匂いがする。その月桂冠にまた年に一回は必ず師団長以下案内を受ける訳だ。そして先ず酒を造るところを見学して、それから散々に御馳走になって、御土産を貰らって、さて家に帰ってみると酒が着いている。小さい樽の酒と新しい酒粕、それが各部隊長が家へ帰る前に着いている訳だ。兎も角今はどうか知らないけれど、当時の京都というのは、もう至る所でそういう風なサービスをする所だったね。

所が、こういう風習にしても、我々にとっては良い事ばかりではない。何度も言う様に他所ではそんな華美な習慣は無いから、その他所での感覚で、即ち或る意味での剛健の感覚を維持して頑張っていると、長としては種々問題が出て来るのだ。例えば、聯隊区司令官。聯隊区と云うのは、この聯隊の兵隊は此処から募集するという決まった区域の事で、その区域内で徴兵の仕事を行う長を聯隊区司令官と云う。これが仕事の性格上地方（民間）とうまく遣って行かなければならないのだけれど、うっかりすると此処で躓《つまず》く。即ち、京都の風習に中々慣れない内に、つい一般の聯隊区と同じ様に考えると失敗する訳なのだ。地方との交際が円満に行かない儘、そんな馬鹿な事があるかという気持ちで力任せに軍隊式にやると駄目なんだね。或る無骨な聯隊区司令官がどうしても京都の土地の習慣に馴染まないで、それに対して地方の方から文句が出て、陸軍省の方でもそういう事では困るというので首になったという話もある位なのだ。そういう特殊な難しい土地柄でもある訳だ。

しかしまあそういう特殊性はあるにしても、場所としては京都は千年の都で、実に佳い所だ。伏見には伏見稲荷と云う全国的に有名な立派な稲荷さんが在るし、京都に行けば御所を始めとして東・西本願寺、それから紅葉谷、もう見物するのには至れり尽くせりで、場所としては全国でも一番の佳い所だ。そこで部隊長で趣味の有る人は、休みという休みをお寺参りに当てる訳だが、一年掛かっても回りきらない。それに人間も穏やかだし、遊ぶのには実に良い所だよ。僕は、聯隊長として此処に来て丁度一年目に日支事変が始まって出征したから長く居る事が出来なかったが、戦争がなければ良い見物も出来たろうと思う。僕の実父の岩本の御父さんも、広島から何処に見物に行くかというと、京都に行く訳なんだ。それで帰ってくる度に「京都は好い所だなあ、隠居をするんだったら京都が良いなあ。」とよく言っていたよ。唯、京都は周りがずーっと山だから気候は案外厳しくて、冬は山颪《やまおろし》があってとても寒かった。

それで、僕らが住んだ所は伏見区桃山町羽柴長吉という所で、おそらく桃山城の町割でそこに屋敷を貰った人の名前がその儘地名になったものだろう、手紙などではよく間違えて「羽柴長吉様方」なんて書いたものが来た。此処で僕らが借りたのは二階建の家で、そう大きい建物ではなかったけれども、それでも二階部分だけで二間、十五～六畳は有ったから、一寸したお客さんはそこで接待出来た。そして此処は伏見の梅林の横で、窓を開ければ一面の梅林だから、環境良好だった。

此の桃山の家を中心とした個人的なお付き合いも、とてもうまくいって楽しかった。それは此処に桃山中学というのがあって、お前の御父さんがそこに通ったのだけれど、その桃山中学の校長田中定憲（参考甲33）という人は当時有名な学者でね、中々奇抜な変わった人だったけれども僕らには非常に好意的だった。それで、我々の所で桃山のグループを結成して、春夏秋冬には必ず会合をもっていた。そういう風に懇意にしておったから、出征する時にも良くしてもらったし、戦地から種々手紙を出しても非常に喜ばれ、また凱旋した時には有志が集まって歓迎会を開いてくれたりした。それから同じく桃山中学の先生に秋吉日吉（アキヨシヒヨシ）という漢学の先生が居って、御祖母ちゃまがよく話をする様に、兄弟の契りを結ぼうなんて面白い事を言う人だった。この先生は東大出身で、中学の先生では少し気の毒な位だったけれども、これがまた無類のお酒好きで、しょっちゅう僕の所に飲みに来たり、お前の御父さんの漢文を見てくれたりしていた。これらの先生方とは、お前の御父さんの転入を契機にお付き合いが始まった訳だが、御父さん自身も随分可愛がられて良き指導を受けた。

さて、京都での一般的な事は大体以上だが、軍務の方は、工兵学校で教官も教導隊長もやって充分研究していたから自信があるし、何でも教えてやる事ばかりだから気も楽だった。また皆も非常に信頼してくれていて遣り易かった。

しかし、聯隊長としては、唯技術を伝えていれば良い訳ではない。聯隊を掌握して、その聯隊が持っている力の最大限を発揮せしめる様にしなければならない。それには矢張り皆の和というものが大切だと考えた。人の融和はどんな組織でも重要な事だろうけれども、軍人はいざとなれば命を賭けて戦場を往来しなければならない職業だから、特に互いの信頼と融和が重要だ。唯表向きだけの厳めしい事ばかりやっていたのでは駄目なのだ。それでその切っ掛けとして、矢張り一度皆で飲んで、人間としての絆を培っておかねばならんと思っていた処、間もなく秋になったから、松茸狩りを遣る事にしたのだ。京都では松茸狩りが秋に行う有名な遊びの一つだ。それでその旨言ったら、「隊長、それで良いんですか。」という応えでね。と言うのも、松茸狩りというのは相当に経費が掛かる遊びだから、団体でなど中々行けるものではないのだ。だから「代々の隊長で、松茸狩りなど遣ってくれた人は一人もありません。」という様な事でね。でも僕は、経費などそれほど重要な事とは考えないから、全ての将校とその家族を招待したのだ。松茸狩りでは、鍋を持って行って、松茸を採って、大概鳥だけれども肉と松茸を煮て、山の上で食べて飲んでドンチャン騒ぎをする。それで何処の山だったか京都にすぐ近い山に行って、もう無礼講で歌ったり踊ったりしたから、家族ぐるみですっかり互いの気持ちというものが打ち解けた訳だ。それで今度の隊長は話が解るという様な事になって、皆が良く信頼してくれた。そのかわり夫婦喧嘩でも何でも持って来るので困った事もあったが、兎も角融和という事は出来た訳なのだ。人間というのは気持ちが良く解っておれば、少々難しい事を言ってもお互いに腹が立たないのよね。組織の上に立つ者は、矢張りそういう人の和の基礎を築く事が肝要だ。但し、演習など仕事の話はまた別だから、そういう処はピシピシ厳しくやる。これを混同してはいけない。

それから、兵隊が憲兵沙汰になったりする場合には、隊長として矢張り贔屓になってやって、穏やかに収めるというのも必要な事だと僕は思う。僕は憲兵隊長とも仲良くしていたから、事件が起こってもスムースに行った。

京都という所は兵隊が兵隊だから、だらしのない事も段々有って、憲兵隊としては仕事の非常に多い所だ。多いけれども、まあ歩兵の方は大した事にはならない。しかし、工兵辺りになると少しゴツイから、憲兵の方で相当お世話になった事もある訳だ。例えば、一旦郷里に帰った古参兵を年に一回召集してまた教育する制度があったのだが、その時に召集された古参兵が現役の上官に抵抗して殴ったという事件が起きて、憲兵のお世話になった。何故そういう事が起きたかと言うと、古参兵が戻って来る頃には以前新兵だった方が上の階級に進んでいるのだが、古参兵の方には先輩意識が残っていて、この若造という様な事から事件が起きた訳だ。そうなると軍隊だから罪は重い。理由の如何によらず上官に抵抗したとなれば軍法会議行きだ。そうなると、僕も立場上監督不行き届きという事になるだろうけれど、それより何より本人が大変な事になってしまう。そういう事件が聞こえて来たので、これは放っておくと一問題だと思って、僕は直ぐ憲兵隊長の所に行ったのだ。そして事情を説明して、「だからこれは一つ宜しく取り計ってくれ。」と口添えしたら、「いゃあ承知しました。隊長がそういう御意見なら適当に取り扱いましょう。」という事で済んでしまった。そういう事も憲兵隊長と仲良くしているとスムースに行く。だから長たる者はそういう所にも普段から気を配っておかないといけないし、また特に京都は一寸前もって話をしておけば直ぐ問題解決するという様な所でもあった訳だ。

此処の憲兵隊長は少佐だったけれども、僕らとの会合には必ず出て来るし、非常に親しく遣っておった。しかし彼の奥さんというのは世間にも目立つ位の奇麗な人で、非常に洒落こんで種々余り良くない噂も出ておったけれども、何しろ憲兵隊長の細君だから、表沙汰にはなっていなかった。これは余談……。

それから今一つ憲兵沙汰の話をすると、僕の部下で、一年志願兵上がりの少尉だったか中尉だった

（上）師団長検閲。右児王師団長。中央祖父。（下）右兵を巡察する師団長。その後が祖父。

かが居たのだ。一年志願兵と云うのは、予備役の将校を養成する為に毎年中等学校卒業以上の者に教育を施す特別の制度があって、そのルートの兵隊を指す。それで、中には一年志願兵で来てその儘残って現役の将校として勤める人も居る。普通の士官学校を出た人ではない、一年志願兵上がりの将校というのが居る訳なのだ。だからそういう人は、もう世間に慣れている。で、世間に慣れているから、僕らとしてみれば軍服を着た儘街の飲み屋に入るという訳には一寸いかないのだけれども、兎角《とかく》そういう人は平気なのだ。それで彼がおでん屋に入っていた時に憲兵から注意を受けたというのが始まりで、その憲兵を殴って畳んでしまった訳だ。これには憲兵隊も怒って、隊の方に五月蠅《うるさ》く言って来た。それで僕も叱ったりして居ったのだが、その内その将校が自棄を起こして「じゃあ、私は辞めます。」とか言ってふて腐れたから、「隊長は今迄お前達に憎しみからものを言った事があるか！　お前達の為には何時でも有利になるよう取り計っているじゃあないか。」と彼を説教して宥《なだ》めたのだ。矢張り一人の男の一生の身の振り方に係るからね。そうしている内、憲兵の方でも問題にならない様にしてくれて、何事も無く済んだという事があった。所がこれは後日談だけれども、僕がもう軍を辞めて東京の戸山町に居った時に、何とその彼が今度はその憲兵の中佐になって挨拶に来たんだよ。全く笑い話で、暫く話題にして面白がった。

　まあそういう訳で、僕の工兵隊では内外の関係も上手く行って何の心配もないから、演習等は随分厳しく遣った。演習はもう誰にも負けないという位遣って、工兵学校で種々研究した事を一生懸命に普及した。これはもう教える方も教わる方も自信を持って遣っているから、幾ら厳しい演習をやっても文句が出ないのだ。で、演習だが、川の演習であれば、通常は聯隊南に直ぐ宇治川があるからそこで行い、また大河の渡河などは琵琶湖で行う事が多かった。琵琶湖は大きいからね、もうこれ位広い所は無い訳だから、これを矢張り黒龍江の様な大河に見立てて、敵に悟られないように船で渡る訓練等しておった。そういう時には、実際に片方の岸を防御させておいて、もう一方から気が付かれないように渡る訓練をする訳だ。それから琵琶湖辺りには行軍でもよく行った。伏見から出発して琵琶湖に行って比叡山を越えて京都に入ったりしていたな。比叡山は昔坊主が暴れた所だけれども、僕らが行った頃でも坊さんは昔ながらの格好をしていて珍しかった。まあ演習の話を余りしても面白くないだろうからこれ位にするが、しかし期間が短かった割には演習を随分遣って、至る所に行ったよ。

さて、その様にして部隊の練度も上がりまた皆が非常に仲良くやっていたから、検閲を受けても工兵隊の成績はとても良かった。僕の在任中検閲は幾度も有って、師団長の検閲は勿論の事、工兵監の検閲も此処であった。しかし此の時の工兵監は元工兵学校校長の牛島さんであって、半分身内の様なものだから余り苦労は無かった。牛島さんも立場上糞味噌に言ったところもあったけれど、大体においては非常に気楽で親切心のこもった指導講評を受けた。まあそれもその筈で、検閲の前日には僕の家に来て、散々御馳走を食ったり飲んだりしているのだからね。しかし、何はともあれ工兵監の検閲も苦労無く済んだ。それから、此処では特命検閲を受けた。前にも言ったかも知れないが、特命検閲と云うのは天皇陛下から特命された人が検閲に来るものであって、中・大将がこの任に当たる。そして、これは失敗すれば師団長の首に直接影響する位力の有る検閲だから、師団としても大仕事になるのだ。所が、この検閲でも工兵隊は非常に高い評価を受けた。この時には動員（資料乙41）の処置についての検閲もあったのだが、僕はそろそろある頃だと思って充分準備しておった。動員というのは戦争に行く準備の事だが、実際に遣ってみると至る所に手落ちが出来易いものだ。だから、検閲を受けた場合にはこういう風にやるという所謂予習を相当に遣っておった訳だ。それから僕自身も、普通なら書き物を読めば良いところまで全て暗記していた。兎も角、工兵の演習にせよ動員の予習にせよ充分に訓練を遣って、既に他隊と比較して絶対に負けない自信を持っていたから、特命検閲があっても泰然としている事が出来た。それと此の時一つ運が良かったのは、特命検閲では検閲官の大・中将の他に所謂高級の附武官が居って、それが本当の細かい所を見る訳だが、これが僕の同期生だったのだ。それで此方も少しは気が楽だったし、厳然たる態度で少しも臆すること無く説明する事が出来た。また、附武官も矢張り多少は庇おうという気持ちもあったろう、結果として、工兵隊に限り動員については心配無いという位にまで良い講評を受けた訳だ。

そういう風だったから、工兵隊は師団の中でも受けが良く、僕と師団長との関係も非常に上手く行って、特別工兵演習でもその他の演習でも師団長は僕の事をとても信頼してくれた。だから日支事変途中で進級して帰った時に、児玉さんはもう師団長ではなかったけれど挨拶に行ったら、「勿論工兵聯隊は感状を貰ったろうな。」と言われたよ。それで「いや感状は聯隊としては貰いません。私としても御辞退すべきものだと思う。しかし、部下はちゃんと貰いました。」と報告したのだがね。と言うのも、戦地では工兵というのは小さな隊に分散して使われるのだ。聯隊を纏めて仕事をする事は先ず無い。だからそういう報告した訳だ。まあ師団長には非常に良くしてもらって、家庭的にも懇意な状態だった。児玉さんというのは派手な人でね、大体児玉家そのものが派手なのだが、児玉さんが転任する時などは、駅にズラーッと芸者が並んだ位、それはもう華やかな人だったよ。

さて、仕事の話は一寸置いて少し遊びの話をすると、僕は余り観光方面に興味がある方ではないけれど、宇治川には御祖母ちゃまや家族を連れてよく遊びに行った。

宇治川というのはそんなに広い川ではないが、水は琵琶湖から流れて来ていて奇麗だし、風景は良いし、有名な宇治川の先陣争いの古跡や平等院等の御寺も在って、遊びに行くには好い所だ。それから宇治川の螢というのも有名で、これは方々から持って来て放すのだけれど、その当日などは川全体至る所に螢が飛んでいて奇麗なものだった。それから、これは岐阜の方の真似をしたのかもしれないが、鵜飼もある。だから鮎の捕れる頃には宇治川に行って、船に乗って鮎を食べるのだけれど、その船の船頭が元工兵隊の上等兵で、特別のサービスを受けたなどという事もあった。また船遊びばかりでなく、宇治川沿いにはズラーッと料理屋が並んでいるから、勿論そういう所でも美味しい料理が食べられるし、また随分良くしてくれるのよ。

宇治川の料理屋には思い出があってね。これは僕が未だ砲工学校の副官だった時の事だが、宇治川には伊藤博文が泊まったという有名な割烹旅館が在って、この方面に何かの見学の為に学生を連れて行った時に、校長を始め全員そこに泊まった事があるのだ。で、見学が済んで直ぐその旅館に入ったのだが、暫くして旅館との折衝を担当している下士官が「一寸来て下さい。」と呼びに来たので、何かと思って行ってみると、料理番がプンプン怒っている。そういうお客さんはウチに泊まってもらいたくない、出てくれというような事で揉めているのだ。どうしたのかと聞いてみると、板前は立派な料理を食べてもらおうと一生懸命にやったのだが、学生は未だ中・少尉で若いものだから早く遊びに出たくて、料理を放っとらかしにした儘皆外出してしまったのだ。それで板前が怒って、「そういうお客さんは今迄無い。」と、「私の造った料理を不味いと言ったお客さんはない筈だ。」と、「出て下さい！」と大変な権幕なんだ。それを「まあそんな事を言うなよ。」って校長や僕や数人で宥めて、それから御馳走を食べたのだけど、成程板前が怒るのも当然と思える程上手なんだ。良い料理を造るんだねェ。宿泊料というのはもう決まってるから幾らでもないのだよ。だけども矢張り料理屋には所謂沽券《こけん》があるし、学生は将来皆偉い人に成るんだという様な事で、そりゃあ実に高級な美味しい料理を用意してくれた訳だ。だから僕らはもうホクホクでねェ、校長と一緒に美味い美味いと食べた事を覚えているが、全く今となっては笑い話だよ。

まあ、宇治川というのは、景色佳し、水良し、料理好しで遊びに行くには好い所だ。そして、料理屋でも割合に安く美味しいものが食べられるから、お客さんが来るとよくそこへ案内して行った。料理は、関東などと違ってあっさりと品の良い京料理、宇治川の鮎なんていうのはまた美味いからね。

だから短い期間ではあったけれど、出来るだけ多く行った場所だ。

それから役得の話。

京都は何と言っても歴史があってしかも狭い所だから、此処でしか起こらないような事も起きる。あれは何で来られたのかな……皇太后が一度御見えになった事がある。京都は矢張り昔の皇室関係の種々のものがあるから、皇太后陛下が御見えになった事があるのだ。で、これが東京だったら、たとえ皇太后陛下が御出ましになったとしても、部隊は多いし聯隊長位それこそ幾らでも居るから、工兵の隊長辺りは何にも有りはしない。僕自身、宮城には何度も行ったし、戦地勤務というので天皇陛下に拝謁賜った事はあるが、皇太后陛下に拝謁を賜るなどという事はなかった。所がこの時には、師団長を始め各部隊長にまで単独拝謁があって、しかもそれが御祖母ちゃまも一緒、夫婦揃っての拝謁だったのだ。だから二人だけで皇太后の居られる御部屋に入って、御辞儀してそして紹介される訳だけど、此方の敬礼に対して陛下の方もちゃんとした礼で一々丁寧に御応えになるのだから、本当に特別の光栄に浴した訳だ。そんな事は東京ではとても出来ない問題だ。こういう地方に御出ましになった時でなければそういう事は無い。しかし、京都以外にはそうそう皇太后が御出ましになる事など無いのだから、そういう特別な経験を得たのも、京都の師団に居ればこそなのだね。京都に居ると、そういう役得という様なものが有る。

それから御祖母ちゃまが始終言うように、東本願寺に行っても、一番奥の特別の場所まで入って拝むことが出来る。東本願寺辺りは、地方（民間）から来たのが奥の方迄入るというのは中々無いのだ。現金なもので、所謂御供《おそなえ》をする額によって、幾ら以上は此処まで、それ以上は此処までというのがちゃんと決まっているからね。所が僕らが行けば、部隊長としての扱いを受けて一番良い所まで案内される。それから桃山御陵に行っても、勲三等ということになると、一段柵の中に入って拝む事が出来る。まあそういう様に、京都では社交が盛んだし見る所も多い一方、聯隊長には交際場裡中の一人として立派な地位を与えられているから、種々役得が生じる訳だ。だから成程皆が京都の隊長を希望する訳だわいと思ったよ。

それからこれは役得云々ではないけれど、京都では市の官衙や殊に学校の招来が盛んで、各部隊長が頼まれて講演に行く事も多かった。それで校名は一寸忘れたが、僕にも宮さんが居られる女学校から講演をしてくれという依頼が来て、行った事がある。それで、二時間位だったか、どういう内容で、どういう風に話したかもう忘れてしまったけれど講話をして、宮さんも素直に聞いて居られた事を思い出す。

それから、京都のお正月の話。

京都でお正月を迎えたのは一回だけだけど、その時にはもう他の部隊の知らない人までやって来てごったがえすから、とても自分の家庭だけではサービスが出来ない。工兵学校に居る時ですら、お正月になると自分の家だけでは出来なかった。尤もその頃は未だ御馳走の大部分は自前で作っていて、一部だけおでん屋等に頼んだりしていた。と言うのは、教導隊長の時には来るのは将校ばかりじゃあない、下士官にも兵隊にも是非来いと言ってあるから、来る人が多かったのだ。それで来ると皆が座敷に揚がるのは大変だし、第一下士官・兵は遠慮して揚がらないから、庭にお廻り下さいと図面を玄関の所に出しておく。そして下士官や兵隊達が庭に回ると、そこにおでん屋がちゃんと店を開いていて、おでんのサービスをして酒を飲ませるという趣向だ。だからまあ座敷の方は将校だけだけれど、それでも教導隊の者は皆必ず来るし、人によっては一日に二回も三回も来て「また来たが、前と同じ御馳走じゃあないか。」と文句を言ったりする。そりゃあもう大騒ぎだ。そういう風にお正月となると中々大変なのだが、これが京都となると派手な土地柄で僕も聯隊長だから、とても自分の家族だけでは対応出来ない。それで、料理は料理屋に頼んで作ってもらい、接待の方は雇女《やとな》と云うのを頼む。雇女に頼めば、料理の運搬もみなやってくれて、芸者の代わりにサービスもしてくれる、場合によっては三味線も弾くという訳だ。そういう雇女と云うのが京都には居るのだ。もうそれに頼まなければ、お客さんは各部隊長は勿論のこと他の部隊の将校まで来るから、とても対応出来ない。そして此方も師団長の所へ行かなければならないし、参謀長の所にも行かなきゃあならん。そういう訳でお正月はもうごったがえしだ。で、僕の家には、他の部隊からも何か知らん酔っぱいが他の者に付いて来るから、玄関などは靴の山が出来て誰の靴やら何やら訳解からん。それから軍医部長が来て、グデングデンに酔っぱらって、二階から階段を下まで落ちたりしてね。もうお正月は一騒ぎだった。

まあそういう訳で、京都は遊ぶのには佳い所だし、演習するのにも良いし、仕事も上手く行って人間関係も良好だから、本当に楽しく過ごす事が出来た。

（二）日支事変

①北支戡定戦《かんていせん》（当番兵と行軍の苦しみ）

その様にして過ごしている内、僕が着任して丁度一年程経った昭和十二年七月、盧溝橋で事件が起き、これに端を発して所謂日支事変（資料乙42）が勃発した。そして、それ以前に内命が有ったかどうか覚えていないけれども、事件発生から間もない八月下旬、工兵第十六聯隊にも動員が下令された。それで、僕の聯隊は検閲でも褒められておった位だから、サア来たという訳で早速準備に取り掛かり、一週間程で順調に動員が完了した（参考乙43）。動員が下令されると部隊は戦時体制になって、

出征時記念撮影。

急速に召集された予備役と現役兵とを交え、兵力を平時の約二倍に編成する。またこの時は、約一ヵ月後に留守隊（第三中隊）を基幹としてもう一個聯隊（独立工兵第十二聯隊）を編成、同じ所から短期間に二個聯隊出したから、兵も将校も大部分は応召で、中隊長は現役としても、一中隊に三人居る小隊長は一人が現役であれば良い方だった。だから、動員となると部隊全体の練度・技術力は落ちる事になるが、これは或る程度止むを得ない。そして、そういう風に膨れ上がった兵員に対し、平生から準備してある物資を倉庫から引っ張り出して来て、一番良い被服や銃を支給し弾薬を配布しなければならないし、また持って行く食料も或る程度準備する。そういう事があるから、動員下令から完了までは順調に行っても一週間位の時間は必要なのだ。

で、僕自身は動員があっても特別の変化はないけれど、唯聯隊長に付く当番兵は戦地に行く時には一人増えて二人になる。それでこの時は、篠木（シノギ）という兵隊と辰巳（タツミ）という兵隊が僕の当番になった。辰巳は、京都の呉服屋で番頭を遣っておった人で、誠実一途で、非常に大人しくまた実に素直な兵隊だった。一方、篠木の方はというと、こちらは勇敢一点張りで、それもその筈、全身に入墨をしている所謂ヤクザの親方なのだ。だから喧嘩なんかといったら一番強いだろうし、兵隊としても心身共に屈強で、しかもヤクザの習慣として、この人ならばと思ったらどんな事でも聞くというタイプの人間だった。それで、当番兵というのは、普段から家に出入りして家族に親しみも深いから、出征の前には僕の家に挨拶に来たそうだ。勿論そういう時には家の方で御酒を出して御馳走もしただろうと思うけれど、その時篠木が「自分が付いて居りますから聯隊長は大丈夫です。絶対に間違いを起こしませんから御安心下さい。」と御祖母ちゃまに挨拶したそうだよ。まあ、篠木・辰巳と、どちらも非常に良い兵隊だった。

さて、動員も完了し、僕達は北支那方面軍の第二軍に編成（資料乙44）されて、愈々皆潔く営門を発ったのは、九月の上旬だった。

その時は兎に角非常な歓送だった。で、僕が平生乗っていた馬はとても鋭敏で他人に怪我でもさせるといけないから、その時だけは大人しい馬に乗り換えたのだが、馬の耳には篠木達が作った蠅が入るのを避けるための紫の袋をはめて、馬も少しお粧して出て行く。また兵隊も新品の服や銃を持ってピカピカの軍装で行く訳なんだ。それで、工兵隊から駅まではズラーッと市民が並んでいて、バンザイ々々と皆が旗を振る中を、喇叭手を先頭に進軍ラッパを吹きながら行軍して行ったのだからねェ。本当にその歓送振りは大変なもので、馬が通れない位だった。

その様にして部隊は京都を発ち、船で大陸に渡る為に大阪に向かったが、大阪といっても近いから、そこ迄は家族が見送りに来る。僕らの頃はそれが普通だった。それで、船に乗る前にも一寸時間を与えて、別れの話し合いはやらせるから、種々の場面があったけれども、一般にはメソメソ別れを惜しむというような事はなかった。応召の人達は、皆郷里で自分の仕事個人の役目に就いておった訳だが、それでも出征するとなれば潔く行く。所が、僕の副官だけは大分別れが辛そうだった。僕のその時の副官は富田という特務（資料乙45）出身の大尉で、相当に年配でもあったけれど、実子がなくて貰った息子さん一人を非常に可愛がっておったから、それとの別れがとても辛かったのだ。それで出征するのに副官がそれじゃあ困るなと僕も内心思ったけれど、何となく後ろ髪を引かれる様な家庭状況だったのだろう、軍人といえども人間なのだからそれは致し方ない事かもしれない。

まあそういう事で僕らは大阪から船に乗り、瀬戸内海を通って黄海に抜け、航海三～四日で渤海湾岸の大沽（ターク）に至った。勿論作戦行動中だから途中軍艦の護衛が付いた。大沽（ターク）は立派な港で、此処で兵員と器材を揚げ、直ちに少し内陸の天津に向かった。天津というのは北支随一の国際都市で、事変の初期には此処でも戦闘があったのだが、僕らが行った時には既に支那軍は撤退していた。だから、大沽（ターク）から天津に至るまでは、警戒は充分している状況だったけれども、抵抗など受けることなく行くことが出来た。そして此処で暫く留まって作戦を練ったのだ。

大体日支事変というのは、北京西方の盧溝橋で日支間に小戦闘が起こり、それが発端となって日支共に兵力を集中し、いざこざを繰り返す内に戦争状態にまで拡大したもので、日本としては余り手を広げず成る可く早く事態を収拾したい意向を持っていた。だからこの事変の名称も、始めは北支事変と云っていて、北京周辺の敵に痛打を与えて治安を回復すればそれで終わりという考えだったのだ。そしてその為に、敵の主力を早期に殲滅して戦争継続意思を挫折させようとしていた。だから僕らが行ったこの時期の作戦というのは、敵主力を北支に捕捉してこれと決戦する事を目的としていた。所が実際には敵は此方の思うより早く、小戦闘を繰り返しながらグングン撤退したから、それに引き摺られる格好で戦線が拡大してしまった訳だ。それから、北支の戦闘に呼応して上海でも支那軍が動きだしたので、そこでも戦闘が始まり、結局名称も日支事変と変わって、南京まで攻めて行く事になったのだ。尤《もっと》も、僕ら現地に居る者はそうなる危険性を早くから感じて居って、戦線拡大に反対する者が寧《むし》ろ多かった位なのだが、その話は此処では措く。

さて、天津で暫《しばら》く留まって偵察を行い爾後の作戦方針を検討した結果、僕ら第十六師団は子牙河（シガガワ）という川を遡行し敵を追って南下する事になった。それで、どうせ歩いて前進しなければならない場合が多いだろうというので、天津で僕は少し大型の編み上げ靴を買った。と言うのも、普通であれば僕らが履くのは長靴《ちょうか》だけれども、長靴は歩くのに余り便利の良いものではないからだ。そうして歩兵がやるように先ず靴下を二枚位履き、それから編み上げ靴で足元を固め、その上に巻脚絆を巻いた格好になった。戦争中は徹頭徹尾それで通したし、また実際の前進もテクテク歩いたり馬に乗ったりだったので、最後には靴底等がかなりひどくチビたよ。その靴は記念に長らくとっておいたから、今でも多分何処かにしまってあるかもしれない。兎も角天津ですっかり準備を整えて、九月の半ば位だろうか前進を開始した訳なのだ。

で、第十六師団が前進した子牙河だが、この年は特別に雨量が多かったのだろう、大洪水が起きていた。それで河そのものも或る程度の早さで流れていたし、また自然に切れたか敵が破壊したかは判らないけれど、至る所で堤防が決壊していて、流域は見渡す限り湖水の様になっていた。従って僕らが前進するには、堤防上を縦に長くなって行くしかなかった。これは守るに易く攻めるに難い形だ。実際敵は我々の前進を妨害する為に僅かな兵力を以て堤防の所々を二段三段と防御して居った。だから、これを排除しない限りドウにもコウにも進み様がなかった訳だが、何しろ堤防は狭いから、有効に兵力を集中する事が難しいし、大砲を撃つにしても砲列を敷いて撃つ訳にはいかない。そうなるとまた敵も中々逃げない訳だ。それで仕様がない、一部の兵力を以て、果敢に湖水の中を進み苦労して敵の側面或いは背面に出る。そうすると初めて敵は逃げるから前進をする、それからまた抵抗を受ける、逃げる、前進をするというような戦争で、砲弾の中を潜って進むという状態では全然なかった。要するに、戦闘そのものは何でもないし、本当に大きな敵にぶつかった訳ではなかったのだけれども、しかし先頭が一寸つまずけば直ぐ此方も止まらなければならんので、中々進攻の捗《はか》がいかなかった。

そういう風にして進んでいた処、携帯している二日分程の食料は忽《たちま》ち食い尽くしてしまうし、後から来る筈の大小行李（資料乙46）……行李と云うのは食料や弾薬を運ぶ為の編成を指すが……それら

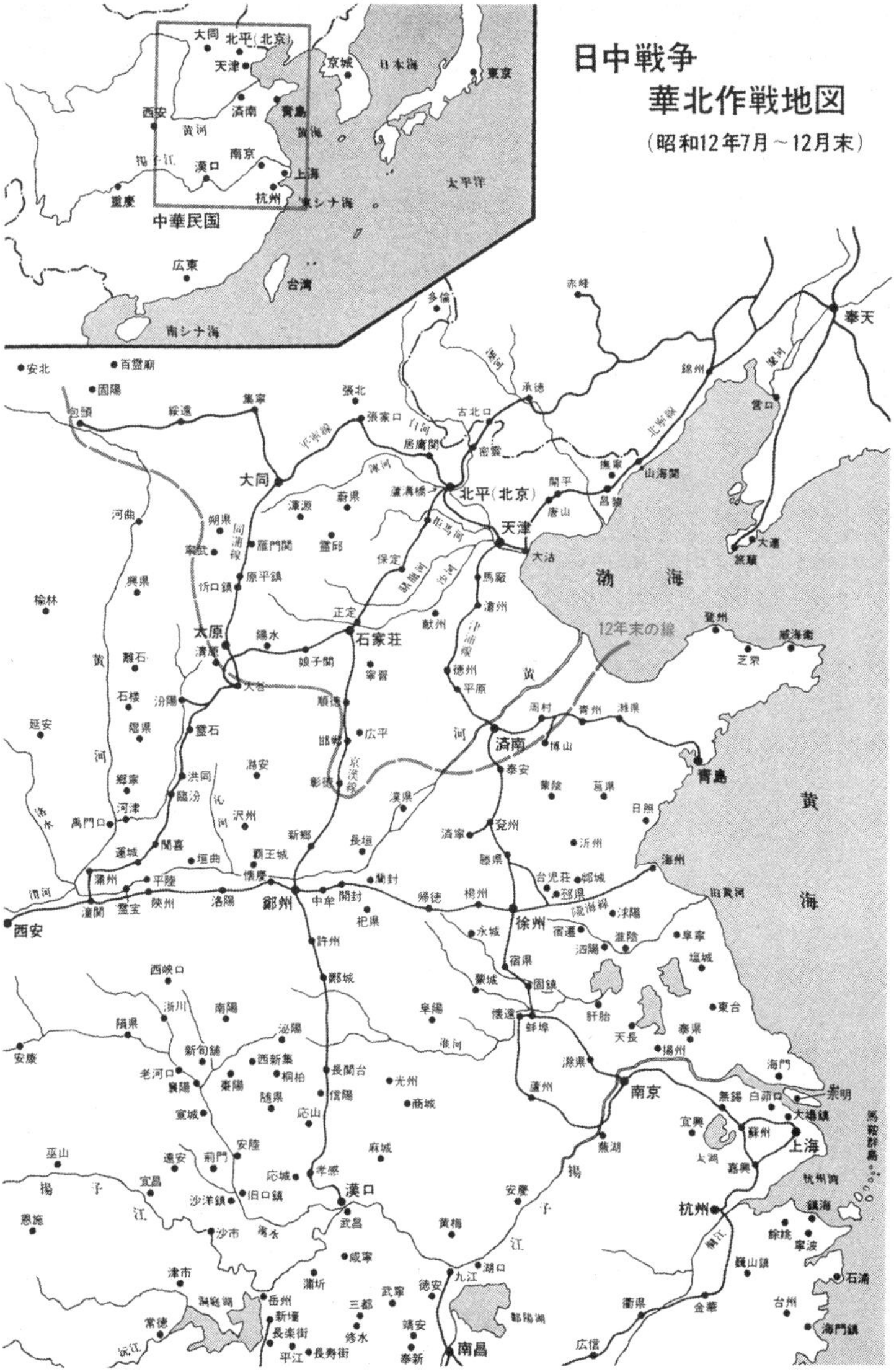
日中戦争
華北作戦地図
（昭和12年7月～12月末）
大同
北平（北京）
天津
京城
日本海
東京
西安
黄河
済南
青島
黄海
揚子江
漢口
南京
上海
重慶
杭州
東シナ海
太平洋
中華民国
広東
台湾
南シナ海
赤峰
多倫
奉天
安北
百霊廟
固陽
張北
錦州
包頭
綏遠
集寧
張家口
古北口
承徳
営口
居庸関
密雲
山海関
北平（北京）
開平
昌黎
蘆溝橋
唐山
天津
大沽
大連
旅順
河曲
朔県
寧武
雁門関
霊邱
保定
原平鎮
馬廠
渤海
楡林
興県
滄州
太原
陽泉
石家荘
12年末の線
登州
威海衛
芝罘
娘子関
寧晋
徳州
平原
離石
石楼
汾陽
順徳
延安
隰県
霊石
邯鄲
広平
済南
周村
青州
濰県
博山
洪洞
潞安
彰徳
泰安
蒙陰
莒県
青島
臨汾
濮県
日照
禹門口
河津
沢州
新郷
長垣
済寧
兗州
沂州
運城
聞喜
垣曲
覇王城
滕県
台児荘
郯城
海州
蒲州
平陸
懐慶
蘭封
潼関
霊宝
陝州
洛陽
鄭州
中牟
開封
帰徳
徐州
邳県
沭陽
旧黄河
西安
杞県
永城
宿遷
淮陰
阜寧
許州
泗陽
郾城
宿県
塩城
西峡口
固鎮
蒙城
南陽
淅川
阜陽
懐遠
盱眙
東台
鄖県
新甸舗
蚌埠
天長
泰県
揚州
安康
西新集
桐柏
長関台
滁県
海門
老河口
棗陽
光州
崇明
襄陽
随県
信陽
廬州
南京
無錫
白茆口
宜城
商城
大場鎮
宜興
蘇州
応山
上海
馬鞍群島
巫山
遠安
荊門
安陸
麻城
蕪湖
太湖
嘉興
宜昌
応城
孝感
揚子江
漢口
安慶
杭州
恩施
沙洋鎮
旧口鎮
鎮海
武昌
黄梅
沙市
餘姚
寧波
咸寧
九江
湖口
津市
蒲圻
象山
石浦
洞庭湖
岳州
三都
武寧
徳安
鄱陽湖
衢県
金華
台州
常徳
新墻
長楽街
修水
靖安
海門鎮
沅江
平江
長寿街
奉新
南昌
広信

はみな車だからちっとも当てにならん。もう全然来ないのだ。それで前進するに従って非常な食料難が起こって来た訳なのだ。そういう場合、普通であれば部落に行って食料を調達する方法もあるが、この時は川沿いの部落は殆ど冠水していたし、支那人も皆避難していて滅多に見掛けることがなかった位だから、それも難しかった。それでも部落というのは幾らか高い所に在って、極まれに水没を免れている所も有る。そういう部落に行って捜せば、多少の食料は手に入ることもあったが、どんな物が残っているかと言えば、逃げ損なったニワトリが一、二羽居れば良い方で、あとは粗末な粟が多少有るだけだ。それでも、村を荒らして残っている食料を食べるのだから、その金は払う。日本軍が現地で食糧を徴発（参考乙47）する場合はみなそういう方法で、我に抗すれば勿論敵対行為だけれども、そうでない者には戦争中であろうと内地と同じ様に宿泊料も払うし、食料を徴発すれば代金は払う。しかし此の時は代金を払おうにも多くの場合村長以下が居なくて、近くに残っていた支那人の話で石家荘（セッカソウ）の方に避難しているのが判ったから、そこで支払うことにした事もあった。まあその様にして、偶に手に入れた豚やニワトリも、いざ食べようとすると、今度は調味料が無い。何しろ始めの頃にみな使ってしまって、醤油など勿論有りはしないし、塩そのものが全然無い。何しろ師団司令部にさえ塩の一欠片も無かった。だからそれらはみんな本当の水炊きで食べたのだ。それから粟を食べようと思っても、フルイが巧くかからない為か、砂がひどく交ざっていてとても食べられたものではなかった（参考乙48）。それでも食べないよりましという事で、皆上を向いて胃の中へ流し込んでいた。

まあそれ位食べ物が無かった。普通、僕は矢張り聯隊長というので、兵隊が何か見付ければ大概持って来て不自由が無いようにするのだけれども、この時はそれさえ出来なかった。それで、普段はどうしていたのかと言うと、梨を食べながら前進したのだ。その時僕らは子牙河の左岸をずーっと進んだのだけれども、右岸の方が一面の梨畑だった。それで、梨も下の方はみんな水に浸かっておるのだけれども、水も一般にそう深くはないし、泳いだり水に浸かって歩いたりすれば梨を採る位の事は何とか出来るから、師団の殆ど全員が専《もっぱ》らそれを食べていた。で、その梨そのものは天津梨と云う上が一寸とんがった様な梨で、その頃でも内地に輸入して方々で売っていた位だから、甘くて美味しい梨だ。で、僕らが進んだ子牙河流域はその梨の産地だったから、あらゆる所に梨だけは豊富にあった訳だ。だから、僕らはそれを常食にして前進していたのだ。

所が、水物ばかりとっているから知らぬ内に体力はなくなるし、黴菌は至る所に居るしで、皆下痢をしてしまってね。先ず師団の軍医部長以下殆ど半数以上が赤痢になった。それで赤痢で高熱の出た者は休ませておいて、後から遅ればせながらやって来る衛生隊に託して野戦病院に送るという事位はしたけれど、何しろ戦争だからね、皆命を張ってやる仕事だし、第一前進を急ぐ必要が有るから、普通の熱位であれば平気でドンドン進んだ。そうする内僕も到頭赤痢になって、毎日々々一日の内に二〇回位排便に行ったよ。それはもう仕方がない、途中で隠れるようにしてやるのだけれども、兵隊の前も何もあったものじゃあないよ。そして、便はみんな粘液便で、それに血が混じってくるしねェ……。それでもう一つ困るのは、何しろみな水に浸かっているから、一寸でも水の無い所があると皆そこに便をするのだ。だから、何処に行っても此処に行っても糞だらけで、うっかりするとこれを踏む。大体、支那人自体が、こういう天津に近い所でも便所というものを造らず、何処でも空いている所で排便するから元々不潔極まる場所なのだが、我々がやっているのは下痢をした便でしかも多人数が何回も垂れ流すので、病気が広がらない筈がない。それからまた、水というものが無くては生きていけないけれど、何処に行っても飲める様な水なんて滅多に有りはしない。それで、昼に中々前進出来なくて夜前進する事も多いのだが、食事の時間になって粟飯でも炊こうというので、暗い中を捜してこれなら大丈夫だろうという水で炊飯する。それも夜火を焚くと敵に悟られるから、成る可く家の蔭とか見え難い所で食事を作って食べる訳だが、朝になって見てみると、水を取った水辺に馬が死んでおったり、戦死した敵の兵隊が浮いておったりする。それが翌朝になって初めて判るのだから、そりゃあもう病気になるに決まっている訳だ。

そういう状態の中で工兵として特に働いた記憶があるのは、初めは河の左岸をずーっと通って行ったのだけれども、寧ろ右岸を行った方が前進し易いという事で、橋を架けた事くらいだ。それでも師団長の中島（今朝吾《けさご》）さん（資料甲34）がその場に来て、前進を急ぐから早く遣ってくれ遣ってくれと非常にせっつかれて、此方はもう食べる物も碌々無いところで橋を架けたのだから、出来た時には師団長がとても喜んで感謝されたよ。

それから僕に付いた二人の当番兵だけれども、篠木が一人居れば、もう一個分隊と同じ位の力があった。と言うのも、前進中少しでも水に浸からない所があると、食料を捜したり或いは敵が残っていないか見に行ったりする訳だが、普通であれば二〜三人で警戒しながら行く所でも、彼ならば一人で平気でドンドン跳んで行く。そういう事は兵隊であっても誰でも出来る訳ではないよ。「篠木、あそこに行って敵が居ないか見て来い。」と言うと、「ハイ！」と返事をするが早いか唯の一人で直ぐ行くのだからね。怖いなどという事は全然考えない。だから僕が何処かに行く時でも、一個分隊に付いて来いと言うよりも、篠木だけ連れて行けば良いという位で、非常に力強い兵隊だった。それは全身に入墨をしている所謂ヤクザ者だけれども、戦地では実に勇敢で、本当に怖いもの知らずの剛の者だった。それがずーっと僕に付いていて活躍してくれたよ。それから辰巳にしても、一寸食べ物でも作ってくれと言えば上手に作るし、素直で信頼が置ける心強い兵隊だった。

それから、馬だけれども行軍中随分倒れてね、大体普段おとなしいような馬から倒れるけれども、僕の乗っていた馬は前にも言った様に非常に癇の強い扱い難い馬で、矢張りそれだけ体力気力が横溢していたのだろう、最後までシャンとしていた。だから、戦地から帰るまで同じ馬で通すことが出来た。

しかし、僕らが苦しい行軍をしたのも精々二週間位のものだ。僕達は子牙河を溯行した後、少し向きを変えて、敵主力の退路を絶つべく石家荘（セッカソウ）に向け西進したのだが、これも敵の退き足が速く到頭逃げられてしまった。で、石家荘は予定戦場の南限に近いし、石家荘辺りまで行けば北支における作戦はもう終わりだった訳だ。何しろ敵はずっと南の方に下がって、北京の方は到底もたなくて此方の言いなりになっている様な状態だったからね。詰まり、北支で敵の撃滅は出来なかったけれども、この辺りはすっかり此方の勢力範囲に入って、守備兵さえ置いておけば、自由に行動が出来るようになった訳だ。尤も若干の敵は未だ西の山岳地帯に残っていて、これを追って行った師団もあるが、北支を平らげる為の戦争、所謂《いわゆる》北支戡定戦は、石家荘の線でほぼ目的を達し、一応終了という事になった訳だ。

まあそういう事で、この北支の戦では敵も本気になって抵抗していないし、向こうから攻めて来るなどという事は先ず無く、どうも細かい事を忘れてしまったけれども、殆ど戦争らしい戦争は無かった。ただ僅かな敵を撃退しながらドンドン前進し、その行軍に非常に苦しんだというだけだ。だけどもそれは嫌なものだよ実際。この時の話をすると海軍はそんな事があるんですかと言う位だ。矢張り陸軍は前進する毎に食料に苦労するけれど、海軍はウンと船に積み込んで、戦争しとる時でも平生と同じような御馳走を食べているからね。だから僕らがこんなに苦労したという事は海軍の者には一寸想像がつかないらしい。それに、師団の半分以上が赤痢になっているという状態は、まあ話にすれば何でもないけれども、相当なものだよこれは。

しかし、海軍に言っても解らない位だから、まして内地では北支の実情が分かる訳がない。だから石家荘では、偶然に僕の長男の鉄道隊に出逢ったのだが、そんなつまらない事が内地の新聞では大々的に伝えられて、親子で戦場で一緒になったとは感激的だというような事で、万歳々々と家に大勢押し掛けて来たのだそうだ。それで家では、幹部の者には一寸酒を出したり、それから矢張り学校の生徒が万歳々々って玄関の所まで来るからお菓子をあげるとか、大騒動だったという事だ。それから、手紙を書こうにも紙も無かったのだが、それでも時々分捕りの紙などで中学校の校長先生辺りには便りを出していた。所がそれが届くと、聯隊長から手紙が来たというので非常に喜んで、また大袈裟に披露される訳なのだ。聯隊長から来たと、もう紙も何にも使えないと、それで分捕りの紙でもって手紙を寄越してくれた、感激だというような事でね。そういう風だから、珠に一寸勝ったとか或いは何処まで前進したとかいう度に留守宅の方では大騒ぎになって、それはそれで応対が大変だったという事だ。尤も御祖母ちゃまはああいう性格だから、喜んで応対しておったと思うけれどね。まあ、この頃は未だそれ位呑気な良い時代でもあった訳だ。

②上海へ（輸送指揮官、軍資金を黄河に落とす）

さて、石家荘に着いたら、此処は鉄道が通っているから食料はあるし、天津出発以来初めて風呂にも入って一息ついたのだけれども、すぐに又鉄道で北へ向かえという命令が来た。で、石家荘から汽車に乗って、もと来た天津を通り、今度はずーっと渤海湾を回り込むように満洲に出、更に遼東半島の大連まで鉄道輸送されたのだ。それで僕らは何処に行くのかも知らされて居らなかったし、これは凱旋するのかもしれないとも思ったのだが、実はそうではなくて、苦戦をしていた上海戦線への増援の為に転進したのだった。それでその意図を敵に察知されないよう、恰《あたか》も凱旋する様に満洲方面に部隊を移動した訳だが、この真の意図は僕らにも秘匿されていた。

で、大連からは船で梯団を組んで行ったのだが、師団長は第一梯団、僕達は第二梯団になった。それで、第二梯団は輸送船四隻で構成され、僕ら工兵聯隊と砲兵聯隊、それから歩兵が一個聯隊位居ったか、だから総員約三千名位になるけれど、部隊長の中で僕が一番の古参だったので、僕が第二梯団の輸送指揮官になった。それで、出発前に指揮官として師団長に何処に行くのかを聞いたのだが、出港の後伝えるという事で、行き先不明の儘大連を出港した。そして先ず航路を東に取り、朝鮮半島西岸に至って方向転換をし今度は南下したのだが、その時初めて船長からの報告で上海に向かって前進するという事を知らされた。それで上海戦線に投入されるとなると敵前上陸が予想されるから、輸送中に敵前上陸の訓練をした。尤もこれは船の中でやるのだから本格的なものではなくして、寧ろ机上の学科的な訓練が主ではあったが、船から梯子で舟艇に乗り移る方法等種々な想定の訓練を遣りつつ南に向かって前進した訳だ。所がその前進中は大時化《しけ》で、船はそれこそ大海に浮かぶ木の葉の如くひどく揺れた。大体僕らが乗っている輸送船というのはみな貨物船で、兵員はそれこそ貨物と同じような取り扱いを受けるから、たまったものではなかった筈だ。僕は輸送指揮官というので、船長の部屋に立て籠って居ったのだが、この船長の部屋は珍しいことに畳敷きの六畳の部屋だった。で、そこに布団を敷いて寝ていると、船が右に傾いた時には布団ごとずーっと右の方に滑って行くし、船が左の方に傾いた時には左の方に行く。兎も角揺れる度に、その六畳の間を布団と一緒に移動するという様な、とてもひどい時化だった。それでその時に一つ気が付いたのは、若い頃中隊長として初めて満洲に渡った時には散々船に酔って動けなかったけれども、今度は戦争中であるし輸送指揮官という責任有る立場だったから、そんなひどい揺れの中でも若い時の様な酔い方はしなかったという事だ。だから矢張り酔うとか酔わないとかいう事は、如何に気分が影響するかという事を非常に自覚した訳だ。

まあそうやって時化に揺られながら、それでも上陸の訓練をしつつ、勿論海軍の援護の下に南進したのだが、この時は相手が支那で敵の海軍力など大したことないし、航空兵力も比較にならない位日本の方が優勢だったから、大東亜戦の様に輸送中に戦闘が起こるという事も無く、無事上海近海に至った。しかしこの時点では未だ全体の態勢が整っていなかったのだろう、敵前上陸後直ちに進撃という事はなくて、一応上海に上陸する事になったのだ。

所が上海の港で、忘れ難い事故が起こった。それは丁度、クレーンを用いて大砲等の重量物を揚陸している最中の事だった。僕の乗っていた船には主計が管理していた軍資金の金庫が二つ有って、それをクレーンで降ろそうとしていたその時に、クレーン操作の誤りから金庫を二つとも海の中に落としてしまったのだ。それでこれは大変な事になったと大騒ぎになったのだが、しかし騒いでいるだけでは仕様がないから、直ぐその辺りの支那人を雇って潜らせてみたのだ。所が落とした場所は大体分かっている筈なのに発見出来ない。それと言うのも、上海辺りは、数千年来揚子江の泥が沈下して溜まりに溜まって出来た土地だから非常に泥深いのだ。実際、人間でももし失敗して泥の中に嵌まったら、もう絶対に浮き上がらない。まあ人間が泳げる間は浮き上がる事もあるだろうけれど、死骸など埋まってしまうと絶対にそれをとる事が出来ないという特性を持っているのだ。それなものだから、支那人を雇って潜らせたけれども分からない。もう泥の中に嵌まり込んだ儘なんだ。第一、金庫の中身は一面の銀貨だったから、とても重かった。支那では紙幣では受け取ってくれない場合が多いので、実際に役立つ貨幣が必要という事で中は銀貨ばかりが入っておったのだ。だから非常に重くて、尚更深く沈んでしまった訳だ。それで仕方がない、錨様の物を降ろしてはそれで探り々々遣ってみたけれども揚がらない。しかし諦める訳にはいかないのだから、夢中で遣って到頭一つの金庫を引っ掛けた。そうして大体落ちた所が同じものだから、遂に二つとも揚がったのだ。その時の本当にホッとした気持ちというのは、とても忘れ得ない想い出だよ。

まあそうした事もあったけれど、揚陸作業も終わり、それから暫くは上海に駐屯して居った。で、この付近で師団の様な大部隊が駐屯する場合に、何をまず一番先に遣らなければならないかと言うと、これは水の確保だ。飲料水だね。これが一番必要なので、その時には削井隊と云って、井戸を掘る隊を持って行ったのだ。これは、工兵学校で人材を養成して、それを基幹として隊を編成したものだ。で、上海に来ておった削井隊は僕の部隊に属していた訳ではないけれども、矢張り工兵関係という事でその方の指導もした。それで、先ず此処でどれ位の深さから水を採る事が出来るか試験的に遣ってみた。そうした処、百メーター位だったか、かなり深い所まで筒を降ろしたら、非常にきれいな水が出た。詰まり、堆積した泥の層を越えてその下の砂利層まで筒を降ろすととても奇麗な水があって、しかもこれが非常な勢いで噴き出たのだ。そして、その一本の湧出量が非常に多くて、わずか二本で約一個師団の水を出す事が出来た。

③南京への道（実戦における架橋、南京攻略戦）

そういう経験をしながら暫く上海に待機しておった訳だが、十一月上旬、愈々僕ら第十六師団も膠着した上海戦線に投入される事になった。それで、上海の正面から押して行くと湿地帯が多くて急速な展開が困難であるし、又敵の退路を断つ事が重要だから、僕ら第十六師団は揚子江を少し溯り、敵の背後を突くべく白茆口（ハクオウコウ）という所に上陸する事となった。揚子江河口というのはとても広い。崇明島という中州のような島があるけれど、天気の好い日でもその島が見えない位だから、もう海と同じことだ。で、この時は上海から運送船に乗って、軍艦の護衛の下、船団を組んで堂々と進んだのだ。従って、敵には此方の動きが嫌でも応でも分かった筈で、これは奇襲上陸というより寧ろ威圧しながらの上陸と言った方がよいものだった。

敵前での上陸というのは、運送船から上陸用の舟艇を幾つも降ろし、これに分乗してエンジンをかけて、一斉に陸上に突き上げて上陸する。それを何回も繰り返して兵員を全て揚げる訳だ。で、敵前上陸では水際の攻防が一つの山になるが、白茆口の上陸では殆ど抵抗を受けなかった。勿論敵も若干は居って、二〇㎜とか三〇㎜程度の小口径の銃砲での抵抗は少し有ったけれども、殆ど抵抗らしい抵抗は受けずに容易に上陸する事が出来た。これは、敵の戦線が既に日本軍の圧力で崩れて、退却を始めていたからだ。従って、僕達は上陸後直ちに追撃戦に移った。そして、西へ西へと進撃、途中支那の首都である南京の攻略を命ぜられて、常熟、無錫、常州、丹陽と戦いつつ南京へ到ったのだ。しかしこの南京に至る中支戦線では敵の抵抗が激しく、北支の時とは異なって本格的な戦闘が随所で起こった。

また、この追撃戦では雨に祟られた。兎に角雨期と云うか何と云うか毎日々々雨が降って、行軍そのものが自由に出来ない。泥濘が深く馬も乗っては歩けない。まして馬で重量物を牽引する砲兵等の兵科は全然通れなかった。それでも命令があるから、皆前進を急がなければならない。だから僕ら工兵が行って道路を造ってやると、本当に砲兵などは拝む様にして喜んで通って行ったものだ。それから前進を困難にした要因は雨だけではない。この辺は少し細かい地図を見ると判るが、所謂クリークと云う小さな川が至る所に在って、しかも戦争だから敵は橋を悉《ことごと》く落としている。そうなると小さいクリーク一つでも、深い場合は大変な障害になるのだ。それは歩兵だけならば装具を降ろして泳いででも進む事が出来るだろうが、砲兵が通らない。砲兵が通らなければ近代戦は出来ない。だからどうしても此方で橋を架け直さなければならなかったのだ。そういう訳で行軍が思うにまかせず、一日に二～三里から四～五里進めば精々で、南京に到達するまで一ヵ月以上掛かった。そしてその間、確か四七箇所の橋を架けた。即ち一日に一つ以上橋を架けながら進んだ訳だ。そういう様に、工兵としては道を造りながら橋を架けながらの前進で、しかも敵に対する主要攻撃力の歩兵・砲兵を遅滞無く通

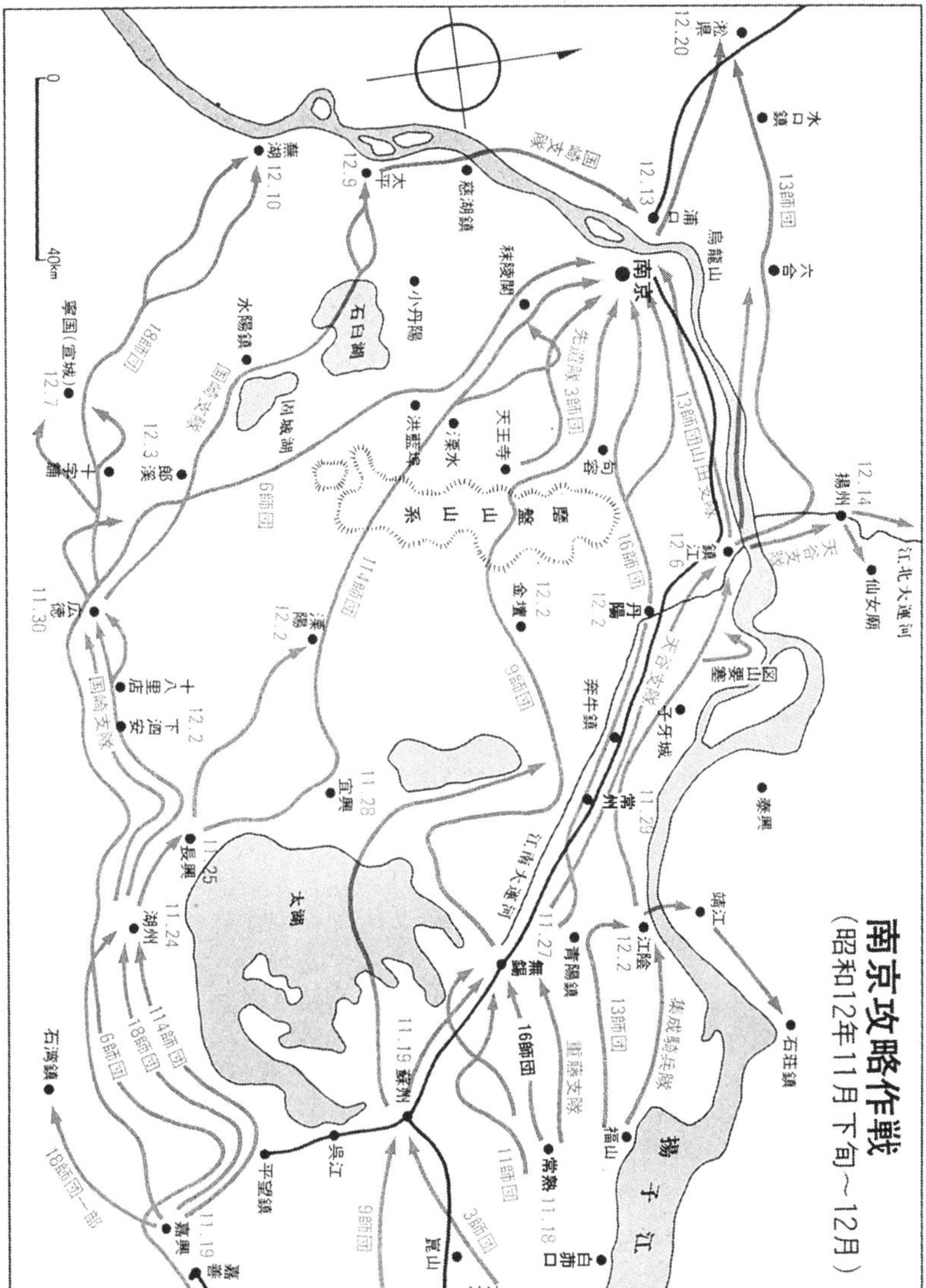
南京攻略作戦
（昭和12年11月下旬～12月）
南京
揚子江
太湖
石臼湖
固城湖
蘇州
無錫
常州
丹陽
鎮江
湖州
長興
広徳
宜興
溧陽
嘉興
嘉善
常熟
江陰
靖江
揚州
浦口
蕪湖
太平
句容
金壇
崑山
太倉
白茆口
呉江
平望鎮
石湾鎮
仙女廟
泰興
六合
水口鎮
12.13
12.20
0
40km

す為には、師団の先頭を行く歩兵よりも更に前に出て、敵の抵抗する中で作業しなければならない。だから、この戦線では工兵からも多くの犠牲者を出す事となったのだ。

例えば、橋を架ける場合には、丸太も要るし角材も要るし板も要る。まあ板は無くても丸太の様な物を並べてその上に土を揚げて通す事も出来るけれども、兎に角材料が必要だ。そして、それらを用いて「橋礎」と云う橋の基礎となる物を川の此方側と向こう側に置いて、それに桁を渡して橋を造っていく。従って戦場における工兵は、先ず材料となる適当な物をその付近から集めて来て、それを架橋場所まで担いで運搬しなければならない。しかし何しろ重量物だから匍匐《ほふく》前進など出来ず、姿勢が敵に対してあからさまにならざるを得ないのだ。それに対するに、架橋場所というのは道路の関係等で大体判るものだから、敵は何時でも狙い撃ちが出来るよう待ち構えている。そういう所に高い姿勢で行くものだから、それこそ機関銃などでダーッと撃たれてしまうのだ。で、或る時などは、僕のほんの直ぐ側を兵隊が丸太を担いで前進しておったのだが、それがフッと止まったと思うとパタッと倒れた。パタッと倒れた儘動かないしモノも何も言いやしない。それは敵の弾がこの脳天に当たったのよ。本当に目の前でピタッと倒れて、それっきりだからねェ……。それから、担いで行くその材料にも、機関銃の弾がもうポンポン当たる。それが人間に当たれば、ハッと思った時にはパタッと倒れてそれで終いだ。そりゃあ勿論歩兵が援護射撃をやってはおるのだけれども、それでも敵が狙い撃ちで撃てば防ぎようがない。まあ実際の戦場というのは、勇壮と言うか壮烈と言うか……凄いよ。ほんの目の前に見とって倒れるのだからねェ。だから残念ながら随分犠牲者が出たのだ。

そういう苦しい前進をしている中、これは無錫か常熟だったと思うのだけれど、僕の当番である辰巳が戦死した。その時は、小高い所から敵が頻りに撃って来るので、部隊を近くまで前進させて、僕は指揮を執る為に別の一寸小高い山の上に行ったのだ。指揮官というのは、そう矢鱈に前に出てはいけないのだけれども、矢張り前に出ないと敵の様子が判らないからね。それで指揮しとった処、突然迫撃砲のつるべ撃ちを食ったのだ。敵の方もその山に此方がきっと来ると予想していたに違いない、照準が始めから非常に正確だった。それで、もう前後左右にひっきりなしに砲弾が落ちて破裂するので、馬などは吃驚《びっくり》して跳んで逃げ回るし、人は皆ピタッと伏せる。兎に角僕からほんの数メートルの所でも次々砲弾が炸裂して、土埃で何も見えなくなる程で、「今度はやられた！」と思った事が数回もあったよ。中隊長が「聯隊長前に出過ぎる！」と叫んで足を後ろから引っ張ったのは此の時の事だ。後ろに下がってくれというのでね。そして、前後の兵隊も馬もどんどんやられて倒れたのだけれど、結局僕自身は土を被ったのと破片で水筒が壊れただけで弾は当たらなかった。寧ろ僕より後方に位置して居った者に被害が多かった。そういう事態の中で、おとなしい方の従卒の辰巳が戦死してしまったのだ。

で、これは後日談だが、辰巳は遺骨で京都の田舎の故郷に帰ったのだが、その時僕は当然未だ戦地に居ったから、御祖母ちゃまが代わりに辰巳の家に行って葬式に参列したのだ。その時に、彼の家の人間は一つも落胆したり恨んだりしている様子がなかったという事だ。それはまあ、戦死しても涙一つこぼさないというのが自慢になる様な時代だった所為もあるかも知れないが、彼の家は兄弟が六人か七人か居るので一人位は御国の為に犠牲になるのは当たり前だと、それからこれは名目だけだけれども天皇陛下から御金が出るから本当に家の誉だというので、悲しむというよりは寧ろ戦死を誇って派手に葬儀を出した感じだったという事だ。

それから今度はまた、僕の副官である富田大尉が犠牲になった。場所は無錫だったと思う。この時は、敵が非常に強硬に防御しておって中々歩兵が前進出来ないので、工兵が敵の障害物を破壊する為に前線に出ておった。で、工兵が出とったので、副官が気にして、「どうも進み方が遅い様ですから、一寸様子を見て来ます。」と言って前に出ようとしたんだ。それで僕は、「待て待て。今はとても危険だから出るな。」と止めたのだが、「いや大丈夫です。直ぐ帰りますから。」って出て行ったのだ。所が出て行ったきり帰って来ない。と言うのも、富田副官はつい前進し過ぎて、第一線まで行ってしまったのだ。第一線に行ったら、もう前後左右に敵の弾が来て、寧ろ後ろに戻る方が危険になる場合もあるからね。で、彼も後ろに下がる事が出来なくなった。そうしている内、敵の弾を膝の関節の付近に受けて歩けなくなり、そこにまた他の弾が飛んで来て、到頭戦死してしまった訳なのだ。しかし彼の戦死は、すぐに判った訳ではない。敵が退いた後、前進してみて初めて富田副官戦死の事実が判ったのだ。それで僕も副官を失って非常に残念だったし、どうして俺の言う事を聞かなかったかなァと思ったよ。彼が出て行ったのは、丁度日暮れになって段々暗くなる時だったし、何も副官が第一線まで行く必要はなかったのだ。しかし彼としては工兵隊の前進が捗《はかど》らないから、様子を見ようと「一寸行って来ます。」と言って出た訳だが、それが失敗だった。僕は止めたんだけれどもねェ……。ウーン。でももう仕様がない、遺骨を僕の聯隊本部に持って来て、宿舎の一室に祭った。戦地では始末を付ける為に、みんな現地々々で焼いて直ぐ遺骨にしてしまうのだ。で、宿舎の一室に祭って、僕もそこで共に寝ようと言って、一晩副官の遺骨と一緒に寝て、お別れしてからまた前進したのだ。だけども、マァー僕も悔しくてねェ、その時から暫くは此方も少し気が荒くなったよ。「クソッ!」という訳で、「こうなれば敵を皆殺しにしてやる。」という様な気分になった。でも、部隊長としてこれではいけないとまた思い返したのだ。そういう事があった。

それから話は変わるが、これは一寸滑稽な、僕自身が危なかった話。その時は、敵がかなり抵抗しておって、前進がそう簡単に行かない状況だったので、僕らが泊まっている部落の一隅に仮の便所を造らせたのだ。で、便所と云っても、一本ある柳の木の回りに筵《むしろ》を垂らして囲いにしただけで、上に雨覆いも何も無いのだから、便所という程の物ではなかったけれど、一応真ん中を掘ってそこへ便をするようにしておったのだ。そうしないと何処も彼処もみな垂れ流して、それが元で悪い病気が流行ったりするからね（参考乙49）。それで或る時、僕がそこにしゃがんでいる最中に、敵がその便所を狙い撃ちにして来たのだ。だからその時には、柳の木に敵の機関銃の弾がポポポーンと当たったよ。それで、僕も吃驚したし、どうも聯隊長が用便中に戦死したというのではみっともないから、早々にそこを引き上げて後方に下がった事がある。村落というのは、あちこちに相当大きな材料を使ってあるので、村落の真ん中辺に居れば、少々弾が来ても直接危険な目に遭うという事は少ないものだ。唯、便所は衛生上の問題もあるし、何となく常識に従って端の方に造らせのが失敗だった。そういう事も有ったりした。

まあそういう風に危険な目に遭いながら犠牲を出しながらの前進だったけれども、此の戦線でも糧食には困った。前にも言った様に、此の時は雨に祟られて食料を運ぶ大行李など全然来ないのだ。そういう物は大概馬で引くようになっているのだが、道路が悪くて足がヌカって、馬そのものが歩けない。それで仕様がない、また現地で糧食を集めて食べながらの前進になった。しかし幸いなことに、上海から南京付近までは「南京米」と名付けられた米も出来る位で元々物資は豊富な所だから、割合に食料も手に入り易かった。だから不自由はしたけれども、北支で困った程ではなく、何とか食べながら前進出来た訳だ。

それから工兵として困ったのは、木工器具とか各種の道具は、所謂「小行李」と云う編成で部隊の直ぐ後ろから運んで来る事になっておるのだけれども、これも道が悪くて付いて来れなかった事だ。しかし、工兵にはどうしても工具が必要だ。だから仕方がない、途中に有った工具をみな分捕って、それを車に積んで、現地で我々自らが小行李を編成した。そしてそれを引っ張るのは皆支那人だ。これには勿論給料を払うけれども、その仕事を遣ることについては強制的で、無理遣り付いて来させた。そうでもしない事には、日本軍の輸送力では必要なものが何一つ来ない。また工兵というのは歩兵と同じに行軍した挙句、橋が無かったり障害物が有ったりすると、直ちに前に出て作業に掛かるのだから、そんな物を自ら引きずって歩いていたらとても仕事にならない。だから、そういう方法を採って前進した訳なのだ。所が、兎も角此方は強制的に遣らせるのだから、遣らなきゃあ撃ち殺すぞというような事をやるから、中には殺すなら何時でも殺せって上着を脱ぐ奴が居る（参考乙50）。僕は民間人を殺す様な事は絶対にやるなとこれだけはきつく言って居ったけれど、支那の民間人でも骨の有るのは居たよ。それから、これは上陸して間もなくだったから常熟の辺だったと思うけれど、支那の御婆さんが自分の息子が殺されたというので非常に怒って、もう普通の男性でも追い付かない位の憤慨振りで、「息子が殺されたんだ。自分も死ぬから、此処を撃て！」と自分の胸を指して言うのだ。それなどは、戦場にある武装した軍隊に対して命を的に怒りを表わしているのだから、とても勇敢だ。そういう御婆さんも居た。

それから、戦場における部隊長として困ったのは、兵隊が部落に無闇に火を付けたがる事で、白茆口上陸以来これには大変気を使った。と言うのも、部落に入ると若い者は大概逃げているけれども、年寄りや中には小さい子供も残っている所が在るのだ。それは、日本軍はそんなに酷い事をしないという宣伝が行き渡っておったからで、部落によっては、素直に此方の言うことを聞いて、自分達の住居を宿舎に当ててくれる。だから、そこに行けば僕らは宿を利用出来る訳で、長い行軍にはそういう場所が是非必要になるのだ。そこで、決して部落になどに火を付けてはいけないと師団命令でも喧《やかま》しく言っとった訳だ。勿論、現場の指揮官である僕達は喧し過ぎる位喧しく言って、火を付けない様に気を付けていた。しかし、どういう訳か知らんが、日本兵には悪い癖があって、直ぐ火を付けたがるのだ。そうすると、部落というのは可燃物が多いから、風でも吹く時にはアッと言う間に焼けてしまう。で、部落の焼けた跡というのは、爆撃の後の様になって実に惨めだよ。それと此方として一番困るのは、後から続いて来る部隊が寝る所を失う事だ。だからこそ師団命令でも喧しく言った訳だけれど、しかし、此処は絶対に焼いてはいけないぞと命じて発っても、二〜三日後にはもう後続部隊が焼いているんだ。そういう事が至る所にあった。僕は覚えているが、白茆口に上陸して間もなく泊まった家などは、爺さん婆さんと子供が居て、とても丁重に迎えてくれた訳なんだ。だから此方も可愛がって、未だ物資もあった頃だから糧食の一つも子供に遣って懐《なつ》かして、そして此方も大いに利用しようと思って居った処、いつの間にか焼いてしまう。それは後から来る部隊が焼くのだよ。どうにも始末におえないのだ。しかし考えてみれば、日本国内の戦争でも昔から火を付けるという事は有りがちで、一つには火を付けないとそこにどういう仕掛けがあるか判らないし、また一つにそこを抵抗の拠点とされると困るから焼いて安心したいという様な心理状態が有ることは有るのだろう。しかし、我々が通った後というのは、有力な敵が居る筈もなく、宿営の損得勘定だけから考えても、また特に宣撫工作上から考えれば、火を付けるなど下の下だ。だから何故焼くのか何故火を付けたがるのか僕には理解できない位だった（参考乙51）。

それともう一つ喧しく言ったのは、非戦闘員を殺してはいかんという事だ。これについては、直ちに軍法会議に回すという位に喧しく言って居ったけれども、矢張り何人斬ったとか何とかという事を自慢の様に言う奴も居ったという事だな。そりゃあ斬る事自体は、何でもありはしないよ。しかし抵抗しない者を斬ったって、自慢にも何にもならない。そういうのがよくあって、五十人斬りとか百人斬りとか自称そんなのが居ったそうだけれども、本当に抵抗した敵を斬ったのではなかろう（参考乙52）。実際、後から捕虜を斬ってみたりするのが出るものなのだ。幾ら言っても多くの中にはそういう馬鹿者が出る。まあ、大東亜戦に負けてからは戦犯が喧しくなって、そんな風にやったら自分が殺されると思うからもうやらないかもしれないけれどね。

しかし、戦場では種々な事が起こるものだ。話は変わるが、僕達工兵第十六聯隊は、今言った様に現地で小行李を編成して支那人に引っ張らして前進したのだが、その中に〝ソアンチン〟と云う名の子供が居った。漢字でどういう字を書くのだったかもう忘れてしまったけれど、確か八歳の小さい可愛い女の子だった。それでソアンチンがどういう経緯で僕らの聯隊に居ったかという、これは無錫だったと思うが、自分の親も御爺さんも御婆さんも皆逃げはぐれてしまって、独りで泣いて居ったんだ。それで、可哀相だから兵隊が食物を遣ったりする内すっかり懐いてしまって、兵隊が前進を始めると付いて来る。これがまた非常に歩行力の強い子で、何時までも何処までも歩いて来るのだ。それで益々兵隊が可愛がる、いよいよ懐くという風で、十六聯隊のソアンチンの事は他の部隊にも伝わって有名になった位だった。その後矢張り路頭に迷って居ったソアンチンの実の叔父というのが上手く合流出来たものだから、ソアンチンの面倒を見るよう言って付いて来させたりしたが、兎も角ソアンチンは兵隊が歩くのと同じだけ歩いて到頭南京まで来たよ。

さて、至る所抵抗を受けながら漸次進んで、やっと南京の城壁がありありと見える所まで近付いたのが、南京攻撃に入る丁度一週間程前だった。そしてその頃になって、漸く後方から輜重兵の部隊が追い付いて来た。所が、追い付いては来たものの、糧食などは何にも無い。先生等は僕達の後方を、即ち第一線が食料を徴発した後を一ヵ月以上も進んで来たものだから、周りに食料が少なくて、自分達の運んでいる食料をみな食べてしまったのだ。しかも一度食べれば補充の仕様がないから空の車で遣って来た。聞く処によると、荷物の中にはウイスキーなども入っていたそうだけれども、飲んでしまってそれも無い。兎も角、我々が欲しいような物は何も無いんだ。それで中隊長などは怒り心頭に発して、「お前など、国賊だ!」なんて怒鳴って、ピシャンピシャン殴って猛烈にその場で鍛え上げたりしていた。まあ僕らは止めとったけれども中隊長が怒るのも無理の無い話だった。

それからこれは少し余談になるけれども、当時僕は随分《ずいぶん》煙草を吸っていたのだ。僕が煙草を始めたのは中尉になってからだと思うが、副官業務が長くて相当神経も使ったし又種々な人と交際する場面も多いので、つい量を沢山吸うようになった。それで当時は二〇本入りを三箱位吸っていたと思う。所が当然のことながら戦地では持って行ったものを吸い切ってしまえば、後は何処を捜しても煙草など無い。それで、一本の煙草すら誰も持っていない状況になって、本当に煙草が欲しくて欲しくて、ほとほと閉口していた所へ、京都の留守隊を基幹として出来た独立工兵第十二聯隊と戦場で出逢った訳なのだ。で、独工十二聯隊には北村（北村博：独工第十二聯隊第三中隊長）という中尉が中隊長として居ったから、「やあ」というので会った訳なんだ。この北村中尉は何かと縁の有った人で、出身は尾道、広島の幼年学校の後輩（広幼29期）であるし、僕が教導隊長の時には教導隊附で居ったし、彼が結婚の時には頼まれ媒酌を勤めて、聯隊長でまた部下になった人なのだ。それで会った処が、彼は未だ煙草を持っていて、「聯隊長、煙草なら有ります。」という訳でね。「そうか、それじゃあ一つくれよ。」と言ったら、一箱ではなかったと思うが、何本か持っている分をくれた。それがまあ非常に嬉しくてねェ、「凱旋して内地に帰ったら、お前の呑む煙草を一生俺がサービスする。」と約束したんだ。そして貰った煙草を皆に一本ずつ分けて吸った事を今に覚えている。で、今度の戦争が敗戦の様な格好で終わった後もその約束はお互い覚えていて、「聯隊長こう言ったじゃあないですか、未だ一向貰いませんが。」という半分冗談の催促を受けた事もあったのだが、その時は煙草が自由に手に入る時代ではなかったから、僕も困って「そりゃあ今に遣るよ。」と苦しい返事をした事も覚えている。まあそれ位戦地では煙草が無かったし、またそれ位当時は煙草好きでもあった訳だ。

話を元に戻す。そういう風に、大小行李が来ても食べ物は手に入らなかったけれど、しかし断崖攀《だんがいはん》登《とう》の器具は着いた。と言うのは、南京は勿論の事、支那の都市は一般に所謂《いわゆる》城塞都市で周り全てが高い保塁で囲われているから、僕らはそれを攻略する一手段として、前にも話をした断崖を登る器材を分解して持って来ていたのだ。それで攻撃に入る前の準備期間に、それを用いて如何にして城壁を登るかという具体的最終的な訓練を敵前で……敵前と言っても勿論敵に見られない所だけれども……遣ったりした。しかしながら、愈々実際に南京を攻撃した時には、この器具を用いる事はなかった。それは、日支事変では日本の航空力が圧倒的に優勢で、所謂制空権をすっかり獲得しておったから、南京の保塁に対して集中的に爆弾を落とし得たし、又砲兵も矢張り一点に向けてドンドン弾を撃ち込んだので、保塁の所々に崩れた箇所が出来たからだ。日清、日露戦争辺りでは保塁自体の破壊は無理で、城門を壊す為に爆薬を持って突進したりしたけれども、僕らの時代にはそういう必要もない。兎も角航空力と砲力とによって歩兵がどうにか突入出来る状態になったので、訓練はしたものの梯子を使う機会は無かった訳だ。

で、南京攻略戦を全体として見れば、敵の抵抗は左程強くなかった。勿論当初は強硬に抵抗する気配を見せておったのだけれども、結局とても駄目だというので敵は割合に早く撤退行動をとったのだ。だから此方としては犠牲者を余り出すことなく、割合にスムースに入城出来た。唯、そうなる迄の一週間位は、かなりきつく抵抗した。

南京城攻撃に際しては、僕ら第十六師団は、城の東からの攻撃、即ち紫金山及び中山門正面の攻撃を担当したのだが、特に紫金山での戦闘は激戦になった。紫金山というのは図を見ると解る様に、丁度南京の東門の前に在る一寸小高い山なのだが、此処で頑張られると前進出来ない位置にあって、どうしてもそこを占領する必要が有った。即ち、紫金山は、これを占領しない限り南京攻撃自体が成り立たないという天王山だった訳だ。所が、この山はヌーボー式の山ではない。日本と同じ様な中々急峻なコソコソした山で、そこを至る所部分々々で防御を固めて立て籠っているから、そう簡単に占領出来る代物ではなかった。第一、大砲で制圧しようにもかなり木が茂っていて何処に敵が居るやら判らんのだ。そこでそういう場合には、どうしても工兵が第一線に立って鉄条網等を壊しながら進まなければ巧く行かないから、工兵を小さい数部隊に分けて、その部隊を引き連れて紫金山に向かったの

だ。丁度その時に偶々《たまたま》恩賜の煙草が僕らの所へ到着したので、お別れの意味も含めて攻撃に参加する部隊にその煙草を配り、小隊長辺りには一本ずつ、兵隊は呑み回わしにして、それから前進させた事が記憶に残っている。それ位激しい戦闘で、紫金山を占領するのには四～五日は掛かったと思う。紫金山に登った小部隊の指揮官は非常に勇敢な予備将校でねェ、現役将校というのは僕らの部隊には殆ど居なかったから、みな予備の将校なのだけれど、実に勇敢で、もう彼に遣らせれば必ず成功するという程勇敢な働き振りを示した人だった。まあそういうそういう風にして、紫金山をやっと占領したのだけれど、しかし紫金山の攻防の形が付いた後は、敵はずーっと退却に移ったから、南京の占領自体は割合容易に出来たのだ。

……僕の庭に今咲いている紫の花ねェ、これは南京の思い出に繋がるものだ。南京や紫金山の付近には一面この花が咲いていて、それを獣医少将の某という人が内地に持って来て、後からその種を方々に分けたのだ。僕の家のは、同期の河野（河野巽）が何処からか種を手に入れて送ってくれたのを蒔《ま》いたものだ。それで、これは本当の名前ではないけれども、南京の辺り一面に咲いていた花だから、誰が付けたか「紫金草（シキンソウ）」という名前で呼ばれている訳なのだ。所がこの紫金草は今ではもう至る所にある。その獣医少将が活動して、必要な所へは何時でも送って上げますという事でどんどん送ったから、全国的に紫金草が広がった。考えてみれば、南京攻略には何万人もが参加したのだからそれも当然だろう。唯、今ではこの花の由来を皆知らないだけだ。

④南京にて（南京占領の実況とその評価）

当時の支那の首都たる南京の占領は割合スムースにいって、我々が南京に入ったのが十二月の十三日、そして十七日には軍司令官以下正式の入城式を行った。入城式というのは、隊伍を組んで堂々と入城する一つの儀式で、これには示威の意味もあるから拠点の都市を陥落させた時などは大体行うものだ。そしてこれは前の上海事変の時もそうだったけれども、入城式をやる頃にはもうどの支那人の家にも日章旗が立っていた（参考乙53）。支那人は支配勢力が変わる事にはすっかり慣れっこになっていて、今度はこれが強いから恭順の印しとして旗でも立てておこうというので遣っている訳だ。そういう所は図々しいと言えば図々しいけれど、日本人とはまた一つ違って腹が大きいところも確かにあった。

さて、南京は落ちたけれども、此処で大きな問題が残った。
その一つは、蔣介石率いる国民政府との交渉を如何にし、この事変をどう終結するかという政治上戦略上の問題だ。確かに首都は陥落したけれどもそれで国民政府が屈伏した訳ではない。蔣介石とその一党及び軍隊は四川山中の重慶に逃れて守りを固め、あくまで我に抗する姿勢を維持していた。これに対する策として、参謀本部の方では攻撃続行の方法を検討してみたのだけれど、結局それは無理だという事になった。四川の山中至る所で防御されたら進みようが無いし、それでもやるとなると、唯一方から行くだけでは駄目で側面も突かなければならないから、相当な兵力を要する。所が、当時それだけの兵力は日本に無かったのだ。だから作戦を一応は研究してみたけれども、不可能である事が明らかだったので諦めたのだ。そしてそんな事をしなくても平地の要所々々はみんな占領したのだし、爾後は寧ろ共産党、今の中国政府に対する備えが必要という事で、蔣介石の方は懐柔策を講じるという様な方針になった訳だ。

大体、僕らは初期から南京を軽々に攻撃してはいけないという意見を強く持っていた。南京を攻撃すると敵は必ず山奥に入ってしまうに相違なく、そうなった場合、何処まで行ったら形が付くかというと形の付く見込みなどまるで無いし、お互いに意地になって講和の時機を失ってしまう可能性が大だ。そして何時までも引っ張られる形になれば、収拾が付かない儘結局此方が参ってしまう事もあり得る。そうならない様にする為には、南京まで行くのも少し進み過ぎで、早期講和を第一に置いて、首都攻撃などは遣るにしても最後の最後になる様持って行かなければならない。こういう事は、或る程度の者であれば誰しも考える事だから、僕もそれは盛んに意見を言ったし、現地では寧ろそういう意見の方が強かった。また師団長も同意見だった（参考乙54）。だから、敵の首都が落ちたからといって、内地の人が喜ぶほど現地は単純ではなかった。しかし、この時は大本営が依然として攻撃しろというので攻撃したのだからね。

それに、早期講和が必要なのは、何も政治・軍事上だけからではない。経済上も必要だったのだ。と言うのも、戦争継続に絶対必要な鉄鋼の生産が苦しくなっていた。鉄を製造する為には屑鉄が必要で、それは米国辺りから買っていた訳だが、その確保が充分に出来なくなって、必要量の鉄の製造自体難しくなって来ていたのだ（資料乙55）。だから、弾や大砲等兵器を造るのが追い付かなかった。戦争は唯戦略戦術の事ばかり考えていたのでは駄目で、所謂経済を考えなければ成り立たないという事は大東亜戦争で否応無く答解が出たけれど、しかし日支事変初期のこの頃でも、既にそういう芽は出ていたのだ。現に、第一線でも自分で撃った弾の屑を捜して、それを集めて内地に送り返したという位なのだからね。それから、僕が進級して内地に帰って、参謀次長の所へ挨拶に行った時にも、「屑鉄が無くて困ってるんだが、第一線の方の大砲の弾、弾丸はどうかねェー。」と頻りに聞かれたよ。僕はそこまでは考えなかったのだけれども、参謀本部では鉄が続かなくなるという事で非常に苦心しとった。これはもう大変な真剣味をもって考えていた。

まあそういう訳で、どの様な面から見ても、本当は早期講和が必要だったのだ。

それから南京においてのもう一つの問題は、占領軍としての問題だ。

南京が陥落して各部隊は入城したけれど、さあそれからの用事が無い。前へ前へ進んでいる内は良いのだけれども、城に入った儘進む気配が無いものだから、各部隊はみんな持て余していたのだ。そうなると「小人閑居シテ不善ヲナス」の理通《ことわり》り、じっとしている事が出来なくて、種々な事を考えるようになる。そして、方々の家を占領して美味い物を食べたり、略奪という程ではなくても空き家から物を盗って来たり、或いは婦人を犯してみたり、結局悪い事をするようになる訳だ。これは何処の国の軍隊でもそうだけれども、占領すると必ず悪い事をする。だから、そういう時には一番軍規風紀というものを喧しく言わなければいけない。それで、本来日本軍は軍規厳格なるを以て誇りとしていたのだから、それは徹底的に喧しく言ったけれども、それでも矢張り暇だと悪い事をする奴が出るのは避けられない。唯、その点工兵聯隊は誠に幸せで、道路はもうベンベンに壊されているし、橋も落ちているし、それらを直すのに昼夜兼行でやらなければ間に合わない。また、城の内外至る所に沢山の小型地雷が敷設されていて、危なくて仕様がないから早くとってくれとってくれとせっつかれる。何でもかんでも工兵々々と言うから、あらゆる方面において占領後一番忙しいのが工兵だった。それが非常な幸いになって、工兵聯隊の兵隊は悪い事をする暇が無かった訳だ。

唯、状況はそういう風だったけれど、僕は、どうせ暫くは占領軍として此処で生活しなければならないだろうから、放って置いたのでは自然にダレて来てその内悪い事を覚える、その点は聯隊長として一つしっかり抑えなければいけないと思ってね。そこで僕の考えたのは、軍規を厳正にする事が何より重要であるが、その為には口で言うばかりでなく、内地と同じ様な組織と施設をその背景として創らなければならんという事だ。で、組織の方は、日本の聯隊の中と全く同じという訳ではないが、同じ様に日常の仕事及びその責任範囲をちゃんと決めた。また、施設の方も、此処は第一中隊の第何班々々というように区分して、内地の兵営の様に造ったのだ。そういう造作をするのは、工兵だから訳は無い。家そのものはあるので、内部を改造すればよいのだからね。それともう一つ注意したのは衛生の問題。戦地だからというので、何でも垂れ流しで、残飯を何処へでも捨てるという事をすれば、必ず悪い病気が流行って病人が沢山出る。だからそういう物の処理施設もしっかり造った。そういう事を真先に且つ早急にやった。そうして、そこで内地同様の軍規正しい風紀正しい生活をさせ、訓練もし、またそこから毎日橋を架けに行ったり、道路を直したり、地雷をとりに行かせたりした訳だ(参考乙56)。種々な問題が起こらないようにする為には、唯処罰するだけでは駄目で、施設や組織という根本的なところから考えてやらねばならない。その上で、悪い事をしないよう、その暇が無いように仕向けて行く事が重要なのだ。結局それが兵隊の幸せに通ずる。僕はそういう処に着眼して、初めからずっと遣った訳なのだ。そうしている内、師団長が軍医部長、経理部長、参謀などを引き連れ、軍規風紀を見る為に各聯隊をずーっと巡視して、僕らの工兵聯隊にも遣って来た。そこで僕は彼らを僕らの宿舎の会議室に通して、彼らが居並ぶ中「私の方針はコレコレです。」と説明し、施設も見てもらった。そうした処随分褒められてね、特に軍医部長は施設を見て感心して、「これ位にしなければいかん。」と言って、一番褒めてくれたよ。（参考乙57）。それ以来僕らの部隊が評判になって、工兵聯隊に見学に行けという事で、次々に他の聯隊から見学者が来た。そして、「へーェ」と吃驚《びっくり》しとるのね。それは工兵だから簡単に出来た部分もあるけれど、歩兵でもやる気さえあれば出来ない事ではなかったのだ。しかし彼らには、そういう事に対する認識ややる気が欠けていた。だから唯清潔にしろとか軍規を厳正にしろとか喧しく言うだけで、悪い事をしたら軍法会議にやるとか処罰する事ばかり考えていた訳だ。そうではなくして、処罰するような者が出ない様にしなければいけない。その点僕が採った方針は、自分でも、また今でも非常に良かったと思っている。

それからこれは他の話だけれども、僕の所には日本赤十字からも見学に来た。これは小林の御父さんが既に軍を辞めて、その時には日赤に顧問か何かで入っていたからその関係もあったかもしれないが、兎も角幹部が沢山見学に来たよ。赤十字というのは万国的なものだから、日赤の所長は相当に有名な偉い人がなるが、そこから見学やら慰問やらで沢山の幹部が来た事を覚えている。

さて、南京占領に伴う問題点は大体以上だが、南京で僕が遣った工兵の仕事としては南京城の調査がある。爾後の参考とする為、南京城の防御が如何になされていたかを克明に調べた訳だ。で、僕はずーっと回ってみたけども、南京というのは街を城壁で囲って東西南北に門を造ってあるから、先ず門周辺を厳重に防御するという事と、その他城壁の中間にも要点要点に防御設備を設けて、そういう所に大砲とか数十丁の機関銃を設置して、かなり堅固な防御編成はしてあった。しかし何と言っても旧式で実際にはあまり役に立っていなかった。で、そういう所見を報告書を纏めるに当たっては、小池中佐というのが活躍してくれた。小池中佐は、僕が工兵学校副官の時に学生で居った男で、赤羽では近所でもあったから家庭的にも懇意にしていた。その彼が矢張り他の師団の臨時編成の工兵聯隊長で南京に来ていたのだ。工兵聯隊というのは勿論各師団に有るが、必要な時には臨時編成してそれを軍に付ける。それで、僕一人では大変だったろうが、彼が非常に活躍してくれて、分厚い報告書に纏まった訳だ。

それから、南京で記憶に残っているのは蔣介石の住居だ。蔣介石は、所謂日本に於ける処の士官学校、これの校長を長くしておった。それで彼は、日本などと違って士官学校の中に自分の邸宅を設けて、率先躬行《きゅうこう》で将来の士官たるべき者を根性から徹底的に鍛え上げた訳なのだ。だから戦ってみると実際中々強いのよ。そういう住居を見て、見上げたものだと思った事を覚えている。

さて、色々話して来たが此処で南京での生活一般の話をする。

先ず住居だが、僕の工兵聯隊は日本で云う文部省が宿舎になった。これは首都に在る一つの行政機関だから、建物自体も立派なビルだし、周りはコンクリートで固めたかなり深い堀になっていて、その堀の中には蓮がいっぱい植えてあるという、堂々たる建築物だった。また、机やら椅子の調度にしてもみな紫檀製で、随分贅沢なものだった。そして僕は聯隊長だから、文部大臣の部屋を占領して生活しておった。

それから食べ物。先ず水は、文部省の地下に大きな池の様なものが造ってあって、そこにウンと溜めてあった。あの辺では良い水が中々湧かないし水に困るので、そういう貯水設備が地下に造ってあった訳だ。そこで水はそれを利用した。

食料は、副食物に関しては相変わらず不足していたので、淡水魚を手に入れて主に食べていた。と言うのも、南京城の回りはずーっと壕だから、その中に種々な魚が相当数生息しているのだ。大体、支那という所は方々に溜まり水があって、何と云うのか知らん、鯉ではないけれどかなり大きな魚が居る。で、此方は工兵で爆薬を持っているし撤去地雷の火薬などもたっぷり有ったから、お手の物の水雷を遣っては魚を獲っておかずとして食べていた訳だ。それでこれは余談だけれども、或る時或る兵隊が勝手に水雷を遣って腕に大怪我をした事があった。それでもう仕方がない、兵隊として働けなくなったから内地に後送したのだけれど、その理由を地雷を整理している最中に怪我をしたという事にしてやったのだ。そうした処、その兵隊は非常に喜んでねェ、僕が凱旋して内地に帰った時、家族共々僕の家にお礼に来た事があった。それもまあ当然と言えば当然で、普通だったら寧ろ罰を喰うぐらいの処を、公務中の怪我という事に取り計ったのだからね（参考乙58）。まあ、そういう事も無駄話としてはあったのだが、しかし大体においては調子良く行った。

それから南京でのもう一つの御馳走は、鴨と家鴨の合の子の合鴨だ。これは道路を直しに行ったりすると、必ず兵隊が家鴨とか合鴨とかを獲って持って帰って来るので、それを文部省の堀の中にぶち込んでおくのだ。そうすると家鴨や合鴨などはそう高くは飛ばないから、中で卵を生んだりしながらそのまま住んでいる。だから毎日捕って来ては投げ込んでいる内に、工兵聯隊の蓮池の中には何百という合鴨がギャアギャアア々々言いながら暮らすようになった。それを宴会のような事をやる時に時々料理して食べると、これがまた中々美味しいのだ。そんな事をしている内段々工兵聯隊の鴨が有名になって来てね、今度は歩兵とか砲兵とかが「鴨を少し頂戴に来た。」って遣って来る様になった。だからそういうのには御土産として持って帰らしたりもして居った。

それから、前に一寸話したソアンチンね、これも矢張り我々の宿舎にずーっと住んで居った訳だ。それで僕も可愛がって、「また聯隊長がソアンチンを抱いて甘えさせておる。」とか言われたりしたが、それだけでなく、今晩は一つ会食しようというような時にソアンチンを呼んでお酌をさせると、それが一つの余興になって、戦地にある皆の気分を和らげるのに非常に役立った訳だ。ソアンチンは、結局僕達が南京を去る直前まで居った。僕らの師団が南京での仕事を終えて転進した時、ソアンチンをはじめそれ迄使っていた支那人全員に御土産を持たして、トラックを出してそれぞれの郷里に送り返してやったのだ。その御土産というのはどういう物かというと、逃げて誰も住んでいない家が沢山あるからそこから種々な物を集めて来て、それを土産に持たせたのだ。それから僕等が現地で調達した種々の土木器具類も全て持たせたから、非常に喜んで帰って行ったよ。

まあ、そんな風にして暮らしていたのだ。

さて、僕等が南京を占領して暫く経った昭和十三年の一月初め、陸軍省から第一線の働きを調査する為に阿南（惟幾）が派遣されて来た。戦争が一段落すると大概こういう視察があるもので、それは一つに戦況を見る為であるが、矢張り功績の調査にもなるし、爾後の公平な人事の為にも必要なのだ。その時には丁度阿南が少将の階級で人事局長をしておって、人事局長というのはその名の如く叙勲とか進級とかの人事を取り扱う局の長だから、遣って来た訳だ。で、阿南は幼年学校以来の同期生だし、殆ど兄弟同様にしておった親密な間柄だから、僕の所にも慰問に来てくれた。また僕の方も或る一夜案内を受けて彼の宿舎に行ったが、その時は随員が気を利かせて全員他の部屋に行っていたから、ほんの二人だけで会食し心置き無く話し合う事が出来た。それで僕の方からは種々戦争中の話をした訳だが、その時阿南が「オイ今中、お前今度進級するぞ。」と言ったよ。それでこれは自慢話の様になるから他人《ひと》前では言えないけれども、阿南が中島（今朝吾）師団長の所へ行った時、師団長が、工兵聯隊は模範的にやってくれて非常なる戦功がある、工兵聯隊については絶対の信頼をしておったと、とても褒めて報告したという事なのだ。それで阿南が非常に喜んで、まあ人事局長といえども人事をその場で決定出来る訳ではないけれども、何処から見ても進級する価値があると観て、そういう発言になったのだと思う。また、僕も聯隊長としては師団で一番古参な位だったから、進級するとすれば進級出来る時期でもあった訳だ。だから、あとは戦地における働きはどうかという事だったのだろう。そこに師団長が「絶対の信頼をする」という報告をしたものだから、阿南が喜んでくれたのだ。

しかし、師団長のそういう報告も、考えてみれば理由が無い訳ではない。と言うのは、中島師団長は砲兵出身なのだ。砲兵というのは前にも言った様に、この戦線では工兵の働きがなければ前進も何も出来ない状況だった。それでよく「工兵レンターイ!」と師団長が呼ぶので行くと、「橋を架けてくれ。」とか「道を直してくれ。」と言うのだね。所が材料などという物は何処にも無い。それは自然状態で無いのではなくて、みな隠されておる訳だ。敵が橋を落とした場合は、当然此方が架け直す事が予想されるから、利用できる様な大きな材料等はみな隠して作業を妨害するようにする。だけれども、僕は工兵学校でも所謂交通の主任であって、架橋などは盛んに研究しておったので、それが非常に役に立った。大きな材料が有ればただ杭を打って桁を渡して橋を架ければ良いが、それが無いのだから、小さい丸太でも数個合わせて括って使う。また傾材と云って、力の足りない所を材料を斜めに用いる事によって補うのだが、その傾材をもうクシャクシャになる程沢山使って、抵抗力を強くしながら架橋する。そして車の轍が直接当たって壊れない様に上に土とかその他の雑多なものを積んで、重い戦車は一寸無理としても、第一線に出す大砲や軽戦車辺りをどんどん渡河させた訳だ。これは口で言えば何でもない事に聞こえるかもしれないが、技術的にも人並みでは中々出来ない。中隊長でも若くて経験が足りなければ一寸難しい位だ。その上、前にも言った様に、現地に来た将校というのは、中隊長だけが現役で後は皆予備・後備兵だから、軍隊教育というものは余り受けていない。そこで、橋を一つ架けるにしても聯隊長自ら計画・指導した訳だ。尤《もっと》も、橋は随分架けたから、最後の頃には皆熟達して来て、任せられる様になった。まあ、そういう風に普通であれば使えない様な材料を集めてやったのが自分としても良く出来たなと、そしてそれは工兵学校に偶々長く居ってその時の研究成果なのだから運が良かったなと思っている。そして、南京に入ってからも師団長の信頼を受けて、僕としては非常に楽しかった。

そういう事で、阿南が来てから二ヶ月程後に進級が決まった訳だが、後から聞くと、阿南は内地に帰ってから、師団の行動と工兵聯隊の働きというものに付いて、種々な所で講演してくれたそうだよ。それに師団長が「絶対の信頼をする」という報告をしたのだから、もう何処からも異論は出て来ない訳だね。で、阿南は僕の進級を祝って、将官の一つの象徴でもある〝金の拍車〟をわざわざプレゼントしてくれたよ。

⑤磁県へ（ミニ・マッカーサー、将官への進級）

第十六師団に新たな任務が与えられ、凡そ一ヵ月半程居った南京をあとに再び北支に向かったのは昭和十三年の一月末だった。任務は、既に平らげた北支の守備に当たるというもので、もう戦闘状態ではないから主として敵の敗残兵・馬賊に対し、各師団で区域分けをして地区の安全を保つ為だった。それで第十六師団は磁県（参考乙59）と云う一つの県に進駐し、要所々々にポッポッと部隊を分散して警備しておった訳だ。僕も麾下の工兵第十六聯隊を率いて「磁」と云う所に駐屯して付近を守っておった。

北支西部に位置する磁県はその名の通り磁器の発生した所で、磁はその県庁所在地、県知事の居る所なのだが、僕は二月の半ばに磁県に到着して以来昇進して内地に帰るまで、そこで内地で云う衛戍司令官のような格好になっていた。だからこの期間は、日本の県知事に当たる「県長」やその他の幹部を呼び、種々の訓示や注意を与えて行政の指導をしていた。何しろ戦闘は止んだ地域でも戦争中であるから、衛戍司令官の言う事は何でも聞かなければならなかったのだ。だから、向こうはもう御世辞タラタラで来るのサ。

磁県には短い期間しか居なかったけれど、失敗したと思った事が幾つか有る。その一つは、或る時県長の自宅で催された宴会で、一寸参った事だ。その時日本人で招かれたのは僕一人だったのだが、そういう時には危険も何も考えないから、当番の篠木一人を連れて自動車で行った。その時にはもう自動車を持っていたからね。で、着いてみると、支那の習慣では細君をお客さんの前に出すということとは余程信用した場合でないとしないのだが、県長夫人もちゃんと出ているし、他に県の有力者が二〇名ばかり集まって、僕を本当の支那式の宴会で歓迎した訳だ。そこで料理そのものは大したことはなかったけれど、唯「チャンチュー」と云うコウリャンから造った焼酎の様なきつい酒が出て、それを何回か注いで、その度に「乾杯（カンペー）」「乾杯」と言ってカブッと全部飲む訳だ。それが彼らの乾杯で、支那式の宴会ではそれにお付き合いしなければいけない。それで始めの内は酒の事なら負けるもんかいと思ってグーグーッとやって居ったのだが、宴会が進む内に案に相違して酔っぱらってしまってね、段々苦しくなって来たのだ。それでこれはいけないと思って、用事があるのでそろそろ失礼すると挨拶して、御土産にまたチャンチューを貰って、婦人等と握手して帰った訳だ。で、漸《ようや》く車に乗り込んでから篠木が「聯隊長殿、今日は酔いましたなあ。」と言うので、「ウン、今日は失敗した。」と返事した事はどういう訳か良く覚えているが、宿舎に帰り着いたらもう目が回ってね、天井や家がグーッと傾く感じで、どうにも立っていられない。自分でもこれはしまった飲み過ぎた、当分は酒を飲むまいと反省したよ。そういう一晩があった。しかしまあ、此方は支那式の乾杯で散々な目に遭った訳だが、向こうとしては非常に歓迎した積もりなのよ。自分の家内もそこに出て握手したりしたと、心から歓迎したという意味なんだね。

　それからもう一つは軍事的な失敗。これはもう内地に帰る間際だったけれど、或る時匪賊が或る大きな部落をすっかり占領しているという事が聞こえて来たので、一つこれを退治しようという事になったのだ。何しろ、磁県では南京に居った時と違って僕らも暇で何か仕事がしたいし、兵隊も匪賊退治だ攻撃だというと喜んで皆行きたがる訳だ。所が、矢張り皆気が緩んでいたと言うか、幾らか安心感が強過ぎたのだな、遣ってみたらば向こうは陣地を造って待っておるし、火砲が中々盛んで動きが取れない。そして、段々戦闘が大袈裟になって、その内工兵隊の兵力だけではにっちもさっちも行かなくなった。それで仕様がない、後衛の歩兵聯隊に連絡して側面からの攻撃を要請した訳だ。歩兵辺りには匪賊退治が好きでまた上手な奴が居るのよ。それで、それらが側面攻撃をした結果漸く敵が逃げて、やっと事態を収拾した事があった。矢張り油断をしているとどこかに隙が出来るもので、そういう時にうっかりした事を遣ると大失敗をする。その時は身から出た錆とはいえ収拾に苦労して閉口した事を覚えている。何しろ内地に帰らなければならない時期だったからね。

磁県駐屯中の昭和十三年三月一日、僕は陸軍少将に進級し、同時に津軽要塞司令官に補せられた。で、本当は、直ぐ新任地に赴くべきなのだろうけれど、一応戦地勤務だから後任者が着く迄出発するのは控えなければいけない。それから此方としても、内地より戦地の方が矢張り面白いし戦時加俸もあるから、進級が決まった以上はそう急いで帰りたくもない。寧《むし》ろゆっくりして帰りたいのよ。だから師団長から御馳走してもらったりしながら、グズグズしておった。

磁県にはそうして進級後も暫く居った訳だが、内地に帰るにあたっては磁県側で大歓送会をやるという事だった。だけれども僕はこれを遣られてはたまらんと思って、出発する日にちを知らせないで、内緒でスーッと帰って来たのだ。と言うのも、そうしないと種々な物を貰うようになるし、また支那ではそういう時にコミッションを渡す習慣があるからだ。大体麻雀などは、コミッションを渡す為に創り出した遊戯と言っても良い位で、支那とはそういう所だから、大歓送会をやるという仕組みをすり抜けて帰国した訳だ。そうしておいて、県長には帰った後に挨拶の手紙を出した。唯、磁県在任中に書は支那人から随分貰った。まあ漢文の上手な人というのは矢張り頭も良いという事なのだろう、支那では漢文の上手な人が上の役に就くのだ。それが試験になっているのだからね。だから支那の役人というのは、皆字が上手だし、良い文句を作るよ。また磁県では学者等も色々な言葉を書いてくれたので、今でも納戸の何処かには表装していない物まで含めてかなり残っている筈だ。一方、工兵聯隊の将校団からは、この時進級祝いと送別の意味で磁器の置物を貰った。それは中隊長が一個分隊を連れてわざわざ窯元まで行って買って来たもので、左右一対の立派な置物だったから、要塞司令官になってからも官舎の応接間に飾っておった。

まあそういう貰い物があった事もあって、帰国の際の僕の荷物は随分多くなった。此処で一寸軍人の荷物の話をすると、戦地に行く時、私物に関しては、兵隊の場合身に付けられる極僅かな物しか持って行けないけれど、将校は「将校行李」という行李に私物を詰めて送る事が許される。尤も、将校というのは自然用意しなければならない荷物も多いし、服も装備も全て自前で整えた私物なのだから、私物を持って行く事が許されなければ動きが付かない。こういう遣り方というのは、日本の軍隊制度というものが、主に貴族が将校になる欧州に倣《なら》ったからだろうと思う。それでこの時も、勿論僕の荷物は行李に詰めて鉄道で内地に送った訳だけれども、帰る時には確か五つか六つ行李が有ったと記憶している。この出征の御土産の中で一番高かったのは、帰路北京で買った四角な写真機（ローライコード）で、あれは当時写真機としては一番高級な物だった。所がこれは奢侈品だから新品となるとまた素晴らしく税金が掛かる。そこで、税金対策としてわざわざ向こうで若干使って、使用中の物という格好にして持って帰ったのだ。だけれども、実際はそんな事をする必要もなかった。と言うのは、凱旋将軍という事で、税関も全て大目に見る様な格好になったからだ。そういう事は停車場司令官が連絡してくれたらしく、全てがスムースに運んで一つも遅れずに内地に着いた。以上が荷物の話。

⑥帰　国（当番兵篠木）

昭和十三年三月中旬、愈々《いよいよ》磁県を発って内地に向かう事となった。勿論これは僕の異動に伴うものだから、僕一人の帰国であり、従って、着任以来一年半の長きに亘り共に暮らし共に戦った工兵第十六聯隊に、此処磁県で別れを告げた。後任の聯隊長馬場（喜八）中佐は未だ着任していなかったが、引き継ぎを奉天で行う事とし、古参の中隊長をその間の聯隊長代理とした。そして、当時の旅行経路に従って、北京、奉天を経由し朝鮮を通って帰るべく帰途についたのだ。この路線は当時既に実際問題としての危険性は無く、一人で旅行しても平気だった。それでも工兵隊からは見送りの為に途中まで衛兵を付けてくれ、篠木もまた剣付鉄砲で付いて来た。

それで先ず北京に出た訳だが、北京ではフランス人が経営しているホテルに泊まった事を覚えている。このホテルは全てがフランス式で、料理も美味しいフランス料理を食べさせるけれど、女中などの使用人には支那人が沢山居った。で、北京には日本軍の種々な機関があり、工兵出身の友達も沢山居るから、それらをホテルに招いて僕のサービスで会食したり、少し観光をしたりして、二泊程してから北京を発った。そして、汽車で暫く行った支那と満洲の境目の山海関で篠木達見送りに別れを告げたのだが、その時篠木はすっかり泣き崩れてしまってね。僕らが乗るのは所謂軍用列車だが、部隊が移動する場合を除いては或る箱だけを軍が専用するというような方法でやっていたので矢張り他の人も居る訳だが、そういう中でも篠木は別れを惜しんでオイオイ男泣きに泣くから、流石に僕も感極まったよ。それで僕は篠木に、誰に仕えるのも同じだ、今度の聯隊長にもしっかり仕えて元気でやってくれよと頼んで別れたのだ。山海関から先は僕一人になった。そうして奉天では後任の馬場中佐に申し継ぎをし、また関東軍測量隊の面々の大歓迎を受けた後、皆に見送られて内地に向かったのだ。

まあそういう風に、僕は昭和十二年の八月から十三年三月まで半年強支那に居った訳だが、後から見れば日本軍の一番華やかな時だったから、僕はもう勝つとか負けるとかいう様な事は全然考えずに、唯如何にして犠牲者を少なくして上手に勝つかという事だけを考えておればよかった。しかし、工兵第十六聯隊はその後再び南の方に転進して、そこでの戦闘では相当に酷い目にも遭っている（参考乙60）。

それから篠木のその後も此処で纏めて話しておくと、彼は昭和十四年に部隊と共に戦地から無事帰って来た。そして東京で篠木の兄貴が魚屋をやって居ったものだから、そこに取り敢えず身を寄せて、商売の手伝いをやっていた。僕の方も、丁度その頃軍を辞めて東京の戸山町に住んでいたから、懐かしがって僕の家にも二～三回遊びに来たよ。所がそうしている内に、篠木は兄貴から叱られて追い出されたのだ。それでどうしたのかと聞いたら、大体昔の魚屋は威勢の良さで売ったものだから、全身に入れ墨をしている篠木が気前良く売ると、とても良く売れたのだそうだ。唯、篠木は損得勘定などしない方だし、まして自分の店ではないものだから、魚の良いやつをドンドン安く売って、損をしても平気のへっちゃらで居ったのだ。それで兄貴が幾ら注意しても駄目なものだから、到頭たまらなくなった兄貴から追い出されたという訳だ。それで、篠木は元々神戸の出だから、今度は神戸に帰って船から荷物を揚げる仲仕になった。その頃、また僕も川西に勤めるようになり神戸にはしょっちゅう行きおったから、此処でも是非遊びに来いと言ってやって、旅館に遊びに来させた事が二～三回もある。その時などは仲仕の親方のようなハッピを着て、「こんな風して来ても良いんですか。」などと言いながら遣って来ていたけど、大東亜戦の戦況が難しくなってから段々足が遠のいた。それでも手紙は何度か来た。これは女房を貰ったからで、本人は余り字も上手じゃあないし作文も下手だから大概他の人に書かせる訳だ。しかしそういう風だから自然に本人との連絡が減って来て、到頭住所が分からなくなった。女房と円満に遣っていればそんな事もない筈だけれども、彼らは離婚したり女を替えてまた結婚するなどの事があり得るので、そんな事情から手紙も出さず行方が分からなくなったのではないかと思う。それでも今度の戦争に勝っておればまた分かる日も来たろうが、負けて世の中は目茶苦茶になったし、此方も食料にも困る様な始末だったからね。で、此処（狛江）に来てからも、御祖母ちゃまはもう一度会ってみたいと言うし、僕も勿論そう思うから、厚生省援護局に頼んで調べてもらったのだ。援護局というのは元々全国に亘って兵隊の事まで調べている所だが、娘婿の内山君の同期生が丁度援護局次長に次々なった時期だったからそれに頼んだ。で、次長連も、幾らでもとことん調べてあげますと言ってくれたけれども、それでも結局分からず、今に至るも連絡が途絶えた儘だ。彼は一体その後どの様になったのだろうか。

十八．津軽要塞司令官

（一）凱　旋（凱旋時の混乱）

出征した時は部隊と共に大阪から発ったけれども、帰って来た時は鞄一つを持って一人で下関に着いた。御祖母ちゃまは下関迄迎えに出ると言っていたが、赴任を急ぐ関係上それは止めて、直ちに汽車に乗って先ず自宅のある京都に向かった。そして大阪の辺りまで来たら、僕が将軍になって凱旋したというので大阪在住の昔の部下がゾロゾロ乗り込んで来て、汽車の中から一騒ぎだった。そして愈々《いよいよ》京都駅に着いたら、師団からは参謀連、各留守部隊からも種々の将校が迎えに出ていたのは良いとして、京都府知事も駅に出て来てくれているし、更にそれに新聞記者が加わって大騒ぎなのだ。考えてみれば、日支事変が始まって未だ間もない頃で、大歓送の中出征してから僅か七ヵ月、その間に北支を平定し敵の首都南京を攻略するなど日本軍が非常に優勢な時だったからねェ。南京が陥落した時などは、自宅に毎日々々幼稚園の園児までが押し掛けて来て、御祖母ちゃまなどは応接に暇《いとま》がなかったという事なのだ。現地では長期戦に巻き込まれるのを心配している様な状況だったけれど、しかし社会の人はそこまで解らないから日本中が戦勝気分で沸きかえっていて、その最中の凱旋になったから大袈裟な歓迎も仕様がなかった。で、僕は京都駅頭で皆に御礼を言い報道にも応対して（参考乙61）から桃山に帰った訳だ。そしてまた桃山では、桃山中学の校長が主催した歓迎会があって、その時も戦地の話を聴きたいという人が随分沢山来た。

そういう予期せぬ騒ぎがあった訳だが、下関から京都迄の車中で、そうしたごたごたが遠因となって一つ大きな失敗をしたのも忘れられない。それは僕の持っていた鞄の事だ。

その鞄は僕が抱えて持って帰って来た訳だが、大阪から乗り込んで来た連中が「私が持つ。」「私が持つ。」と言って僕には何も持たせない様にする。中でも僕が新兵教育以来付き合っていた所謂《いわゆる》〃三勇士〃は強硬で、藤原と云うのが「ワシが持つ。」と言って誰にも渡さないで持っておった訳なのだ。それでも京都に着く若干前に僕は鞄を受け取ったから、それはそれで良かったのだけれども、唯、あちこちから人が挨拶に来るので応接に暇無しで、そんな事をしている間に直ぐ京都に着いてしまったのだ。それで急いで飛び降りた途端、嗚呼大事な鞄を忘れたという訳でね。それからもう大騒ぎして、直ぐ方々に手配したけれど判らない。で、鞄の中には何が入っていたかというと、所謂貴重品とか金目の物は無く、部隊の種々な事を書いた帳面とか戦死者の名簿が入っていた訳だ。そういう重要書類が分からなくなったものだから僕も困ったのだが、鞄に名前でも入れてあったのだろう、その後暫くして郵便で自宅に送り返されて来た。で、差出人を見ると上野の人だったから、直ぐ礼状を出したのだけれども、それが着かないで又返って来た。要するに住所氏名は全くの出鱈目だったのだ。そういう所から考えると、何か貴重品があるだろうと思った泥棒が鞄を持って行った可能性が強い。しかし中を開けてみたら金目の物は無いし、所謂《いわゆる》秘に属する処の帳面ばかりだから、盗った方も悪い事をしたと思って送り返して来たのだろうと思う。これは一寸珍しい、滅多に無い事だ。普通の泥棒だったら、わざわざ送料など掛けず何処かに捨ててしまうのではないか。だから、これは本当にあの当時なればこその事で、国民全般にそういう気風……何と言うかねェ……国家という観念が泥棒にまで有ったという事の左証だろう。そういう立派なというか奇特な泥棒に助けられて、僕の失敗も結果的には何事もなく済んだという訳だ。

まあ、そういう風に歓迎やら失敗やら有った訳だが、北海道への赴任にあたってもう一つ困った事があった。それは子供の転校が難しかった事だ。どういう関係か、その当時は成る可く転校を避けて何とかして元の学校に居るという事が全国的に奨励されていて、文部省でもそれを五月蝿《うるさ》く言っていたのだ。だから、父親の転勤に付いて行っても子供が新しい中学に中々入れないという事がよくあったらしい。これは、或いは当時戦地に物資を輸送する為に他の輸送に関して余力が無かったので、そういう関係から転校等も自粛していたのかもしれない。兎も角、特別の事情でもないと、また何らかの手を尽くさないと、新しい学校に入れてくれなかった。それでお前の御父さんの転校については、早速京都の府知事が世話役を買って出てくれて、北海道庁への連絡は無論の事紹介状まで添えてくれたので、辛うじて函館中学に転校出来た訳だ。そういう事もあったりして赴任も少し遅れたけれども、兎も角家を畳んで思い出の京都を後に家族で赴任地の函館に向かった。

途中東京では参謀本部に挨拶に行って、そこで例の鉄の欠乏の話等があった訳だが、その他には同期生会が歓迎会を開いてくれたので、出席して南京攻撃の話をした。で、同期生は非常に喜んでくれたけれど、しかし中には進級をして直ぐ辞めたという同期生も数名居った。これは所謂進級待命というやつで、待命するために進級する訳だが、当時僕と同程度の者はうまく行っても進級待命が普通だった。だから進級待命ならば、誰しも一応満足して辞めるという気持ちが皆自然にある訳だよ。所が、僕だけが進級しても待命ではなく、現役として新しい任務に就くというので、何と言うか、羨望の的になった様な感じでね、多少気詰まりな事があった。

(二) 要塞司令官(民間との協力、募金)

津軽要塞の司令部は函館に在る。で、青森に着いたら、副官などが海を渡って僕を迎えに来ておった。そういう者と一緒に連絡船に乗って海峡を渡って函館に向かった訳だけれども、その間にも新聞記者が沢山乗り込んで来て、勝手に南京攻撃の勇敢な聯隊長という位置付けにして、僕に入れ替わり立ち替わり感想を聞くのだ。だけれども、感想といった処でそんなにある筈ないしねェ。そこで、戦地では皆よくやってくれて感謝に堪えない、部隊長としての責任を充分尽くすことが出来たのは幸いだというような事を本旨として、その他南京攻撃の一、二の要点と支那の国民性というような事を一寸話した。そんな事をしている内に、函館に着いた訳だ。

で、船から揚がってみると、今までの赴任とは違って馬鹿に仰々しい。軍民合わせて沢山の人が迎えに来ておるのよ。で、来ているのは良いけれど、要塞司令部附の参謀に案内されて行ったら、駅の中に式場が設らえてあって一寸したテーブルと椅子が置いてある。そこへ腰掛けてくれと言う訳だ。それで何を遣るのかと思ったら、「今から伺候式《しこうしき》を始めます。」というような事でね。伺候式というのは、偉い人に挨拶をする一つの儀式の事だ。で、函館にはいざという時に砲台につく重砲兵聯隊があるからそこの聯隊長を始めとして函館聯隊区司令官等の軍人、更に函館市長等の行政官や各病院長などの所謂民間の名士も一列に並んで、一人一人僕の前に出ては最敬礼をして自分の職務と名前を言って挨拶する訳だ。こういう事は、軍隊内では師団長等が着任した時にやることはやるけれども、それは軍人同士だからお互いにヤアヤアという事で済む。しかし、民間人も参加する伺候式となると、これは宮様並みだ。いくら当時でも僕は何処でもそんなのした事が無いし、第一ワイワイガヤガヤ家族並ぶ訳にもいかず、横の方からコソコソと逃げ出して行ったよ。それで、御祖母ちゃまなどはそこにを引き連れて行っているのだから、これは困ったなと思ったよ。それで、御祖母ちゃまなどはそこに並ぶ訳にもいかず、横の方からコソコソと逃げ出して行った。

この伺候式は、要塞司令部の参謀、一寸変わった参謀だったが、これが仕組んだものだ。まあ軍の威信、要塞司令官の権威を示す為にわざわざ大袈裟な式をやったという事だろうと思う。また考えてみると、普通の所ではあんな式は必要ないけれども、要塞地帯ということになると、要塞地帯条例という法律によって司令官は地方（民間）に対しても矢鱈に権限を持っているから、ああいう風にしたのかなとも思う。例えば、要塞地帯では種々の秘密事項を守らなければならない関係上、制限地域内においては建物一つ造るにしても司令官の許可を得なければならない。それで実際、要塞地帯内の墓地にうっかり許可無く墓を建ててしまったという事で、司令部にお詫びに来た人が居たよ。元々お寺が在ってその墓地へ墓を造るのだから特別問題も無さそうなものだけれど、また此方もそれまで制限する積もりも無いのだけれど、それでも一つの手落ちがあったという事でお詫びに来た。それ位要塞地帯というのは厳しいものだし、司令官には要塞を守る為に特別の権限が与えられているという事だ。で、伺候式が済んで僕が駅を出る時には、ずーっと人を払って通すという遣り方で、その儘車に乗り込んで函館山にあった要塞司令官官舎に入った訳だ。全く何から何まで宮様並みの扱いで僕は実に驚いたよ。

津軽要塞は海峡防備の為の要塞であって、有事の際に津軽海峡を封鎖する事が一つの重要な任務になっている。即ち、ソビエトと事を構えた場合、敵の艦隊はウラジオストックから出撃し、この海峡を通過して太平洋に回り込み暴れる公算が強い。そうなると始末が悪いから、此処で食い止めてソ連艦隊を日本海に封じ込めておかなければならない。従って津軽要塞は、敵がこの海峡を通過する場合には、火力を以て撃沈するという重要な任務を持っている訳だ。その為に、海峡が狭まっている部分に数箇所、本土側と北海道側で挟むように要塞砲が据えつけてある。そして、これらは事前に全容が知れると充分な働きが出来ないから、外から見えない様にしているし、その地区には絶対に住民が入れない様になっている。また、海軍の方は、大湊が軍港に次ぐ要港（資料乙62）というのになっていて要港司令部が在り、多少の軍艦と水雷艇を持っている。これが矢張り海峡防備を一つの任務としている。だから、有事の際には陸海軍が協力し、陸軍の要塞砲と海軍の艦艇によって、敵の通過を阻止するという訳だ。有事に津軽海峡を封鎖するという考え方は、現在でも変わっていないね。

で、僕は要塞司令官というのは遣った事がないから、先ず何処にどういう大砲があって、その大砲の任務範囲はどこまでか、また要塞内はどうなっているのか等、一応研究しなければならならない。そこで、陸側と海側から視察した訳だ。海側からの視察は、要塞司令部が持っている小さな船で行った。その結果僕が一番感じた事は、敵を攻撃する要塞砲や要塞設備等の体系自体はそう簡単に手を加えられるものではないしそれはそれで良いとしても、いざという時の運用、即ち実際に重砲兵を保護したり、敵の密偵に対して警戒する事は、要塞司令部に居る僅かな職員や重砲兵聯隊の兵隊だけではとても出来るものではないという事だ。海峡封鎖のような大きな目標を持つ沿岸要塞においては、陸海軍の協力は勿論の事、要塞周辺の住民皆が要塞を守るという気持ちになってくれなければ任務の完遂は難しいと思った。そういう見地から、僕は先ず住民と仲良くする必要があると、お互いに手を携えて要塞を守るという気持ちになって貰わなければならないと思い、従って人の和を形成する事を本旨として以後の自分の行動方針とした訳だ。それで、要塞司令官としてまた此処の衛戍司令官として任務を尽くす為に、重砲聯隊、大湊要港司令部等の軍関係は無論の事、市役所その他民間の要点々々に協力を得る為の挨拶回りをした。そういう中で色々な人を知ったし、爾後の良好な人間関係を築く足掛かりを得た。

大湊の要港司令部を訪問をした時には大歓迎を受けて、一晩此処の司令官と痛飲した。要港部司令官は、非常に頭の良い優秀なエンジニアで、また気分朗らかな好人物であったけれど、何しろ海軍大臣の悪口ばかり言う人で、ああ悪口言われては困るという位に悪口を言いよった。この人はまた如何にも海軍らしい乱暴で奇抜なところもあって、「要塞司令官が来られたから、黒松の日本酒を至急出せ。」と命じた時に「倉庫にしまってあって出せません。」という返事があって、「鍵は？」と重ねて言った処、「私は持って居りません。」と部下が返答したものだから、「函館の要塞司令官が御見えなのにケチ臭い事をするな。鍵でも戸でもブチ壊して出せ！」と乱暴な事を言ってね、到頭出させたよ。それから痛飲している内に、家庭にも来てくれという事になって、此方も酔っぱらっているから押し掛けたが、奥さんは何時もその手で困っている様だった。まあそういう一幕もあって、爾来この要港部司令官とは始終密に交流をした。

それと軍関係ではもう一つ、北海道には第七師団というのがあって、師団司令部は旭川に在る。で、此の師団は北海道を守る為の師団で要塞司令部とは全然筋が違うのだけれども、矢張り自分の任務を尽くす為に師団の方と種々の協議もしたし、連絡を密にする事を心掛けてしょっちゅう訪れた。

地方（民間）との関係では、矢張り地元の函館市役所に期するところが大きいから、市長とも交際しておった。市長の斉藤与一郎（第六代。昭和13・5・28～17・5・27）という人は、大変な努力家で立身出世した立派な人だ。彼は、小さい時には蕎麦屋に小僧で居って、当時の市長の所へよく蕎麦を運び、その時に市長になってみたいという気持ちを抱いたのだそうだ。それで、学校へは碌々行っていないのだけれども、自分でどんどん勉強して到頭ドイツに洋行し、御医者さんになって函館で病院長をして居った人だ。それ程の人だから、体は小さいけれども非常に強い精神の持ち主であって、それはもう僕らでも一寸真似が出来ない位だった。例えば、市が住民を指導して種々の演習を遣る事がある。特に防火演習はよく遣っていて、これは少し説明を要するが、函館という所は僕らが行く数年前

筆者の父の言によれば、祖父はどんなに地位が上っても常に端正な敬礼をする人だったという。確かに指先まで一直線に伸びた敬礼は、祖父の性格をよく反映していると思う。

に大火で殆ど全市丸焼けになって大変な死傷者を出した歴史があるのだ。それでそういう災害を二度と繰り返さない為に、設備の面では地下の至る所に貯水槽を造った。函館は海のそばだから海の水を使えば良さそうなものだが、それでは矢張り間に合わないし、また地上の貯水槽では冬は凍ってしまって役立たない。そこで地下式の貯水槽を至る所に設置した訳だ。だから当時防火設備は日本一と言われる位良く出来ていた。そういう訳で、防火演習も盛んに遣っていたのだが、そういう時でも、陣頭に立つ市長は、演習の終わるまで一時間以上もピシッと立っている。一度不動の姿勢をとったら身動きもしないで立っているの。これは一寸真似の出来ない事だ。不動の姿勢は軍人精神の表れとして僕達は厳しく訓練されたけれども、それでも三〇分程もすると何処かムズムズして足など一寸動かしたくなるものだ。所が市長は絶対に動かない、ピシーッと立っている。そういう処から見ても、実に精神のしっかりした、克己心に富む偉い人だった。

それから北海道庁を訪れた時には、知事が一々皆を起立させて、こういう方だと紹介してくれた。それはまあ、戦時中であったし、偶々知事が広島の出で同県人意識を持ってくれた所為かもしれないが、非常に僕を持ち上げてくれたよ。その知事はこれも非常に偉い人で、その後確か文部次官にもなった筈だが、成程要領も良いし活躍もした人だ。彼はまた演説などもとても上手で、北海道に初めて民間航空機が導入された時に、「北海道の魂をこの飛行機に乗せて……。」とか何とか挨拶して、ああ巧い事を言うなと一寸感心したのを覚えている。

それから、もう一つ民間で親しくしていたのは、日魯漁業だ。と言うのも、津軽要塞は海峡を防備するのが任務だけれども、一ヵ所で唯ぼんやり守りを固めて居ったのでは話にならない。政治でも軍事でも或《ある》いは会社でも、相手のあるものであれば全て同じだろうが、攻めるにしても守るにしても相手側の状況を知っていなければならない。従って此方としては、ソビエトの状況を始終探らなければならない訳だ。それで、函館は漁業会社が沢山有る所だし、中でも日魯漁業というのは一番大きな漁業会社だから、そこと仲良くして、彼らが樺太の方に漁に行く時に、こういう所を見て来てくれ、こういう事を調べてくれと種々頼む訳だ。そういう情報収拾には函館が一番地の利を得ていた。また、会社側は会社側で、国境を接する厳しい場所で仕事をしている関係上、軍に種々便宜を図ってもらわなければいけない。だから、日魯漁業には大概海軍の将官で辞めた人が顧問で入ったものだ。陸軍からの顧問は入っていない、矢張り海の仕事だからね。で、そこの所長や重役連中とお付き合いしていた訳だが、唯、此方は交際費というのは幾らも無いし向こうもそれは知っているから、時々招待を受けてたりして、かなり親密にしておった。

協力関係で今思い出すのは大体以上だが、要塞設備自体も問題がない訳ではなく、一番いけないのは飛行機に対する防御というものが全然無い事だった。要塞の中を見ると、艦船攻撃用の大砲だけはあるけれど、高射砲は一つも無い。それでこれはいけない、いやしくも要塞の名を冠しているのに高射砲が一つも無いという事では、幾ら当時でも任務の尽し様が無いと思って、先ず高射砲を備えて貰おうと軍に働き掛けた訳だ。所が、当時は日支事変の拡大に伴って第一線に送る火砲・高射砲の製造が手一杯になっており、予算的にも内地の要塞に据え付ける余裕など無いと言うのだ。予算というのは民間の会社を利用するので、それに対しては金が要るという事なのだ。従って、寄付金があれば、高射砲を据え付ける事が出来るという話だった。そこで、それならば一つ募金活動をやってみようと思い立った訳だ。

それで一体幾らを目標に集めるかと言うと、高射砲は一門という訳にはいかないから最低二門欲しい、そうなると一門二十五萬円、しめて五十萬円要る訳なのだ。その当時で五十萬円というと今では五億程にもなると思う。高射砲二門備え付けるだけで当時それ位掛かった。そこで僕は募金活動促進の為に、市役所に行って、或いは学校に行って高射砲の必要性を説いて歩いた訳だ。幸いにして、僕は日支事変中に飛行機に対する対抗手段を持たずに困った経験が有った。即ち、支那の飛行機が日本軍の上を通過しても、此方は高射砲を持っていないものだから、手も足も出ない。それで仕様がない、小銃で狙って飛行機を撃つのだけれども、威力が無いし第一弾が届かないのよ。だからどうしても高射砲というものが必要だという事を僕の実見談として話した訳だ。それに函館というのは、日露戦争の時にロシアの艦隊が眼前を通って太平洋の方に回った経験を持っている。その時も実に貧弱な唯御体裁だけの防御設備しかなく、撃っても弾は届かなかったので、もう住民などはヤイヤイ言って皆山の奥に逃げ隠れたのだ。そこで僕は講演の中で、あの時の様は何だ、あの恥を忘れるなというような事を暗々裏に含めて言って回った。そうした処、流石に皆本気になってくれて、女学生が街頭に立って募金を始めたのだ。その結果、さしもの五十萬円が僅か二週間で出来た。凄まじい成果だった。北海道という所は、今は大分違うだろうけれど、当時は所謂裸一貫で来て成功したという人が段々居ったし、本土を内地、北海道を外地と言って何となく植民地の様な気分だから、あの辺の成功者は太っ腹だった。一人でもってポーンと五萬円を寄付した人も居た位だ。それでまあ、お金が集まったものだから、直ぐに陸軍省の方へ書類申請して金も送って、この企画は大成功の内に終わったかに見えたのだ。

所が、その後の運びが良くなかった。お金を送ったは良いけれど、中々品物を送って来ない。火砲類はその時既に第一線に送るのにやっとで、それを上回る製造能力など無かったのだ。戦争もうまく行っている間は良いけれど、段々々々日本軍が苦しくなった時期で、第一線ですら火砲が足りなくて困っているという状況だったから、内地の事は後回しになった。それで、募金が迅速に出来た分だけ、僕は板挟みの立場になって困ったのだけれども、高射砲は到頭僕の任期中には来なかった。此処で僕が勤めたのは僅か一年で、これが数年居ればまた種々な手も打てたろうが、軍を辞めてしまったから有効な手の打ち様が無い。勿論後任者にはよく頼んだし、東京に帰ってからも何回も陸軍省に足を運んで、早くやってくれよと頼んだけれども、それは結局お願いに過ぎない訳だ。それでまた困ったのは、函館市長も立場が苦しくなった事だ。市長が住民から種々な事を言われる。献金したけれどもどうなったのかと、何時までたっても高射砲が来ないじゃあないかと、だから市議会辺りでも市長の責任を問うなどと言われておるとこういう訳だ。それで、函館市長が、東京の僕の家に「一体どうしてくれるか。」と詰問に来た事もある。で、「私としては出来るだけの努力はしているのだけれども、何しろ日本の製造能力が足りないのでこういう状態になっている。しかし遅れても据え付ける事は間違い無いから、その点は安心してくれ。」と言ったのだが、市長には気の毒したし、僕自体も申し訳なく思った。結局、高射砲は僕の次の代でも駄目で、その次の末次（スェッグ）というのが司令官になった時にやっと付いたのだ。そういう事も含めて、もう一年位僕に函館の要塞司令官をやらしてくれればなァと思ったよ。二年も居れば、もっと仕事が出来たと思うのだ。

高射砲の説明会。砲の下に祖父が見える。

それから、これは一寸後になったけれども、海軍と連合演習を遣った事がある。その時要塞側は重砲聯隊を駆り出して砲台につけ、海軍側は艦船で海峡を防御した。一方、敵は潜水艦で海峡を通過するという想定の下に、海軍が仮想敵の潜水艦を出して潜って此処を通過させたのだ。で、陸軍の方としては探照燈で海を照らして敵潜水艦の潜望鏡を見つけるというのを遣ってみた訳だが、結果としては到頭見つからなかった。で、潜望鏡を出して走っていたにもかかわらず見付け得ないのは、探照燈の威力が足りなかったからだという事になった。こういう欠点が見つかるのも演習の成果だ。それで、要塞の不備な点は、築城本部の出張所が要塞の中に在るからそこで間に合えば直すし、そうでない場合は東京に行って築城本部に改修を要求する。また、築城本部長も年に一回位各要塞を巡視して、不備な点を補うというような仕組みになっていた。まあそういう海軍との連合演習も遣ったりした。

そのような事で、一年しか居らなかった割には、僕は種々な仕事をした方だと思う。大体要塞司令官というのは、もうすぐ軍を辞めるという人が就任する場合が多く、人事的サービスの為のポストの様になっていた。だから平時であれば何も用事が無く、陰では「用無い司令官」と言われていた位、唯のんびりと保養する様な所だったのだ。それで僕の同期生で飛鳥井（雅四）（資料甲35）と云うのが、これは員外学生であったのだけど、前々任の要塞司令官だった時に思わぬ失敗をした。飛鳥井は釣りが好きでね、もう何にも用無い司令官だから、方々で釣りばかりしておったのだ。しかし自分の趣味の釣りに行くのに、一々司令部の方に行き先を言うのもバツが悪いから、何時も誰にも知らせないで釣りに行っていたのだ。所がその間に参謀本部の方から視察に人が来た。そして、司令官は何処に行ってるかと聞いた処、何処に居るか誰も知らない。それで到頭その人は要塞司令官に会うことが出来ない儘東京に帰った訳だ。それが矢張り祟ったのだろう、飛鳥井は首になった。員外学生までやった人間は、此処の要塞司令官が済んだら他のポストに就くなどして、中将まで進むのが普通だ。少将で辞める員外学生というのはそう沢山は居ない。それが少将の儘、此処でスパッと首になった。逆に言えば、そういう油断が生まれる程、要塞司令官というのは閑職だった訳だ。それから序《つい》でに言っておくと、津軽要塞司令官のポストは、矢張り陸大出身の砲兵か工兵が主に行く所で、歩兵が来ることは滅多に無い。編成には兵科の区分は無いのだけれども、また将官になれば兵科の区分は無いのだけれども、矢張り砲兵は大砲、工兵は陣地のプロだから自然そうなるのだ。それでまあ、元々そういう暇なポストではあるけれど、僕が行った時は戦争中だったから、それ程緩んだ気分ではなかったし、参謀本部からもよく要塞を見に来たよ。僕も一生懸命に仕事は遣り、サービスにも努めたから、要塞司令官の所へ行って一つ御馳走になろうというような感じもあった位、親しんでよく来てくれた。

それから、函館には大きな軍艦は来ないけれども、中・小型の軍艦はしょっちゅう修理に来るから、海軍の方とも仲良くなった。だから、お正月辺りは海軍士官がいっぱい僕の所へ年賀に来たよ。そういう時は皆土足で応接間に揚がるのだけれど、雪が積もって融けていないから、ちっとも靴が汚れていない。従って応接間に入っても奇麗なものだ。唯、海軍の将校というのは派手で社交的だから、直ぐ御祖母ちゃまなどを引っ捕まえて、「一緒に踊りましょう。」なんてやるような始末だった。それから或る時は、家族全員招待を受けて軍艦で会食した事もある。これも小型の軍艦だったけれども、艦からヨットを派遣して函館まで迎えに来る。それでヨットに乗って軍艦に行った訳だが、艦には立派なコックも居るし、品物も豊富だし、それは上手に御馳走をする。所が僕はあんまり船は好きではないからね。海軍はほんの小さいヨットで迎えに来るから、大した距離ではないけれど、矢張り酔うのだ。だから本当は陸上で食べたい位だけれども、それでも散々に御馳走になって、またヨットで僕らの自宅付近まで送られて帰って来る訳だ。

そういう風に、招待したり逆に招待を受けたり、種々な人との交流があって、この一年間は短かったけれども、非常に愉快だった。不満を持った事は殆ど無かった。

それから、この任期中に行った所としては樺太がある。これは要塞司令官直接の仕事として行ったのではなく、旭川の第七師団が行った国境防備の為の研究演習に参加したものだ。樺太は今でこそ違うけれども、日露戦争以降、南半分が日本、北半分がソビエト領で、島の中程で国境を接していた。第七師団は、ソビエトをにらんで北海道から樺太を防備するのが一つの任務だから、国境付近まで行って研究するのは当然だ。一方、要塞の方は任務が違うし司令官の他に将校は幾らも居ないので、単独ではこういう演習は成り立たない。そこで、樺太はそう滅多に行ける所ではないし見物してみたくもあったから、第七師団の研究演習に参加する形で一緒に行った訳だ。

樺太が日本の領土になった有難さというのは、パルプの材料が豊富に採れるという事と、石炭がかなり出る事にあった。そこで樺太が日本の領土になってからは、これらの資源を運ぶ為に、国境まで海岸沿いに密林を切り払って鉄道を敷き、交通施設の整備に努めた訳だ。だから樺太の東海岸西海岸は割りに開けていて、日本の旅館も国境付近にまで進出していた。僕達もそういう旅館に泊まって居った。

樺太という所では、炭坑は海岸寄りの所が多い。そして殊に西海岸では石炭が相当豊富に出た。しかし炭坑が海岸寄りに多いのは搬出の都合からであって、石炭そのものは至る所にある。そしてそれに何かの具合で火が着くと、一週間でも二週間でもそれ以上でも、地下で燃え続けている。そうして、それを処置するには大変な経費が掛かるから、燃やしっぱなしにしているのだ。こういう事は、如何に石炭の量が豊富かという証拠でもあるだろう。あとは、何と言ってもパルプの材料。これはもう一面に密生している。当時、日本の紙の資材というのは殆ど樺太から来ておった位で、蝦夷松の太い大きなのがびっしり自生していて、本当に凄いよ。で、これは僕らが未だ中尉か大尉の若い時から聞いていた話だけれど、樺太の密林に陸地測量部から測量に行ってどの様に測量するかと言うと、一番背の高い木に登って、そこから三角測量をするのだそうだ。林道を利用して奥地に入り、現地人を使って櫓《やぐら》の様なものを造って測量すると。これは僕らの二期先輩に井澤（新）というのが居って、よくそんな話を聞かせてくれた。

それからまた樺太で面白いのは、僕らが普段経験する事の無いツンドラ地帯だ。これは、昔から人跡未踏の密林だから、木の葉っぱや苔の類いが分からない位深く積もり積もって、それがその儘凍て付いて大地を形成しているもので、土などほんの少ししかない。そういう土地だから、幾ら凍土といっても下はフワフワだ。従って、そういう所に家を建てるのには、杭打ち基礎といって、杭を打ってそれを基礎にする訳だ。軟弱地盤に於ける工法はみなそうで、今の東京駅もそれで建っている。あそこはツンドラではないけれども、非常に地盤が軟弱で泥が深い難しい場所だから、随分長い杭を打ち込んで杭打ち基礎で東京駅は造ってあるのだ。それでは、杭を打ってどうなるかというと、杭は土との摩擦によって保っておるのだ。ツンドラ地帯もしかりで、ツンドラと杭との摩擦によって建物はもっている訳だが、唯ツンドラは季節によって表面が解けたり固まったりするから、その上に建っている家は、みんな狂ってしまう。勿論家そのものは一つの固体の様にして造ってあるのでその儘だけれども、全体からいうと上がったり下がったりしている。そういうのは、普段僕らが目にする光景ではないから、見るととても面白い感じがする。唯、思った事は、あの樺太の国境の付近の寒い所でも、矢張り日本の内地と同じ様な構造で家を造っているから、何となく間の抜けた気がした。もう北海道辺りでもみなペイチカで、そこで石炭を燃して暖を取っていた時代だからね。

しかしまあ、樺太という所は人が殆ど入った事の無いような土地が多いから、住民そのものは一般に擦れてなくて純朴だ。それから、日本から一儲けしようと思って国境付近まで行く商人も沢山居るので、ちゃんとした旅館もある。それから、国境は矢張り一寸した小高い山とか何とかという所に表示があって、ロシア側には大体監視兵が居る。唯、少し位土地を盗られた所で大した事は無いからか、日本の歩哨は殆ど立っていなかった。

それから思い出したが、樺太に渡る時に面白かったのは、カイバ（海馬）と云ったか海坊主と云ったか、兎も角それは大きな海獣が居って、汽船が通るとウォーッと大きな声で吠えるのよ。それは宗谷海峡に限って多い海獣なのだが、丁度牛の大きいようなヤツで、かなり遠くで見ても相当に大きく見える。そしてあれはどういうのかなァ、汽船が通ると嬉しいのかも知らんけれども、ズッと立ち上がってウォーッと吠えるのだね。なんとも珍しいものだった。

さて、軍の方の話は大体以上だが、此処でまた生活一般の事を話しておこう。

要塞司令官当時の僕の月給というのは月に四百円、これはもう大きな給料で、函館辺りでは一番の高給取りだったろうと思う。少将の俸給というのはその様なものだった。それで住まいの方は、要塞司令官の官舎があって家賃は要らない。だから生活には相当に余裕があった。第一食費の方にしても、この辺は魚の豊富な所だから、幾ら贅沢に魚を買ってみても月六円以上掛かったことはない。それ位魚の安い所なのだ。

で、魚の話をすると、この函館という所は日魯漁業などの大きな漁業会社の本社もあるし、冷蔵庫もあるし、また至る所に魚の市が在ったりするから、魚が此処にドンドン々々揚がって来る訳だ。それで一般に魚が非常に豊富なのだが、この辺ではまた烏賊《いか》が随分獲れる。これは餌で釣るのではなく、光で集めたやつを針で釣り上げれば良いのだから、子供でも上手な者は一晩で二百匹位獲るという事だった。だから烏賊は非常に豊富で、毎朝売りに来る。これがまた獲ったばかりだから刺身にして食べると何とも言えない位美味しいのだ。烏賊の色というのは、東京辺りでは白いのが新しいと思ってるけれどそうじゃあない。白いのは少し日が経っているからで、獲れたては飴色をしている。これが何しろ美味しくてまた安いのだ。それから鮭。これは普通町では一匹二円で売っていたけれど、日魯漁業から分けてもらうと半値の一円で買えた。それがまた東京などで売っているのとは物が全然品違って、何とも言えない程美味しい。で、僕は軍を辞めて東京に帰ってからも、数年間送って貰ったよ。これは一箱に二〇匹位入っているのだが、それをお正月辺りに送ってもらって、方々の進物に使ったりしていた。それから鮭の缶詰などは、五〇〜六〇個位詰めたものを送ってもらって、暫く北海道の鮭の味を味わっていた。それ位日魯漁業とは仲良く遣っていたのだが、それも大東亜戦争がたけなわになって、それどころではなくなったので途中で止めた。それともう一つ、これは一般的な話ではないけれど、要塞の中には一切漁民も何も入れないから、鮑《あわび》など幾らでも要塞際に住み着く。それで要塞には砲台監守と云って砲台を監守する下士官がそこに居る訳だが、これに金を渡して頼んでおくと、漁師に採らしてそれを金で買って送って来る。もう五円も渡しておくと、竹で編んだビク一杯に鮑の入ったものを五回位送って来たものだ。それから噴火湾辺りは、素晴らしく海鼠《なまこ》が採れるので、コノワタが盛んに製造されていた。

まあそういう風に、北海道は海産物が多い。海の近くでも、北海道は特別多いような気がする。それに対するに、北海道の人口というのは、僕が行った時には僅か三百万人だった。あの広い土地に如何に人が希薄だったかということが想像出来るね。だから田舎の方に行くと、僕らが行っても随分喜んでくれた。それから、土地を獲得しようと思えば幾らでも安く買えたので、土地会社が一儲けする為に方々から遣って来て、北海道々々って随分案内をして居ったよ。まあ今から思うと本当に未開の地で、人間がさしている傘位の大きな野性の蕗《ふき》が何処にでも一面にあった。だから矢張り牧畜辺りが盛んになるのは当然だ。それから汽車にしても、列車の中でストーブを焚いていて、実に懐かしいような風情があった。それから、温泉の話をあまりしなかったけれど、登別には素晴らしい温泉があって、内地から視察等に人が来ると大概そこへ泊まる。室蘭には製鋼所があってそこへ見学に行き、ついでに登別の温泉に行って休養して帰るというのが普通のコースになっていた。登別の温泉というのは、広い地域の中に温泉の壺が何十も在って、向こうの方は湯気でもって見えない位で、中々壮観だった。

まあそういう風で、北海道は、魚は豊富だし物価は安い、人間関係は良好で海軍将校がしょっちゅう来る、また陸軍の方も参謀本部辺りから何回か視察に……一つには遊びにだけれども……来たりで、とても楽しかった。だから、御祖母ちゃまも転勤で方々で生活した訳だけれども、北海道の一年が一番楽しかったと言っているよ。

さて、要塞司令官となって丁度一年経った昭和十四年三月九日に待命となり、同二十日予備役を仰せ付けられた。要塞司令官の任期は一年というのが不文律になっていて、長かった僕の現役生活も此処で終わった。

で、要塞司令官を辞めて内地に帰る事に決まった時には、各所で盛んな歓送の宴を開いてくれた。それで、僕は「やっと函館市民になって、今から市民としての御恩返しをしようと思った時にこういう風になって誠に残念だ。」というような挨拶をしたが、本心そういう気持ちだった。また私的な方でも何回か歓送の宴を開いてくれて、その時に覚えているのは、大きな料理屋で「今中さん、これは今日獲って帰ったばかりの鮭です。何とも言えず美味しいものですよ。」とこう言うのだ。で、食べてみた処、実に柔らかくフンワリして身と皮との区分がつかない。成程これは美味いなと思ったね。日魯漁業に勤めていて魚の良いのを食べ慣れている人でも、「本当に魚でもこれ位美味しいものはありません。」と言っている位美味しいものだ。しかもまた家庭ではそこまでは料理出来ないけれども、料理屋は非常に上手に料理するからね。身と皮の区分が判るようでは駄目だと言うのだよ。それ位巧く調和している。成程これは自慢するだけの事はあるなと思って今に忘れない。

津軽要塞司令官退官記念。

まあそういう風に諸々の歓送も受けて、愈々函館を後にする頃には、今度は函館の新聞が大袈裟に僕の行動について発表して、見ると今中司令官は満洲で大活躍をする為に此方を辞めるのだという様な事が書いてあった。今までの要塞司令官は先にも言った様に、用無い司令官というような空気が多分に有った。だけれども僕の場合は戦時中で、いざという時は要塞を活用しなければならないから、皆も真剣味を持ち始めた頃だった。それで自然に用事も出来て、高射砲を据える募金をしたり、海軍との連合演習を遣ったりした訳だ。海軍との連合演習などそれ迄の要塞司令官で遣った人は居ないと思う。そういう風だから、僕の場合は用無い司令官どころではない、用有り過ぎの司令官でかなり忙しかったけども、僕としては大変にそれが面白かった訳だ。それでまあ、函館を去る時にも、何か重要な仕事をするのだろうと皆が思ったらしい、新聞に間違いが大きく書き上げられてしまった訳だ。そういう点、僕は時機を得て非常に幸せであったし、社会の人も何かやる優秀な将軍だという位に思ってくれたので愉快な気分だった。だから御祖母ちゃまだけでなく、寧ろ僕が一番楽しんだ任地でありポストであった訳だ。

十九．川西機械製作所

(一) 自適 (信州に遊ぶ)

現役を去り予備役（資料乙63）となって北海道から引き揚げた後は、東京で暮らすことになった。恩給はあの頃で確か二百円位貰う事になっていて、家は牛込区戸山町三十番地に借りた。

当時の戸山町は、成功した実業家や大臣級の人などがポッポッ住んで居った所で、先ず高級な地域と言ってよかった。借りた家も、大臣を務めた人が一時期住んでおったという立派な家で、門は御影石の大きな門柱が立っていて門扉は両開き、そこから玄関までは石の階段で連なり、玄関自体も四畳半程の広さが有った。母屋は二階建てで、座敷は大したものでは無いけれど、それでも二階だけで三間あったから広さは十二分、柱は全て檜だった。この家は、大工が経費は後で良いから是非自分に造らせてくれと申し出て造った家だという事だった。それから隣の土地に、根元の洞（ウロ）に神社が祭ってある三百年か四百年経った様な椎の大木が在って、参謀本部の地図にもちゃんと掲載されておったが、それが家の庭のまん前に鎮座していた。だから、他所から見るとまるで我が家の庭に植わっている様に見えて、益々贅沢な感じを醸し出していた。で、僕はもう恩給生活者だから、これでは経済的に遣り切れないと思ったのだけれども、僕が北海道に居る間に長女のミーコ（満子）ちゃんが既に入るように手配してくれておったし、他に適当な家が無かったので入った。しかし、川西に勤めるようになってからは、比較的良い給料が支給されたので、北海道から付いて来た女中二人も引き続き使って生活することが出来た。

さてそうやって東京に落ち着いた訳だが、三十三年間御苦労だったから是非行って来て下さいと御祖母ちゃまなどが勧めるので、その夏は中学生だったお前の御父さんと一緒に信州の別所温泉に遊んだ。その頃のお前の御父さんは、今の様に大きくなくスラッとしていて、格好からいえば丁度今のお前の様だった。そして、肋膜をやった所為で余り頑強ではなかったから、体を鍛える為にも連れて行ったのだ。で、行く時はもう恩給生活者で無駄な経費は使いたくないから、三等車で行った。これが現役であれば、将校というのは二等以上に乗る決まりだから三等には乗らない。だからいくら予備役といっても真逆《まさか》将官が三等に乗って来るとは思わなかったのだろう、僕らの汽車が駅に着いたら出迎えの者が皆二等車の停車位置へ並んで待っているのが見えた。それで、慌てて二等の車両に移ってその出口から出て挨拶した事を覚えている。全く我ながら妙な見栄を張ったものだと思うけれども、上田周辺は御祖母ちゃまの父親である小林の御父さんの所謂勢力範囲で知り合いも多く、矢張り或る程度の体裁が必要だった。

別所温泉では、「緑屋」という旅館に投宿した。緑屋は別所で僕らが定宿にしていた宿で、主人は村長でもあった。この宿へ、上田から、小林の御父さんの子分で殆ど小間使いの様に使われていた田中定八と云う……皆はサダさんとかサダ公と云っていたのだが……風呂屋の主人を筆頭に、小林系統の親戚で大住と云う変わり者の歯医者その他四～五人が押し掛けて来て歓迎の宴を開いてくれたりした。またお返しとして此方からも彼らを呼んで滞在中何回か交歓した。で、それは良いのだが、そういう時には必ず何か字を書いてくれと言って硯と用紙を持って来る。大体昔は地位のある人間に字を所望する事が一般的に行われていて、僕などでも要求される事が段々あった。それで僕も一生懸命に稽古はしたけれど、何しろ元々字は下手な方だし、自己流だから習字の先生などが見れば何処かに粗が有る。それでも書き慣れて来ると字配りなどは上手くなるものだし、また、僕らが書く字というのは上手下手ではなくしてその人の人格を字で以て表すというような意味合いだから、下手は下手なりで良い筈のものだ。それでも、何処へ行っても硯を持って来られるのだから実際閉口するよ。この時書いた僕の書は、額になって未だにサダさんの風呂屋に掛かっているというのだから、全くよい恥さらしだ。

まあそんな事をしながら暫く居ったのだが、あとはお前の御父さんをお灸の御医者さんの所へ連れて行って、ツボをよく教わって来て、僕がずっとお灸を据えてやったり、偶々英語の先生が同じ旅館に居たから英語を習わせたりしておった。それから別所には、清水と云って小林の御父さんの二度目の細君の妹の嫁ぎ先があって、主人は村の助役を遣り、叔母さんの方は愛宕池という池のほとりで茶店のような事を遣っていた。この茶店は今は発展して別所観光ホテルというのになっているけれども、夏だからそこにも時々氷水など飲みに行った。そういう時にその叔母さんは、将官になってもあんな旅館に泊まって居て本当に人格者だとか言って、僕らが想像しないような事まで余計な褒め方をしたものだった。まあ別所というのは未だ未だ朴訥な田舎で、温泉場としては割合に良い所だと思う。

この様にして一夏過ごした訳だが、考えてみると戦前唯一の自適と言い得る期間だった。

(二) 企業人として（川西機械製作所）

昭和十四年の秋、僕は顧問として㈱川西機械製作所に勤める事となった。川西機械製作所は、日本毛織をはじめとする各種事業や民間航空機メーカーの草分けで、神戸財界の代表的存在だった川西清兵衛さんが率いる企業集団の内の一つだ。僕が此処の顧問に入ったのは、軍需品の生産をあげる為、軍需工場には必ず指導者として軍人の顧問を置くよう、当時軍が行政指導していたからだ。

で、川西に入ったら、初めての将官の顧問という事で非常に丁重に扱われた。当時会社で大社長と呼ばれていて、配下の企業集団を統括指導する為川西事務所という所から種々な指令を出す立場に居った清兵衛さんの所へ御挨拶に行った時も、「今は戦争中ですが、立派な顧問を迎えることが出来て非常に満足しています。どうぞ思う存分会社を指導して下さい。」という丁重な挨拶を受けて、此方は何も分からんで行ったのに、えらい事を言う人だなあと思った。川西清兵衛といえば実業界全体の内でも相当に勢力を持っている有名人だけあって、成程偉物だなと僕は感じたよ。勉強して下さいなどと言うのではない、よく分からん人間に対して私の会社を思う存分指導して下さいと言うのだ。言われた方は、気持ちの良いような悪いようなものだが、そういう風な人の使い方をする人なのだね。それから愈々入社した時には大々的な歓迎の宴を開いてくれたけれど、川西機械の社長を遣っていた清兵衛さんの次男が矢張り同じ様な言い回しの挨拶をした。「今度我々は今中顧問を迎えて立派な兄を得た様な気持ちがする。どうぞ遠慮無く会社の指導をして下さい。」というような事で、此方は寧ろ教えてもらいたい位なのだが、そう言うのだ。しかしまあ、挨拶というのはそういう風にするのが本当という事なのでしょうね。

で、顧問で入って最初の頃の仕事はどういうものだったかと言うと、これは軍との連絡が主だ。軍部の方へ重役辺りが挨拶に行く時には、顧問が連れて行く。そうすると向こうでも元はこういう階級の人だという事が分かるから、それなりの対応をしてくれる。だから初めて会う時などは特に重宝な訳だ。実際戦時中には、軍需関係の重要なポストに砲工兵が沢山就いて居って、それらは僕よりずっと若い人間だが、そういう仕事は階級ではなく権限だから、兵器を納める部署などに行くと、本当に重役でも一判任官にペコペコ頭を下げて商売せざるを得ない。だから矢張り顧問が付いて行ってくれると都合が良いという事になる。まあ僕らが行けば、そうひどいことも言えず、言い方も柔らかくなるので、そこを会社としては利用する訳だ。それが顧問としての始めの内の仕事だった。それから、それだけでは勿体無いという訳で、訓練部長というのも遣らされた。これは兎に角戦時中だから、一工員一職員といえども皆同じ気持ちで力を合わせて仕事に邁進しなければいけないというので、会社として盛んに精神教育をやっていたのだが、僕は元軍人だからその責任者にも自然就くようになった訳だ。

川西に勤めるようになってからは、後に段々上がったけれども、月給が百五十円程入るようになった。だから恩給と合わせると、矢張り三百円以上にはなって、金銭上の不便はなかった。寧ろゆったり生活するだけの費用が手に入っている状況だったから、戸山町の大きな家に住み続けることが出来た。また既に嫁いだ娘が体を壊して僕の家に一家ごと転がり込んだ時も、家は広いし女中も二人居るので、半年位一緒に生活してもちっとも不都合を感じなかった。

さて、初めはそんな仕事だけだったけれども、しかし会社が僕をよく使ってくれるものだから、自然社員も一つの重鎮の様に考える様になって、大きな問題になったら顧問の所へ行って相談しようとか、顧問から言ってもらおうという風になって来た。また種々な方面、特に会社本来の仕事の方にも使われるようになったので、僕は顧問から取締役に就任した。そして企業人として一生懸命に仕事をしている間に愈々大東亜戦争が勃発し、川西機械もまた大変な時期に入って行った訳だ。

で、大東亜戦は箆棒《べらぼう》に大きな戦争であったから、予備役の僕も応召で再び戦地に行く可能性が無いではなかった。僕らの期では応召のグループに入る人も入らん人も居る状態だった。しかし、将官自体には歩・騎・砲・工の別は無いけれども、かと言って僕のように工兵から将官になった者には、実際問題として中々適当な部署が無い。これが歩兵であれば旅団長として出征することがあるけれど、工兵の場合は旅団というのが無いから、特別の任務に付く以外は中々適当なポストが無い。それでも一度、川西の方に応召の伺いが来た。将官の応召というのは一般と違って、突然召集令状が来てそれに応ずるというものではない。必ず此方の意思を問うて来るのだ。その時に示されたのは、占領地の軍政を司る「司政官」と云うのに是非なってくれというものだった。で、川西の方では今は軍需工場で活躍していて非常なる人だから困るという姿勢だし、僕自身も会社から大切にされて仕事も面白いのだから別に行きたいとも思わなかった。そこで、それは取り止めて欲しいという回答を出したのだが、それでは誰か世話をしてくれという事になったので、僕は同期の安達克己（参考甲36）を推した。それで安達克己は司政官になって、確かマレーの方だったと思うけれど、戦地に行った（ママ）。当時マレー方面には司政官でかなりの人間が行ったのだ。所が戦後、司政官で行った人がどうなったかというと、皆捕虜の様な取り扱いを受けて、安達克己も、それから同じく同期の河野巽も、皆一緒になって半年程チャンゲル監獄に入れられてしまったという訳だ。

大東亜戦争中、僕の仕事も益々本格的になった。即ち、神戸本社の通信機部長に就任し、また当時田園調布に在った東京工場の工場長を兼務した。

川西機械通信機部の工場は、神戸の先の大久保という所に在った。此処には十万坪もの土地が確保してあって、そこへ通信機部や硝子の工場等が創られていたのだが、この土地の買収に関しては、僕も裏面で一寸働いた。と言うのは、あの当時は何事につけ憲兵が非常にうるさかったので、僕はそこを逆に利用して、土地買収の進行を図ったのだ。即ち、僕は憲兵司令官を良く知っておったので、実はこういう風な軍需工場を創りたいから、地方（民間）の有力者に便宜を図る様口添えしてくれないかと頼んだのだ。そうした処、当時は軍需工場を拡張し軍需物資を増産する事が日本にとって一番重要な問題だったから、承知しましたと言って直ぐに紹介状を書いてくれたりした。そういう働きかけもあって、買収は比較的スムースに進行し、しかも割合に安く必要な土地の確保が出来た訳だ。

さて、僕は通信機部長になったけれど、一般教養的には当時の素人よりはましとしても、所謂エンジニアではないから機器の設計とか物を造る事など出来ない。まして通信機分野など全くの素人だ。しかし、専務辺りに言わせると、統御者として生産を上げる立場からいえば、技術の細かい事など知らない方が良い場合が多いと言うのだ。本当に技術の力があるならまだしも、そうでないならば細かい事など知らない方が良い位で、寧ろ人間の能力・適材を見極めて上手に使ってくれれば良いのだと言う。そういう事を二、三回も聞いた。それで、生産を上げる為に毎週一回開く会議では、この部品をどうするという様な細かい所まで検討するけれど、エンジニアの言う事は重視しつつも全体の指導は僕が行っていた。その頃の川西の通信機部というのは、同じ工場の中で陸軍と海軍の二つに分かれておって、生産をお互いに競うようになっていた。そして、陸軍の通信機部長は通信技術を知らない素人の僕、反対に海軍の通信機部長は海軍省に長く居って本当に技術の事をよく知っているベテランエンジニアで、技術に関して大変に自信を持った人だった。だけれども、結局のところ海軍の方の成績は上がらなかった。要するに、部長などの指導的立場になれば、唯技術を知っているだけでは駄目で、矢張り統御能力が問われる訳だ。細かい技術知識とか計算能力などよりも統括能力が必要なのだ。僕も技術屋の端くれではあるけれど、技術者というものを第三者的に見ていると、自信力が強い割には大局の見えない頭の固い人が多い。しかも自信力が邪魔をして、最後まで自分の短所を自覚しない人も多い。その所為か、どうかすると優秀なエンジニア程他人を使うのが下手で、そういう者が上に立った場合には結局組織としての力が出て来ない。だからと言って良いかどうか分からないけれど、川西機械では素人の僕が率いる陸軍通信機部の方が、海軍通信機部よりも何時でもずっと成績を上げていた。

それから人間関係。これは自分で言うのも憚《はばか》られるけれども、若い職員をはじめとして皆よく懐いてくれた。だから何かというと直ぐ僕の所に行って頼もうじゃあないかというような気分があったらしい。それでこれは本当に可笑しな話だが、戸山町の僕の家へわざわざ神戸から飛んで来て、自分を良い方面に使ってもらおうと種々訴える人間が居た。そうして居りながら、来た事を言わないでくれと言うのだよ。勿論そんな人間は多くなくて僅か二～三人位だったが、しかし神戸からわざわざそれだけの用事で来るのだ。だけれども、そんな事までするのはあんまり善くないね。実際余り力の無い人が実力以上に見てもらおうと思うからその様な事をするので、実力があればそんな事しなくても、他人がちゃんと見ているから大丈夫だ。

さて、僕は東京と神戸の工場の両方を見なければいけない立場になり、また重役として会社全体の動きを知る為に毎週開かれる本社の会議にも出る関係上、東京と神戸の間を半分半分位に往復していた。そんな事をしているのは僕くらいのもので相当忙しかったけれど、一ヵ所でじっとしているよりは良いし楽しくもあった。しかしまた、戦争中の軍需工場で生産に関する責任を持たねばならん立場だから、相当に激しい議論もしたし偶《たま》には喧嘩もした。流石に社長とは喧嘩しないけれど、専務や常務辺りとは遣った。その原因は何時も資材だ。あの当時は何としても資材が無い。造ろうと思ってもアルミをはじめとする必要資材が中々獲得出来ないから、各部でもってその獲得合戦になる。それで激しい議論になる訳だ。それで或る時、僕が食って掛かったら相手の専務も一寸憤慨してね、「そんな言われ方をするのは初めてだ。」とか言って怒った事があったよ。それは僕も少し言い過ぎた所もあったのだが、何しろ戦時中でお互い真剣だからねえ。でもまあ、会社は僕をよく使ってくれたし、信用もしてくれたし、また面倒も見てくれた。

まあ、そうやって一生懸命に働いている内に、戦争の方も段々負け戦になって来た。僕にはそういう戦況が手に取る様に分かっていた。これは、僕が単に軍人だったから分かったのではない。戦争の全般的な実相など、現役の軍人でも知らない場合が多い。僕の場合は、次女のカーコ（和子）ちゃんの主人である康二君（小村谷康二〈コムラタニヤスジ〉）（参考甲37）が作戦を統括する大本営参謀部に居って、そこから話を時々聞いていたから知っていたのだ。だから、会社でも僕くらい戦況の真の姿を知っている人は無かったと思う。海軍の部長は、軍を辞めた後僕の様な直接の情報ルートを持っていないなかったから、一般的に知られている戦況のもう一つ奥のところ迄は知らなかった。そして康二君は、戦後の活躍を見ても分かるように非常に頭の切れる人物だから、大東亜戦争が始まって間もなく、未だ景気の良い内から、この戦はとても勝ち目がないと言っていたよ。

それでこれは余分な話になるけれども、あの東條（英機）（参考甲38）さんが陸軍大臣と参謀総長を兼ねておった時に、大本営に参謀を集めて爾後の方策について会議をした事があったのだそうだ。で、その時東條さんが「どんな事でも良いから思う存分意見を言え。」と言ったので、或る参謀が「速やかに無条件降伏するに有り。」と進言したそうだ。何でも思った通りに言えというから言ったんだ。そうした処、「怪しからん、軍法会議にやれ！」というようなことでエラク叱られたという事なのだ。しかし、あの負け戦の最中に和を請うとすれば、それより他に手はなかった筈だ。だから、速やかに無条件降伏をするに有りとこう言うた処、東條さんは怒ってしまって、軍法会議にやれという訳だ。しかし、別に軍規を犯した訳でもないのに、軍法会議にやった処で取り上げ様が無いよ。それでもそういう風に言ったという事だ。大体僕は東條さんは余り好きではない。東條さんという人は、非常に頭の鋭い神経過敏な人だが、同時に軍部内でも敵を作って行く様なタイプの人だね。だから話が横道になるけれども、マレーで赫々たる戦果を挙げて帰った山下奉文大将をフィリピンに遣るでしょう。あの時点でフィリピンに行くという事はそこで死んでしまえという事なのだよ。そういう人事は、実は山下と東條さんとの気が合わない事に由来すると思う。一方はああいうキリキリした人物で、一方は本当に鷹揚な態度を示す人だから、てんで性格が合わない。要するに、軍人としてというよりも人間としての価値観がそもそも違うのだ。それで東條さんは一刻も早く行ってしまえという訳だが、あこれは俺に戦死しろという事だなと山下にはちゃんと解るから、抵抗して中々出発しなかった。天皇陛下の御命令なら是非を問わず直ぐにでも行くが、東條さん辺りが画策した事ならばという気分だったのだ。山下としては、何だこの野郎という位に思っていたでしょうね。東條さんは陸士一七期で、山下は僕らの期だから一八期、しかしお互いに偉い人間と知りながらも自然に気に入る奴と気に入らない奴とが出て来る訳だ。山下はあんな所に行かなければ、ああいう酷い目に遭わなくても済んだんだかもしれない。どうも矢張り、人の住む世の中では自然そういう事があるのだよ。

それから今度の戦争で一番良くなかった事は、社会の人もそう言うけれども、矢張り陸軍と海軍が一致出来なかった事だろう。もう陸軍の人間は海軍を糞味噌に言うし、海軍は海軍で陸軍の悪口を言う。ずっと上の方ではそういう事はないのだけれども、どうしても参謀連中から見ると互いの欠点が目に付くのだね。例えば、陸軍は海軍の護衛によって南の島々に行かなければならんでしょう。所が護衛力が弱いから途中敵の攻撃で輸送船が沈む。そうなると海軍の奴は一向だらしが無いというような事に自然なってしまう訳だ。しかし考えてみれば、海軍も陸軍も終わり頃になったら何処でも負け戦だったけれども、本当は海軍の方が苦しかっただろうと思う。海軍は艦隊をやられると、後はどうしたところで戦争そのものが出来なくなる。一方、陸軍の方は人間が居って銃さえ持っておれば、最低限ではあっても戦闘を継続出来るからね。それから、これもよく言われる事だが、日本軍がどうにもならなくなった一番の原因は、電波兵器の出現だ。電波兵器は米国が格段に進んでいて、日本は全く追いつけなかった。これが殊に海軍が負けた一つの大きな原因になった。此方は双眼鏡で覗いている、向こうはそんなことをしなくても暗闇でも荒天でも此方の様子が電波によってみな映っているのだから、始めから一切勝負にならない。これも陸軍ならばまだ隠れるとか何とか手段もあろうが、海軍は海上にあって隠れ様がないからね。だから所謂大本営発表で、宣伝だけは何時も勝ったように言っていたけれど、事実はそうではない、敗北の連続だった訳だ。

それで、先にも言ったように、工場では戦争の話などしながら生産を上げる為に種々精神教育をやる訳だが、時々「一体日本は勝つんですか負けるんですか。」という質問を受ける事がある。そういう時には勝つとも言えないし、負けるとも言えないので、「今の処では勝つことは非常に難しい。しかし負ける事はない。」と答える。そうすると「では、どっちになるんですか。」と聞かれる。そこで「あくまで戦闘をする。そうすれば、その中で部分的な勝敗はあるけれども、日本としては勝ちも負けもしないのだ。」という様な、説明にならない説明をしていた（資料乙64）。それより他に言い様がないのだ。負けることは判っておっても、戦争を継続している以上、闘志を失う様な事は言えないからね。

そうこうしている内に戦況は益々悪くなって来た。そこで、昭和十九年の末だったか二十年に入ってだったか忘れたが、戸山町の家を引き払って、御祖母ちゃま達を信州の小県郡泉田村と云う所へ疎開させ、僕とお前の御父さんとは国分寺に転居した。これは矢張り康二君の勧めによる。康二君が、戸山町には軍に関係した種々の建物が在るので必ず爆撃されるから、早く疎開した方が良いと頻りに勧めてくれたのだ。果たせるかな、昭和二十年五月の空襲で戸山町は壊滅し、あそこに居った者は殆ど死んでしまった。もう逃げる暇もない位酷くやられたのだ。それで、僕は暫くは国分寺から田園調布の東京工場に通っておったのだが、今度はその工場も爆撃され木端微塵になってしまった。しかし東京工場には天井までびっしり資材を詰め込んだ四百坪もの地下室があり、それは焼けずに済んだので、工場を田舎に再建し、その資材を基として再び生産に励もうという事になった。工場の疎開先は山梨県の北巨摩郡にある小学校に、また宿舎はその近くのお寺に決まり、僕は現地に飛んで一生懸命指揮を執っていた。その結果工場の準備もほぼ終わり、愈々二日後には電気を送って仕事を始めるという時に大東亜戦争が終結したのだ。

こうして川西機械東京工場の人間は山梨で終戦を迎え、さあこれからどうしようという事になった。戦争が済んだのだからもう軍用の通信機など作っても始まらないが、その資材だけはタンマリ持っている。それで狡く考えれば、どうせ戦争に負けて会社の機能も停止するだろうから、資材をみんな売り飛ばしてその金を皆で分け取りしても良かったのかもしれないが、そこが僕は根が軍人だから、そういう考えはちっとも思い浮かばなかった。資材は全て会社の資産、此処に置いていても始まらないと思って、真面目に本社の方に送り返した。それでも社会が混乱しておって資材が何処でどういう風に盗まれるか分からんとは思って、馬車で資材を運ぶ列に入って監視をしながら駅まで送ったりしていた。所が、どうも送った事に対する本社からの返事が来ない。そこで調べてみると、鉄道としてはちゃんと送っているのだが本社の方には着いていない。結局間で誰かがチョロマカしたに違いない。実際、後に本社の状況を聞いてみたら、皆自分の爾後の生活を真っ先に考えて、資材でも何でも分捕り競争の様な有様になり、支離滅裂だったそうだ。そういう事であれば、此方ももう少し遣り様があったと思ったが、東京工場は本社と離れてやっていたから、そういう汚い行動をとる者など居なかった。

そういう混乱もあったけれど、兎に角軍需工場として遣っていた会社だから、戦後そのままでは成り立たない。他の方面に方向転換しなければ会社がもたなくなった。しかしそうは言っても、あれだけの大きな会社だからそう器用に転換出来る訳はない。そこで新体制が出来るまで会社を一時閉鎖する事になった。で、閉鎖は良いけれども東京工場の皆も生活があるから、部長何か新しい事業を起こしてくれないかという希望が大分出た。そこで検討してみたのだが、では何を造るかとなると農具を造ろうという訳だ。長い戦争の間、兵器の方にばかり資材をとられたので、当時は農具が非常に不足して困っていたのだ。だから農具を造ろうという意見が出た。しかし、農具を造れば短期的には売れるかも知れないが、長期的に見た場合果たして採算が取れるかどうかもう一つ自信を持てなかった。それに、農具を造るとなると小なりといえども機械を入れて一つの工場を建てなければならないから、その資金繰りも問題だった。それで良い考えも浮かばないまま、結局は解散という事になった。それで解散するとなると、職員や工員に対して今までの給料も支払わなければならないし、また充分ではないにせよ郷里に帰る旅費等或る程度の頓服《とんぷく》も支給しなければという事で、一部残しておいた資材をみな売り払ってその費用に充てた。そのように現地で対応しないと、本社の方に費用を請求してももう対応能力がなかった。勿論こういう財産の処分は、全て会計帳簿に入れて整然と行い、東京工場の閉鎖に伴う後始末は数ヵ月掛かって完了した。そして、もう軍需工場として立たないのであれば軍人出身の僕が居っても仕方がないから、直ちに辞表を提出して長い間お世話になった川西機械製作所を辞めた訳だ。

辞める時には退職金として二万五千円貰った。当時の二万五千円は安く見積もっても今の二千五百万円、実際には五千万円位の価値があったと思う。それでも横並びを見れば多くもない少なくもないという額だった。それから当時僕には種々の貯蓄が矢張り二万五千円位有った。何しろ六年間勤めとって、辞める前には年俸五千円、だから月四百幾らになる訳だが、またそれと同じ位のボーナスがあるから、両方で年一万円以上の収入があったのだ。従ってその位の蓄財は有った。それから僕は会社から大分株を貰っていた。これは、買ったものではなく会社から貰ったものだ。確か法律で二百株だったたか持っていないと重役に成れないのだが、金を出せない人もあるし、また買う意思の無い者に売り付ける訳にはいかないので、重役に就任した時に会社がくれる訳だ。そういう性格のものだから、一部は本当に自分の資産になるけれど、大部分は自由に売買など出来ないし、また株に対するところの配当もみな会社の方で取る。要するに名義だけのものだ。唯、普通であれば辞める時にはそれを貰うのだけれども、今度は会社が潰れた様なものだから二束三文で、貰ったところで始まらない。それで或る程度会社の方で買い上げるというような形をとった。だから、株に関しては僅かなお金が入っただけだった。

さて、そういう風にして会社は辞めたのだけれど、実際は完全な離職にはならなかった。と言うのも、川西の方から、この時期を凌いで会社再建の暁には良い仕事を見付けるから、暫く待機の姿勢で居てくれと言われたのだ。そして待機してもらうのだから辞めた時点の給料と同額のお金を毎月支給すると言う。それで僕は、何もしないのにお金を貰うのは心苦しいので再三辞退したのだけれど、僅かな金だから遠慮する必要はないという事で、金額は据え置いたものそれから五年もの間給料を支給し続けてくれた。確かに四百円の金の価値というのは戦後のインフレで直ぐに無くなって、終わりの頃には所謂小使銭程度にまで下落したが、僕にはその気持ちが嬉しかったし、丁度恩給が停止された時期で唯一の現金収入だったから有難かった。川西機械には陸・海軍から二人ずつ顧問が入っていたけれど、直ちに辞表を出して辞めたのは僕一人だけで、また待機の姿勢に居ってくれと言われたのも僕一人だけだった。だから僕は川西機械には言い知れぬ恩義があるのだ。

二十．戦後

（一）信州

昭和二十一年の初冬だったか、川西機械を辞め職も無くなった僕は、御祖母ちゃまと娘二人が疎開していた信州の泉田村へ行った。実家の在る広島へは被爆直後にお前の御父さんと一緒に行ってみたけれど、全市丸焼けでとても直ぐに生活基盤の再構築が出来る状態ではなかった。

泉田村というのは純農村地帯で、疎開先は農家の蚕小屋を改造した一棟だった。行って間もなく公職追放令（参考乙65）が発せられ、帝国陸軍正規将校としてまた勅任官の将官として僕はその対象になり、恩給も停止された。蓄財の五万円は持っていたけれど、インフレが急速に進んで実質価値は日に日に落ちて行った。そういう状態では、米にしても野菜にしても決してお金では売らないから、お金は持っていても本来の力を発揮しない。力を発揮しないまま価値だけはどんどん落ちていく訳だ。しかしだから、婦人は着物を交換に出したり男も何か持ち物を売ったりして、皆やっと凌いでいた。物々交換主体だと、物を生産しない者は財産が減る一方でどうにもならない。

それで信州では、僕はずっと百姓を遣って居った。その一つは農家の手伝い。それで面白いのは、僕は軍隊式に昼食後一時間したらちゃんと畑に出て働いているのに、農家の連中は誰一人出て来ない。どうしたのかなァと思ったら、あの辺りの農家では、午後一時から三時までは休憩時間で皆昼寝をして居るのだ。そうしないと体がもたんと言う。僕はそんなこと知らないものだから、軍隊と同じように、一時から演習が始まるのと同じように、畑に出てコツコツ々々農作業をやっていた。それともう一つ、僕は農家から二百坪程土地を借りて自分の畑を作っていた。この畑は元桑畑で、僕が普通の畑に改良したのだ。桑の根っ子というのは中々太くてひどく張っているから取り除き難いのだが、それをみんな掘り起こして普通の畑に直した。農家の方にしても、もう桑を作って蚕を育てて絹をとっても仕様がない、食べる物が一番価値があった時代だから桑畑がつぶれても良かった訳だ。それでその畑では、麦も作るし芋も作るしあらゆる物を作ったけれど、一番良く出来たのはネギ、所謂《いわゆる》信州葱《ねぎ》というのが馬鹿に良く出来た。確か二十何貫か穫れて、それはもう普通の百姓よりは僕の方がずっと成績が良く、皆が吃驚する位だった。それ程の成績が出たのも、此方は本当の百姓ではなく休むことを知らなかったからだろう。この葱は勿論自分でも食べたけども、親戚などにも沢山送った。

それから、百姓生活で身に付けた技で思い出すのは肥《こや》しの担ぎ方だ。当時は、人糞を桶に入れて天《てん》秤棒《びんぼう》で畑まで運んで行って施肥しておった訳だが、これを担ぐのには一寸したコツが必要なのだ。で、初めの内はうっかりすると零《こぼ》したりひっくり返したりしておったのだが、段々段々上手になって、今中さんとても要領が良いという事になった。結局どういう時に一番失敗するかと言うと、方向転換の時なのだ。要するに、天秤棒で液体の重量物を運ぶ時には、振動や慣性の法則に支配されている桶と担ぎ手の折り合いが肝要である訳で、特に方向転換をやる時にキュッと急に曲がっては駄目なのだ。小足でスッスッと段々段々その方向に向かわなければいけない。そういうコツが飲み込めたから、今中さん上手だという事になってしまってね。まあ肥しは随分担いだよ。だからまた生産がうんと上がった訳だ。

しかしまあ幾らやった処で完全な自給自足など出来ないし、一升の米でも物々交換でなければ手に入らないから、段々此方も苦しくなって来た。それで、農家から僕に日本刀を持っていたら売らないかと言われた事もあった。しかし僕の方も多くの刀を広島の原爆等で失っていたし、武士の魂とまでは言わないが、百姓が刀など持っていても仕様がないのだから、到頭刀は売らなかった。まあ兎に角当時の農家というのは食べ物を持っているから立場が強く、それは威張ったものだった。これは何も百姓に限らないけれど、少し立場が良くなると威張るというのは、如何にも無教養・無見識で見苦しいものだ。要するに、その人の置かれた立場とその人が身に付けた本当の意味での教養というものがアンバランスだと、見苦しく回りに不快感を与える。どんなに良い学校を出ても、どんなに良い社会的地位に居っても、またどんなに収入が有って羽振りが良くても、そのことを基に増長した途端、その人物が育ってきた家庭やその他の環境が本当は大したものでないことが判明するね。成金が人の尊敬を集めない理由がそれだし、その極端な例が戦後の農家だった。だから、口にこそ出さないものの、戦後食べ物に相当苦労したお前の御父さんなどは未だに百姓が大嫌いな筈だ。

(二) 舞鶴

さて、信州にはそうして暫く居ったのだが、今度は康二君が、自分の故郷である舞鶴に来いと、来れば何とか食べる物位は有ると勧めてくれたので、主人の内山君が居る大阪に行った長女のミーコちゃんを除き舞鶴に移った。康二君の家は割合富裕な農家で山や耕地を沢山持っていたから、空き家の一軒を借りまた一部分土地も借りて、そこでまた康二君の御母さんに習いながら麦、豆、ジャガイモ、カボチャ等を作った。此処でも普通の御百姓には負けない位やった。唯、麦などは本当は臼で突いて殻を取るのだが、そういう道具は此方には無いから、ビール瓶でコトーンコトンと叩いて皮を取る。

食べる為にそういう事を随分やったものだよ。そういう訳で、舞鶴では小村谷の世話になったのだが、矢張り非常に気兼ねもせねばならんし、また少し意見の対立なども有ったので、丁度空いていた海軍の学校の下士官官舎を市から貸してもらって、そこへ再び転居した。そしてそこでも毎日々々畑を作って居った。何しろ収入という程の収入は無いから、食べ物を直接作るしか方法が無かったのだ。しかし僕と御祖母ちゃまと次女の三人が居る生活だから、それだけでは矢張りどうにもこうにもならなくなった。

大体終戦時に持っていた五万円というのは、当時何にもしないで一〇年位は楽に暮らせる金額だった。だから当分はそう心配せんでも良いと思っていた処、豈《あに》はからんや、貨幣価値が急落して二年程も経つ内には殆ど無くなってしまった。また恩給にしても、現役を辞めて直ぐの頃は月に二百円近く貰っていたのだが、その当時の二百円といえば、今の金にして三五～六万円から四〇万円近くになると思う。だから、物価に或る程度スライドしてこれを貰えば先ず生活には困らなかった筈だが、止められてしまっていた。それからこれは後の話になるけれど、恩給が再開された時には制度が大きく変わって、上の方は随分額を切り下げられたのだ。詰まり下に厚く上に薄くという事になった。だから今貰ってるのが未だに月一五万円にならないのだよ。半分以下になってしまった。それでこれでは余りに酷すぎる、少しは元に戻そうという事で、恩給連盟というのが今一生懸命に運動している訳だ。これは全国的な組織だし相当に勢力が付いて来ているので、参議院などに人を出しても大概通る様になった。まあこれは横道の話。

それで昭和二十一年の秋位か、どうにも生活が苦しいものだから、もう一度何かに使ってもらえればと思って川西に相談に行った。だけれども、会社自体一時閉鎖していた位だから再就職の話はうまく行かなかった。しかし川西は此処でまた僕を救ってくれた。それは、電球を分けてくれた事で、電球は僕が会社を辞めた頃既に需要を満たす供給力が無く統制品となっていて、闇値が馬鹿に上がっていた品物だったのだ。そういう状態の中で、当時神戸の川西でも一隅に電球工場を創って生産していたのだが、その内の配給枠外品、平たく言えばヤミの電球だが、これを少し分けてくれたのだ。だから、それを売って生活する事が出来た。この電球を売るについては、お前の御父さんが大活躍した。お前の御父さんは僕の子供の内で唯一の民間人として戦前は先ず明治製菓に入社し、後に東京に在った軽金属統制会に移って勤めて居たが、終戦直後統制会が解散になったので、内山君の世話で大阪の㈱大原造船鉄鋼所という会社に入って居った。だから昼間はそこで働いて、夜は神戸から仕入れたヤミの電球を電気屋をはじめとする種々な会社に売り歩いた訳だ。会社相手だから商い量も大きく儲けも大きかった。御父さんは商業の高等専門学校出だから僕の様な軍人とは違って売り込みなどの商売センスはあるし、勉強はそう出来る方ではなかったけれどガムシャラな性格なので時代が落ち着いた時よりも寧ろ混乱の時に力を発揮するタイプだ。それで、広島に帰って家を再興出来たのも、この時の御父さんの活躍による処が大きい。で、僕の方も、量は少ないけれど舞鶴に持って帰って、田舎の方で電球と米との物々交換をやっていた。当時電球一つで米一升、まあそれは何処でもそのレートという訳ではないが、田舎では電球など殆ど無くなっていて、わざわざ島根県の方から買いに来た人があった程だ。それからこの時には、僕が新兵教育したの三勇士の一人佐藤瞬一郎が神戸で外国貿易を遣っていたので、お金だったら幾らでも使って下さいなどと言ってとても良くしてくれた。それで運転資金を少し借りた事も有り、また仕入れた電球を彼の家へ一時預かって貰った事もあった。で、川西の電球工場から佐藤瞬一郎の家まで約二里あるのだが、その当時には車がある訳ではないし輸送力が無いから、その二里の間を車を引いて電球を持って帰った事がある。テクテク々々町の中をねェ。まあそうやって電球を売って生活して居った訳だ。

(三) 広　島

昭和二十二年夏、次女と御祖母ちゃまを舞鶴に残して、僕は我が家の本格的な復興を図るべく広島に帰った。その二月程前、お前の御父さんは造船所を辞めて先行して広島に入っていた。僕が故郷の広島に住まうのは、明治四十年十一月陸軍工兵少尉として岡山第十七師団に転出して以来だから、実に四一年振りの事だった。

広島は僕の実家である岩本と養家である今中の根拠地だ。で、僕は今中家の跡継ぎだが、職業上長らく不在だったから、養母が亡くなってからの今中の土地管理は岩本の父が行っていた。しかし、岩本の方も僕の兄の長男義敏（ヨシハル）が子供の無い儘《まま》死んでしまったので、その儘では家が潰れる事になった。そこで今度は僕の次男、即ちお前の御父さんを、家督相続の為岩本家に養子の形で戻したのだ。しかしその時お前の御父さんは未だ小学生だったから、父久保六は、近所の尾原家に養子に入った僕の弟の三男義一（ギイチ）の所に身を寄せて晩年を過ごし、昭和十一年に亡くなった。そこでそれ以後は、岩本と今中の両方の土地を義一が管理してくれていたのだ。所が、今度は義一が原爆で死んでしまった。義一は上智大学卒業後芸備銀行（現広島銀行）に入ったが、本店保管課長の時出勤途上で被爆したらしい。その日以来行方不明で、遺体遺骨は勿論の事、何処で何の様に亡くなったかさえ未だに全く判っていない。で、尾原家は当主を失ったけれど、妻子は被爆したものの辛くも生き残ったので、戦後は宇品に在った別荘に移って生活していた。義一の一人息子悟（サトル）君が、今上智大学の神学科教授になっている事はお前も知っているだろう。

終戦直後の広島は、先も言ったように全市丸焼けでとても普通に生活出来る状態ではなく、従って土地の管理も十分には出来ない儘過ぎていたのだが、昭和二十二年頃には漸く復興の兆しが見えて来たし、また緊急避難的な意味だったのだろうけれど市の条例か何かで地権者不在の土地には誰でも勝手に住んでも良いという事になっていたので、うっかりしていると他人に土地を奪われてしまう虞があった。そこでお前の御父さんと僕が広島に帰って土地を守り家の再興を図る事にしたのだ。当時僕らが持っていた土地は、今中の方は昔僕が引き継いだ五百坪弱、それから岩本の方は、久保六が尾原に世話になる関係もあったし又久保六は当時としては珍しい程公平に財産分与を考える人だったから、養子になったお前の御父さんが引き継いだのは三百坪弱だった。

で、帰った当時の僕ら土地の様子というのは、当然ながら被災した当時の儘で、家が焼け落ちた瓦《が》礫《れき》もうずたかくそこに草がボウボウに生えているという状態だったから、先ずそれを新地《さらち》に戻す事から始めなければならなかった。その間住んでいたのは、直ぐ近くに在った材木屋が資材置場にしていた掘っ立て式のバラックだ。これを借り上げて人間が住めるように改造した。しかし改造したと言っても、寝ていると隙間から月が見える様な代物で、広島における再興というのはそういう所からスタートした訳だ。所がそうしている内、土地に対する税金が莫大に掛かって来た。当時採られた租税政策というのは、一種富裕税的な感覚を持った苛酷なもので、僕達の併せて約七百坪の土地に対して、当時の金で四万八千円もの所有税が掛かった。これはとても普通では払えない額だ。しかしこの時は、お前の御父さんが大阪で電球を売って蓄えた金が有ったお陰で何とか支払う事が出来、土地は一坪も失う事なく済んだ。但し持ち金はこれが為に尽きた。また今中の方の土地は、その後の区画整理で四百十八坪になった。

昭和二十三年も中頃だったろうか、待望の家が出来た。昭和二十三、四年でも周囲はみなバラックだったから、本格的な木造二階建である我が家は立派な方だった。しかしガラス等統制品で充分手に入らない資材もあり、二階の窓などは引き違いの木製の格子戸で、そういう所は如何にも当時の建築だった。この家の建設費は、岩本の方の土地を全て手放す事で作った。確か家の建築代金が十万円程、それに対するに三百坪の土地代金がそれを僅かに上回る程度だったから、今から見れば、当時は建設代金が非常に高く土地代が異常に安かった。矢張り戦災で沢山の人間が死に、経済も疲弊していたから、資材にしても土地にしても需給関係が完全に狂っていたのだろうと思う（参考乙66）。兎も角、以後岩本・今中の両家は今中の方の土地に纏まって住む事になり、御祖母ちゃまも舞鶴から呼ぶ事が出来た。それから仕事だが、広島では電球の正式な配給所に指定されたので、此処でも暫くは電球を売って生活した。尤も、電球はその後生産量が上がって普通に手に入る品物になり、昭和二十四年頃にはそれだけでは商売にならなくなったので、次に石炭を扱う事にした。

この時代、何故本来の商売人でない僕らが不慣れな仕事を続けていたかとお前などは疑問に思うだろうが、勤め人ではとても食べられなかったし、まして資産を守る事など不可能な時代であったのだよ。

さて、丁度その頃、僕はすっかり体調を崩してしまっていた。

これはもう体全体の具合が悪かったのだが、特に胃は非常に痛んで、物を食べても直ぐ吐いてしまう。殆ど一ヵ月程食物が喉を通らなくて、体はすっかり痩せてしまった。それから咳が酷くて血痰まで出始めたのだ。それで、僕の妹の亭主である久留島が見舞いに来た時も、丁度その妹が死んだ後だったので、「今度は今中の番だ。」と言っていたよ。もう助からんだろうと。それ程悪かったのだ。それで自分でも苦しいし、これはきっと胃潰瘍かなにかをやっているに違いないと思って、直ぐ入院が出来るよう準備して広島の日赤病院に行った。そして、あの当時のバリウムはとても飲み難い代物だったのだけれど、それを飲んでレントゲンを撮って貰った処、胃潰瘍ではない、しかし十二指腸潰瘍の疑いがあるという事だった。十二指腸潰瘍というのは手術が難しいから、胃潰瘍よりもっとタチが悪いのだ。それで今後どうすれば良いか御医者さんと相談したのだが、薬を出すからそれで暫く様子を見ようという事になった。それから、問診の中で「煙草は吸いますか。」と聞くから煙草は一日三箱程吸いますと、「御酒は飲みますか。」と言うから御酒も随分飲みますと答えた処、「それじゃあイカン、どちらか一方で良いから止める必要がある。」と言われた。それで考えるに、酒は朝から晩まで飲むという事はないけれど煙草は朝から晩まで呑むのだから、煙草の方を止めた方が良いと思って、「それでは煙草を止めます。」と言ってその場からスッパリと止めた。

前にも言ったけれど、僕は軍人時代から煙草は随分吸ったし、また当時から胃酸過多で、胃がチクチク痛たんだりしておったのだ。特に満洲辺りでは宴会などが多くて、胃など良くなる筈が無い。だけど現役中はそれが為に別にどうという事は無かったのだ。けれども、広島に住む頃には歳もとってきていたし、殊に石炭の関係では御客さんを相手にする事が多いので、余計煙草とか酒を飲む機会も多く、体に負担が掛かり過ぎたのだろうと思う。それで、禁煙も始めの内は非常に苦しかったが段々慣れたし、勿論酒も飲まず、食物は普通の御飯でも良いと言われたけれどお粥を主に食べ、薬はきちんと飲んで療養に専念した。そうして養生に務めつつ日赤病院に暫く通った。そうしている内、段々段々体の調子が良くなって、到頭全快したのだ。

で、その後も暫く酒は飲まなかったけれども、一年位たってからチビリチビリと飲み始めた。但し煙草はもう吸わなかった。僕が体調を崩したのは、無論煙草の所為ばかりではないけれど、これを止めれば健康上に良いという事だけは間違いない。所が、普通であればこれは中々止められない。僕はひどい病気をしたからこそ思い切って止める事が出来たのだ。煙草と健康で思い出すのは御祖母ちゃまの父親、小林の御父さんの事だ。これはまた吸うだけでは物足りなくて、煙草の葉を噛んでおった。それ位好きだった。小林の御父さんは医者だけれど何事に関しても極端で、医者の不養生の典型みたいな人だった。で、終戦になって煙草が無くなってからも、桑の葉っぱを噛んだり、柿の葉っぱを噛んだりして我慢していた。所が煙草をあんまり吸う人は矢張り癌になり易い。それで小林の御爺さんも到頭肝臓癌になって、それで亡くなったのだ。だからそこまで極端な事をすると体に良くないのは明らかだ。

まあそういう訳で、僕の場合は病気が治った。僕は体調を崩した時は直ぐに御医者に掛かるし、又お医者さんの言う事はきちんと守る方だ。それで足も治したし、この時の胃も治した。所が世の中には医者に掛かる事自体を嫌う人が居るのだから、僕には理解出来ない。僕らの一期先輩に後宮（ウシロク）（参考甲39）という陸軍大将が居って、僕が測量隊長で満洲に行った時には満鉄の監督官か何かで種々御馳走してくれたけれども、これが一寸変わった人で、「俺は医者など大嫌いだ。」と「医者の言う事など成ってない。あんな者の言う事など一々聞いておったら人間皆駄目になってしまう。俺は一切医者にはかからない。」と言っておった。その後宮さんが大分歳をとって、ヨボヨボになっていたのだけれど、入院中に飴玉を喉につかえさせて死んだのだ。だから人生というものは面白いものだ。あれだけ御医者さんの事を糞味噌に言って、一切医者には掛からないと広言していた人間が、結局病院で飴玉舐めて死んだのだからね。そんなものなのだから、お医者さんに掛からないというのも一応自身の精神としては良いけれども、実際にそういう事を言ったり遣ったりするとなると少し野暮だ。大体御医者さんが嫌いという人は、病気を宣告されるのが嫌で、それが怖さに診てもらわないという様な場合が多い。後宮さんもその同族かもしれないけれども、しかし考えてみれば大の大人が馬鹿な話だよ。悪いところがあれば直ぐ治せば良いのだし、御医者さんに掛かったってどうという事は無いではないか。

一寸話が逸れた。

さて、昭和二十四年頃から石炭を商い始めた訳だが、これもお前の御父さんが目を付けたものだ。昭和二十三年の秋だったか、それまで石炭の供給を統制していた配炭公団と云うのが翌年春に解散と

広島庭先にて、右より筆者、妹佳子、祖父、祖母。

なって、愈々統制が廃止されるという。で、石炭は戦前は大商人が居った位で商いとしては面白いのだが、統制の為にそういうのがみな潰れていて、統制が解除になっても受け皿の自由販売体制が出来ていないという事をお前の御父さんが友達から聞き込んで来たのだ。それで電球はもう先が見えているし、エネルギーは産業の基礎だから、これを押さえれば商いも大きく堅いので、御父さんとしては是非遣ってみたいという。それで僕も考えたのだが、偶々今中の方の親戚で津村と云うのが日満鉱業という会社の資材部長をやっていたので、これに聞いてみた。日満鉱業というのは、その名の通り日本と満洲で鉱山開発をしていた会社で、九州にも炭坑を持っていた。で、津村から岡本という専務を紹介され博多で会ったところ、石炭取引は中々旨味があるから、組織としては別だが日満工業の広島出張所という名前で仕事を遣ってみないかと誘ってくれた訳だ。

それで喜んで始めたのだが、何しろ素人だから石炭の産出地や品質の見分けなど良くつかないし、販路を一から開拓しなければならず当初一年位は苦労した。唯、販路に関しては、お前の御父さんが例によって活躍してくれた。御父さんの遣り方というのは何時でもそうだが、小口の取引には目もくれず大きな会社を開拓するというものだから、当たれば大きかった。僕らが最初に摑んだお客さんは「福美人」という造り酒屋で、これは僕の弟の尾原の関係を辿って開拓した。以後、酒屋では「賀茂鶴」、これはお前の御父さんの学校友達、「神桜」は御父さんの乗馬仲間、それから最大手の「千福」にも入れた。あとは製菓会社の「佐伯糖化」、缶詰工場の「広島缶詰」「中央缶詰」、それから後には中国電力にも納めるようになった。中国電力は何と言っても大口だった。当時石炭はエネルギーの主役であったし、また景気が上向いて行く時だったから、商売も軌道に乗ってからは引っ張りだこの状態で、一種時代の寵児でもあった。大きな会社からわざわざ社長が来て、支払条件はどの様でも良いから兎も角石炭を回してくれと頼みに来た位だった。

で、僕達の仕事というのは、出張所の名目で商談を纏め石炭を本社から納めさせて手数料として中間マージンを取るものだから、そのルートでは商品である石炭自体の利益は入らない。但しそれを遣れば或る程度の石炭を別途本社が分けてくれるから、その分は僕達のものとして個人の所へ売ったり地方の石炭商に売ったりする。その部分に関してはみな僕らの利益になった。だから馬鹿に景気が良くなって、あの当時の金で二百万円位が瞬く間《またた》に出来たし、僕と御祖母ちゃまの家も上等なのを新たに建てる事が出来た。だから、こんなに良い商売はないと思ったよ。お前が生まれて育った頃は、丁度景気の良い最中だったから、当時としては随分贅沢に育った事を覚えているだろう。所がお前の妹の佳子（ヨシコ）が育つ頃にはそうではなかったから、佳子は一つも良い事を覚えていなくて可哀相な気がする。

そういう訳で、昭和三十一年頃までは景気も良く、泰緬鉄道の建設で戦犯になっていた長男が昭和二十二年に復員し、暫く僕らの所へ寄宿した後東京に出て行った時も、世田谷等々力の住まいをはじめとして随分支援する事が出来た。唯、僕らが遣っていた出張所というのは、本社を後ろ楯として、電話一本で力以上の大商いをしているのだから、上手く行けば儲けが大きいけれどその代わり失敗したらまた大きい。それでドンドン遣っている内に大きな失敗をした訳だ。先ず一つの大口得意先だった菓子屋の佐伯糖化が潰れて当時の金で六百万円もの代金が焦げ付いた。それに対して、本社の方からは早くその代金を送れ送れと喧しく言って来たので、到頭自腹で弁済する事となり、今まで儲けた金を全部取られてしまった。それがケチの付き始めで、その後には肝心の石炭が前程売れなくなって来た。これは後から見れば政策の転換があってエネルギーの中心が石炭から石油に切り換わった為だ。そうなると本社の方から売ってくれ売ってくれと盛んに言って来る。此方は此方で損をした焦りもあって、一生懸命に遣っている内に、今度は悪辣な石炭商に掛かってしまった訳だ。大体僕に言わせると石炭商というのはタチの悪いのが多い。そもそも石炭というのは、量なども一々秤で計る訳ではなく大雑把に取引されるので誤魔化すのに一番都合の良い品物なのだ。だから石炭商として育った奴は、誤魔化すことばかり遣っている内に人柄が悪くなるのだろうと思う。で、これは後で調べて判ったのだが、僕達を引っ掛けた石炭商は種々借金を抱えていて、その借金を融通する為に僕の所を騙くらかした訳だ。その遣り方は、先ず、どんな条件でも良いから石炭を分けてくれという様な巧い事を言って石炭をドンドン送らせる。勿論初めの内は金払いは馬鹿に良い。だけれども、その内一寸待って下さいと言うような事を言い始め、結局最後は船一隻分の石炭を持ったまま居なくなった訳だ。謂わば典型的な詐欺師の手口だが、これに引っ掛かってまた百二十万円程損をした。そして一回目の時には金が有ったから兎にも角にも弁済出来たのが、二回目の時にはもうその余力は無かった。所が、先も言ったように石炭産業自体の景気が悪く、本社の方も沢山使っている職員の給料が払えないという事態に段々なったので、会社の名前でヤイヤイ々々五月蝿く言って来る。終いには財産を差し押さえるとか何とかいう事まで言って来た。それまでは馬鹿にチヤホヤしていたけれども、具合が悪くなると下っ端の方の職員などは何をこの野郎という様な態度に急変した。それで此方も一時家財などを隠したりして、遣れるものなら遣っても良いが差し押さえる物は無いぞという体制をとったりもしたのだが、しかし何時までそんな事を遣っていても仕様がない。兎に角此方は本当の商売人ではないし、石炭の商いなどこれを潮時に止めた方が良いという事になった。で、この頃は最早戦後も終わったと言われる位社会全体としての景気は良く、広島駅から徒歩で一〇分も掛からない所にある僕の土地の価値も適正な水準に回復していたから、これを売りさえすれば弁済しても以後の生活に十分な資金が残る事は明らかだった。で、お前の御父さんは、広島という所はさしたる産業のある所ではないので再起を図る為東京に出ると言うし、そうなると子供は全部東京在住になるから、僕も土地を売って弁済した後、残りの金を持って東京に行く事にした訳だ。

(四) 東　京

昭和三十二年広島を引き払って東京に出、等々力の長男の所に小さな部屋を増築してそこに御祖母ちゃまと一緒に入った。お前の家は少し早く東京に出て来て、世田谷の赤堤に土地を買うまでの一年間は、中野の笹塚に家を借りて住んで居ったね。その頃、お前の御父さんと御母さんは休日毎に土地を捜し歩いていたから、小学二年生のお前が二歳の佳子をあやしたりスカしたりしながら、ちゃんとお釜で米を炊いて食事をさせたりもして、本当に良く家を守っていたな。甘えん坊だったお前が、寧ろ誰にも負けない位しっかり遣っているのを見て、僕は感心しとったよ。

僕の方は、その頃には年金も貰えるようになっていたし、広島の土地を売ったお金で生活に不安は無かったが、もう少し儲けてみようと思って始めた味付けワカメの製造販売も、結局お前の御父さんの様な販路を開ける人間が居なかった為に失敗して、直ぐ止めてしまった。それから長年の夢だった長男との生活も、考えてみれば彼が幼年学校に入って以来一緒に生活した事など殆ど無いのだからそれ程上手くは行かず、一年程で駄目になった。そこで、広島から分解して運んで来ていた僕の家を今の狛江に建てて、今度は本当に老夫婦だけの隠居生活を始めた訳だ。お前の家はお前の家で、赤堤でプラスチックの仕事をしたりしていたが、着眼は良かったものの事業としては苦しい展開になってい

狛江宅にて（筆者撮影）。

たので、僕が狛江に来るよう誘った。そして、お前の御父さんは此処で特定郵便局を開いて局長になった訳だね。

僕が行った当時の狛江というのは、藁葺きの農家と田んぼ以外殆ど何にも無い、風景としては江戸時代とさして違いの無い田舎だった。だから夜中になると人通りも絶えて、今から思えば寂しい所だった訳だが、あの当時はそういう事は全然考えなかった。赤堤のお前の家に遊びに行って帰る時などは、柴崎の駅から此処までテクテク歩いて帰るのだが、佳いお月さんが出て、周囲の田んぼではギャアギャア々々蛙が鳴いているし、たまには蛍が飛んでいる。とても良い気持ちで帰ったものだよ。考えてみると田舎ではあっても狛江が僕の人生の中で一番長く住んでいる場所となったし、民生委員として長く勤め都の三役にまでなれて幸せだった。

まあ、僕とお前の家が狛江に来て僕の一族はやっと全員安定した生活に入ったのだから、そういう意味では此処で漸く僕らの戦後が終わったと言えるのかもしれない。

随分長く話して来たけれど、僕の人生のおおよそはこの様なもので、後はお前の知っての通りだ。

（祖父今中武義は、昭和五十四年六月二十一日、九十四歳で没した）

祖父の家族

人は、全く単独で、宙に浮くようにこの世に存在しているのではない。必ず他の人間と関わりを持ち、世の中に足を着けて生きている訳である。そうした中でも特に家族は直接的な存在であるから、一人の人間を理解する為には、出来得る限りその家族まで知っておくのも重要なことであろう。また家族のあり方は当然時代を反映したものになっている関係上、戦前と戦後のそれとでは随分と異なる部分もある。「祖父の回想録」の中で、他家の家族の話まで一部敢えて載せたのは、その人間を理解するに止どまらず、戦前の家庭やその時代性などの理解に資すると思ったからで、その他の意は勿論無い。そういう意味で、ここまで祖父の事を書いて来た以上、その家庭に関しても、少なくとも簡単な紹介くらいはしておかねばなるまいし、またそうでなければ公平も欠くであろうから、最後にこれを記しておきたい。

尤も、これは筆者にとって余り気の進む作業ではない。筆者は、伯父や伯母達が余り好きではないからである。その理由はしかし、彼らが特別悪意の人間であるとか奇嬌な人物揃いであるなどという事にあるのではない。彼らの多くは、むしろ一般的に見れば社会の成功者であり、それなりの常識の具有者ではあろうからである。ただ、彼らは祖父母に比して如何にも人間的な風合に乏しく、またこの現代社会で活躍するだけあって功利的で、それが筆者の様に人間に対して夢見がちでしかも狭量且つ直情な者の好みに合わないだけである。だから、伯父伯母達を辛口に批評する事について一種の逡巡があるにはあるのだが、しかし親族間に多少の批判があるからといって、それが彼らの現代における社会的評価を具体的に欠損せしめることにはならないであろうし、寧ろ身内のことを良く言わない筆者の方が人間的評価を落とせば済むことだという風に心を整理した。

その様な具合だから、記述については無論正確・公正を期するけれども、その人物論はあくまでも筆者の個人的見解であることを、予《あらかじ》め断っておかなければなるまい。

先ず**祖母の陸子**（ムツコ）（本名：ムツ）（故人）について

信州上田出身で岡山の県立女学校出の彼女は、努力型の祖父とは逆に才気換発型で、豊かな知識と融通の利く才覚と社交的な性格を持ち、打てば響くようなところがあった。祖父は嬉しそうに「お祖母《ばあ》ちゃまに聞いてご覧。何でも良く知っているよォ。」と言うのが口癖だったけれど、確かに、知らぬという事、出来ぬという事のおよそ無い人だった。同時に、このタイプにありがちな気の早さと或る種の独善性を持ち合わせてはいたが、内面は実に冷静公平で天性の愛敬も有ったから、家族の皆から愛された。ただ、祖母は、筆者が子供の頃には風邪一つひかない健康人になっていたけれど、終戦まではひどく病弱で、筆者の父の学生時代には、起きているところを見た事が無いという位だったから、その才能が子育てに関して充分に生かされたかどうかは疑問である。しかし、社交の面に極めて優れた力を有していた祖母は、祖父の出世に関しては大いに内助したと自負しており、それは祖父も認めるところだったので、家族の皆はそれを事実と信じていた。所が祖父母の死後、軍の人事を良く知る人から全く逆の話が出た。即ち、祖父自身の評価は軍内部で非常に高くもう一段の出世も望める程だったところ、祖母には些《いささ》か軽率な言動があって、寧ろマイナス要因になったというのだ。勿論真相は藪の中である。しかし、結局「御袋は、言う事や遣る事に極端なところがあったから、寧ろその人の話の方が腑に落ちる。流石の親父も御袋の宣伝力の前には手もなく遣られて、しかも一生それに気付かなかったんだ。鼻の下が長かったからね。」という父の評で皆大笑いし、一件落着になった。それは兎も角として、この祖母は筆者を一入《ひとしお》可愛がってくれ、また筆者もベッタリと甘えて育った。毎夜床の中で語られる祖母の昔話はまるで千夜一夜物語の様に続き、しかも彼女の持つ記憶力の故かはたまた創造力の故か、一つとして同じ話をしなかったそうである。

祖父と祖母の間には筆者の父を含め二男三女があったが、子供の養育に関してはどうやら失敗したと言ってよく、祖父母自身もその事を自覚していたと思う。実際、優秀な人間が一人も居ないばかりでなく、甘やかされた子供達は案外に利己的に育ってしまったのである。結局、祖父は仕事で忙しく、祖母は病弱であったことから、実際の育児・教育が女中任せになったのがその原因の大なる部分だと思う。そこで、冷静な祖父母はその欠点を補うべく意識して配偶者を選定した節がある。

長男S

東京幼年学校、陸軍士官学校（48期）、終戦時は陸軍工兵少佐。映画「戦場にかける橋」で有名な泰緬鉄道の建設に携わり、戦後捕虜虐待の廉《かど》によりB級戦犯指名され、変装して故国を目指すも発覚逮捕されチャンギー刑務所に収監された。当初は処刑される者が多かったそうだが、裁判を待つ内に連合国の報復感情も徐々に鎮まったらしく、二年後一命をながらえて無事帰国した。

Sは「ニーチャン」と呼ばれていた。無論「兄ちゃん」の意味で、比較的気取り屋の祖父母にしては可笑しな呼び方だった。また、祖母はそれぞれの子供にその特徴を冠して言う事が多かったが、長男のことは「ニーチャンは偉い」というのが常套句であった。しかし実際にSが偉物であった訳ではなく、これは「長男は偉くあれかし」という願望の表れであった。実物のSは身体・人物共に矮小の人間で、非常な利己主義者である一方社会的能力が低く、長男としての義務も果たさなかったから、一族間にあって存在感が薄かった。強烈に長男である事を主張したのは遺産分けの時だけで、その際祖父母の面倒を長く実質的にみてきた末子の父と対立、戦後キリスト教徒になり牧師にもなっていた彼は「自分は神の理解を得ているから、誰から何を言われても関係無い。」と居直って、その人間性を露呈した。

妻のH子は、後に海軍機関少将になったH．T．の子である。戦前、長男の結婚相手を選ぶ基準として、家同士の釣り合いを重視した結果であろうと思う。

長女満子（ミッコ）（故人）

「ミーコチャン」と呼ばれており、「ミー子ちゃんは極端」と言われていた。

実際随分極端なところがあり、特に長女としての実家に対する愛慕や一人息子にかける愛情には、常軌を逸したところがあった。そういう意味では、純粋すぎるほど純粋であったのかもしれない。また、彼女は、しばしば人魂を見るような、普通の人とは一寸違った周波数を持つ人間で、他人に風変わりな圧迫感を与えるところがあった。比較的早く、息子がまだ独身でいる内に病没したが、近所の人たちは、「あのお姑さんでは嫁が大変でどんなことになるかわからないから、早く亡くなったのも息子に対する愛情の現れかもしれない。」などと言っていた。

満子は、若いころは美人として有名で、見初めた夫の執拗な談判によって結婚が決まった。満子は不満で、結婚式当日の朝まで泣いていたらしい。それが筆者の父には余程ショックであったらしく、もうそんな時代でないにも拘らず、「子供には、本人不満の結婚は絶対にさせない。」と、いつも言っていた程である。

夫の**内山鉄男**（故人）は、新潟高田の士族、父親も軍人（陸軍大佐）であった。陸士（41期）、技術将校の員外学生制度で京都帝国大学に学び、大東亜戦争時には陸軍の航空母艦設計に携わった（光人社「世界空母物語」二一八頁掲載）。終戦時陸軍工兵中佐。戦後、鍵の一流メーカー新橋H商店に勤める。技術部長。

彼はなかなかの読書人で、およそ軍人らしくなく、人間的にも特段の破綻がないばかりでなく寧ろ微《かす》かに面白味のある人だった。性格的には映えたところがなく寧ろ鈍重の気味で粘着質、如何にも新潟県人らしく、又如何にも技術屋らしい人だった。満子の死後、後を追うように他界したが、葬儀の席でH商店の社長は、「内山さんとは、よく新規開発分野でぶつかった。私は素人だが、開発の方向性の善し悪しは見えるから、内山さんにこれでは駄目だと早目に言うのだけれど、彼は頑固で頭をぶつけるまでその方向で進む。頭をぶつけて初めて失敗を認め方向転換を図るという事を繰り返すから、これには全く閉口した。」と言っていたそうである。自分の勘の鈍さを学問的な実証的態度と取り違える技術屋らしい話で、それはそれで如何にも伯父的な可笑味があった。

次女和子（カズコ）（故人）

「カーコチャン」と呼ばれており、「カー子ちゃんは強情」と言われていた。

特徴的な三姉妹の中にあって、最も地味で口数も少ないが、中々にしたたかで猜疑心が強く、また利己的でもあって、如何にも次女という人柄。親戚中で一番出世した夫を持ち、経済的に恵まれたものの子供は無かった。

この次女と三女の結婚相手は、同じ基準で選ばれている。即ち、出自は左程でもないが、本人が成績優秀で、将来を託するに足る人物ということである。娘が萎縮する事なく、また充分幸せを享受できるという祖母の知恵がそこに働いており、確かにそのもくろみは成功したのであった。

夫の**小村谷康二**（故人）は、京都府舞鶴の農家の出身、父親は市会議員でもあった。陸士（47期）、陸大卒、大東亜戦争時には大本営参謀、終戦時陸軍歩兵少佐。戦後、静岡新聞創業者大石光之助の知己を得て同社に奉職、静岡放送社長、会長、最高顧問として長らく勤めた。

彼は、体軀堂々悠揚迫らざる外見を備えるも、性格は細心緻密、軍人というよりも財界若しくは官界人のタイプであった。事実、精神主義や軍国調を内心嫌い、戦中筆者の父の長髪を羨ましそうに眺めていたという。又戦果大いに上がっていた時期に「この戦は勝てないよ。」と父に漏らすなど、大東亜戦の敗北を早くから予想、戦後の活躍に繋がる優れた判断力とバランス感覚を示していた。合理的なためか余計な人付き合いはせず、社会的地位の割に他人の世話もしない独立独歩の人であったが、祖父には小遣いなどを時々出していたらしい。我が家にも比較的良くしてくれた。ただ、祖父はその訳は明かさなかったけれど、「康二君は、実は非常に恐ろしいところのある人だ。」と小声で言っていた。また、祖父母の遺産分けの際、立派な経歴におよそ似つかわしくない詐欺的行為で筆者の父を欺き、晩節を汚したのは如何にも残念なことであった。

三女C子

「チーコチャン」と呼ばれており、「チー子ちゃんは嘘つき」と言われていた。C子は、おしゃべりで容貌に顕われるほど狡猾な所があった。利益に執着が強く、非常に利己的。また、良く言えば内助の功ということになろうが、自分を大きく見せるために有力者に接近し、それを外に向かって喧伝するような事が大好きな人である。

夫のU．M．は、広島県三原の農家の出身、父親は一時ハワイに移民していた。陸士（48期）、陸大卒、ビルマ方面軍参謀、補給担当の後方参謀としてインパール作戦に参加、終戦時陸軍歩兵少佐、戦後は自営の土建業を経てT紙業に入社、東京支社長。

成績一本で来た人で、社会的能力も確かに有ると思われる。ただ、筆者の父などは、自己保身に汲々とし、劣等意識の反作用として傲慢不遜、旧軍の人材登用制度の持つ弱点（出自不問、ペーパーテスト重視）から出た、日本人の最も嫌らしい面を体現した人物であるとし、「軍人というのは世間が狭い。特に、都会と地方の文化格差が大きかった当時、学費が掛からないという理由だけで軍人を目指し、田舎から出てテストの点数一本でノシ上がった者などに国を指導出来る見識などあろう筈もない。そもそも人格・教養からいって本来将校たる資質にすら欠けたのが多かったのだ。ところが本人は、成績が良いものだから思考レベルも高いと思っている。そういうのが自己の出世の為に、自惚れと実態のギャップを精神主義で誤魔化し、瑣末論で根本論を押し退けていたのだから、全くの気違い状態が出現したのさ。ペーパーテストで即席にエリートを作る制度の危うさと、実際に出て来た人間のレベルの低さの証明だ。その一つの典型がU．M．で、あんなのが軍人になるから、日本は滅んだんだ。」と言って激しく嫌っていた。一部軍人に対するこのような思いは、父に限らず或る程度時代に共通した感覚であったようで、大正九年生まれの作家安岡章太郎と、父と同じ大正十二年生まれの作家司馬遼太郎は、対談の中で次のように述べている（文藝春秋「八人との対話」より）。

『安岡　やっぱり近代化っていうものは、それまでのあらゆる道徳が崩れるだろ。あわてたんだろうと思うね。例えばね、大東亜戦争の時、日清・日露の時とちがって日本軍の将校に将校らしさがない。これは武士階級から採らなかったせいじゃあないかと思ったよ、僕は。

司馬　百年たってるからね。

安岡　いや、百年たとうが何年たとうが、世襲の武士というのがいなくなった場合に、武器を持つ集団がいるということは、これはまずいだろうと思ったなあ。

司馬　そう、試験採用による臥煙（ガエン）だからね。』

（臥煙＝火消し人足。品性の卑しい無頼漢を指す。幕府歩兵が臥煙から募集されたことを寓意とした発言である：筆者）

この伯父の軍人志望動機は、経済的なことは勿論であるが、「一般人と違い、軍人は階級章が付いとって、偉い事が一目で分かるから。」というのであるから、確かに人物の程が知れるかもしれない。そういう彼が長男Sと一緒になって、「これからは私達軍人が日本を動かさねば駄目なのだ。」などと言って、威勢の良い事の好きな祖母を喜ばせていたそうである。

この伯父に、努力の末東大・ハーバート大大学院を出た息子が居り、これがまた上に媚びるに幇間の如く下に傲慢なこと狂者の如くである上、子供の居ない伯父小村谷家の財産を窺うなど、何処をとっても碌でもない人間なのだが、それは措くとして、その息子の結婚式に出席した父が、帰るなり目を剝《む》いて言った。「おい、いつの間にかU家が名門ということになってたぞ。いくら結婚式でも〝名門〟とはな……。チー子がホラを吹き散らした結果だな。」。U家といえば、口喧しい昔の三原では、嫁の行き手がないといわれる程の、マイナス方向への名門であったらしいからである。「あの家の人間には、何の（文化的）蓄積も無い。言わば成り上がりの典型じゃあないか。あれで騙されるとすれば、世間は良家の人間の何たるかを知らない訳で、戦後の社会とは随分薄っぺらのつまらんものだなあ。」というのが父の感慨であった。

このU家の人々を見ると、日本の近代社会（特に戦後社会）が人間の何を評価し、それが結局どの程度のものであったか解るような気がするのだが、どうであろうか。

次男正義（タダヨシ）

筆者の父である。「ターチャン」と呼ばれており、「ターちゃんは訳解らん」と言われていた。

父は、大正十二年生まれ。次男の末子であったから、養子に出て岩本姓になった。尤も、岩本家というのは今中に養子に行った祖父の実家であり、その実家が絶えそうになったので、家名継承の為養子として形式上戻されたに過ぎない。学業成績などに見るべきところがなく、賢さもなく、頭は悪い方。非常に合理的な面と不合理なところがまだらに混在していて、確かに訳が解らないのであった。しかし軍国主義のような偏狭な共同幻想に酔ったり田舎臭い自己肥大に陥るタイプではなく、家庭や地域に累積した文化の幾分かを身に付けた素朴なリアリストであったろうとは思う。末っ子の甘ったれだが、その分親に対する孝行心もまた篤かった。

父の世代は、戦前は明治や大正前期生まれから気迫に欠けると圧迫され、しかし太平洋戦争では主兵力として奮闘し、戦後も経済再建の最前線に立った割の合わない世代である。昭和十六年十月に公布された「大学学部等の在学年限又は修業年限の臨時短縮に関する関する件」により修学年限を半年程短縮され、昭和十七年九月旧制高等商業専門学校を卒業、明治製菓に入社、程なく設立間もない軽金属統制会に移った。軽金属統制会というのは、重要産業の戦時統制の為「国家総動員法」の下に結成された産業別特殊法人の一つである。乗馬やサッカーなどスポーツが得意だった割に身体が虚弱で、兵隊検査では第二乙種。昭和十九年三月になって召集により千葉県国府台の野戦重砲兵連隊に入営、胸部疾患（乾性肋膜炎）の為即日帰郷となり、以後勤めの関係の所為か再召集もなく終戦を迎えた。職業軍人一家にあって、唯一民間の道を進んだ人間である。

終戦に伴って軽金属統制会が解散となったので、父は公職追放中の祖父を助けるべく共に広島で事業を起こし家の再興を図った。戦犯として復員が遅れた長男は、帰国後も独立した生活を望んだ。期待の長男が左程でもなく、期待されざる末子が孝養を尽くすという事は世間で案外見聞きするものだが、父の場合もそうだった。事業は一時大いに盛んであった。その事について、兄弟の中では、その成功をもたらした主体は祖父で、父は寧ろ祖父に援助されているかのように理解され言われた。祖父に対する尊敬・信頼の念と父に対する侮《あなど》りがその根底にある。父自身、考えも無しに平気でその場限りのいい加減を言ったりするので、人の信頼を失うところもあったろう。ただ、この場合の事業成功の主体は、矢張り父にあったに相違ない。祖父は基本的に官僚的組織人であって、独立して商売など出来る人ではなかった。それに対し父には、若さ故の時代の掌握力と成功に盲進する我武者らさが有り、また、大きな商いに対する志向が戦後の売り手市場の状況に合致して、成功を手中に収めたように思われる。また父は、時には岩本家の財産を売り払ってまで祖父を支えたのであった。その頃の余裕の有る生活を見て、後に長男が、続いて長女が、祖父母との同居を申し出、実際やってみたのだが、そこから何の余徳も得られなかったのは当然の事であった。
　しかし時代の勢いに乗った商売は必ず破綻する。真の実力の裏付けがなかった父の事業もやがて破綻、今度は単独で、東京でやりなおすこととなった。この時代、父は酒も飲まず真面目に働き続けたそうである。父といえば、歌舞音曲をはじめとして遊興一般が大好きで、謡・鼓・三味線から手風琴まで器用にこなすだけでなく、景気の良い時は芸者総揚げで遊んだというその道の剛の者なのだが、一度左前になるや遊びはピタリと止めたらしい。その点を母は「あれ程メリハリの利いた人は珍しい。普通は苦しさを酒に紛らわしたりするものだけれど、そんな事は一切無い。そういう点だけはお前は足元にも及ばないから、良く見習いなさい。」と言って父を褒め且つ筆者に対する戒めとしていた。その後父は幾つか職業を変え相応の苦労はあったが、最終的には特定郵便局を開局し安定を得、先ず先ず幸せと言いうる生活を送っている。「これはお父さんの実力というよりも、孝行心が天に通じた結果ね。」というのが、現在の母の評価である。

母の真理子（本名：弘子）は大正十五年広島県尾道に生まれ、昭和二十四年焼け野が原にバラックがぽつぽつ建ち始めた広島に嫁いで来た。瀬戸内海のほぼ中央に位置し山陽道の宿場町でもあった尾道は、瀬戸内物流の一中心地として古くより中継問屋が発達した商人の町である。母はその尾道の小さな商家育ちだから、およそ官吏や軍人の世界からは遠い人間であった。そして、小さい頃から山陽本線の特急の展望車を見る度に一体どんな貴人が乗っているのだろうと夢を馳せていた当時の一庶民として、結婚後「俺は乗ってたよ。」という父の言を聞いた時は本当に吃驚《びっくり》したそうである。それ程育った環境が違ったので戦前であれば難しい娶《めあわ》せであったかもしれないが、戦後を生き抜くために商知識を持つ人間が必要だった所為もあろう、見合いの上話が纏まって結婚した。この様な場合に問題となりがちな舅・姑との関係は、祖父母が身内・他人を問わず人間の能力や人柄を正しく掌握して妥当な評価を下すことに長けた人達であった為に、母は当時の普通の嫁がする以上の苦労はしないで済んだように思う。母自身も、良いと思った事は積極的に取り込む柔軟性と単純と言ってよい程の直さを持ち合わせ、また「家」というものを大切にした人間だから、嫁ぎ先に馴染むのもそう難しい事ではなかったに相違ない。

実際母は「家」を大切にした。彼女は、旧制高等女学校本科を出たのも成人になったのも勿論終戦前である。また尾道は戦災を全く受けず、しかも実家が商売屋だから、戦中に東京戦後は大阪と物的状況の劣悪な大都会を勤め人として歩いた父とは異なり、その間食料をはじめとする生活物資に左程困ることはなかった。要するに、教育においても生活においても自信を喪失する様な混乱と窮乏を経験の内に持たなかった母は、日本文化を継承する公民としてその誇りの在り様も当然見失なわなかった訳である。しかし考えてみれば、この様な状況にあった人間は、戦後育ちの筆者などが想像するよりも実は遥かに多かったのではないか。大正四年生まれの作家山本夏彦は、著書『「戦前」という時代』の中で、『食うに困ったのは東京大阪の大都市の市民だけである。農村とその中にある都市の住民は困らなかった。つまり日本人の半分以上は困らなかったのに、困ったほうの情報だけあって困らなかったほうの情報はない。それはわざとだろうか。情報というものにはそういう性質がもともとあるのだろうか。何をかくそう私は東京に生まれ育ちながら、戦中戦後一度もひもじい思いをしたことがなかったものの一人である。』と述べているのである。そういう意味で、母は時代をごく普通に生きた一人と言って良いと思う。

結婚以後、母は全くの専業主婦として生活して来たので、彼女に関する特別の話はない。ただ母は、家庭教育をはじめとして、教育一般には熱心な方だったから、人物紹介代りにその事を少し記しておきたい。

母は、世代論を交えて随分以前からこんな風に言っていた。「勿論一概には言えないけれど、六歳下の私の妹を見ても、昭和一桁の後半から十年代前半位に生まれた人間は、人格形成の一番大切な時に世の中の価値がひっくり返ったので、可哀相に所謂亡国の民で日本人としての誇りが根底から崩されている。それ以降昭和二十年代の前半迄に生まれた子供達は、親はしっかりしていた筈だけれども、何しろ皆が生活に追われて大変な時代だったから、余り良い教育環境は与えられなかった。それにひきかえ二十五年生まれのお前達の世代は、物心付いた時には世の中が或る程度落ち着いていた訳だし、親は概ね戦前育ちなので、余程しっかり育ってくれなければ困るわね。お前達の次の世代は、私の妹などを親に持つ世代でしかも経済的繁栄の中戦後教育で育っているから、たぶん色々な問題が出てくると思う。戦争で負けたりすると、その影響は一つの世代で留まらずに、波紋のように次々伝わって行ってしまうから深刻で大変よ。それにアメリカの占領政策は日本の弱体化が一つの大きな眼目だった訳で、そうでなくともアメリカのように歴史の無い一種の実験国家の言うなりになるのは危険この上無い。六・三・三の教育制度など受け入れた上に、何時までも続けているのはどうにかしている。本をたっぷり読んだり良い友達と話し合ったりして人格の基礎を創るべき一番大切な思春期を受験で何度も分断される制度が良い結果を生むはずがないもの。その点、日本よりもひどく国が崩壊したにもかかわらず、教育制度だけはアメリカに触れさせなかったドイツは立派ね。」。母の分析が当たっているのかどうかは分からない。ただ、六十年の時を経て教育制度の欠陥があちこちで露呈し、戦後教育と言われるものが全くの失敗に終わったのではないかという事は、最近漸く言われて来始めた事である。

さて、それでは母自身が行った家庭教育とはどのようなものだったかと言うと、別に変わったところなど何もない。勿論「家」「家」などと言い立てる訳でもない。ただ戦前に育った者だから、「孝」「友」「和」「信」等我が国の伝統的徳目を当然の価値とし、これを子供に与える事によって、不信よりも信頼、利己より利他、対立より協力といった日本的相互関係を、将来同様に育った人間と自分の子供が対等の立場で築いて行ける様心掛けて教育に当たった事は確かである。考えてみれば、これらはみな教育勅語にある概念である。教育勅語は、明治二十三年（明治憲法発布の翌年）に渙発されて以降、日本国民の遵守すべき基本的理念として義務教育から徹底して教えられていた。だからたとえ戦後であっても、母がこの精神を基にして家庭を築き、子供を教育したとしても少しも不思議でなく、寧ろ自然なことであったろう。しかしだからと言って、母が勅語自体を振り廻す様なアナクロニズムや半可通を演じたという訳では無論ない。ただ、私が孝行めかしい事をした時などに「『克（よ）く忠に、克く孝に』ね。偉い、偉い。」と勅語中の一句をつかって褒めたり、極たまに『爾（ナンジ）臣民、父母に孝に、兄弟に友に、夫婦相和し、朋友相信じ、恭倹（キョウケン：慎み深く遜ること）己を持し、博愛衆に及ぼし、学を修め業を習い、以て智能を啓発し、徳器を成就し、進んで公益を広め世務を開き』と一節を諳じた後に、「勅語の中に『之（コレ）を古近に通じて謬（アヤマ）らず、之を内外に施して悖（モト）らず』とあるけれど、教育勅語に述べられている事は確かに古今東西に通じる立派な理念で、私は何故これを捨てたのか、何故今は教えられないのか理解できない。」と嘆息したりしただけである。そういう事からみて、とても少年の筆者に直接的な影響があったとも思えないのだが、しかし長じてみると案外に心に残っているのだから、矢張り概念なり理念なりというものは、言葉、特に生活の中において自然に語られる言葉によって、より強く与えられるものなのかもしれない。

　今一つ母が重視したのは、自己の独立と確立であった。母は人と人との信頼や協力関係を大切にしたけれども、しかし依存的になる事は大変に嫌った。要するに、これは当たり前の話かもしれないが、信頼とか協力関係というものは、基本的には、自己の責任を果たす意志と覚悟を持った自立した者の間で成り立つものであって、最初から相手に依存するようでは関係が成立しないばかりでなく、人間として、特に男として評価出来ないという訳である。母が想定するこれらの関係とは、だから個人の独立と誇りに裏づけられたものであり、紳士的な慈愛・互恵・互譲・盟約であって、少なくとも村落共同体的な凭《もた》れ合いや仲間主義を指さなかった。そして、そういう志向や嗜好は普段の生活の中にも様々な形で生きていて、例えば、筆者が中学のクラブ活動に剣道を選んだ時、「球技など団体スポーツはそもそも人数が揃わないと成り立たないのだから宜しくない。その点剣道は、たとえ一人でも修行出来るので大変結構。」と言った事は今でも覚えている。考えてみると、母が自己の確立とか個人の独立を強調したのは、祖母ッ子で甘ったれに育った筆者を案じた所為もあろうが、それよりも寧《むし》ろ戦後運命の縁に沈んだ家や人間を多く見た経験に負うところが多かったのではないか。そういう見聞はわが家では随分語られていて、そして最後には必ずなんらかのコメントが付いたものだった。

そうした話の中で筆者の心に最も強く残ったのは〝ヤッさん〟の事である。ヤッさんの本名を筆者は知らない。ただ、小学校一年までしか広島に居なかったにもかかわらず、ヤッさんが太田川土手上の「原爆長屋」に住む独り者の中年の男性であった事は良く覚えている。何故ならば、ヤッさんは暗い目付きとボロボロの格好で奇声を発しながら町内を徘徊する、昼間から酒を飲んで派手な喧嘩をする、酒瓶片手に大道に大の字に寝転んで「殺せ、殺せ。轢き殺せー!」と叫ぶという具合で、近所の子供達にとっては空恐ろしい親爺であったからだ。尤もヤッさんは、シンナーや薬物を吸っている現代の若者の様な、得体の知れない危険性を持った人間ではなかった。もっと単純で、単に粗暴で、社会に対するなんらかの鬱懐があったにせよ本物の精神異常ではないから、子供に危害を加えるなどという事は皆無であった。そして、当時民生委員をやっていた祖父が説教すれば、しおしおと一～二週間程は大人しくなるのである。だから人が呼びに来て、「又か。仕様の無い奴だなァ。一寸行ってくる。」と祖父が出て行ったのを、筆者は何度も目にした記憶がある。ヤッさんは、そういう〝町内の厄介者〟として、傾いたようなバラックが続く原爆長屋の溝板通りと共に、或る種のノスタルジックな想い出の一点景として筆者の心の中に定着し、そのまま過ぎた。ヤッさんの事が随分久し振りに話題に上ったのは、筆者が既に高校生になっていた頃だったと思う。そこで筆者は、初めてヤッさんがどういう運命を背負って生きていた人間であったか知った。母の話によれば、ヤッさんは最初から社会に落ちこぼれていた人間ではなかった。彼は、戦前より市内で金庫を商っていた商家の旦那で、勿論父母妻子もあり、まずは幸せといってよい暮らしをしていたのだそうだ。所が商用かなにかで広島を離れている僅かの間に原爆が投下され、慌てて帰って来た時には、財産も、家族も、およそ彼の幸せを支えていた全てのものが消え去っていた。ヤッさんは挫折した。そしてついに立ち直る事が出来なかったのだ。筆者は長い間、ヤッさんのことを、今ではもうあまり目にする事の無くなった古いスタイルの乱暴者・厄介者と漠然と思い込んでいた。勿論幼い頃とはいいながら筆者は広島に住んでいた者として原爆の被災者をよく見ていた訳だし、歴史好きだったので戦争に関する知識も同年輩の内では常にある方だったけれども、ヤッさんについては全くそういうものと関連させる頭が働いていなかった。だから、その話を聞いた時には非常なショックと大いなる同情を感じたのだが、母のコメントはまた違ってなかなかに厳しいものであった。

即ち、ヤッさんは弱いというのである。戦災で家族・財産を失った者はヤッさんに限らず多く居る。それでも皆悲しみに耐えて歯を食いしばって壊された人生を再構築した。ヤッさんは自身被爆した訳でなく、体は頑健だったにもかかわらず、十年経っても荒れた生活を繰り返すだけで、再起の道が歩めなかったのは、心の弱さにその原因があると言うのである。そして「人間は何時なんどき運命の淵に落ち込むか分からない。その時、その人間が没落・堕落して行くか、それとも辛くも踏み止どまって盛り返して行くかは、負けん気の強さ弱さも関係するだろうけれど、本質的には自分の中にどれ程人間としての誇りが育っているかによると思う。誇りというのは自惚れとは違う。誇りは自己の確立と柔軟性確保の基盤になるものだから、本物の誇りを持っている人間はどの様な状況でも決して最後までは崩れない。たとえ一時的に乱れる事があるにせよ、必ずそれを土台に踏み止どまることが出来るから、お前もよく覚えておきなさい。それから、特に男は、逆境にある時の強さで最終的な価値が定まる。ヤッさんなどは、順境にある時は一人前の強い男に見えた筈だけれど、一度逆境に陥るや芯の弱さが露呈してしまった。その点、お父さんは何があっても少しも挫けることがない。それに比べるとお前などは全くだらしがない方なので、そういう所だけはしっかり見習わなくてはいけないわね。」と言った。筆者は、母の言っている事が別に間違っているとも思えなかったので、男の道はなかなか大変だなとその時少し気が重くなった。しかしこの話は、あまり楽観的な質《たち》ではない筆者の心の奥底に残って、時間の経過とともに重いものになって来た。もし、心血を注いで育てた子供や家族が突然予期しない形で皆死んでしまって、また、営々と築いてきた職も根底から失ってしまったとしたら、果たして自分は再起を目指して立ち上がれる人間だろうか。勿論、一度や二度は勇を鼓し気力を振り絞って再建を図るだろうが、それが上手く軌道に乗らなかった場合、どこまで気力の維持が出来るだろうか。そもそも再起の目的を明確に心に抱けない状態の中で、誇りだけを頼りに立派に生き続ける程自分は強靭な人間に仕上がっているのだろうか。漠然たる不安が、筆者に次々と疑問を投げかけた。そして、母はこれらの事を自問した上で、人間としての強度を自身充分確認した上で、確信を持って筆者を教導したのであろうかという事も疑問であった。四十も半ばを越えて、筆者は長らく自身を悩ませたこの件について母に質問してみた。ところがその答えは、「あら、私そんな事言ったかしらね。」という実に予想と期待に反したあっけないものであった。

つくづくと母の老耄《ろうもう》を思った。

しかし考えてみれば、教育、特に親の子に対する教育は、この様なもので良いのかもしれない。ほらあそこに山がある。高くて奇麗でとても立派だねぇ。お前はあの山を目指しなさい。お前なら登れる筈だという様なザックリとした価値観を確固として示せば良い。後にそれらの事を忘れようと、親の持つ価値観の本質部分というのは、良し悪しを問わず子供に継承されて行くものだ。〝子を見れば親が解る〃とはこの事を指す。まさに親の、胡麻化しの利かない人間としての本性・性根が問われる事となるのである。だからこそ親が立脚する価値観とは、何が高みであるか、何が美しいのか、どういう人間が立派であるのかといった所謂形而上的・文化的な基準に準拠したものであってほしい。勿論、世を渡って行く上では学業成績も重要であろう。金銭も不自由無い方が良いに決まっている。名誉栄達も魅力的だ。だからこれらを手に入れるべく子に努力を促すことは結構である。しかしそれらは何処まで行っても決して人間的価値を上回るものではないというくらいの見識は親として持っていてほしいし、またそれは文化を継承・発展させる責務を歴史的・社会的に負っている大人として必要なものであるに違いない。私の両親はこれらを辛うじて身に付けていた人間だったと思う。そしてその事によって、例えば学業成績の振わなかった筆者も、常に自信を失う事なく胸を張って生きることが出来た。まずは感謝すべきであろう。

資料

参考甲：人物に関する資料

【甲1】二宮忠八（ニノミヤ　チュウハチ）

二宮忠八

一八六六年～一九三六年（慶應2～昭和11）愛媛県出身

明治・大正期の人力飛行機の考案者・実業家。

丸亀の歩兵連隊に在営中にカラスの飛ぶのを見て空中飛行を考え、一八九〇年（明治23）研究を始める。ゴム動力でプロペラを回す模型を製作し、日清戦争中飛行機の軍用化を上申するも却下される。その後研究のため軍を退いたが、一九〇三年ライト兄弟の飛行成功を知り研究を中止した。以後大阪に出て、舎利塩その他の製法を改良、大日本製薬取締役、大阪製薬社長。晩年に至り、先の飛行機発明がライト兄弟より早いことが認められ一九二七年（昭和2）叙勲された。

吉村昭著『虹の翼』によれば、「借家が見つかったのは二日後（明治28年4月末と思われる）であった。市内の岩本久保太（久保六の誤り）の持家で、案内された忠八はその家が気に入り借りることに決めた。」とある。

忠八は当時陸軍一等薬剤手。名も無き下士官である忠八とこのような写真をわざわざ撮ったということは、久保六と忠八が単なる大家と棚子という関係に留まらず、人間的に敬愛し親交があったことを窺わせる。

【甲2】野津道貫（ノズ　ミチツラ）〈鹿児島〉

野津道貫

政治にほとんど無縁の典型的な野戦攻城の猛将と云われ、明治の諸戦争すべての戦陣に立ち、いずれの戦争においても常に積極・勇猛・果敢・先制・攻撃・機眼・独断といった、後の陸軍の諸教義での戦場指揮官としての徳目・性格をまさに体現する戦績を残した。

明39・1・31元帥　28・3・18大将　18・5・21中将　11・11・20少将　7・1・14大佐　17・7・7子爵　28・8・5伯爵　功二　40・9・21侯爵　功一　41・10・6大勲位　初任明4・7・23少佐　明7・1・15近衛参謀長心得　10・2・19征討第二旅団参謀長　11・11・20第二局長　11・12・14東京鎮台司令長官　12・9・25東京鎮台司令官　17・2・16大山陸軍卿外遊随行　18・1・25帰国　18・5・21広島鎮台司令官　21・5・14第五師団長　27・6・12動員下令（日清戦争）27・12・19第一軍司令官　28・5・9凱旋　28・11・9近衛師団長　29・5・10東京湾防禦総督　29・10・14東部都督　33・4・25教育総監　33・12・8兼議定官　37・1・14軍事参議官　37・6・30第四軍司令官　39・1・12軍事参議官　41・10・18歿（68）正二位

【甲3】阿南惟幾（アナミ　コレチカ）〈歩　大分〉

終戦時の陸軍大臣として自決したことで有名であるが、彼ほど逸話の少ない将軍も珍しいと云われるほど自己顕示欲の少ない人物で、「温容玉の如し」「内剛外柔」「挙措端正」「公正無私」と、将軍に寄せられる評論は常に一致しており、徳将と云うのが最も当たっている。戦争も最末期に来て、それまでの軍閥政治の行詰まりの尻拭いに、最も反閥的・反政治的な阿南将軍の徳将性を当てたというのは見方によれば皮肉なことである。しかし特に昭和に入ってから統帥権の名の下に専横を専らとし国を誤らせてきた陸軍を、目立たない存在であった阿南がその死によって沈黙せしめた。これは阿南をもってしかなし得なかったことであろう。その遺書にあるように「一死以て大罪を謝」し得たのは彼の徳のもたらした奇蹟であり、それによって日本が終末期の混乱から救われた事を日本人は忘れてはいけないと思う。

阿南惟幾

なお、作家角田房子は著書「一死、大罪に謝す」の中で祖父の発言を、こう取り上げている。

『同期生であった今中武義は、昭和三十四年に催された〝阿南陸相を偲ぶ会〟で「広島幼年学校当時の阿南大将の成績は、同期の山下、岡部、山脇三大将のように目立って優秀というわけではなかったが……」と語っている。

だが阿南の熱心な剣道のけいこぶりは目立ったと

いう。また後年の阿南の特徴の一つに数えられた「胸を張り、あごを引き、足をまっすぐに伸して大またに歩く」歩き方をすでにこのころ彼は身につけていた。負けず嫌いで体の小さい少年が立派に見えるように……と意識した歩き方であったろう。』

昭18・5・1大将　13・3・1中将　10・3・15少将　5・8・1大佐　陸大30　功三

昭3・8・10歩四五聯隊留守隊長　4・8・1侍従武官　8・8・1近歩二聯隊長　9・8・1東京幼年校長　11・8・1兵務局長　12・3・1人事局長　13・11・9第一〇九師団長　14・9・12参本附　14・10・14陸軍次官　16・4・10第一一軍司令官　17・7・1第二方面軍司令官　19・12・26航空総監兼本部長兼軍事参議官　20・4・7陸軍大臣　20・8・15自決（58）

山下奉文〈ヤマシタ　トモユキ〉〈歩　高知〉

「日本陸軍の至宝」とも評価され期待されたエリート中のエリート将軍。開戦劈頭シンガポール要塞を落とし「マレーの虎」と云われ勇名を馳せた。尤も本人はこの異名をひどく嫌ったということである。シンガポール要塞での停戦交渉で、細かい条件交渉に入ってくるパーシバル司令官に対し、「降伏するのかどうか。イエスかノーか」と強引な説得工作を行いパーシバルを屈伏させたのは有名な話であるが、実際は弾も食料も尽きかけていた日本軍に対し英軍は十分余力を残していたのだから、この交渉の成功は山下将軍持ち前の鋭い政治的感覚による。

山下奉文

昭18・2・10大将　12・11・1中将　9・8・1少将　4・8・1大佐　陸大28恩賜　独駐在　功三

大11・7・22軍事課編制班長　15・3・16兼陸大教官　昭2・2・22駐墺武官　4・8・1軍事調査部（軍政調査会幹事）　5・8・1歩三聯隊長　7・4・11軍務局軍事課長　9・8・1兵本附兼陸軍省附　10・3・15軍事調査部長　11・3・23歩四〇旅団長　12・8・26支駐混成旅団長　13・7・15北支方面軍参謀長　14・9・23第四師団長　15・7・22航空総監兼本部長　15・12・10遣独視察団長　16・6・9兼軍事参議官　16・7・17関東防衛軍司令官　16・11・9第二五軍司令官　17・7・1第一方面軍司令官　19・9・26第一四方面軍司令官　21・2・23歿

（法務死、61、マニラ）

岡部直三郎（オカベ　ナオサブロウ）〈砲　広島〉

岡部直三郎

統帥と技術に通暁した稀有の将軍。「理屈っぽい」という評、「岡部元帥」というあだながあった。近代兵学理論による戦略思想を持ち、北支那方面軍参謀長時の華北作戦、第六方面軍司令官時の湘桂作戦など、堅実な大軍運用の指導を実施した。また技術本部に二度勤めたが、部下の技術専門家に任せ切りではなく、自ら時弊矯正の態度をとり、陸大校長になると「統帥と技術」との調和のとれた陸大教育改革案を作成し、教育の刷新を図った。

昭18・2・10大将　12・11・1中将　9・8・1少将　4・8・1大佐　陸大27　波駐在　功二

昭2・12・9陸大教官　5・4・24野砲一聯隊長　6・8・1砲兵監部員　7・2・23上海派遣軍高級参謀　7・12・7参本演習課長　9・8・1陸大研主事　10・3・15陸大幹事　12・3・1技本総務部長　12・8・26北支方面軍参謀長　13・7・15第一師団長　14・9・12駐蒙軍司令官　15・9・29参本附　15・12・2技術本部長　17・10・8軍事参議官兼陸大校長　18・10・29第三方面軍司令官　19・8・25北支方面軍司令官　19・11・22第六方面軍司令官　21・11・23歿（60、上海）

藤江恵輔（フジエ　ケイスケ）〈砲　兵庫〉

藤江恵輔

昭18・2・10大将　12・11・1中将　9・8・1少将　4・8・1大佐　陸大26　仏駐在　功二

昭4・8・1第一六師司附（京大）　6・8・1兵本附（6・12・9ジュネーヴ軍縮会議随員　7・6・25帰朝）　7・8・8野重砲二聯隊長　9・8・1野砲校幹事　10・8・1野重砲四旅団長　11・8・1関東憲兵隊総務部長　12・3・1関東憲兵隊司令官　12・8・2憲兵司令官　13・7・15第一六師団長　14・8・20参本附　14・10・16陸大校長　16・4・10西部軍司令官　19・3・22東部軍司令官　20・2・1第一二方面軍司令官　20・3・9待命　20・3・31予備　20・6・22第一一方面軍司令官兼東北軍管区

司令官　20・10・15召集解除　44・2・27歿

山脇正隆（ヤマワキ　マサタカ）〈歩　高知〉

山脇正隆

円満な人格者として衆望があり、教育関係を適職としたが、第一次世界大戦後のポーランド建国の功労者としても有名。陸軍次官に起用されたとき、協調が乱れがちであった陸軍中央部内の不穏な空気の一掃につとめ、板垣陸相ついで畑陸相の全幅の信頼をえて、防共協定強化問題、支那事変の処理、軍備充実計画の再検討などに遺憾なく活躍した。陸士、陸大とも首席という俊才であったが、持病のため師団長以降華々しい活躍はない。

昭19・9・22大将　12・11・1中将　9・8・1少将　4・8・1大佐　陸大26首席　露駐在　功三

昭2・7・26参本編制班長　4・8・1参本編制動員課長　6・8・1歩二二聯隊長　7・8・1教総第一課長　9・3・5駐波武官　10・12・2整備局長　13・7・15教総本部長　13・12・10陸軍次官　13・12・29軍務局長事務取扱　14・1・31免　14・10・26第三師団長　15・9・29駐蒙軍司令官　16・1・20参本附　16・4・10陸大校長　16・9・10参本附　16・12・2予備　17・9・18ボルネオ守備軍司令官　19・9・22第三七軍司令官　19・12・26参本附　20・5・1召集解除　49・4・21歿（88）

【甲4】若山善太郎（ワカヤマ　ゼンタロウ）〈工　愛知〉

若山善太郎

昭5・8・1中将　大13・12・15少将　9・8・10大佐　陸大22

大7・8・19近衛工兵大隊長　10・6・28工兵校教育部長　12・4・21第一九師団参謀長　12・10・15軍務局工兵課長　13・12・15工兵校長　昭4・8・1工兵監　7・1・9第三師団長（9・3・17満洲派遣）　10・3・15参本附　10・8・1待命　10・8・28予備

【甲5】古賀啓太郎（コガ　ケイタロウ）〈工　福岡〉

大14・5・1中将　9・8・10少将　5・8・18大佐　功四

古賀啓太郎

大5・4・1工兵一六大隊長　7・7・24工兵一三大隊長　8・10・1工兵校長　13・12・15東京湾要塞司令官　15・3・2待命　15・3・22予備

【甲6】一戸兵衛（イチノヘ　ヒョウエ）〈歩　青森〉

一戸兵衛

日露戦争で惨憺たる失敗に終わった第1次旅順総攻撃において、唯一旅順要塞を占領したのは一戸旅団であり、その果敢、戦上手はつとに有名である。この時一戸旅団に更に二個連隊があれば、後の苦戦はなく、旅順は1回の攻撃で陥落したであろうと言われている。一戸将軍は、しかし単なる猪武者ではない。上原勇作元帥は「隠忍自重・思慮周到・外柔内剛」と彼を評している。軍を退いた後も、学習院長、明治神宮宮司、帝国在郷軍人会会長などの栄職に就き、77歳で没するまで輝かしい晩年を過ごした。しかし一戸将軍は必ずしも陸軍の主流に属していたわけではなく、奥州津軽藩即ち賊軍出身であり、長州人が幅を利かせる明治陸軍にあって、まさに実力で勝ち取った栄光であった。

大4・8・10大将　明40・11・13中将　34・5・22少将　30・10・11大佐　功四　功三　功二　初任明10・5・5少尉

明28・3・19歩二一聯隊長　28・7・31第五師団副官　29・10・14中部都督部参謀　30・10・13近歩四聯隊長　31・10・1第六師団参謀長　34・5・22歩六旅団長　38・3・16第三軍参謀長　39・2・14第一師司附　39・7・6歩一旅団長　40・11・13第一七師団長　大1・12・26第一師団長　4・2・15軍事参議官　4・12・17兼教育総監　8・8・26軍事参議官　9・5・29学習院長　9・6・20後備　11・11・3辞　15・5・2在郷軍人会会長　昭6・9・3歿（77）

【甲7】渡辺兼二（ワタナベ　カネジ）〈工　東京〉

大4・10・15少将　明43・11・30大佐　陸大13　砲工校3優等　功四

明40・10・22工兵一七大隊長　43・11・30鉄道聯隊長　大2・3・4技術審査部審査官　4・10・15予

備

【甲8】上原勇作（ウエハラ　ユウサク）〈工　宮崎〉

上原勇作

元帥府条例によれば、元帥というのは「陸海軍大将中労功卓抜なる者」から選ばれて元帥府に列する者に与えられる称号で、その役割は、天皇の「軍事上に於いて最高顧問」たるべきものと規定されている。元帥の多くは、軍の長老として隠居然としていたが、中にはその権威を利用して、軍令軍政に容喙するものも現れる。山県有朋しかり、上原勇作しかりである。

上原は幼年学校から士官学校へ進み工兵科を首席で卒業、フランス留学を命じられ5年にわたって工兵隊及び砲兵専門学校に学び、その後も数回渡欧している。「日本工兵育ての親」としての功績は、こうした海外の最新知識に負う所が大である。

また、上原は闘志満々の智将で、その学識見識、智謀、力量は卓越し、明治の後半から大正にかけて長州閥の跋扈とともに零落した薩摩閥期待のホープでもあった。陸軍大学出ではなかったが、その後陸軍大臣、教育総監、参謀総長を歴任、その間辣腕をふるうと同時に薩摩閥にとどまらず勢力を伸ばし、上原軍閥とも言うべき勢力を得て、20年にわたって陸軍に君臨した。「雷」という異名をとった。

野津道貫【甲2】の娘婿。俳優加山雄三の曽祖父。

大10・4・27元帥　4・2・15大将　明39・7・6中将　33・7・11少将　30・10・11大佐　功四　40・9・21男爵　功二　大10・4・18子爵　功一　仏駐在

明23・10・22工兵五大隊長　25・8・29参本副官　25・9・9兼陸大教官　27・8・27第一軍参謀　28・3・20第一軍参謀副長　29・2・26貞愛親王露国差遣随行　29・8・12帰朝　29・5・12参本第四部長　32・1・16参本第三部長兼第五部長　32・4・4免兼　32・4・11ヘーグ平和会議随員　33・7・11兼砲工校長　34・7・24工兵監　37・6・25第四軍参謀長　39・2・3工兵監　41・12・21第七師団長　44・9・6第一四師団長　45・4・5陸軍大臣　大1・12・21待命（病気）　2・3・1第三師団長　2・6・9待命　3・4・22教育総監　4・2・15兼軍事参議

官　4・12・17参謀総長　12・3・17辞　13・5・10議定官　昭8・11・8歿（78）従一位　大勲位

【甲9】中村愛三〈ナカムラ　アイゾウ〉〈工　三重〉

東京「根津神社」には、今は水飲に改造されているが、元は日露戦争の勝利を飾る為の砲弾の台座石が残っている。これは中村愛三と森鷗外が奉納したものである。

『〔表〕「我武維揚」
〔裏〕戦利砲弾奉納
　陸軍軍医監　森林太郎
　陸軍少将　中村愛三
明治三十九年九月十日　建之』と刻まれている。

大1・9・28中将　明38・10・3少将　35・6・1大佐　功四

明35・6・1工兵会議審査官　35・12・19工五大隊長　37・2・10第一臨時築城団長　39・9・1関東都督府工兵部長　39・11・27清国駐屯軍司令官　41・11・21交通兵旅団長　42・2・14砲工校長　45・4・27旅順要塞司令官　大1・12・26予備

【甲10】本郷房太郎〈歩　兵庫〉

本郷房太郎

大7・7・2大将　明45・4・12中将　38・7・18少将　35・11・15大佐　功三

明33・4・6陸士生徒隊長　35・5・15歩四二聯隊長　37・9・17陸軍省高級副官（39・2・8免）38・7・18兼俘虜情報局長官　38・9・7人事局長　42・9・3教総本部長　大2・5・7陸軍次官　3・4・17第一七師団長　5・8・18第一師団長　6・8・6青島守備軍司令官　7・10・10軍事参議官　10・6・25予備　14・7・24久邇宮家宮務監督　昭5・3・4辞　6・3・20歿（72）正二位

【甲11】田中義一〈タナカ　ギイチ〉〈歩　山口〉

田中義一

藩閥政治の域を脱しきれなかった明治末から大正、昭和初頭にわたる過渡期の日本国家路線を設定し牽引した最高指導者であり、それゆえに十五年戦争の原点をつくったとも言える。日露戦争が辛勝であった事を知る彼は、単なる軍備拡張ではなく、全国民の基盤の上に整備する軍隊、即ち日本を兵営国家に改編するという構想を持ち、その路線の政治的保証を求めるべく政界に転進し、宰相の地位を獲得した。しかし、易々と統御できるはずであった自分の牙城陸軍が押さえ切れず、特に関東軍参謀のハネ上がりによって起こされた張作霖爆殺事件に関連して天皇の叱責をかい、挫折と失望のうちに憤死した。

「世界を征服しようと欲するならば、まず中国を征服しなければならない。中国を征服しようと思うなら、まず満洲と蒙古を征服しなければならない。…中国の資源をすべて征服すれば、インド、南洋諸島、中小アジア諸国そして欧州までが我が国の威風になびくだろう」という内容の、所謂「田中上奏文」は、その後の日本がたどった道がそれを裏書きするように見えたことから、日本の侵略計画書であり日本の侵略意思を証明するもののように喧伝されたが、これは日本に原文さえないのに、最初から漢語・英語のテキストが世界各地に出回るといった所謂「偽書」であって、田中の構想力が、中国側の思想戦・謀略工作に見事に利用されたものといえる。

大10・6・7大将　4・10・4中将　明43・11・30少将　40・11・13大佐　功三　陸大8　露駐在　大9・9・7男爵

明35・5・17参本ロシア班長兼陸大教官　37・2・11大本営参謀　37・6・20満洲軍参謀（作戦主任）38・12・27参本作戦班長　40・5・1歩三聯隊長　42・1・28軍務局軍事課長　43・11・30歩二旅団長　44・9・1軍務局長　大1・12・23歩二旅団長　2・10・14欧米出張　3・8・6帰朝　3・8・10参本附　4・10・4参謀次長　7・9・29陸軍大臣　10・6・9待命　10・8・30軍事参議官　12・9・2陸軍大臣　13・1・7軍事参議官　14・4・9予備　14・4・14政友会総裁　15・1・29貴族院議員　昭2・4・20内閣総理大臣兼外務大臣　4・7・24辞　4・9・29歿（67）正二位

【甲12】山梨半造（ヤマナシ　ハンゾウ）〈歩　神奈川〉

山梨半造

大10・12・19大将　5・5・2中将　明44・9・6少将　40・11・13大佐　功三　功二　陸大8　独駐在

明37・3・6第二軍参謀（課

報主任）38・1・13第二軍参謀副長 38・7・18第三師団参謀長 38・12・20駐墺公使館附 40・1・12駐独武官 41・11・10陸大幹事 43・11・30歩五一聯隊長 44・9・6歩三〇旅団長 45・3・5歩一旅団長 45・4・24参本総務部長 大3・8・16独立第一八師団参謀長（青島攻略） 5・1・21教総本部長 7・10・10陸軍次官 9・8・1兼航空局長官 10・6・9陸軍大臣 12・9・6軍事参議官 12・9・20関東戒厳司令官 12・11・16東京警備司令官 13・8・20軍事参議官 14・5・1待命 14・5・25予備 昭2・12・10朝鮮総督 4・8・17辞 19・7・2歿（81）

【甲13】島川文八郎（シマカワ ブンパチロウ）〈砲 三重〉

島川文八郎

大8・11・25大将 3・5・11中将 明42・1・28少将 36・5・1大佐 功三 白 仏駐在
明36・5・1野砲三聯隊長 38・5・1技術審査部審査官 40・11・22軍務局砲兵課長 41・12・21兵器局長心得 42・1・28兵器局長 大2・7・3技術審査部長 8・4・15技術本部長 8・11・25待命 9・3・8予備 10・7・16歿（56）

【甲14】秋山好古（アキヤマ ヨシフル）〈騎 愛媛〉

秋山好古

司馬遼太郎著「坂の上の雲」で主人公の一人として取り上げられ、現代でもよく知られている将軍である。
機関銃、有線・無線の導入等先駆的な着眼と共に騎兵集団の戦術を完成させ、日露戦争時には人馬の体格ともに劣る日本騎兵をもって世界最強といわれた露国コサック騎兵を打ち破り勇名を馳せた。この人が指揮をとっている限り心配はないと部下から信頼される野戦の名指揮官であった。戦後当然元帥にもなるべき人材であったが、本人が辞退して大将のまま終わったということである。丁字戦法で露国バルチック艦隊を壊滅させた海軍秋山真之参謀の兄。
大5・11・16大将 明42・8・1中将 35・6・21少将 30・10・11大佐 功四 功三 功二 陸大1 仏駐在

明26・5・20騎一大隊長　28・5・10騎兵一聯隊長　29・8・15乗馬校長　31・10・1騎兵実施校長　33・7・10第五師団兵站監　34・4・22清国駐屯軍参謀長　34・7・3清国駐屯守備隊司令官　36・4・2騎一旅団長　39・2・6騎兵監　大2・1・15第一三師団長　4・2・15近衛師団長　5・8・18朝鮮駐剳軍司令官　6・8・6軍事参議官　9・12・28兼教育総監　12・3・17待命　12・3・30予備　昭5・11・4歿（72）

【甲15】瀬川章友（セガワ　ノリトモ）〈歩　山形〉

瀬川章友

昭6・12・12中将　2・3・5少将　大11・4・1大佐　陸大24恩賜　スイス駐在　大11・4・1教総附　11・11・24教総第二課長　13・12・15歩六一聯隊長　昭2・3・5歩三旅団長　2・7・26侍従武官　6・8・1陸士校長　7・5・23教総附　7・12・24第六師団留守司令官　8・9・7待命　8・12・20予備　13・2・20歿

【甲16】白川義則（シラカワ　ヨシノリ）〈歩　愛媛〉

白川義則

派遣軍司令官あるいは陸軍大将として国難に殉じたのは白川大将が初めてであった。

それ以前、張作霖爆殺事件が起きた際、白川は陸相在任中であったが、その時白川が、断固軍の下克上を押さえ得ていればその後の日本の運命は変わっていたという批判もある。しかし、遭難に関し昭和天皇は「立派な将軍を殺した。」と時折述べておられた事実などから見て、矢張り白川大将は立派な軍人であり、典型的な将軍であったと言えるであろう。

大14・3・28大将　8・1・15中将　4・8・10少将　明42・12・26大佐　陸大12　功三　功二

明38・10・27人事局課員　42・12・26歩三四聯隊長　44・6・15第一一師団参謀長　大2・9・30中支那派遣隊司令官　4・8・10歩九旅団長　5・8・18人事局長　8・1・15陸士校長　10・3・11第一一師団長　11・8・15第一師団長　11・10・20陸軍次官　11・11・24兼航空局長官　12・3・10兼航空本部長（12・8・5免）　12・10・10関東軍司令官　15・

7・28軍事参議官　昭2・4・20陸軍大臣　4・7・2軍事参議官　7・2・25上海派遣軍司令官　7・5・26歿（戦傷死、65）男爵

【甲17】林柳三郎（ハヤシ　リュウザブロウ）〈工　愛知〉

林柳三郎

昭15・8・1中将　12・11・1少将　8・8・1大佐　陸大31　仏駐在

昭6・3・11防備課高級課員　8・8・1工一〇大隊長　10・8・1工兵監部員　12・3・1兵務局防備課長　12・11・1工兵校幹事　14・8・1工兵校長　15・8・1工兵監　17・4・5歿

【甲18】永田鉄山（ナガタ　テツザン）〈歩　長野〉

永田鉄山

陸軍大学校を首席で卒業した永田は、第1次世界大戦中の西欧諸国を軍事研究のために廻った。彼の基本思想はこの西欧駐在中に培われたものであった。永田の理論構想は石原莞爾の系統に属し、軍事技術の近代化、民衆煽動の裏付けのもとに戦略の展開を図ること、情勢判断としては蒙満問題武力解決、対ソ戦略を重視し中国に対する不拡大主義等の立場を取った。軍中央部にあって、冷静な情勢判断と確たる構想を持つ彼は、自ずと所謂「統制派」の中心的人物となって行った。

昭和10年天皇機関説問題に絡み皇道派の中心人物真崎甚三郎教育総監が罷免されると、永田が重臣・政党・財閥・官僚と結び軍を私物化し、統帥権を干犯していると信ずる皇道派相沢中佐によって、執務中斬殺された。

昭7・4・11少将　2・3・5大佐　陸大23恩賜　独駐在

大13・12・15軍事課高級課員　15・3・23作戦資材整備会議幹事　15・10・1整備局動員課長　昭3・3・8歩三聯隊長　5・8・1軍務局軍事課長　7・4・11参本第二部長　8・8・1歩一旅団長　9・3・5軍務局長　10・8・12歿（52）任中将

【甲19】愛新覚羅顕王子（川島芳子）

昭和時代の満蒙独立運動家。清国皇族粛親王善耆

愛新覚羅顕王子

の14女。大陸浪人川島浪速の養女。

清朝の再興を画策し、日本軍に協力、上海事変前の中国側情報収集や、元宣統帝溥儀婦人の北京脱出を援助し、昭和8年の日本軍の熱河侵攻時にも、熱河定国軍総指令と称し協力した。男装の麗人、東洋のマタハリと呼ばれた。

1945年国民党軍に逮捕され、47年死刑となった。

【甲20】松井命（マツイ　マコト）〈工　福井〉

昭11・3・7中将　7・4・11少将　2・3・5大佐　砲工校15優等　仏駐在

大14・5・1通信校教官　昭3・8・10電信一聯隊長　4・6・13兵器局器材課長　7・1・23技本第二部長　10・8・1築城本部長　11・3・7工兵監　12・3・1第四師団長　13・7・15西部防衛司令官　15・3・9待命　15・3・30予備　45・9・29歿

【甲21】鈴木元長〈工　広島〉

昭11・4・28中将　7・8・8少将　3・3・8大佐　東大物理卒

大14・5・1通信校教育部長　昭4・8・1陸地測量部三角科長　7・5・23澎湖島要塞司令官　7・12・7陸地測量部長　11・4・28東京湾要塞司令官　12・3・1待命　12・3・29予備

【甲22】植田謙吉（ウエダ　ケンキチ）〈騎　大阪〉

植田謙吉

東京高商（現一橋大）を中退し士官学校へ進む。所謂地方の専門学校から転身して最高位の大将にまで進んだのは異例である。この輝かしい栄進コースをたどったのも、第一次上海事変で第九師団を率い何とか所定の成果をあげたその戦歴によるものであろうが、しかし、張鼓峰事件、ノモンハン事件では血気の部下の突きあげを控制できず失敗、予備役に編入された。

昭9・11・28大将　3・8・10中将　大12・8・6少将　8・7・25大佐　陸大21　功四　功三

大7・12・17ウラジオ派遣軍参謀　8・4・15騎兵8・10・14ウラジオ派遣軍作戦課長　11・11・24教

総附　12・3・10騎一聯隊長　12・8・6航空部附　13・2・4騎三旅団長　14・5・1馬政長官　15・3・2軍馬補充部本部長　昭4・3・16支那駐屯軍司令官　5・12・22第九師団長　7・4・29重傷　7・9・1参本附　8・6・19参謀次長　9・8・1朝鮮軍司令官　10・12・2軍事参議官　11・3・6関東軍司令官兼駐満大使　14・9・7参本附　14・11・15待命　14・12・1予備　37・9・11歿（88）

【甲23】寺内寿一（テラウチ　ヒサイチ）〈歩　伯爵〉

寺内寿一

「ビリケン（非立憲）」とあだ名された元首相で伯爵寺内正毅元帥の長男。

日露戦争における第一線の下級指揮官の経験を除けば、概ね幕僚勤務で過ごした人で、自分の思い通りにならないとすぐに激発するところから「瞬間湯沸かし器」のあだ名があった。第4師団長時代に起こった「ゴーストップ事件」の対応、広田内閣の陸相時代代議士濱田国松と「腹切り問答」を展開し結果内閣総辞職にまで至らしめたその行動を見ても、おおよその性格が判る。

大東亜戦に参加し、元帥号を得たが、インパール作戦の強行等敗戦の原因を作る。敗戦後マレーのレンガムで抑留中病死。

昭18・6・21元帥　10・10・30大将　4・8・1中将　大13・2・4少将　8・7・25大佐　陸大21　独駐在　功四　功一

大8・7・25近歩三聯隊長　11・1・10近衛師団参謀長　13・2・4歩一九旅団長　15・3・2第一師司附　昭2・8・26朝鮮軍参謀長　4・8・1独立守備隊司令官　5・8・1第五師団長　7・1・9第四師団長　9・8・1台湾軍司令官　10・12・2軍事参議官　11・3・9陸軍大臣　11・5・13兼議定官　12・2・2軍事参議官　12・2・9兼教育総監　12・8・26北支方面軍司令官　13・12・9軍事参議官　16・11・6南方軍総司令官　21・6・12歿（68）

【甲24】寺内正毅（テラウチ　マサタケ）〈歩　山口〉

長州藩士として戊辰戦争に従軍函館まで転戦、西南戦争で負傷し右手の自由を失った。このため軍隊指揮官の経験は無いに等しく、教育と軍政畑ばかりにいた。偏執的というほど規律好きで、同郷の児玉源太郎に「君は重箱の隅をせせるような男だ。」と言わしめている。陸軍のオーナーたる陸軍時、陸軍のために何一つ創造的な仕事を残していない。ただ部内人事は上手であり、更に書類が好きで、事務家としては克明であった。韓国統監時日韓併合を断行、初代朝鮮総督として武断政治により朝鮮支配を確立した。これらの功により内閣総理大臣に就任、頭の形がビリケン人形に似ていたことと、長州閥による超然内閣であったことから「非立憲」にかけて「ビリケン内閣」と呼ばれた。米騒動の責任を取って総辞職した。

寺内正毅

大5・6・24元帥　明39・11・21大将　31・10・1中将　27・8・27少将　20・11・16大佐　28・8・20男爵　功三　40・9・21子爵　功一　44・4・21伯爵　初任明4・8・14少尉　仏留学
明16・5・7駐仏公使館附　18・7・17命帰朝　19・1・7大臣官房副長　19・3・1大臣秘書官　19・4・19兼戸山校次長　20・6・15陸士校長心得　20・11・16陸士校長　24・6・15第一師団参謀長　25・9・9参本第一局長　27・6・9大本営運輸通信部長官　28・6・18参本第一局長事務取扱　29・3・31参本附　29・5・20欧州差遣（30・6・13帰朝）　29・10・14歩三旅団長　31・1・22教育総監　31・2・18陸士校長事務取扱（31・12・23免）　33・4・25参謀本部次長　33・11・25兼鉄道会議議長（35・12・2免）　34・2・18陸大校長事務取扱　35・3・27陸軍大臣　37・3・17兼教育総監　38・5・9免兼　39・7・25兼南満鉄道設立委員長（39・12・12免）　40・1・14鉄道会議議長（大2・2・13免）　41・10・8兼馬政長官　43・5・30兼韓国統監　43・10・1兼朝鮮総督　44・9・6軍事参議官　大5・6・24元勲優遇　5・10・9内閣総理大臣兼外務大臣（5・11・21免兼）兼大蔵大臣（5・12・16免）　7・9・29辞、前官礼遇　8・11・7歿（68）　従一位大勲位

【甲25】鄭孝胥（テイ　コウショ）
福建省出身。科挙試験に受かり外交官として来日するも、日清戦争で帰国。
広西辺務にあたった後、上海で立憲運動を起こすが辛亥革命で挫折。共和を恨み、上海に隠遁、詩や書をものした。溥儀と天津に避難、満洲国が誕生するや、その国務総理となった。

【甲26】下村定（シモムラ　サダム）〈砲　高知〉

下村定

阿南惟幾自決の後、日本最後の陸軍大臣として迅速且つ混乱なく帝国陸軍の解体と復員をなしとげ、マッカーサーをして感動せしめた。

下村は、名古屋幼年学校・中央幼年学校・士官学校・陸軍大学いずれもトップの成績で駆け抜けた英才である。終戦処理内閣として組閣の命を受けた東久邇稔彦は、この難局に当たる陸軍大臣は下村しか居ないと判断、当時北支方面軍司令官として中国に居た下村を強引に帰還させた。下村は任官以来40年一度も政治にかかわった事なくこの時局に重責を果たし得ないと固辞したが、昭和天皇自らの説得に感動し辞令を受けた。最も判断力を問われ、最も指導力を要求された任期3ヵ月の最後の陸軍大臣であった。戦争最末期に、阿南惟幾・下村定の2大臣を得た事によって日本人は救われ、また世界に希有な見事な終戦処理を成すことができた。これは世界に誇り得ることであろう。終戦後急速に高まってきた国民の反軍感情・責任追求の中開かれた第89臨時国会で、反軍の闘志斉藤隆夫の詰責に対し、下村は先ず軍人の不当な政治関与、その他陸軍が責めを負う点を率直に述べ詫びたあと「けれども私は、純真忠誠な軍人軍属の功績を抹殺しないこと、なかんずく戦歿の英霊に対して篤き同情を賜らんことを切にお願いいたします。」と締めくくった。

この答弁中罵声も野次も無く、落涙する議員も居たという。戦争を本当に体験し実際に被害を受けたにも拘らず、怨嗟の的となった陸軍に対してさえ国民の心の底には深い理解と同情があったのである。この点、実際の戦争も軍隊も知らず勉強さえしようともしない世代の中に、可笑しなことに日本人でありながら反日的志向で固まり、頭の中だけで醸成した日本軍を悪し様に言う事で自己だけ覚醒しているように錯覚する思想酩酊者が居るが、そういう者こそまさに、その無知による独善の点において、比較を廃した不見識の点において、常識をも受け付けない思考停止の点において、自身が日本を誤らせた軍人達の正統な後継者であることを自覚すべきであろう（そうは言っても、自覚などという知的作業は所詮彼らには出来ないだろうが……）。

　下村は昭和43年文京区の路上で交通事故に遭い横死した。無常を感じるのは筆者だけであろうか。

昭20・5・7大将　14・3・9中将　11・3・7少将　6・8・1大佐　陸大28首席　仏駐在　功三
昭5・8・1参本二部第四班長　5・11・10参本附　6・4・10兵本附（国連軍縮準備委員会幹事）　8・12・20野重砲一聯隊長　10・3・15関東軍作戦課長　10・12・2陸大研主事　11・8・1参本第四部長　12・9・28参本第一部長　13・1・12参本附（病気）　13・9・23東京湾要塞司令官　15・8・1砲工校長　16・9・3陸大校長　17・10・8第一三軍司令官　19・3・22西部軍司令官　19・11・22北支方面軍司令官　20・8・23陸軍大臣兼教育総監20・10・15辞　20・11・30予備　43・2・25歿（82）

【甲27】**林銑十郎**（ハヤシ　センジュウロウ）〈歩　石川〉

　石原莞爾の後押しを得て内閣総理大臣になるが、予算成立後突然議会を解散（食い逃げ解散）、辞任要求が出る一因ともなった。解散後の総選挙では「祭政一致」を唱えたが、余りに非現実的アナクロニズムに政治不信が世論に広まった。首相時代に特別な働きが見えなかったことから「なんにもせんじゅうろう内閣」と揶揄された。

林銑十郎

昭7・4・11大将　大15・3・2中将　10・7・20少将　6・8・6大佐　陸大17　英独駐在　功四
大5・11・15久留米俘虜収容所長　7・7・24歩五七聯隊長　9・1・30技本附（臨時軍事調査委員）　10・7・20陸士校予科長　12・3・17教総府（仏国出張）　12・6・30国連陸軍代表　13・9・11命帰朝　14・5・1歩二旅団長　15・3・2東京湾要塞司令官　昭2・3・5陸大校長　3・8・10教総本部長　4・8・1近衛師団長　5・12・22朝鮮軍司令官　7・5・26教育総監兼軍事参議官　9・1・23陸軍大臣　10・9・5軍事参議官　11・3・6待命　11・3・10予備　12・2・2内閣総理大臣　12・6・4辞　15・10・3内閣参議　16・10・22辞　18・2・4歿（68）

【甲28】牛島実常（ウシジマ　ミツネ）〈工　東京〉

牛島実常

豪快、寡黙、部下を心服させる徳を備えた統率者。一兵から身を起こして陸大を卒業、工兵科のあらゆる要職を歴任し、軍司令官にまで親補された立志伝中の雄将。夫人は畑俊六元帥の令妹。第二〇師団長のとき、山西省に赴任し、同省西南部の占拠地域の安定確保のため、連続不断の粛正戦を指導した。この地域は、北支那方面軍の最前線で、しばしば優勢で戦意旺盛な国民政府軍の反撃があり、各地で激戦を繰り返した。実戦経験は豊かである。

昭11・4・28中将　7・8・8少将　2・7・26大佐　陸大25　功四　功二

大15・3・2工五大隊長　昭3・8・10工兵監部員　5・12・22第一一師団参謀長　6・8・1工兵校教育部長　8・8・1工兵監部附　10・3・15工兵校長　12・3・1工兵監　13・6・23第二〇師団長　14・9・7参本附　14・12・1台湾軍司令官　15・12・2待命　16・1・20予備

【甲29】岩越恒一（イワコシ　ツネイチ）〈工　大阪〉

岩越恒一

昭7・4・11中将　2・7・26少将　大11・8・15大佐　陸大24　功四

大9・8・1シベリア派遣鉄道隊長　11・8・15参本通信課長　15・3・2電信二聯隊長　昭2・7・26佐世保要塞司令官　3・8・10通信校長　4・8・1工兵校長　6・8・1砲工校長　8・8・1工兵監　10・3・15第三師団長　11・3・23参本附　11・4・2東部防衛司令官　12・8・3待命　12・8・23予備

【甲30】上村友兄（カミムラ）〈工　石川〉

上村友兄

昭8・8・1中将　4・8・1少将　大13・2・4大佐

大10・4・1工兵校教導大隊長　13・2・4工兵監部員　13・12・15工兵校教育部長　昭6・8・1工兵校長　8・9・22東京湾要塞司令官　9・8・1待命　9・8・30予備

【甲31】佐村益雄（サムラ）〈工 山口〉

佐村益雄

昭9・3・5中将 5・3・6少将 大13・8・20大佐 陸大25 大13・2・4工一大隊長 15・3・2参本通信課長 昭2・7・26参本運輸課長 8・9・22工兵校長 10・5・3・6工兵監部附 3・15工兵監 11・3・17歿

【甲32】児玉友雄（コダマ トモオ）〈歩 山口〉

児玉友雄

昭8・8・1中将 4・8・1少将 大12・8・6大佐 陸大22 英駐在 大12・8・6歩三四聯隊長 14・5・1参本外国戦史課長 昭4・8・1歩二旅団長 5・12・22朝鮮軍参謀長 8・8・1下関要塞司令官 9・8・1第三独守司令官 10・12・2第一六師団長 12・8・2西部防衛司令官 13・7・15待命 13・7・27予備 13・9・8台湾軍司令官 14・12・1召集解除 36・5・9歿

【甲33】田中定憲（タナカ ジョウケン）

田中定憲

田中定憲は鹿児島の人で、教育者・歌人である。小学校教員養成所卒業後、僅か23才で長崎の鷹巣小学校の校長に抜擢された。歌人としては、今も愛唱されている「信州男児」の歌を作り、桃山中学校校長時代には「桃山健児」の歌を作って若人に親しまれた。

【甲34】中島今朝吾（ナカジマ ケサゴ）〈砲 大分〉

中島今朝吾

率直、無欲恬淡、有言実行の個性あふれる将軍。フランス陸大の卒業記章を佩用し続けたとか、帰朝後も長髪を通したとか話題が多い。南京占領時に部下部隊が所謂南京事件を起こしたといわれる。

昭11・3・7中将 7・4・11少将 2・2・10大佐 陸大25 仏駐在 功二

昭2・2・10野砲七聯隊長　4・8・1陸大教官　7・4・11舞鶴要塞司令官　8・8・1習志野校長　11・3・23憲兵司令官　12・8・2第一六師団長兼中部防衛司令官　12・8・26免兼　13・7・15第四軍司令官　14・8・1参本附　14・10・3予備　20・10・28歿

【甲35】**飛鳥井雅四**（アスカイ　マサシ）〈工　東京〉

昭9・8・1少将　5・3・6大佐　砲工校16優等

東大電気卒　英駐在

昭3・8・10通信校研主事　5・8・1電信二聯隊長　7・4・11近師司附（日大）　8・8・1砲工校教官　9・8・1津軽要塞司令官　10・8・1待命　10・8・28予備

【甲36】**安達克己**〈工　広島〉

昭12・11・1少将　9・3・5大佐

昭7・8・8工兵一大隊長　9・3・5鉄道二聯隊長　11・3・28近師司附　11・8・1関東軍測量隊長　12・11・1待命　12・11・30予備　19・6・14第四特設鉄道司令官

【甲37】**小村谷泰二**（コムラタニ　ヤスジ）

大正3年12月18日生。陸士第47期、陸大第53期（昭和15年）卒業、大本営参謀本部作戦課員、終戦時陸軍歩兵少佐。

戦後、静岡新聞経理部長を経て、昭和27年静岡放送取締役次いで社長、同36年会長、同61年最高顧問。この間昭和28年三島製紙取締役を兼ねる。

【甲38】**東條英機**（トウジョウ　ヒデキ）〈歩　岩手〉

東條英機

余りに有名で説明の余地もない。ただ、戦後は人々の怨嗟の的になって東條＝悪人というイメージが強かったが、最近歴史の研究が進むとともに、結局国体護持のスケープゴートとなった人物として捉えられ、評価も少しく上がりつつある。平成6年1月4日の読売新聞には、東京裁判時のキーナン首席検事は、昭和天皇の政治顧問だった木戸幸一を戦争犯罪の「真の犯人」と断定し、東条首相については「真実を語った唯一の人物」と高く評価していた、と報じられている。

昭16・10・18大将　11・12・1中将　8・3・18少
将　3・8・10大佐　陸大27　独駐在　功二
大15・3・23軍事課高級課員　昭3・3・8整備局
動員課長　4・8・1歩一聯隊長　6・8・1参本
編制動員課長　8・3・18参本附　8・8・1軍事
調査委員長　8・11・22軍事調査部長　9・3・5
陸士幹事　9・8・1歩二四旅団長　10・8・1第
一二師司附　10・9・21関東憲兵隊司令官兼関東局
警務部長　12・3・1関東軍参謀長　13・5・30陸
軍次官　13・6・18兼航空本部長　13・12・10航空
総監兼本部長　15・7・22陸軍大臣　16・10・18内
閣総理大臣兼陸軍大臣兼内務大臣　17・2・17免内
務大臣　18・11・1兼軍需大臣　19・2・21兼参謀
総長19・7・18免参謀総長　19・7・22辞予備　23・
12・23歿（法務死、64）

【甲39】後宮淳（ウシロク　ジュン）〈歩　京都〉
昭17・8・17大将　12・8・2　中将　9・3・5
少将　4・8・1大佐　陸大29　功二
大14・12・2関東軍附（満鉄嘱託）　昭4・8・1歩
四八聯隊長　6・8・1第四師団参謀長　7・2・
5関東軍附（満洲国交通部顧問）　7・5・4兼特務
部鉄道主任　9・8・1参
本第三部長　10・8・13人
事局長　12・3・1軍務局
長　12・10・5第二六師団
長　14・8・1第四軍司令
官　15・10・5南支方面軍

後宮淳

司令官　16・7・7支那派遣軍総参謀長　17・8・
17中部軍司令官　19・2・21軍事参議官兼高級参謀
次長　19・3・22兼航空総監兼本部長　19・7・18
軍事参議官　19・8・25第三方面軍司令官　31・12・
26シベリアより帰国

【参考資料】
コンサイス人名辞典　三省堂
帝国陸軍将軍総覧　秋田書店

参考乙：制度・用語・その他に関する資料

【乙1】幼年学校の試験

（陸軍召募規則～地方幼年学校生徒志願者に対する告示）

明治二十九年十二月十九日陸軍省令第二十六号をもって陸軍召募規則が定められた。その中で地方幼年学校生徒志願者に対する告示の主なるものは次の如くであった。

㈠ 地方幼年学校生徒の年齢・身長

年齢	十三年以上十六年以下	
身長	十四年未満	四尺五寸以上
	十四年以上十五年未満	四尺六寸以上
	十五年以上十六年未満	四尺七寸以上

㈡ 地方幼年学校生徒召募の試験格左の如し。但し試験の程度は尋常中学初年級の学力に比準する。

読書	漢字交り文
作文	日用書類、漢字交り文
習字	楷、行
算術	初歩
地理	日本地理の大要
歴史	日本歴史の大要
理科	初歩
図書	鉛筆画

㈢ 地方幼年学校生徒の毎月納金は六円とす

㈣ 地方幼年学校生徒志願者の願書は地方幼年学校長宛とし郡市長を経て差出すものとす

幼年学校入学志願者にとって学科の成績もさることながら、身長については規定の寸法に達するかどうかひやひやした者も相当あったものと思われる。

明治三十年一月二十九日陸軍省令第一号で陸軍召募規則が一部改正されて、中央幼年学校および地方幼年学校生徒志願者に関し「戦死者ノ孤児ニ在リテハ地方幼年学校生徒志願者ハ中央幼年学校生徒トナル迄ニ身長本文ノ定限ニ達スベキ見込アルモノハ採用セラルル資格アルモノトス」と戦死者孤児については特例の優遇措置がとられることになった。

幼年学校入試問題の一片

本文中で述べたように，終戦前の命令等には入試問題の裏紙を使用したものがある。ここにあげた入試問題は，その断片を継ぎ合わせたものである。欠落も多いのであるが参考のため記載することとした。現在の中学１～２年生の学力を比べてどうであろうか。大体80%の正解であれば合格といわれていた。

数学　第壹問題　（答解時間第壹貳問題ヲ通ジ壹時参拾分間）

下ノ第壹図ノヤウナ家屋ノ屋根ノ片側ニ降ツタ雨水ヲ第貳図ノヤウナ防火用水桶デ受ケタラ雨水ハ105粍ノ深サニタマツタ。

(イ)　雨量ハ何粍デアツタカ。

(ロ)　又コノトキ第参図ノヤウナ牛乳罐ヲ外ニ出シテオケバ雨水ハ何粍ノ深サニタマルカ。但シ円周率ハ$\frac{22}{7}$トシ答ハ粍未満四捨五入セヨ。又防火用水桶ニハ屋根ニ降ツタ雨水以外ノ雨入ハ入ラナイモノトスル。

第壹図

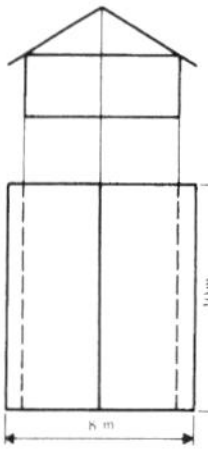

第貳図

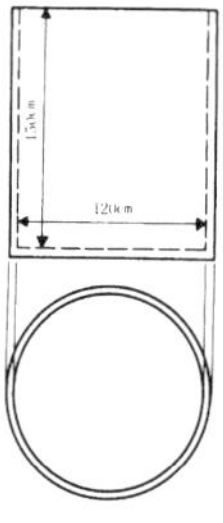

第参図

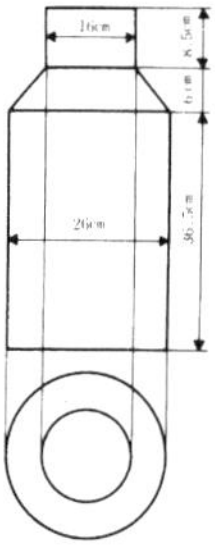

数学　第参問題　（答解時間第参四問題ヲ通ジ壹時参拾分間）

1.　高度Ｈ米ノ飛行機カラ落下傘兵ヲ降下サセタトキ，ｈ米降りタ所デ傘が開イタ。開傘後ハ毎秒平均ｖ米ノ速サデ降下シテ開傘カラ地上ニ達スル迄ニｔ秒カカツタトスルトキ，

(イ)　ｈハＨ，ｖ，ｔノドンナ式デ表ハサレルカ。

(ロ)　高度700米ノ所カラ40米降リタトキ傘ガ開イテ，ソノ後２分経ツテ地上ニ達シタ兵ハ開傘中毎秒平均何米ノ速サデ降下シタコトニナルカ。(イ)ノ式ヲ用ヒテ計算セヨ。

2.　１燭光ノ電灯カラ１米離レタ所ノ明ルサヲ１ルックストイフ。明カルサハ燭光数ニ比例シ，光源カラノ距離ノ二乗ニ反比例スル。電灯ノ真下1.5米ノ所ニアル机上ノ明カルサヲ測ツタラ16ルックスアツタ。コノ電灯ハ何燭光カ。

次の問題は上部が欠落していて第何問題であったか明らかでない。なお各問は20点満点として採点されていたようである。

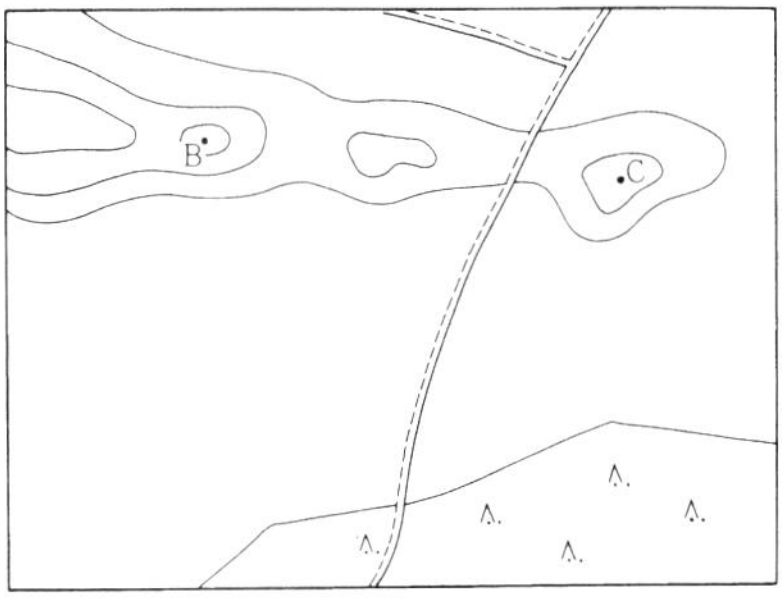

――――首部欠落――――

ノ結果ヲ得タ。

B……北50° 西 ⎫
C……北15° 東 ⎭ (1)

部隊本部ハドノ方向ニアルカ。

(1)ト同ジ表ハシ方デ答ヘヨ。(注意　分度器ヲ使ツテモヨイ。)

2. 自分ニ向ツテ真正面カラ攻撃シテ来タ敵戦闘機ノ翼幅ヲ測ツタララ13ミリーアツタ。ソノトキノ敵機マデノ距離ハドレホドカ。但シ敵機ノ翼幅ハ11.3米トスル。

以下の各問題は縦書きとなっているのであるが，ここでは印刷の便宜上横書きに書き直した。

――国語の問題であるが首部が欠落している。

四時間めに講堂へ集った。(イ)矢つぎ早の勝報に，みんな胸にこみあげるうれしさを押さえながら，熱心にラジオに聴き入った。お晝過には畏くも宣戦の　大詔がラジオを通して奉讀された。

(ロ)天佑ヲ保有シ萬世一系ノ(ハ)皇祚ヲ踐メル大日本帝國天皇と仰せられる國がらの尊さ。この　天皇の御ためなればこそ，われわれ國民は命を捧げ奉るのである。東亜に於ける皇國の地位を認めず，どこまでも(ニ)横車を押し通す米英に対して，今やわが國は(ホ)敢然として起ちあがったのだ。一億国民が大命を奉じて(ヘ)新しい國生みのみわざにさせ参じたのである。勇ましい皇軍は(ト)もとより國民全體が(チ)一つの火の丸となって進む時である。そうだ。私たちも，この(リ)光榮ある大きな時代に生きているのである。さう思った途端，私は(ヌ)もう何もいらないと思った。そして，何か心の底にあった不安は雲の如く消えて，すっかり(ル)＿＿＿＿＿＿気持になった。

問

<table>
<tr><td rowspan="4">謹ミテ解釈セヨ</td><td rowspan="2">(ロ)</td><td rowspan="2"></td><td rowspan="4">解釈セヨ</td><td>(イ)</td><td></td></tr>
<tr><td>(ニ)</td><td></td></tr>
<tr><td rowspan="2">(ハ)</td><td rowspan="2"></td><td>(ホ)</td><td></td></tr>
<tr><td>(ト)</td><td></td></tr>
<tr><td rowspan="4">ドンナ意味カ，分リ易ク言ヘ。</td><td>(ヘ)</td><td colspan="4"></td></tr>
<tr><td>(チ)</td><td colspan="4"></td></tr>
<tr><td>(リ)</td><td colspan="4"></td></tr>
<tr><td>(ヌ)</td><td colspan="4"></td></tr>
<tr><td colspan="2">適當ナ語ヲ書キ入レヨ
文中ノ敬語ヲ書キ入レヨ</td><td colspan="4"></td></tr>
</table>

作文　（答解時間壹時参拾分間）

（文題）　行　軍　注意｛文體ハ口語體デモ文語體デモヨイ　假名ハ片假名デモ平假名デモヨイ　一劃ニ一字ヅツ書ケ

（注）
本問題の答案用紙は648字詰である。

歴史及地理　第貳問題　（解答時間第壹，貳問題ヲ通ジ壹時参拾分間）

1．季節風ニ就キ左ノ問ニ答ヘヨ。

(イ) 下ノ図ニ夏及冬ノ季節風ノ方向（夏ハ➡印　冬ハ⇨印）ヲ記入シ，アジヤニオケルコノ風ノ吹ク主ナル地域ヲ斜線ヲ以テ現ワセ。

(ロ) コノ風ノ吹ク地域ニ一般ニ多イ主ナル農産物ヲアゲヨ。

2．ドイツニ就キ左ノ問ニ答ヘヨ。

(イ) コノ國ニオイテ工業ガ高度ニ発達シテヰル理由ヲ記セ。

(ロ) コノ國ハ盛ンニ工業ヲ營ミナガラ，一方ニハナオ農業ヲ奨勵シテヰル理由ヲ記セ。

【乙2】陸軍地方幼年学校条例

明治二十九年五月十五日、陸軍中央幼年学校条例及び陸軍地方幼年学校条例が制定され、陸軍幼年学校官制が廃止された。陸軍地方幼年学校条例は次のとおりである。（勅令第二百十三号）

陸軍地方幼年学校条例

第一条　陸軍地方幼年学校ハ、生徒ニ概ネ尋常中学校第一年乃至第三年ノ学科ト同一ナル教授ヲ為シ、兼ネテ軍人精神ヲ涵養シ、陸軍中央幼年学校生徒ト為スヘキ者ヲ養成スル所トス

第二条　生徒ハ華、士族、平民中、陸軍将校ニ出身志願ノ者ヲ選抜シテ採用ス

第三条　陸軍地方幼年学校ハ左ノ六箇所ニ置ク

東京、仙台　名古屋　大阪　広島　熊本　但東京陸軍地方幼年学校ハ陸軍中央幼年学校ノ附属トス

第四条　陸軍地方幼年学校ニ左ノ職員ヲ置ク

校長　少佐　大尉
副官　中尉
生徒監　大、中尉
教授
軍医
下士　陸軍属及陸軍助教

校長以下将校同相当官及下士兵卒ハ、予備後備ノ者ヲ以ヲ充ツルコトヲ得　其身分取扱ハ召集中ノ者ニ同シ

第五条　校長ハ監軍ニ隷シ、校勢ヲ総理シ生徒教育ノ責ニ任ス

第六条　副官ハ校中一般ノ庶勢ヲ掌ル

第七条　教授ハ各学科ノ授業ヲ分担ス

第八条　生徒監ハ生徒ノ軍人精神ヲ涵養薫陶シ、日常其躬行起居動作ヲ監視シ、生徒訓育ノ事ニ就テハ、専ラ其責ニ任ス

第九条　生徒修学期ハ概ネ三箇年トシ、之ヲ三学年ニ分ツ

第十条　生徒教育課程ハ校長案ヲ具シ監軍之ヲ定ム

第十一条　生徒ハ総テ校内ニ寄宿セシメ、衣服糧食等ノ費用トシテ若干ノ納金ヲナスモノトス、其金額ハ別ニ定ムル所ノ規定ニ拠ル

第十二条　生徒中、戦死者及将校同相当官ノ孤児ニ対シテハ、特ニ前条ノ納金ヲ免除スルコトヲ得、之ヲ特待生ト称ス

生徒中陸海軍士官ノ児ニ対シテハ、前条ノ納金

ヲ半額ニ減スルコトヲ得

第十三条　第三年生徒中学科優等ニシテ品行方正ナル者若干ヲ選抜シ、舎長ヲ命シ、特別ノ徽章ヲ附セシムルコトヲ得

第十四条　生徒中巳ヲ得サル事故ニ依リ、退校ヲ願出ツス者アル時ハ、其事情ニ依リ退校ヲ許スコトアリ

第十五条　生徒中左ノ事項ニ該ル者ハ退校セシム

其一　学術ノ修得全カラス、卒業ノ目途ナキ者

其二　屢法則ヲ犯シ、又品行方正ニシテ、改悛ノ目途ナキ者

其三　長病ニ依リ卒業ノ目途ナキ者

其四　卒業試験ニ落第セシ者

第十六条　生徒中各学年ニ於テ、所定ノ学科ヲ修メ得サル者ト雖モ、尚望ミアル者ハ、一箇年延期修学セシムルコトヲ得

但延期ハ全学期ヲ通シテ一回限リトス

第十七条　生徒中全学期ヲ終ルモ、中央幼年学校ニ入校セシメ得サル者ハ、単ニ教育課程卒業ノ証書ヲ附与シテ退校セシム

第十八条　前四条ニ該ル者アルトキハ、校長事由ヲ悉シ、監軍ニ上申シ、其認可ヲ得テ之ヲ処分ス

第十九条　校長ハ修学期末ニ於テ生徒ノ卒業試験及身体検査ヲ施行シ、各教授及生徒監ヲ集メ会議ヲ開キ、修学ノ成績ヲ調査シ、列序ヲ定メ、考科表ヲ製シ、身体検査表ヲ添ヘテ監軍ニ進達シ、其認可ヲ得テ、教育課程卒業ノ証書ヲ附与ス

第二十条　監軍ハ前条卒業者ニ就キ、中央幼年学校ヘ入学セシムヘキ者ヲ定メテ、地方幼年学校長ニ達ス

第二十一条　毎年生徒ニ凡五週間ノ夏期休暇ヲ与フルコトヲ得

附　則

第二十二条　本条例ハ明治三十年四月一日ヨリ施行ス

○

朕陸軍幼年学校条例廃止ノ件ヲ裁可シ、茲ニ之ヲ公布セシム

御名御璽

明治二十九年五月十五日

陸軍大臣　侯爵　大　山　巌

本条例によれば地方幼年学校では中学一～三年に相当する学術を収め、中央幼年学校に入って四～五

年に相当する教育を受けるわけである。

【乙3】廣島地方幼年学校旧校要図（次頁、図）

【乙4】廣島地方幼年学校教則

広島陸軍地方幼年学校教則

（明治三十三年六月一日政定）

第一章　綱要

第一条　本教則ハ陸軍地方幼年学校条例及陸軍幼年学校教育綱領ニ基キ広島陸軍地方幼年学校教育ノ方法及訓序ヲ示スモノトス

第二章　課程

第二条　教授部課程細目及教課用図書配当ハ第一表及第二表ニ、訓育部課程細目ハ第三表ニ拠ル（註、第二表省略）

第三章　学期及日数ノ配当

第三条　各学年ヲ二学期ニ分ケ九月一日ヨリ十二月三十一日ニ至ルマテヲ前期トシ一月一日ヨリ八月三十一日ニ至ルマテヲ後期トス

第四条　年中休業日左ノ如シ

一、日曜日

以下祝祭日（省略）

一、夏季休業　七月十一日ヨリ八月三十一日ニ至ル間ニ於テ五週日

一、冬季休業　十二月二十九日ヨリ一月五日ニ至ル

第五条　学期末ニ於ケル試験及成績調査ノ期日左ノ如シ

一、前期定期試験及成績調査　十二月二十八日ニ至ル十一日

一、後期定期試験及成績調査　六月二十九日ヨリ十一日

一、卒業試験及成績調査　六月二十日ヨリ二十日

前各項期日中ハ学術ノ授業ヲ休止ス、但体育ノ為ニ適宜ニ教練ヲ行ハシムルコトアルヘシ

第六条　毎年一回修学旅行ヲ行フコトヲ得　其時ハ四、五月ノ間トシ其日数ハ一週日ヲ超過セサルモノトス

第七条　毎年夏季ニ於テ遊泳ヲ行フ　其日数ハ往復ヲ除キ二週日以内トス

第八条　授業時間ハ教授訓育共ニ一回五十分トシ訓育ノ授業ハ通常午後ニ於テ之ヲ行フ

第九条　毎週午後ノ若干時間ヲ野外散歩ニ充ツ

旧校要図

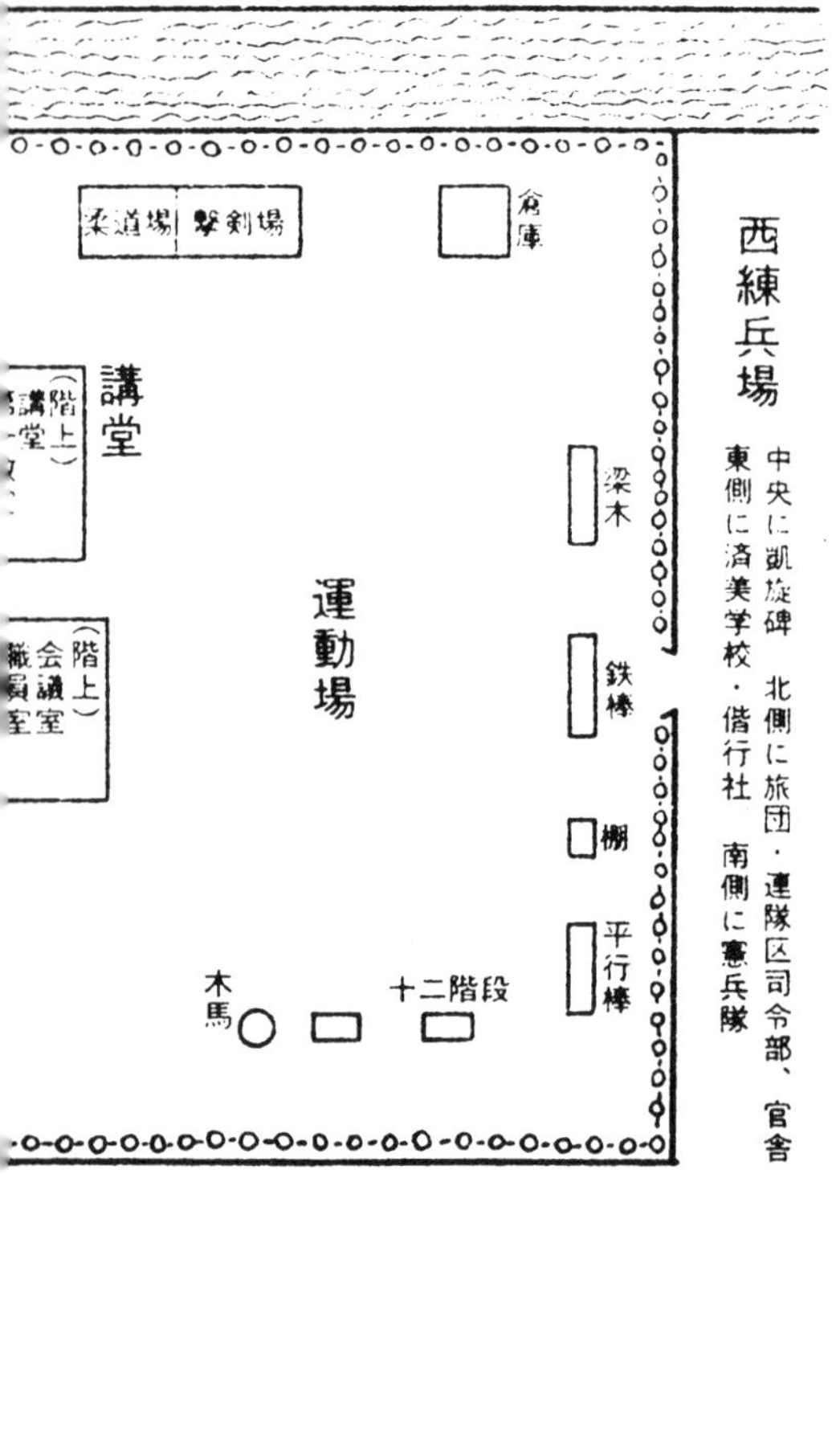
柔道場
撃剣場
倉庫
講堂
(階上)講堂
運動場
(階上)会議室
職員室
梁木
鉄棒
棚
平行棒
木馬
十二階段
西練兵場
中央に凱旋碑　北側に旅団・連隊区司令部、官舎
東側に済美学校・偕行社　南側に憲兵隊

野砲兵第五連

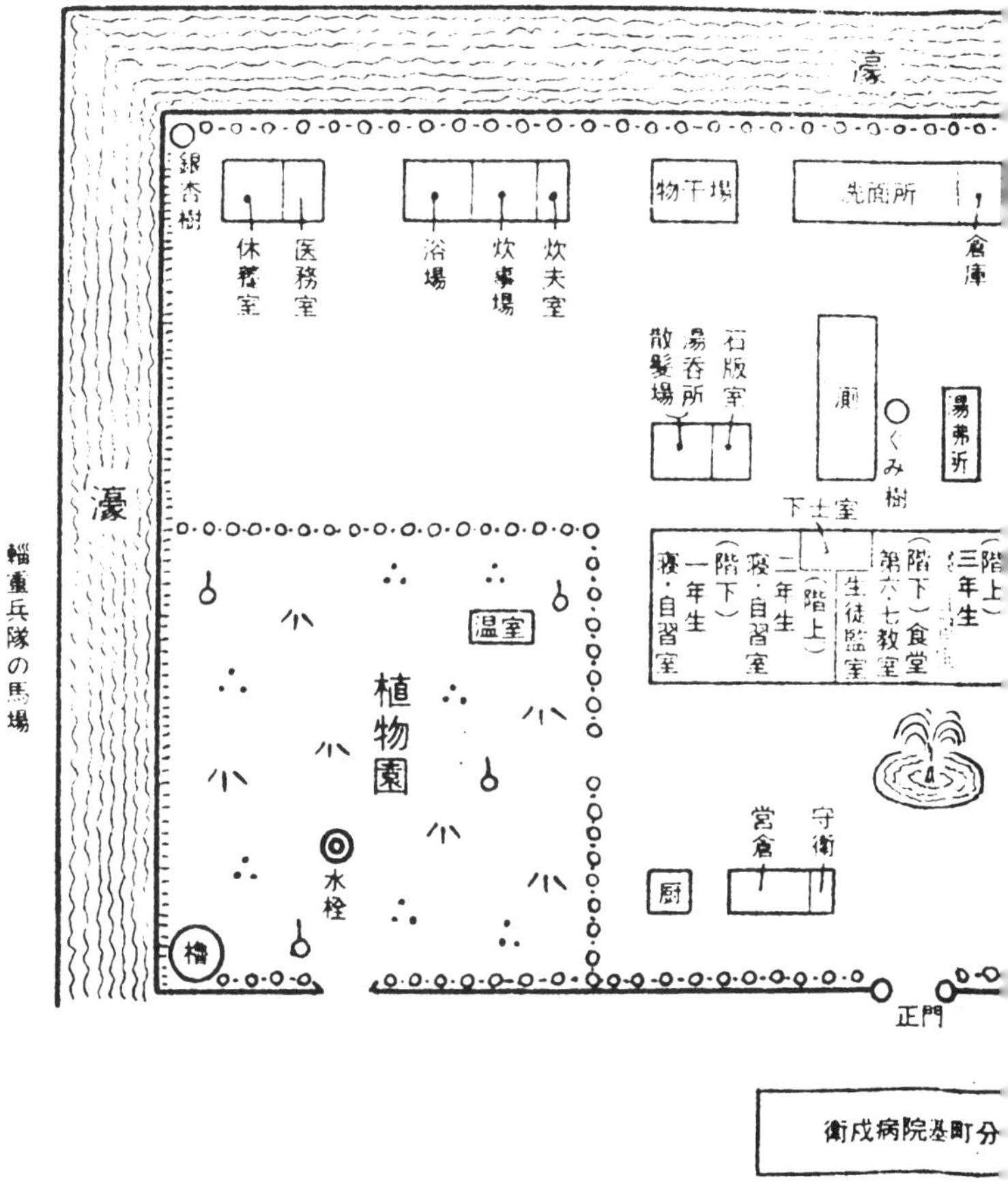
濠
濠
輜重兵隊の馬場
銀杏樹
医務室
浴場
炊事場
炊夫室
物干場
倉庫
散髪場
湯呑所
石版室
厠
ぐみ樹
湯沸所
下士室
寝・自習室
一年生
（階下）
寝・自習室
二年生
（階上）
生徒監室
第六・七教室
（階下）食堂
三年生
（階上）
温室
植物園
水栓
櫓
営倉
守衛
厨
正門
衛戍病院

第四章　日課時限

第十条　日課時限ハ特四表ノ基準ニ拠ル

第五章　学班ノ編成

第十一条　各学年生徒ハ教授ノ為ニ通常二学班ニ分チ訓育ノ為ニハ若干ノ区隊ニ分ツ

第六章　試験

第十二条　試験ハ日課試験、定期試験及卒業試験ノ三種トス

第十三条　試験ハ各科目ニ就キ之ヲ行フ　但倫理ハ試験ヲ行ハス

作文、図画及習字ハ試験ヲ行ハス　平素ノ作業ニ評価ヲ附ス　但図画ノミハ臨機其作法ニツキ試験スルコトアルヘシ

第十四条　訓育ニ関スル科目ニ就キテハ特ニ試験ヲ行ハス　生徒監ニ於テ平素ノ成績ニ就キ与ヘタル点数ヲ平均シ以テ其成点トス

第十五条　試験ノ方法ハ筆記及口述ノ二トス　筆記試験ハ同学年生徒全学班若クハ一学班毎ニ問題ヲ与ヘ其答解ヲ筆記セシメ口述試験ハ生徒各自ニ問題ヲ与ヘ口頭ニテ即答セシム

第一節　日課試験

第十六条　日課試験ハ教授セシ事項ニ就キ生徒ノ能ク会得センヤ否ヤヲ随時検スルモノトス

第十七条　日課試験ハ口述若クハ筆記ヲ以テ答解ヲ為サシムルモノニシテ授業ノ進行ヲ量リ授業時間ニ於テ時々之ヲ行フモノトス　若シ特定時間ニ於テ行フトキハ其時間ト同数ノ授業時間ヲ自習トス

而シテ其回数ハ課業ノ多寡ニ準スヘキモ各科目ニツキ一学期間少クモ筆記試験二回口述試験一回ヲ行フヘシ

第十八条　日課筆記試験ノ時間ハ一回五十分ヲ超過セサルモノトス

第十九条　日課試験ニ際シ疾病若クハ其他ノ事故ニ依リ試験ニ欠席セシモノアルトキハ其事情ニヨリ成ルヘク速ニ補欠試験ヲ行ヒ或ハ議議ノ上認定点ヲ附与スルコトアルヘシ

第二節　定期及卒業試験

第二十条　定期試験ハ平常習得シタル所ノ成績ヲ検査スルモノニシテ各学期末ニ於テ時日ヲ定メ之ヲ行フ

第二十一条　定期試験ハ筆記又ハ口述ヲ以テ之ヲ施行ス　其問題ハ各学科共当該学期間ニ授業セシ事項ニ就キテ選定シ問題ノ数ハ各学科共三乃至五題トス

第二十二条　卒業試験ハ第三学年末ニ於テ定メタル規格ニ拠リテ之ヲ施行スルモノトス　但其問題ハ該学年間ニ教授セシ科目ニ就キ選定スルモノトス
第二十三条　定期及卒業試験ニ際シ疾病若クハ其他ノ事故ニ依リ試験ニ欠席セシモノアルトキハ詮議ノ上特に之ヲ行フコトアルヘシ

第七章　学術及躬行ノ評点

第二十四条　学術及躬行ノ評点ハ一科毎ニ雰ヨリ二十ニ至ル
第二十五条　各科目ノ成点ハ各科目毎ニ日課試験平均点ノ二倍ト定期若クハ卒業試験ノ評点トノ和ヲ三除シタルモノトス　但作文図画及習字ニアリテハ平常ノ得点ヲ合算シ其平均点ヲ以テ成点トス
第二十六条　躬行ノ成点ハ訓育部ニ於テ附与シタル評点ニ教授部ニ於テ附与シタル平均点数ノ二分ノ一ヲ合算シテ満点ヲ三十点トス
第二十七条　定期及卒業試験ノ成績ハ学術及躬行ノ成点ヲ合計シテ之ヲ定ム
第二十八条　第二回以後定期試験及卒業試験ニアリテハ当該試験点数合計ニ其前学期ニ於ケル試験総点数ノ十分ノ一ヲ加算スルモノトス
第二十九条　凡テ平均点数ノ計算法ハ零以下二位ニ於テ四捨五入スルモノトス

第八章　列序優劣ノ判定

第三十条　定期及卒業試験ノ終ニ於テ教育会議ヲ開キ学術ノ成績及躬行ヲ調査シ総点数ノ多寡ニ縦ヒ考科列序ヲ定ム
第三十一条　第一及第二学年後期及卒業試験後ノ教育会議ニ於テハ前学期ニ於ケル成績ヲ参考ニシテ生徒ノ及第及落第ヲ定ム（図、次頁）

【乙5】営倉

軍隊の場合、兵の懲罰は降等（階級を下げる）と営倉があり、営倉は重営倉と軽営倉とに分かれ、いずれも30日以内、俸給は重営倉が8割減、軽営倉は5割減、また重営倉は寝具がなく、食事は飯・湯・塩のみ、軽営倉は寝具付きの普通食であった。演習・教育は普通に受けさせるが勤務にはつけない。設置場所は、営門横の衛兵所と同棟の裏側に3室程木の格子のはまった部屋が続いていた。営倉入りすると進級に大きく影響した。

【乙6】酒保

軍隊の営内にあった日用品・飲食物などの販売所

【乙4】の図

教授部課程細目表　第一表

学年	学期	課程細目及回数	倫理	国漢文：国文	国漢文：漢文	国漢文：文法	国漢文：作文	外国語：佛蘭西	外国語：独逸	歴史：本邦史	歴史：東洋史	地理：本邦地理	地理：外国地理	地理：地文
第一学年	前期	課程細目	本校生徒ノ本領及心得賢人名士ノ惟行	講読	講読	詞論	漢文交リ文書読文	読方、訳解、文法、作文、書取、会話、習字		総論ヨリ藤原時代		本邦地理		
		回数 週一	1	2	2	1	1	6		2		2		
		回数 期一	14	28	28	14	14	84		28		28		
	後期	課程細目	同上	同上	同上	同上	同上	読方、訳解、文法作文、書取、会話		藤原時代ヨリ織豊時代		同上		
		回数 週一	1	2	2	1	1	6		2		2		
		回数 期一	23	46	46	23	23	138		46		46		
第二学年	前期	課程細目	同上	同上	同上	同上	同上	同上		徳川時代ヨリ今代			アジア	
		回数 週一	1	2	2	1	1	6		2			2	
		回数 期一	14	28	28	14	14	84		28			28	
	後期	課程細目	同上	同上	同上	同上	同上	同上			総論、南北朝時代		ヨーロッパ、北米	
		回数 週一	1	2	2	1	1	7			2		2	
		回数 期一	23	46	46	23	23	161			46		46	
第三学年	前期	課程細目	勅諭衍義	同上	同上	詞論、文章論	同上	同上			随、唐ヨリ両宋時代		南米、太洋州アフリカ	
		回数 週一	1	1	3	1	1	7			2		2	
		回数 期一	14	14	42	14	14	98			28		28	
	後期	課程細目	同上	同上	同上	同上	同上	同上			元明ヨリ清朝時代			地文
		回数 週一	1	1	3	1	1	7			2			2
		回数 期一	21	21	68	21	21	147			42			42
			109	183	253	109	109	712		102	116	74	101	74

数学			博物			理化示数	図画		習字	合計	週数	課目数	備考
算術	代数	幾何（平面）	動物	植物	生理、衛生		図	画					
整数、分数、小数						理化学的現象概要		臨画	楷行書		14	10	第一学年後期数学ハ算術ヲ終リタル後、代数ニ移ルモノトス 唱歌ハ本表外ニ第一学年及第二学年ニ於テ一週一回之ヲ課ス
6						1		1	2	27			
84						14		14	28	378			
複名数比、比例、百分算、開方法、組数	緒論、代数式、簡易ナル方程式			植物概要		同上		同上	行草書		23	11	
6				1		1		1	1	27			
90	48			23		23		23	23	621			
	整数ノ乗除法一次方程式	角、三角形、多辺形ノ角ノ和		同上			幾何画法	同上	楷行草書		14	11	
	3	3		2			1	1	1	28			
	42	42		28			14	14	14	392			
	因数、分数方程式	平行四辺形、円・作図			人体生理衛生概要		同上	臨画及写生			23	11	
	3	3			2		1	1		28			
	69	69			46		23	23		644			
	一次、二次方程式	比例線、相位多辺形三角形ノ各辺数上関係	動物ノ概要				投影画法	同上			14	11	
	3	3	2				1	1		28			
	42	42	28				14	14		392			
	指数、根数比及比例	比例線 正多辺形ノ計算 面積	同上				同上	同上			21	11	
	3	3	2				1	1		28			
	63	63	46				21	21		588			
174	264	216	70	51	46	37	72	109	65	3015			

陸軍将校への道(【乙８】の図)

・明治30年から大正９年まで

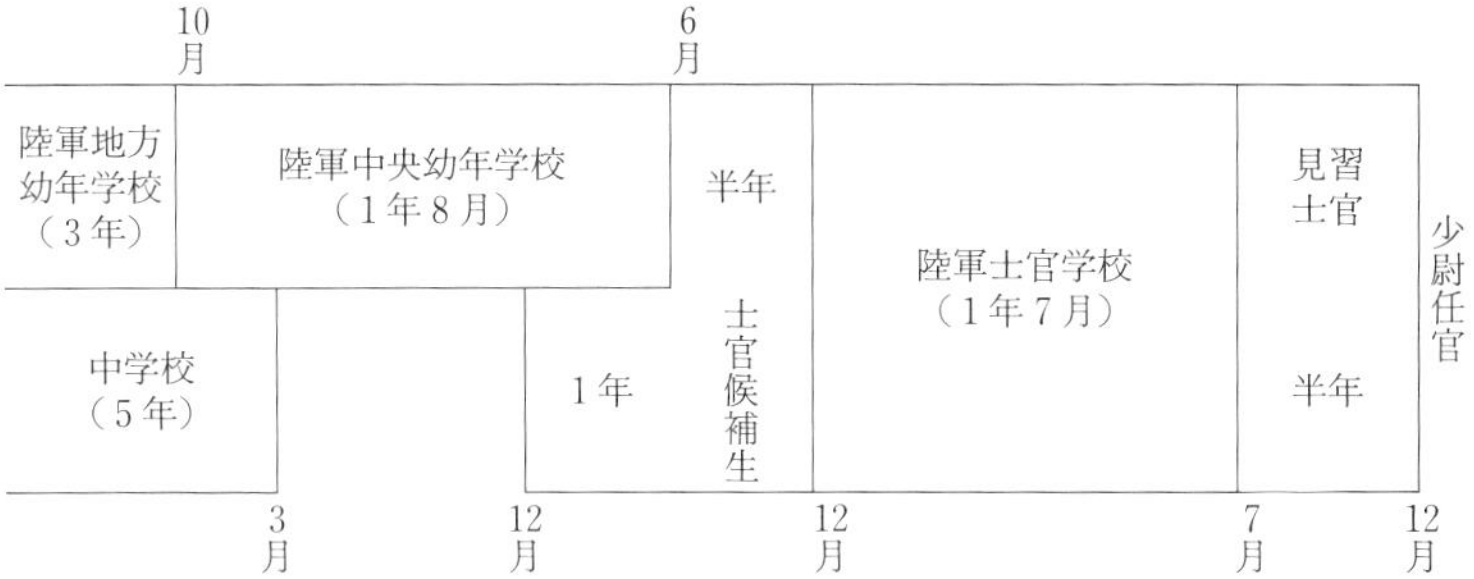

・大正９年から昭和11年まで

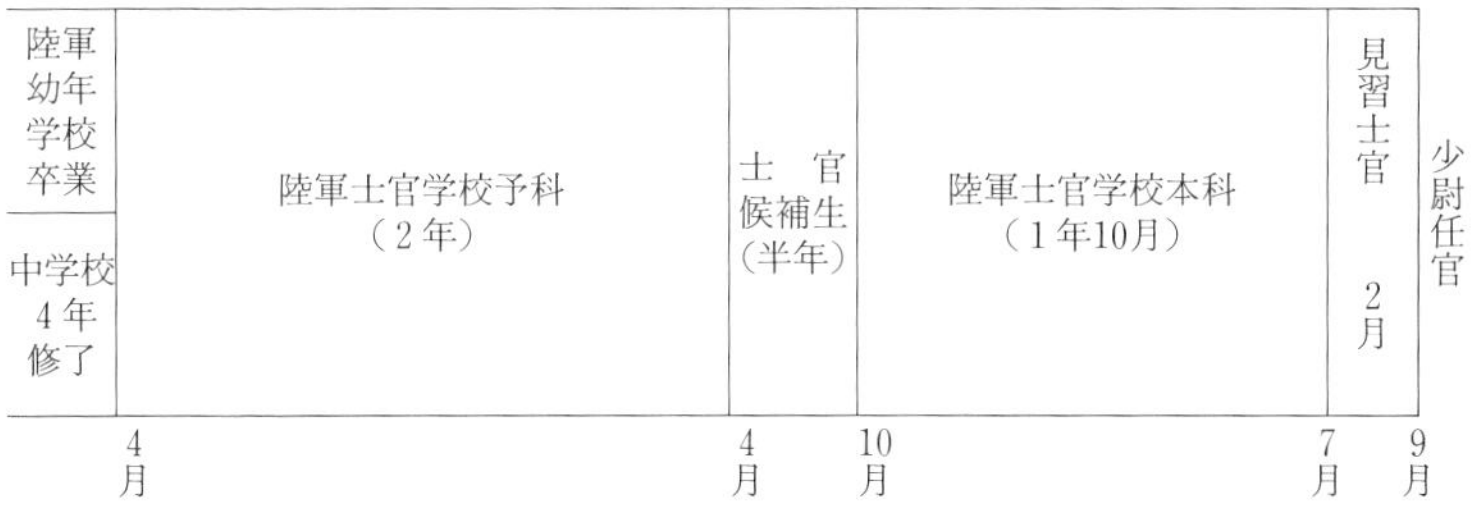

・昭和13年から

るのであるから、陸軍士官学校の教育といえども、士官候補生全般の教育から見ると、一過程に過ぎないということができる。そして、士官候補生は隊附き勤務中は、部隊長以下、多くの先輩将校から親しく薫陶を受けるばかりでなく、士官学校在学中も、絶えず将校団から励まされ、師団長会議などで上京した師団長からも、親しく激励の辞を受けたのである。

　このように、将校生徒教育における将校団教育の占める地位は高かった。

【乙10】給料制度の始まり

　明治元年1月海陸軍務総督が置かれ朝廷の軍の建設が始まった。同年8月には官員の月給制が官祿制に改められ、現米が支給されることとなったが、例えば一等陸軍将は千二百石、これは江戸の石高制で計算すると三千石で幕府の町奉行と同格であった。明治三年九月には、軍に佐・尉官が設置されたが、少尉が十三等五十石に当たり、江戸時代の石高換算で百二十五石、一万国の大名の家老の石高が通常百石前後であったことに鑑みれば、明治初期の少尉の石高は悪くなかった。

〔官祿表〕（明治二年八月）

一等	現米千二百石
二等	千石
三等	七百石
四等	六百石
五等	五百石
六等	四百二十石
七等	三百四十石
八等	二百七十石
九等	二百石
十等	百三十石
十一等	八十五石
十二等	六十七石
十三等	五十石
十四等	三十三石
十五等	二十六石
十六等	一等 二十石 二等 十五石 三等 十二石
等外	十石 七石

一出仕ハ勅奏判各共最下等ノ祿ヲ給ス
一準官ハ本官四分ノ三心得勤ハ三分ノ二試補ハ半数ヲ給ス
一使部仕丁ハ十六等ノ二等祿ヲ給ス

【乙11】肋骨

【乙12】新式軍服（次頁）

【乙13】正装（写真・457頁）

正装は宮中の行事や観兵式・公式晩餐会、ほか故ある式典や行事に着用し、それに準ずるときは一部省略した礼装や通常礼装となる。

正装は次のようなセットで成り立っている。

①正帽…金モールの蛇腹を巻いた黒の丸帽

②正衣…襟を金刺繍、袖を金モールで飾り、兵科定色の袖口の黒のダブル上衣

③正袴…兵科定色の側章を付けた黒ズボン

④前立…帽子に立てる紅白の羽毛。将官は駝鳥、佐・尉官は鷺の羽根。

⑤正肩章…金モールで編んだ階級章

⑥飾帯…正衣の腰に巻く赤いサッシュ

⑦飾緒…右肩から釣る金モールの織紐

⑧正刀…儀式用のサーベル

⑨正刀帯…正刀を吊る皮バンド。飾帯の下に締める。

⑩正刀緒…正刀に付ける金の飾り紐

⑪正靴…エナメル靴

歩兵中佐　砲兵大佐　歩兵大尉

三宅坂・参謀本部より出る新式軍服の将校たち（大正時代）

【乙14】当番

明治の頃はこれを従卒と云った。将校について身の回りの世話をする兵で、上級の将校には1人ずつ付いた。いったん戦場に出ると将校行李の搬送から食事の世話等をし、戦闘では護衛兵兼伝令と変わる。仕事の範囲は、内務令によれば、「兵営内及勤務上ニ於テ伝令、兵器被服ノ拭浄、貸与馬ノ手入等ヲ行ワシムル為必要ト認ムルトキニ限リ」とある。従って、本来送り迎えの馬取扱い兵に、家での水くみ、薪割り、庭掃除までさせたという話は、全くの違反行為であった。尤も、公私混同が甚だしかった代わりに将校の方もその面倒をよく見、除隊時には就職の世話から嫁の世話、結婚式の仲人まで勤めたりしたという話も多い。

【乙15】馬飼料

陸軍給与令には、「士官以上乗馬本分ニシテ馬匹ヲ飼養スル者ニハ馬飼料ヲ給ス」とある。馬飼料は、月当たり、正馬十二円、副馬六円であった。行軍のときにはその外に、馬丁などの費用として馬牽料と云うのが支給される。

正装姿の閑院宮載仁・陸軍参謀総長。

【乙16】新兵教育

体操術、小隊運動、射的術等を訓練する。その合間に軍隊に関する一般知識や、勤務心得、哨兵、等の講義もあった。

陸軍の教育はまず個人の教育から始まり、戦闘員としての個人の動作ができるようになると、小隊、中隊、大隊、連隊と、次第に大きい部隊の一員としての共同動作ができるよう、段階的な教育が行われた。

【乙17】席次

幼年学校や士官学校では、何よりも生徒としての本分である学術の習得に励むよう指導していた。そして、その卒業席次によって優劣が決まり、任官してからの進級もその順序によることは、生徒自身も知っていた。

戦後、いち早く経済的に立ち直った我が家では、祖父が主催して同期生会が幾度も開かれ、筆者も挨拶に出されたことなど覚えているのだが、母によると席次のことで時々喧嘩が起こったそうで、そのような時、祖父は母に「今更そんなことどうでも良いのに、いい歳をして困ったものだ。僕はいつもなだめ役だよ」とこぼしていたそうである。逆に言うと、卒業席次というものはそれ程の重要性をもって彼らに受け止められていたという事であろう。

【乙18】師団の配置の推移（460〜461頁）

【乙19】陸軍大学校

陸軍大学校は、「才幹ある少壮士官を選抜して高等用兵に関する学術を修めさせ、併せて軍事研究に須要な諸科の学識を増進させる所」であった。幼年学校や士官学校と異なり参謀総長に属する。本科学生の受験資格は、少尉任官後8年までの者で、隊付勤務2年以上、品行方正、勤務精励、身体壮健でかつ頭脳が優れていると所属長が認めた中・少尉で、連隊長の推薦が絶対条件だった。修業年限は本科学生は3年である。その他、本科学生への入学の機を逸した大尉・少佐で選考試験に合格した専攻学生には約1年の幕僚教育を実施した。陸軍大学を卒業すると、一応所属部隊に帰って中隊長等になり隊務を実践した後、各司令部の参謀あるいは高級司令部の参謀部付となる。

成績優秀で重要な仕事を処理するので進級が早く、また実際に陸軍大学校卒業生の76・4パーセントは少将以上の将官になっていることから見ても、まさに陸軍将校中のエリートであった。

【乙20】天保銭

陸軍大学校卒業生を示す胸章が、江戸時代の通貨である天保銭とほぼ同じ大きさの楕円形であったことから、これを「天保銭」と呼び、従ってその卒業生たちを「天保銭組」と言った。その他は「無天組」と呼んだ。「天保銭」の裏の意味として、通貨の天保銭は百文に値することになっていたが、品質が悪く実際は八十文にしか通用しなかったことから、陸大出に対するやっかみもあって、少し足りないという意味も含んでこの名前で呼ぶようになったようである。

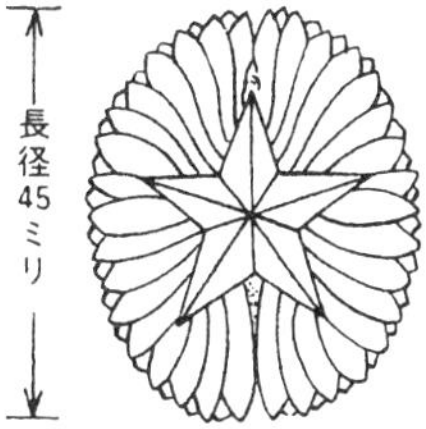

陸軍大学校卒業徽章
星は金色、花模様は銀色。

しかしこの胸章に対する無天組の反発は強く、2・26・事件のあとは廃止された。従って、その時以降の陸大出を「カラ天組」と言い、また、首席卒業生でありながらなんらかの理由で出世コースに乗れなかったものを「サビ天」と言った。

【乙21】偕行社

明治十年、東京九段の招魂社（靖国神社）の近くにつくられた。設立趣意書には「偕行社ハ帝国陸軍将校同相当官ノ団結ヲ強固ニシ、親睦ヲアツウシ、学術ノ研鑽ヲ為スト共ニ、社員ノ義助及ビ軍ト軍属ノ便宜ヲハカルヲ以テ目的トシ」とある。簡単に言えば、社員というメンバー制の将校クラブである。以後、全国の師団司令部や連隊のある衛戍地に設けられた。

事業の内容は、講演会や集会の開催、機関紙の発行、図書室の設置、社員の葬祭の援助、結婚・宿泊・宴会などの会場の利用から社員住宅の建設までと手広い。

【乙22】満洲の守備

日露戦争の後、遼東半島の西南端、奉天、吉林、黒竜江の三省、即ち「関東州」は、ロシアより日本に譲られた。その租借地たる関東州と南満洲鉄道を

中部				関東			東北		北海道	地域／編制時期	
金沢	名古屋	高田	豊橋	東京		宇都宮	仙台	弘前	旭川		
					御親兵	東山道鎮台（石巻） 盛岡・福島（分営）				明治4年4月	鎮台制
東京鎮台（東京） 上田・新潟・名古屋（分営）						東北鎮台（石巻、当分の間仙台） 青森（分営）				明治4年8月	
第3管区（名古屋） 金沢（分営）		第1管区（東京） 佐倉・新潟（分営）			明治5年 近衛兵	第2管区（仙台） 青森（分営）			明治7年 屯田兵	明治6年	
	3D 名古屋2 豊橋 金沢			1D 東京2 高崎 佐倉	明治24年 GD 東京4		2D 仙台2 青森 新発田			明治21年	師団制（平時の配置）
9D 金沢2 富山 鯖江	名古屋2 豊橋 静岡			同上	同上		仙台2 新発田 村松	8D 弘前 青森 秋田 山形	7D 明治29年 旭川3 札幌	明治31年	
同上	名古屋 岐阜 守山 津	明治38年 13D 高田 新発田 村松 松本	明治38年 15D 豊橋2 静岡 浜松	東京2 佐倉 甲府	同上	明治38年 14D 宇都宮2 高崎 水戸	仙台2 山形 若松	弘前2 青森 秋田	同上	明治40年	
金沢 富山 鯖江 敦賀	名古屋 岐阜 豊橋 静岡	（廃止）	（廃止）	同上	同上	宇都宮 水戸 高崎 松本	仙台 若松 新発田 高田	弘前 青森 秋田 山形	同上	大正14年	

陸軍の鎮台及び師団の配置の推移概見表（支那事変勃発前まで）（【乙18】の図）

<table>
<tr><th colspan="2">朝鮮</th><th colspan="3">九州</th><th colspan="2">中国</th><th>四国</th><th colspan="3">近畿</th></tr>
<tr><th>龍山</th><th>羅南</th><th>熊本</th><th>久留米</th><th>小倉</th><th>広島</th><th>岡山</th><th>善通寺</th><th>姫路</th><th>大阪</th><th>京都</th></tr>
<tr><td></td><td></td><td colspan="9">西海道鎮台（小倉）
博多・日田（分営）</td></tr>
<tr><td></td><td></td><td colspan="6">西海道鎮台（小倉）
広島・鹿児島（分営）</td><td colspan="3">大阪鎮台（大阪）
小浜・高松（分営）</td></tr>
<tr><td></td><td></td><td colspan="3">第6管区（熊本）
小倉（分営）</td><td colspan="3">第5管区（広島）
丸亀（分営）</td><td colspan="3">第4管区（大阪）
大津・姫路（分営）</td></tr>
<tr><td></td><td></td><td>6D
熊本2
小倉
福岡</td><td></td><td></td><td>5D
広島2
丸亀
松山</td><td></td><td></td><td></td><td>4D
大阪2
姫路
大津</td><td></td></tr>
<tr><td></td><td></td><td>熊本2
鹿児島
大村</td><td></td><td>12D
小倉2
福岡
久留米</td><td>広島2
浜田
山口</td><td></td><td>11D
丸亀2
高知
松山</td><td>10D
姫路
鳥取
福知山</td><td>大阪2
大津
伏見</td><td></td></tr>
<tr><td></td><td>大正5年
19D</td><td>熊本2
鹿児島
都城</td><td>18D
久留米2
大村
佐賀</td><td>小倉2
大分
福岡</td><td>広島2
山口
松山</td><td>17D
岡山
福山
浜田
松江</td><td>善通寺
丸亀
徳島
高知</td><td>同上</td><td>大阪2
篠山
和歌山</td><td>明治38年
16D
京都
大津
敦賀
奈良</td></tr>
<tr><td>大正8年
龍山2
平壌
大邱</td><td>羅南2
咸興
会寧</td><td>熊本
大分
鹿児島
都城</td><td>（廃止）</td><td>小倉
福岡
大村
久留米</td><td>広島
山口
福山
浜田</td><td>（廃止）</td><td>丸亀
松山
徳島
高知</td><td>姫路
鳥取
松江
岡山</td><td>同上</td><td>京都
福知山
津
奈良</td></tr>
</table>

（注）昭和12年支那事変勃発直前の師団の配置は、大正14年におおむね同じ。
出典「日本の戦争」桑田悦、前原透著（原書房）

陸・海軍大学校卒業者数(【乙20】の図)

年	海軍大学校	陸軍大学校
明治 18		10
19		9
20		12
21	甲号 9	13
22	〃 8	10
23	〃 2	12
24	〃 12	9
25	〃 9	12
26	-	14
27	将校科 5	-
28	-	-
29	〃 5	17
30	〃 8	14
31	甲種 5	17
32	〃 7	41
33	〃 8	39
34	-	40
35	〃 44	44
36	-	45
37	-	-
38	-	-
39	〃 16	34
40	〃 12	30
41	〃 13	38
42	〃 12	55
42	〃 13	-
43	〃 10	52
44	〃 12	-
大正 1	〃 16	-
2	〃 17	55
3	〃 20	62
4	〃 20	56
5	〃 20	56
6	〃 24	57
7	〃 29	60
8	〃 29	60
大正 9	甲種 26	59
10	〃 22	66
11	〃 21	68
12	〃 22	72
13	〃 20	64
14	〃 20	72
15	〃 22	58
昭和 2	〃 20	59
3	〃 20	47
4	〃 20	49
5	〃 21	51
6	〃 24	51
7	〃 21	49
8	〃 24	49
9	〃 30	51
10	〃 30	45
11	〃 24	39
12	-	-
13	〃 30	5月 41
13	-	12月 51
14	-	52
15	〃 27	49
16	-	7月 73
16	-	12月 70
17	-	96
18	〃 25	93
19	-	5月 } 103
19	-	7月 }
19	-	12月 199
20	-	8月 120
計	854	2869

出所　海軍「陸海軍将官人事総覧」
昭和56.10　外山操編　芙蓉書房刊
陸軍「陸大首席物語」甲斐克彦
『歴史と人物増刊秘史太平洋戦争』
昭和59.12　中央公論社刊

大学校卒業生の将官累進者数

	卒業生総数	大将	中将	少将	計
陸大卒	1885	84	741	616	1441
無天組		12	321	1349	1682
海大卒	521	38	186	184	408
無天組		5	136	482	623

出所　古川利昭「陸海軍将官六千人の分析」昭和59年12月25日『歴史と人物増刊』中央公論社刊
注　陸大は１期より45期、海大は１期より30期まで

守備するため関東総督府を置き、その指揮下に独立守備隊と内地からの１個師団が２年交代で駐屯した。これが大正八年以降「関東軍」となる。

【乙23】ロス

ロシア人若しくはロシア軍を指す。ロシア人に対する蔑称「露助（ロスケ）」の短縮形ではないかと推察するが、どうであろう。「露助」という言葉は日露戦争当時盛んに用いられたとみえ、夏目漱石の文章などにも散見できる。

ただそうであるとしても、わずか2音の音構成でより簡便な「ロス」という言葉は軍隊内で相当用いられたらしく、その結果蔑称というよりも寧ろ一般名称化していたように感じられる。祖父の話を聞く内でも、蔑称という印象は特別受けなかった。

大東亜戦前後ドイツの影響を強く受けて前を高くした軍帽が流行り若手将校などが被ったが、高級将校など古手の軍人は旧来の軍帽を好んで被った。

この軍帽の型を正式にはロシア型軍帽というが、通称ロス式と言い習わされていたことから見ても、誇りを持って自ら身に付ける軍装にあえて軽蔑語を冠するとは通常考えられないから、一般名称の感覚で用いられていたという左証になると思う。

【乙24】尼港事件

シベリア出兵中、日本居留民約７００人、白系ロシア人約１万５０００人、その他朝鮮人等が住んでいた尼港（ニコライエフスク）は、日本軍約２個中隊が居留民保護にあたっており、付近の共産主義武装組織は鳴りを潜めていた。ところが日本軍の逐次撤兵に伴い勢いを盛り返しつつあったソ連武装組織パルチザンが尼港を攻撃、日本守備隊は守り切れず停戦・開城した。大正9年2月、尼港に入ったパルチザンは、先ず白系ロシア人を武装解除した後これの２４００人を惨殺、これに抗議した日本にも逆に武装解除を要求した。

この要求をのめば何をされるかは明らかであったことから、現地部隊及び義勇隊はパルチザン本拠を急襲したが、衆寡敵せず一昼夜の戦闘で指揮官石川少佐以下多数が戦死、逃げ遅れた日本人居留民の多くもパルチザンの手にかかり、子供は石壁に叩き付けられ女は老若を問わず強姦の上2頭の馬に両足を結びつけて引き裂くなど、その殺され方も酸鼻を極めた。残った日本人は上位部隊指揮官の命でパルチザンに降伏、収監された。春になりようやく日本の救援軍が尼港に赴いたが（冬期は海面凍結のため派遣できなかった）、そこで見たのは殺し尽くされた日本人捕虜達のムクロのみだった。この事件は、当然当時の国民の反ソ感情を大いにあおった。

以上の筆者の説明は現在の資料の要約であって、祖父の説明と趣を異にしている。しかし、祖父の時代には祖父のようなとらえ方が一般になされていたのだろうし、また現在の資料には顕れない士気の弛緩も当時は看取されていたのかもしれない。

【乙25】陸軍工兵学校

大正八年十二月、千葉県東葛飾郡明村の相模台上に陸軍工兵学校が設立された。昭和八年、松戸町が明村を合併したので、松戸の工兵学校といわれるようになった。本校は、学生に工兵隊に必要な学術を習得させると共に、これを各隊に普及し、併せて工兵に関する学術の調査・研究を行い、以て工兵教育の進歩を図り、かつ、工兵用兵器・資材の研究・試験を行い、下士官候補者の教育を実施するのが任務であった。

【乙26】工友会

昭和三十七年、工兵学校の建物の大分がまだ残り、千葉大学工学部校舎として利用されていたころ、元材料廠関係の有志が相互の親睦を図る目的をもって「工友会」を発足させた。その後昭和三十九年、千葉大工学部が西千葉に移転し、工兵学校の建物も急速に解体されたが、戦後二十年経った昭和四十年、元材料廠関係有志にとどまらず全国の旧工兵学校関係者を会員とする組織に発展拡大することとした。

【乙27】軍縮

第一次大戦後の世界的不況、更には大正七～十一年の長きに亘ったシベリア出兵によって財政が逼迫、そこで、大正十一年より3次に亘って軍備整理が行われた。時の陸軍大臣の名を冠して「山梨軍縮」「宇垣軍縮」などという。4個師団が廃止され、これにより約九万人の常備兵力が削減されたが、一方、戦車部隊や航空部隊は増強され、軍の近代化が図られた。

【乙28】焼き雲丹

三陸地方では雲丹をカゼまたはガゼと呼び郷土料理も多い。「焼きカゼ」は三陸地方の郷土料理で、卵巣を殻から取り出して塩水につけ、水気を切ったあと酒を振り、アワビやハマグリの殻に詰めて軽く焼いたもの。中国地方出身の祖父には珍しい食べ物であったろう。

【乙29】租界地

租界地域は警察権・行政権は諸外国に属する所謂治外法権地域であり、清朝政府の支配は及ばない。ただ上海の租界は、例えば香港など外国政府が中国政府から土地を借りた「租借地」と異なり、外国政府が直接中国人の土地所有者から土地を買い取ったものである。

租界の起源は、清朝が阿片戦争（1842年）に

破れ南京条約により上海の開港を強制されたことに始まる。以後1846年のイギリス租界を始め、フランス、アメリカが租界を設けたが、日本も列強に遅れること40年余り、日清戦争（1894年）勝利後の下関条約により列強と同様の権利を獲得した。ただ、日本の場合は独自の「日本租界」というものはなく、英・米の「共同租界」に居住者が住むという形をとった。所謂「日本租界」というのは日本領事館が虹口南部に移転し、多くの日本人がそこに居住しはじめて云われるようになったものである。上海の租界地は、実質的には、1941年の大東亜戦による日本軍占領で実質的に消滅するまで、約100年に亘る歴史を刻んだ。

　上海租界の評価としては、従来は列強による半植民地であったことから帝国主義に対する批判の一例として挙げられていたが、近年では逆に上海の経済発展に貢献した重要な役割が注目されている。

【乙30】爆弾三勇士

　上海・廟行鎮（ビョウコウチン）の戦闘で敵の陣地を攻めあぐんでいた日本軍において、混成第24旅団の工兵江下武二、北川丞、作江伊之助の三人の一等兵が、爆薬筒を抱えて挺身突撃、死をもって鉄条網を破り、味方を勝利に導いたとして称賛された。この話は拡大美化され、雑誌や映画・演劇、果ては歌舞伎にまで取り上げられて、一世を風靡した。現代では、工兵としての果敢さに異議はないものの、爆死は事故によるという説を取る者が多い。

【乙31】軍

「軍」とは、戦時に数個師団をもって構成された軍隊編成の単位。陸軍の部隊は、一般的には、方面軍、軍、師団、旅団、連隊、大隊、中隊、小隊といった順序で次第に小部隊となる。

【乙32】上海における軍司令官等の遭難

　遭難時、台上にあった者は、白川義則軍司令官、重光葵公使、野村吉三郎第3艦隊司令官、植田謙吉第9師団長、嶋田繁太郎第3艦隊参謀長、村井総領事、河端居留民団長、友野民団書記長と思われる。

　白川大将は重症（後死亡）、重光公使は右脚部骨折重症（後切断）、野村提督は後右目摘出、植田師団長は左足指全切断、村井総領事は左脚くるぶし上貫通創、河端民団長右手首骨折、友野書記長は全身軽傷。

【乙33】宮中席次

明治憲法下で、高等官や有爵者・有勲者・有位者などの宮中における座席の順序。1〜10の位階があり、1〜70の席次に分かれる。宮中席次の一番上位、即ち位階第1階席次第1にあるのは大勲位菊花章頸飾拝受者であり、臣下で生存中にこれを受けたのは、山形、大山、東郷の三元帥と元老の西園寺侯爵だけである。祖父の受けた勲3等旭日章は位階第3階席次第35に当たる。

【乙34】金鵄勲章

旭日章や瑞宝章などが国家の功労者を表彰し栄誉をたたえるため広く一般を含み与えられるのに対し、金鵄勲章は武功抜群の陸海軍将兵ならびに軍属にだけ賜るもので、明治二十三年に制定された。功一級から功七級までの七区分とされ年金が支給された。

上海爆弾事件＝上海北部の新公園で行われた天長節祝賀会。左から白川義則大将。重光葵公使、野村吉三郎中将、植田謙吉中将、嶋田繁太郎少将。この直後に爆弾が投げこまれ、白川大将は一ヵ月後に死亡、重光公使、野村中将らは重傷を負った（昭和7年4月29日）。

年金は終身年金で、年金受領者が死亡したときでも一年間は遺族に賜与された。

【乙35】折畳舟

折畳舟の開発は、従来の渡河作業方式の画期的変貌をもたらす原動力となったとされる。折畳舟の開発には工兵学校担当者及び技術本部関係者の努力があったことは無論のことながら、純然技術的にはベニヤ板・ゴム板・接着剤の改良進歩に負うところが極めて大であった。昭和5年頃、学校の渡河教官達が主体となって第1回の試作品を作り、その後江戸川・利根川・その他急流河川において実験研究を反復、その検討の都度祖父は渡河主任としてその成果と意見を松井命技本第二部長に連絡し、改良に改良を重ね、昭和八年ついに九十三式折畳舟として制式化し、更に九十五式折畳舟に改良された。折畳舟は従来の鉄舟の二分の一の重量に仕上がり容易に臂力運搬ができた。

当初対ソ作戦準備として発足した折畳舟は、支那事変次いで大東亜戦となるに従い、大陸至る所にある大小幾多の河川渡河に、あるいは香港島及びシンガポール攻略における海上敵前渡河にめざましい活躍をし、また杭州湾敵前上陸においては純然たる上陸作戦に上陸用舟艇として偉功を樹て遺憾なく面目を発揮した。九十五式折畳舟はその整備数一万に達した。如何に重要視されたかがわかる。渡河器材その他の新器材の試験・開発に常に立ち会った参謀本部作戦課の岡本大佐（後中将終戦時自刃）の述懐に曰く「新兵器は数多く作られたが、折畳機舟くらい部隊に重宝がられ効果を挙げたものは他に比を見ない。一度この器材を師団に貸したら最後まで返そうともしなかった」と。九十五式折畳舟は、画期的渡河器材として、軍事技術史上に特筆されるべきものとの評価を受けている。

現在でも水害の報道などで今やジュラルミンで作られた折畳舟を消防隊が使っているのを見ることがあるが、その度に筆者はかつて祖父が開発の一端を担ったこの器材がいまだに世の中で役立っていることを思い大変嬉しくまた誇らしくなる。

【乙36】部隊長

陸軍の編成は、軍→師団→旅団→連隊→中隊といったラインで成り立ち、それに例えば第一師団・第三連隊のように番号を付けて表される。しかし師団や連隊にはそれぞれ性格があり、長所・短所が戦術や戦法にも出てくる。

従って、平時にはこれを隠す必要はないが、戦時には防諜上このナンバーは公表しないこととしている。また師団か連隊かで兵力が敵に明らかになる事も防がなくてはならない。そこで戦時用語として、連隊・大隊が「部隊」と表わされ、中隊小隊が「隊」となり、これにナンバーでなく指揮官の名前を冠して呼ぶ。「今中部隊」というような言い回しになるのである。

【乙37】関東軍測量隊

編成は、本部及び三角・地形・製図の三班よりなり、人員約300名、外に臨時傭人として年々作業間内地より約500名の測夫（在郷軍人にして軍隊教育を受けたもの）を傭入して作業を行った。このほかに、満洲国の測量機関所属の約30名の職員が、同一構内にあって、技術上は関東軍測量隊長の統制下におかれた。

【乙38】関東軍の配置（次頁図）

【乙39】一等症

軍隊における怪我や病気の分類用語で、一等症とは戦地における名誉の負傷を指す。今でいえば公務災害か。二等症は、自らなった（という理屈になる）普通の病気を指し、三等症とは、淋病や梅毒等の所謂花柳病であって明らかに軍規違反であるから治療終了後営倉入りになることもあった。

【乙40】満洲航空株式会社

航空会社設立に関する日満協定及び日満議定書によって満洲国の航空輸送事業の形態が確定された後、昭和7年9月、日満合併による満洲航空株式会社は満洲国の法人として設立された。資本金350万円は、満洲国政府補助金は無論のこと、南満洲鉄道会社及び住友合資会社の奉仕的出資（無利子・無配当）により賄われた。この会社の行う主な業務は、定款に次の如く定められた。

1）旅客、貨物及び郵便物の輸送

2）前項に掲ぐる事業のほか、監督官庁より命令または認可を受けた左の事業

イ）航空機の賃貸その他航空機を以てする一切

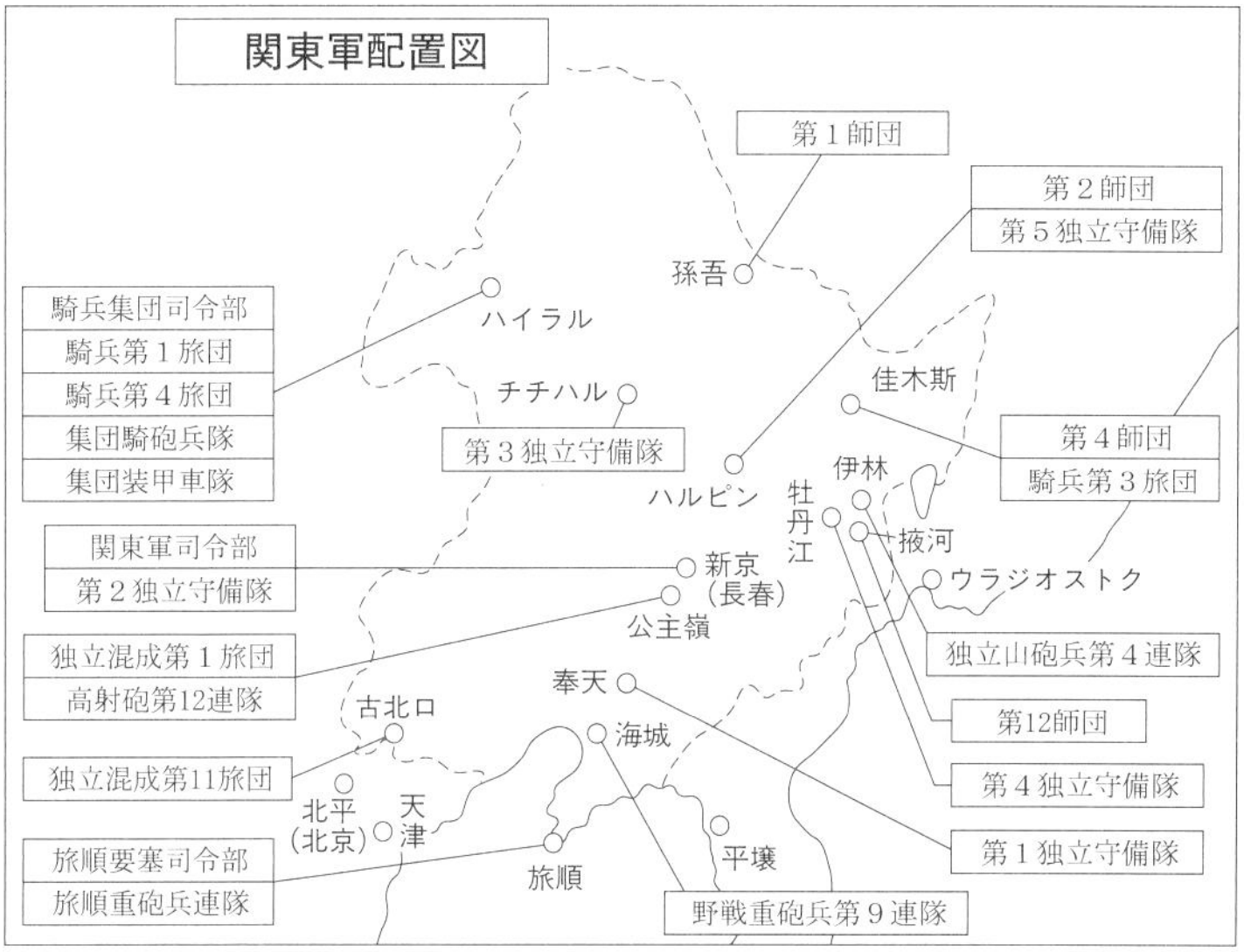

の事業

ロ）航空事業の発展に資すべき事業

ハ）本項に掲ぐる事業に対する投資

このような趣旨に従って、満洲国内における航空輸送事業はもちろん、それ以外の航空写真測量、航空機工業等およそ航空の名の付く一切の事業及び予備空軍的性格まで具備した。

【乙41】動員

軍隊の平時編成を戦時編成に移すこと。

平和時の軍隊は予算も掛かることから出来るだけ小規模にして人員の定数割れもその儘にしている。しかし戦争が近づいたり事変が突発すると、軍隊は司令部からの動員下令で戦時体制に移行する。家々に召集令状が舞い込み、補充兵や予備役の兵が続々入営し、一週間ほどの間に、平時１２０人の一個中隊が２５０人ほどになる。兵隊には倉庫から出した新品の一装の軍服が用意され、兵器・弾薬は営庭に山積みになり、経理官は軍需品や食料、軍医は医療品や薬の調達に奔走する。人と物が集まり部隊編成が発表されると動員完了で、あとは出動を待つばかりとなる。

【乙42】日支事変

日華事変とも言うが、正式には支那事変である。昭和12年7月北京郊外盧溝橋で日中正規軍の衝突が起こり、次第に戦火が広がっていくと、当初政府はこれを局地戦とみて北支事変と呼んだ。これに対して派遣されたのが北支派遣軍である。（中国は「日本帝国主義は、盧溝橋事件を皮切りに中国に侵略を始めた」と言い、又日本が絶対的悪者でないと納得しない日本の左翼・マスコミもそのように言っている。しかし、中国の軍人にして大政治家であった周恩来は中華人民共和国が成立した1949年10月に「盧溝橋事件の時、共産党軍が、日本軍及び国民党軍双方に、夜陰に乗じて発砲し、日華両軍の相互不審を煽って、停戦協定を妨害し、我々共産党に今日の栄光をもたらした」とその実体を述べている。国際謀略・戦略とは、斯くの如きものなのである。

やがて蔣介石は、わずか4千名が守っている上海日本租界に12万の兵力を集中・攻撃を始め日本人殲滅作戦を開始した。この圧力に耐えられず投入されたのが中支派遣軍であり、また続けて広州湾に南支派遣軍が上陸して日支の全面戦争となった。政府はこれを支那事変と称すると発表した。

実体的に全面戦争であったのに「事変」としたのは、日本経済の状況に鑑み、英米等に対する外交的配慮から宣戦布告を避けたもので、もし国際法上の宣戦を行うと、戦略物資の禁輸、在外資産の凍結等の制裁を日本が受ける恐れが当時あったからである。

【乙43】動員時の工兵第十六聯隊の編成

聯隊長　今中武義大佐
副　官　富田仙太郎大尉（同大尉戦死後藤田左馬之進大尉）
聯隊付　峰　軍医少尉
　　　　吉田主計少尉
第1中隊長　西村利央大尉
第2中隊長　鈴木重嗣大尉

【乙44】北支方面軍編成（次々頁に図）

【乙45】特務

特務曹長の略と思われる。特務曹長は下士官の最高位であり、軍隊について知り尽くした生き字引であった。その出身の将校ということは、富田副官は

「特進将校」であったに違いない。特進将校は、兵隊からたたき上げた将校であって、差別的人事からもその進級が遅く、中・少尉で終わる者が殆どで大尉でほぼ進級はストップした。ただし、兵隊から選抜の上に選抜され、さらに長い年月勤めているので腕前は抜群、人格も高潔（異論もあるが）で部下に絶大な信望があったという。

【乙46】行李

後方から戦闘部隊に補給品を運ぶ輜重隊とは別に、戦闘または宿営に必要な弾薬、糧秣、器具などを運ぶ部隊。陣中要務令には「行李ハ通常小行李及大行李ニ分ケ小行李ハ戦闘間必要ノ物品ヲ、大行李ハ主トシテ宿営間必要ノ物品ヲ積載スルモノトス」とある。従って、歩兵隊などの場合、弾薬の運搬をするのが小行李、衣服や食料の行李が大行李になる。

【乙47】徴発

徴発というと、物盗り・強盗と同じと思って、自虐史観の人は「矢張り日本軍は悪い」と喜ぶのだが、先ずこれは国際法で認められた合法的な軍事行為であることを知らねばならぬだろう。ハーグ陸戦条約第52条には（徴発と課役）が定められている。「現品徴発及課役ハ、占領軍ノ需要ノ為ニスルニ非サレハ、市区町村又ハ住民ニ対シテ之ヲ要求スルコトヲ得ス。（略）現品ノ供給ニ対シテハ、成ルヘク即金ニテ支払ヒ、然ラサレハ領収証ヲ以テ之ヲ証明スヘク、且成ヘク速ニ之ニ対スル金額ノ支払ヲ履行スヘキモノトス。」とある。従って陸軍には「徴発令」という規則があり、軍隊が戦地で物を買い労働者を集める時には専門の経理官が担当して、通貨や軍票、時には預証と交換に妥当な値段で調達しなければならないことになっていた。軍票や預証は戦争が終わった後に正貨や物資で清算する。このようなシステムであればこそ、各聯隊には聯隊附として主計官が要るのである。祖父の話を聞く限り、当時の日本軍がいかに国際法を遵守して行動していたかが逆に分かる。

【乙48】砂の混じった粟

出典は忘れて示すことが出来ないが、筆者は曾て支那軍は退却に当たって粟等の食料に砂を混ぜ敵方がこれを利用することを妨げたということを読んだ記憶がある。軍事的に合理的で確かにこのような事

【乙44】北支方面軍編成

〈昭和12年8月31日　支那駐屯軍を解消し北支那方面軍を編成〉

- 司令官・寺内寿一大将
  参謀長・岡部直三郎少将
  - 司令官・西尾寿造中将
    参謀長・鈴木率道少将
  - 第1軍　司令官・香月清司中将
    参謀長・橋本　群少将
    - 第6師団
      谷　寿夫中将
      参謀長
      下野一霍大佐
    - 第14師団
      土肥原賢二中将
      参謀長
      佐野忠義大佐（宇都宮）
      - 歩兵第27旅団
        館　余惣少将
        〈昭和12年8月25日派遣〉
        - 歩兵第2連隊（水戸）（石黒貞蔵大佐）
        - 歩兵第59連隊（宇都宮）（坂西一良大佐）
      - 歩兵第28旅団
        酒井　隆少将
        - 歩兵第15連隊（高崎）（森田範正大佐）
        - 歩兵第50連隊（松本）（遠山登大佐）
      - 騎兵18連隊（安田兼人中佐）
      - 野砲兵第20連隊（宮川清三大佐）
      - 工兵第14連隊（岩倉夘門大佐）
      - 輜重兵第14連隊（石原章三中佐）
    - 第20師団
      川岸文三郎中将
      参謀長
      杵村久蔵大佐
    - 野戦重砲兵第1旅団
    - 野戦重砲兵第2旅団
    - 軍直轄部隊
      - 独立山砲兵第1連隊
      - 独立山砲兵第3連隊
      - 独立野戦重砲兵第8連隊
      - 戦車第1大隊
      - 戦車第2大隊

北支方面軍編成図

- 北支那方面軍
  - 第2軍
    - 第10師団　磯谷廉介中将　参謀長　梅村篤郎大佐
    - 第16師団　中島今朝吾中将　参謀長　中沢三夫大佐（京都）
      - 歩兵第19旅団　草場辰己少尉
        - 歩兵第9連隊（京都）（片桐護郎大佐）
        - 歩兵第20連隊（福知山）（大野宣明大佐）
      - 歩兵第30旅団　佐々木劉一少佐
        - 歩兵第33連隊（津）（野田謙吾大佐）
        - 歩兵第38連隊（奈良）（助川静二大佐）
      - 騎兵第20連隊（笠井敏松中佐）
      - 野砲兵第22連隊（三国直福大佐）
      - 工兵第16連隊（今中武義大佐）
      - 輜重兵第16連隊（柄沢畔夫中佐）
    - 第106師団　下元熊彌中将　参謀長　鈴木敏行大佐（弘前）
      - 歩兵第25旅団　中野直三少将
        - 歩兵第117連隊（秋田）（高樹嘉一大佐）
        - 歩兵第132連隊（山形）（海老名栄一大佐）
      - 歩兵第104旅団　苫米地四樓少将
        - 歩兵第52連隊（弘前）（中村喜代蔵大佐）
        - 歩兵第106連隊（青森）（工藤鎮孝大佐）
      - 騎兵第106大隊（後藤甲子郎中佐）
      - 野砲兵第106連隊（今井藤吉郎中佐）
      - 工兵第106連隊（江島常雄少佐）
      - 輜重兵第106連隊（粕谷留吉中佐）
    - 野戦重砲兵第6旅団
  - 第5師団　板垣征四郎中将　参謀長　西村利温大佐
  - 第109師団　山岡重厚中将　参謀長　倉茂周蔵大佐（金沢）
    - 歩兵第31旅団　谷藤長英少将
      - 歩兵第69連隊（富山）（佐々木勇大佐）
      - 歩兵第107連隊（金沢）（長沢子郎大佐）
    - 歩兵第118旅団　本川省三少将
      - 歩兵第119連隊（敦賀）（石田金蔵大佐）
      - 歩兵第136連隊（鯖江）（松井節大佐）
    - 騎兵第109大隊（山崎清中佐）
    - 山砲兵第109連隊（黒沢正三中佐）
    - 工兵第109連隊（中村儀三中佐）
    - 輜重兵第109連隊（緒方俊夫少佐）
  - 支那駐屯混成旅団　山下奉文少将　参謀長　原田義和大佐
    - 支那駐屯歩兵第1連隊（牟田口廉也大佐）
    - 支那駐屯歩兵第2連隊（萱嶋　高大佐）
    - 支那駐屯騎兵隊（野口欽一少佐）
    - 支那駐屯砲兵隊（小林信夫大佐）
    - 支那駐屯工兵隊（大賀茂久次少佐）
    - 支那駐屯戦車隊（福田峯雄大佐）
  - 臨時航空兵団　兵団長　徳川好敏中将

が行われていたと推察できる。祖父の話では、フルイが上手くかかっていないとしているが、日本人が食べられないものは支那人も食べられないのであって、矢張りこれは工作によるものと考える方が腑に落ちる。しかし祖父にそのようなことを疑った様子が一切見られなかったのは何故であろうか。

【乙49】戦場の便所

筆者の父によれば、陰では祖父のことを「便所部隊長」と言う人があったという。戦地にあってそうあだ名されるほど祖父は便所の設置に熱心だった訳で、兵力を損なわないために如何に衛生に心を砕き、その結果それが特徴ととられる位他に際立った存在になっていた事の左証となるだろう。祖父は設営地にあって、必ず真っ先に便所を作らせたそうである。

【乙50】中国人の裸形

南方海洋民族の文化を色濃く受けている日本人は裸体を何とも思わない。

最近は大分変わってきているが、一昔前までは、普段裸同然で暮らしていても一向平気であった。ところが支那は平素他人前で裸を曝すことがない文化にある。従って、支那人が裸になるのは決死の覚悟を示す時であり、彼らにとって裸形とはそういう意味を持つ。TV報道などで、反日デモで中国人が上半身裸体になるのを見ることがあるが、それは決死の覚悟をアピールしているのである。

【乙51】放火

これは祖父にとって余程印象深い事であったらしく、筆者自身何度も聞かされた話である。当時の日本兵の民度が到らなかった事によるのかもしれない。しかし、上官の命令は即ち天皇の命令とされた軍律厳しい日本軍に於いて、師団命令まで出してこれを禁止していたのは事実だから、まして「作戦」としてこれを行ったなどという考えがあるとすれば誤りも甚だしい。

戦後、日本軍は中国において所謂「三光作戦」〔殺光（殺し尽くす）、槍光（奪い尽くす）、焼光（焼き尽くす）〕を実施したと主張する者が居るが、そもそもこのような中国名の作戦が日本軍に存在する訳もなく、事実肝心の中華人民共和国の「中国人民述語辞典」にも、「三光作戦」は「中国国民党軍が行った作戦」と掲載されているそうである。人は自分の属する歴史・文化から来る発想から免れることはなかなか出来ない。そして南京大虐殺の主張にみる「屠城」の思想にしても、「三光作戦」にしても、それは生き抜くために殺戮の歴史がくり返された支那の歴史的遺伝子の中にこそ在るものであって、日本には無いものである。だからこれらの事を聞くと（思考力も想像力も自己懐疑能力もない反日カルトの様な人は別として、少しでもものを知っている人ならば）違和感を感ぜざるを得ない。例えば、映画などでいくら上手に中国人が日本人を演じても、本当の日本人から見ると、そこに何とも言えない違和感を感じるようにである。戦後主張された「南京大虐殺」も「三光作戦」もその苛烈さが、逆に中国人の発想・作成によるプロパガンダである事を証明していると思う。

そうは言っても、祖父の話によれば軍令に違反して火をつけた日本兵が多く居たことは事実のようである。しかしこの事は、祖父自身も言っているように彼に有利で我に不利な行為である。従って、軍事的合理性と戦慣れした支那の歴史から考えれば、彼らの後方攪乱・破壊工作も当然その中に相当数含まれていたと見るべきではなかろうか。しかしここでも祖父にそのような事を疑った様子は見られなかったのは、既に占領した地域でそのようなことはあり得ないと考えたからだろうか。それとも全ての放火が日本兵によるものという何か確かな証拠があったのだろうか。

【乙52】百人斬り

所謂「百人斬り」とは、南京攻略戦中の昭和十二年末、東京日日新聞が「百人斬り競争」と題して掲載したものであって、その記事の中では、向井・野田の２少尉が、南京に着くまでに百人斬ることを目標に競争することを計画し、途中経過で向井少尉が１０６人、野田少尉が１０５人を斬った事になっていた。これは戦意高揚の為に書かれた捏造記事であった。しかし、実際の戦場を知っている者ならすぐ判るような稚拙なホラ話しで本当の戦意高揚が出来たのだとしたら、筆者は当時の日本人の民度を疑わざるを得ない。しかし又考えるに、それは歴史を後から見てする自惚れかもしれない。当時は、実際に起こった「通州事件」（盧溝橋事件から３週間後、北京東方の通州で、日本軍守備隊の主力不在の機に乗じて支那保安隊千数百名が日本軍留守隊及び一般民を襲撃、在留日本人380名中、惨殺260名、強姦後殺害無数に及んだ事件。如何にも支那人らしい惨たらしい淫虐がそこで行われた。）から日も浅く、日本中が「支那討つべし」といきり立っていたのだから、このような記事に溜飲を下げた向きがあっても不思議ではない。しかしこの記事がもたらした結果は重大で、戦後2少尉は中国人殺害の罪で逮捕、中国に送致され、この新聞記事を唯一の証拠として銃殺されたのであった。この「百人斬り」話は昭和46年朝日新聞の本多勝一（本名＝崔泰英という説が一部にある）記者の「中国の旅」によって再び捏造の上塗りが繰り返されたが、山本七平氏が著書「私の中の日本軍」を以てその捏造を完膚無きまでに証明して以後、この事を表立って言うものは漸く居なくなったようである。しかし以下余談ながら、この記事を書いた東京日日新聞の浅海特派員は要請が有ったにも拘らず真偽に関して口を閉ざしたまま死に、また本多勝一記者のその後の言動を見ても、彼らの厚顔無恥ぶりには怒りを感じるばかりである。結局、報道は社会の公器などと言ったところで、新聞記者などゴロッキ同様と一般人から腹の中で思われてしまうのは、彼らのような者が居るためだろう。真の報道の名誉のために悲しむべきことである。

以上東京日日新聞が伝えた「百人斬り」は捏造であるとしても、その小型版のような事はある程度起こったに違いないと著者は推測する。残念ながらその様な事は何時の時代、何処の戦場でも必ず起こっていて、そうであるが故に戦時国際法や軍刑法があるのである。まさにそういう事こそ戦場の不条理・悲劇といえるのであって、祖父もおそらくそのように感じていたからこそ、それを前提として話しているのだと思う。

【乙53】南京の状況

南京大虐殺があったとする中国側の発表によれば、陥落翌日の14日から入城式前日の16日にかけての3日に激しい虐殺が行われ30万人が殺されたという。1日10万人。これは十分な設備を設け最も効率的にユダヤ人を殺したナチスにさえなし得ない数字である。そして南京城内の人間をことごとく殺し尽くしたのだそうである。三八式歩兵銃と銃剣の日本軍がどのようにすればそのような事を実現出来るのであろうか。死体は一体どのように運搬・処理すればいいのだろうか。中国側に聞きたい。3日間といえば、弁衣隊（ゲリラ）を最低限の範囲で排除し、地雷等を必要最低限度処理し、戦場を入城式に必要な程度掃除するだけで精一杯の期間であろう。その様な事をして無事入城式が行われたのである。また南京は国際都市である。占領前から居た第三国人50名以上（南京安全区国際委員会15名の委員を含む）も居り、揚子江には英米の艦船が居り、その上ニューヨーク・タイムス、シカゴ・トリビューン、A．P特派員、パラマウントのカメラマン等外国人記者5名も居た。しかし彼らは虐殺など見ていないし、聞いても居ないのである。

　そして今では南京虐殺肯定派である朝日新聞は、当時は「平和甦る南京」として多くの中国人の安堵した写真を報道しているのである。落城から入城式までの期間一つとっても彼らが言う大虐殺などあり得なかったことは明白であり、むしろ当時の新聞報道に見られる状況があってこそ入城式が無事挙行出来たのだと思う。

　筆者は中華人民共和国が虐殺を主張する事は理解できる。それは嘘であろうと何であろうと彼らの国益に叶うからである。しかし日本人でこれを真実と主張して譲らない者については、彼らが外国の工作員かそのシンパなどでもある場合を除き理解ができない。何も知らなくとも、常識的な思考力と想像力がありさえすれば、どちらが正しいかは容易に解るはずであり、それがどうしても出来ないというならば、後は精神医学の対象として研究に委ねるしかないと思う。

【乙54】中島今朝吾師団長の意見

　昭和56年12月6日付け朝日新聞は「師団長、建白書むなし」「日中戦争～第二次世界大戦に新資料」「大本営平和主張握りつぶす」の見出しで、昭和十三年夏中国転戦中の中島今朝吾第16師団長が大本営や政府首脳宛に提出した和平要求の建白書が発見されたことを報じている。この建白書は大本営で握りつぶされたとみえ防衛庁に引き継がれた資料中には無く、従軍僧に託した同文の一通から明らかになった。軍用半紙13枚に毛筆で書かれた建白は、冒頭から「矛（ホコ）を収めて一路ただちに皇道国家の建設に進むべき」と主張、理由として⑴中国軍は我が軍と決戦することを欲していない⑵これを追撃することは領土欲の表れと批判されかねない⑶黄河の新流路ができたのを機にそれを自然の休戦ラインとすべき(4)ナポレオンのロシア侵攻の失敗を教訓とすべきなどとしている。戦場に居た師団長のような将官がはっきりと和平を主張した記録は皆無に近く極めて珍しい資料、と報じている。

【乙55】鉄鋼の生産量

鉄鋼の生産量は、昭和4年203万トンに達したが、6年には166万トンにまで落ち込み、その後11年には455万トンと3倍近く跳ね上がった。

それでも鉄鋼は依然不足であり輸入が増えた。屑鉄や銑鉄についても昭和9年には早くも値が上がり、政府はアウトサイダーの参入を認めないとの方針を捨てて、昭和9年から11年までに日本鋼管・浅野製鉄・中山製鉄等に高炉の建設を許可するに到った。

昭和12年に「重要産業五ヵ年計画」が決定されたが、鉄鋼を見るに、生産目標1300万トンに対して現在能力485万トンと能力の2・7倍の需要が見込まれている。

昭和13年に既に政府は鉄鋼配給規則を制定する一方、政府声明を発して不要不急の金属類の回収を呼びかけており、昭和14年1月以降は、法的強制力のない任意の供出であったが、マンホールの蓋、ベンチ、鉄柵等の回収が官公署・国防婦人会等の手で実施されていた。

【乙56】戦時の軍隊組織

日本の軍隊は、平時は連隊→中隊→班（内務班）で編成されている。内務班は兵隊が起居する最小ユニットで、「軍隊内務令」には「兵営ハ軍人ノ本義ニ基キ、死生苦楽ヲ共ニスル軍人ノ家庭ニシテ兵営生活ノ要ハ起居ノ間、軍人精神ヲ涵養シ軍紀ニ完熟セシメ強固ナル団結ヲ完成スルニアル」とある。

いざ戦争となると、連隊は、連隊→大隊→中隊→小隊→分隊と衣替えする。

班は数個に分解され分隊となり、4個分隊で1小隊になる。

南京の占領中日本軍の軍紀が緩んだのは何時までも戦時編成を解かなかったからだという指摘が一部にあるが、その点祖父は早期に平時の内務班編成に近いものに戻し兵隊の生活を律したようである。卓見と言って良い。

【乙57】祖父に対する評価

中島師団長は南京占領中の昭和十二年末各部隊を

視察している。率直をもって鳴る中島師団長であるから、各部隊に対する評価は相当きついものがあるが、祖父の部隊に関して「中島今朝吾日記」にこうある。

「十二月二十七日ヨリ三十一日ニ到ル行事
一　各隊ノ警備配当略完了シ、又各隊ノ宿営設備中ナリ。依リテ各部隊ノ整備掌握ノ為師団長ノ巡視ヲ行フ。（略）
二　今中部隊ノ工兵隊
此処ハ隊長ノ熱心懇篤ナル指導ニ依リテ設備モ支度モ略十分ニ備ヒツツアリ、サスガハ工兵ハ専門技術家ガ多ケレバ今後大ニ発展シ得ベシ。
兎モ角今中大佐ハ能ク掌握シ又能ク部下ノ面倒ヲ見テヤル男ト認メタリ。」

【乙58】事故を起こした兵士の話

筆者はかつて祖父のことを聞こうと思って伏見工兵会の羽倉庄郎氏に電話したことがある。羽倉氏は第二中隊の分隊長として祖父と共に出征した人であったからである。その時に伺った話はおおよそ以下のようなものであった。

「貴方のような若い人には想像もできないと思うが、連隊長などは我々兵隊と殆ど接触の機会はなく、たまに遠くから見てあれが連隊長だという位のもので、まるで神様のような存在だ。だから私は貴方のお祖父さんについて知るところはない。ただこういう話がある。それは南京占領中兵隊の中で手榴弾を誤爆させた者があったのだけど、それを連隊長は戦傷としてくれた。そういう隊長は滅多に居ない。だから貴方のお祖父さんは大変な人格者であったことは確かだ。」

これが祖父の話と符合する出来事であろう。そして、筆者は「中島今朝吾日記」全文を入手できず確認していないけれども、次のような情報ももたらしてくださった。

「我々は、その後徐州（ジョシュウ）会戦に参加敵を追ったが、その時敵は黄河の堤防を切って為に交通が大変難渋した。その時の中島今朝吾日記に『今中大佐ありせば斯様な苦労の無からんものを』というような記述があったから、如何に師団長がお祖父さんを信頼していたかが分かる。」

【乙59】磁県

中国華北地区の河北省南端の県。随代以来磁州の州治であった処で、邯鄲専区に属する。本県西部は古くから磁器の生産で有名である。

【乙60】支那事変における工兵第十六連隊の戦歴（484〜485頁に掲載）

【乙61】京都駅頭の歓迎

筆者の父の記憶によれば、祖父が京都駅に着いたとき、将官に対する敬礼「海ゆかば」の信号ラッパが劉喨と鳴り響いたという。子供として、さぞ嬉しく誇らしかったに違いない。

昭和十三年三月二十八日付け大阪朝日新聞京都版に見る祖父の談話。

「銃後の力強い御支援に将兵は安心して働いている。北支においては未曾有の出水で曠野は一面の水浸りに河川は濁流が渦を巻いて宇治川の急流に比すべくもない。堤防や橋梁は至る所破壊され献県の北方では約五里に亙って堤防が滅茶々々にされていたが将兵が昼夜兼行時には数日間も不眠不休で進路を拓いた。南京攻略戦では日露戦役の二百三高地を思わす紫金山で手榴弾を投げつつ岩壁をよじ登り遂に陥落させたがその時の感激は一生忘れられぬ。将兵に感謝の心でいっぱいだ。南京で最も悩まされたのは地雷で中山路などの舗装道路には平時から地雷敷設の設備が施されていた。敵弾雨飛の中を突進したのだが幸い犠牲者が少なかったのは天祐だろう。苦労を共にした部下と一緒に凱旋し得ず自分だけただ一人帰って来るのは非常に心苦しい。名誉の戦死者家族を弔問するつもりだ。」

京都日出新聞もほぼ同内容だが、以下のような談話も載っている。

「南京を占領して驚いたことはあれだけ堅固な陣地を設けてあるのに何故拠点を放棄して逃げ去ったかが未だに疑問である。自分も出征中随分支那人を使役したが実際よく働くし早く慣れるよ。もしこれが日本人だったらと思うと余りにも民族性の隔たりが大きいのに感心させられる。支那の国は滅亡しても民族性は滅びないだろう。」

【乙62】要港

艦隊及び軍艦の根拠地として特別な施設があるの

が「軍港」である。時代によって変遷があるが、我が国では横須賀・呉・佐世保・舞鶴を軍港とし、それぞれに鎮守府を置いた。「要港」とは軍港よりも下位に位置付けられる海軍が守備する港であるが、大正十二年「警備府令」により天皇直隷の司令官が親補され、その所属する艦船部隊を統率した。

【乙63】予備役

現役を退いた軍人が、その後一定期間服する常備兵役。

将校は下表に示すように現役定限年齢が定められており、将校の予備役服務期間の終期は、この現役定限年齢に満つる歳であった。予備役に続く後備役は、現役定限年齢より満5年である。なお、昭和16年の改正で後備役制度は廃止され、その期間は予備役に合算された。

【乙64】戦争継続の理屈

戦局が悪化した昭和18年、東條英機首相は「戦争は負けると思ったときには負け、その時に彼我の差が出る。」「戦争が終わるということは、戦いが終わったときのこと、それは我々が勝つということだ。我々の国が勝つということは、結局、我々が負けないということである。」という演説をしたということである。これは良く意味の分からない演説だが、結局、戦い続ける限りにおいては「敗戦」は無いということなのであろう。特攻の父と云われた海軍の大西瀧治郎中将も「絶対負けない。たとえ勝てなくとも、絶対負けない。」と言っている。これらは普通に聞けばかなりの暴論に聞こえ又レトリックの為のレトリックに聞こえるが、工業生産が続いた場合に限れば全く間違った考えとも言えない。外国から支援を受け物資に不安がなかったベトナムは、四半

現役定限年齢

	陸軍	
	将校	各部将校
元帥	なし	
大将	65	
中将	62	62
少将	58	60
大佐	55	56
中佐	53	54
少佐	50	52
大尉	48	50
中尉	47	47
少尉	47	47
准士官	40	48

支那事変中に於ける部隊行動の概要

年月日	本部	第1中隊	第2中隊
和			
12・8・25	動員下令		
9・7	伏見出発		
9	船　中		
9	太沽上陸・天津集結		
11	石家荘集結・大連上陸演習・白茆口上陸（10日）		
	常熟—無錫—丹陽—句陽道突進		
	道路補習・クリーク架橋・濕地通過—食糧続かず		
12・13	南京攻撃紫金山中山門		
14	南京入城富田副官戦死（11月）藤田大尉・野々口少尉着任（31日）		
13・1・28	南京より（24日）上海に至り海路秦皇嶋（山海関）へ		
2・7	京漢線滋県・邯鄲着警備及京漢線修復作業		
11	河北戡定作戦（部隊長交送）道路補修作業		
3・10			
4・19	黄河北岸地区東進		
4・23	済南集結		
5・24	曲阜—斉憲—徐州		
	徐州会戦　帰徳付近の戦斗・今田戦車隊と共に橋梁爆破		
20	睢県攻撃		
6・12	黄河決壊（12日未明開封西方）		
13	慰氏着道路補修黄河氾濫地帯通過作業		

昭

年月日	事項
7・19	開封を経て蘭封集結警備
20	
8・17	蚌阜付近渡河作業
9・2	蚌阜―廬州間道路補修作業　第19旅団救援作戦参加
3	廬州集結
8	
16	葉家集―商城攻撃
	大別山系突破作戦沙窩付近の戦斗　第2中隊爆薬投擲器による攻撃実施
10・23	河口鎮及花園に向う追撃戦
11・3	
30	麻城付近警備
12・3	応城付近警備
14・2・20	
3・21	安陸攻撃
4・1	
4・24	襄東会戦
	孝感駐留警備
7・11	復員下令隔蒲潭警備
8・9	宇品帰着
8・22	復員完結

なお工兵第十六連隊は、大東亜戦争中レイテ島において米軍を迎撃、連隊長以下全員が玉砕し、栄光あるその四十年の歴史を閉じた。

世紀に亘る苦しい戦と膨大な犠牲の末、遂に米国に勝利したのだから。

　ともあれ、祖父の説明も祖父のオリジナルではなく、当時良く使われた修辞ではなかったかと思う。

【乙65】公職追放令

　ポツダム宣言第10項の「軍国主義者の権力及び勢力を永久に排除する」方針に基づき、GHQは昭和21年1月、軍国主義指導者（戦争と軍国主義を支えた者）の職場からの追放を政府に指示、これを受けて政府は同2月28日に公職追放令、5月7日に教職員追放令、12月に労働追放令を発した。国会議員、官庁職員、地方公共団体の職員や議会の議員、特定の会社、協会、報道機関その他の団体の職員などに適用され、通算で20万人以上の者が職場から追放された。昭和27年4月の対日講和条約の発効にともない自然消滅した。

【乙66】戦後広島の土地等価格

　広島は全市焼け野原になり、全員焼け出されたので、新たに土地を購入する経済力の有る者は居なかった。また、放射能の有害性は広く知られており、県外者の土地購入もなかった。従って需要が全くなく、広島の土地価格は長い間異常に低い水準にあった。

　一方、建設資材は圧倒的に不足しており、一部資材は統制され配給制が維持されていた。

　母の言によれば、我が家が建った昭和23年当時でも、建設資材としての畳1畳の代金が、土地1坪の売却価格に等しかったという。

　祖父が東京に出るにあたって家を分解してまで運んで来たのは、土地よりも上物の方が高いという頭があったからで、今では想像もできないことである。

【参考資料】

鯉城の稚桜～廣島陸軍幼年学校史	広幼会
陸軍士官学校	秋元書房
日本陸軍工兵史	九段社
陸軍工兵学校	工友会事務局
工兵第十六大（聯）隊史	伏見工兵会
陸軍将校の教育社会史	世織書房
日本軍隊用語集	立風書房
続・日本軍隊用語集	立風書房
陸軍用語よもやま物語	光人社
陸士よもやま物語	光人社
日本の軍隊ものしり物語	光人社
大日本帝国陸海軍軍装と装備	潮書房
図説　帝国陸軍	翔泳社
新・食品辞典	真珠書院
日本航空史	日本航空協会
昭和経済史	日本経済新聞社

岩本《イワモト》　高周《タカノリ》（ペンネーム）
昭和25年（1950年）生
広島県広島市出身
中央大学卒
経済産業省職員
共著に「不正商品問題概論」（発明協会）がある。

大東亜戦争前の帝国軍人カクアリキ

2008年８月15日　第１刷発行

編著者　岩《いわ》　本《もと》　高《たか》　周《のり》
発行人　浜　　　正　史
発行所　株式会社　元就《げんしゅう》出版社
〒171-0022 東京都豊島区南池袋4-20-9
サンロードビル2F-B
電話　03-3986-7736 FAX 03-3987-2580
振替　00120-3-31078
装　幀　純　谷　祥　一
印刷所　中央精版印刷株式会社
※乱丁本・落丁本はお取り替えいたします。

ISBN978-4-86106-166-0　C0095

金鵄勲章叙賜者数

日清戦争	約 2,000
北清事変	約 200
日露戦争	約109,600
日独戦争	約 3,000
大正３ないし９年戦役	約 4,800
昭和２～３年山東出兵	約 70
満州事変	約 9,000
日支事変	約190,000
太平洋戦争	約620,000

金鵄勲章年金

	明治 27.9.29	明治 28.7.15改正	昭和 2.5.18改正
功一級	900円	1500円	
功二級	650	1000	
功三級	400	700	
功四級	210	500	
功五級	140	300	350円
功六級	90	200	250
功七級	65	100	150

金鵄勲章の初叙、極限功級

	初叙	極限功級
将官	功三級	功一級
佐官	功四級	功二級
尉官	功五級	功三級
准士官	功七級（功六級）	功五級（功四級）
下士官	功七級（功六級）	功五級
兵	功七級	功六級

出所　金鵄勲章叙賜条例
（　）は昭和13.4.20改正

功一級金鵄副章(左胸)
功二級金鵄章(右胸)

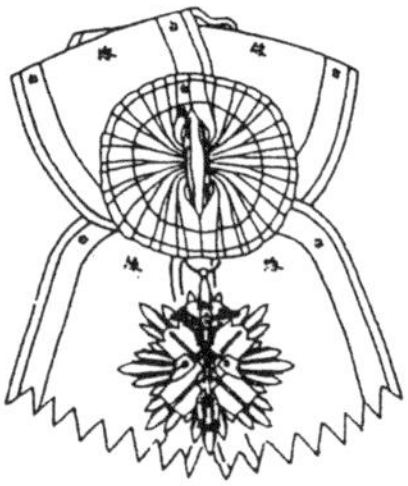

功一級金鵄章
大綬

功六級金鵄章
功七級金鵄章